ARTHUR
PINHEIRO BASAN

PUBLICIDADE DIGITAL E PROTEÇÃO DE DADOS PESSOAIS

O DIREITO AO SOSSEGO

2021 © Editora Foco

Autor: Arthur Pinheiro Basan
Diretor Acadêmico: Leonardo Pereira
Editor: Roberta Densa
Assistente Editorial: Paula Morishita
Revisora Sênior: Georgia Renata Dias
Capa Criação: Leonardo Hermano
Diagramação: Ladislau Lima
Impressão miolo e capa: FORMA CERTA

Dados Internacionais de Catalogação na Publicação (CIP) (Câmara Brasileira do Livro, SP, Brasil)

B297p   Basan, Arthur Pinheiro
Publicidade digital e proteção de dados pessoais: o direito ao sossego / Arthur Pinheiro Basan. - Indaiatuba, SP : Editora Foco, 2021.

264 p. ; 17cm x 24cm.

Inclui bibliografia e índice.

ISBN: 978-65-5515-204-3

1. Direito digital. 2. Publicidade digital. 3. Proteção de dados pessoais. I. Título.

2021-311   CDD 340.0285   CDU 34:004

Elaborado por Vagner Rodolfo da Silva – CRB-8/9410

Índices para Catálogo Sistemático:

1. Direito digital 340.0285   2. Direito digital 34:004

DIREITOS AUTORAIS: É proibida a reprodução parcial ou total desta publicação, por qualquer forma ou meio, sem a prévia autorização da Editora FOCO, com exceção do teor das questões de concursos públicos que, por serem atos oficiais, não são protegidas como Direitos Autorais, na forma do Artigo 8º, IV, da Lei 9.610/1998. Referida vedação se estende às características gráficas da obra e sua editoração. A punição para a violação dos Direitos Autorais é crime previsto no Artigo 184 do Código Penal e as sanções civis às violações dos Direitos Autorais estão previstas nos Artigos 101 a 110 da Lei 9.610/1998. Os comentários das questões são de responsabilidade dos autores.

NOTAS DA EDITORA:

Atualizações e erratas: A presente obra é vendida como está, atualizada até a data do seu fechamento, informação que consta na página II do livro. Havendo a publicação de legislação de suma relevância, a editora, de forma discricionária, se empenhará em disponibilizar atualização futura.

Erratas: A Editora se compromete a disponibilizar no site www.editorafoco.com.br, na seção Atualizações, eventuais erratas por razões de erros técnicos ou de conteúdo. Solicitamos, outrossim, que o leitor faça a gentileza de colaborar com a perfeição da obra, comunicando eventual erro encontrado por meio de mensagem para contato@editorafoco.com.br. O acesso será disponibilizado durante a vigência da edição da obra.

Impresso no Brasil (01.2021) – Data de Fechamento (01.2021)

2021

Todos os direitos reservados à
Editora Foco Jurídico Ltda.

Rua Nove de Julho, 1779 – Vila Areal
CEP 13333-070 – Indaiatuba – SP

E-mail: contato@editorafoco.com.br
www.editorafoco.com.br

Aos meus pais, Aloisio e Marta,
exemplos de comprometimento e dedicação, com amor.

SOBRE O AUTOR

Doutor em Direito da Universidade do Vale do Rio dos Sinos (UNISINOS). Mestre em Direito da Universidade Federal de Uberlândia (UFU). Pós-graduado em Direito Constitucional Aplicado da Faculdade Damásio. Professor Adjunto da Universidade de Rio Verde (UNIRV). Professor Universitário da Universidade Estadual de Minas Gerais (UEMG). Associado Titular do Instituto Brasileiro de Estudos em Responsabilidade Civil (IBERC).

AGRADECIMENTOS

Muitos são os agradecimentos, mas apontar os nomes das pessoas que foram essenciais para a conclusão deste trabalho é um imperativo.

Inicialmente aos meus pais, Marta e Aloisio, que sempre me permitiram estudar, sem qualquer tipo de preocupação. Esse agradecimento dificilmente pode ser traduzido em palavras. Às minhas queridas irmãs Natália e Fernanda, que sempre me encheram de elogios, e que foram sinônimo de apoio, o tempo todo.

Este livro é fruto do meu trabalho de doutoramento, sendo essencial o agradecimento à Professora Drª. Têmis Limberger, minha orientadora, respeitada discente do qualificado Doutorado em Direito da UNISINOS. Meus sinceros agradecimentos por ter me orientado e conduzido o texto, sempre com total atenção aos meus reclamos, contribuindo sobremaneira para que as minhas ideias, às vezes confusas, pudessem materializar um texto compreensível. Ao Professor Dr. Wilson Engelmann, pela inspiração como pesquisador e, especialmente, pela presteza ao ajudar os doutorandos, de forma tão gentil, durante todas aulas.

Ao querido Professor Dr. Fernando Rodrigues Martins, que inspira minha trajetória acadêmica desde a Graduação, e por ser um dos idealizadores deste trabalho, ao emprestar a ideia do *Habeas Mente*. O professor Fernando foi e é, sem dúvidas, minha maior inspiração no ambiente jurídico.

Ao querido amigo José Faleiros Júnior, por ser um dos maiores incentivadores e críticos das minhas pesquisas. Das indicações deste amigo, fruto da academia e das pesquisas envolvendo Direito e Tecnologia, retirei grande parte das ideias defendidas neste trabalho. Inegavalmente, seu apoio foi fundamental e essencial para a conclusão deste livro.

À professora Dra. Roberta Densa, pelo apoio e pela oportunidade. Em seu nome, agradeço aos responsáveis pelo excelente trabalho da Editora Foco.

Às Amigas e aos Amigos, indistintamente, pelo apoio e a compreensão, especialmente às colegas do "probatório"; À Universidade de Rio Verde (UniRV), notadamente pelos meus queridos alunos, onde renovo frequentemente minha esperança na construção de um país melhor.

À todas as pessoas que contribuíram para o êxito de mais esta etapa, meus sinceros agradecimentos!

No dia a dia da nossa aldeia
Há infelizes enfartados de informação
As coisas mudam de nome
Mas continuam sendo o que sempre serão
Você sabe o que eu quero dizer
Não tá escrito nos outdoors
Por mais que a gente grite
O silêncio é sempre maior
– Além dos Outdoors – Engenheiros do Hawaii

PREFÁCIO

É com grande alegria que apresento a obra de Arthur Pinheiro Basan, *Publicidade digital e proteção de dados pessoais: o direito ao sossego*, livro oriundo da sua tese de doutoramento, na UNISINOS, cuja banca examinadora tive a honra de compor.

A matriz personalista e solidarista do projeto constitucional impõe a revisitação dos tradicionais institutos da propriedade, autonomia privada e da família, em função do pleno desenvolvimento da dignidade da pessoa, de maneira dinâmica e fluente, acompanhando os novos danos trazidos pela sociedade da informação.

No primeiro capítulo "A tutela do sossego frente às mudanças de paradigmas nos direitos fundamentais", o autor aborda o desenvolvimento histórico da privacidade, do Estado absolutista ao Estado social, passando pelo Estado liberal, chegando à globalização, com o descompasso entre os efeitos das novas tecnologias e a transformação das instituições jurídicas, que acabaram se tornando inadequadas para a organização social do futuro.

A mudança de paradigmas na evolução do modo de produção na sociedade dá pistas de que os direitos fundamentais, sob novas ameaças e riscos, dependem de releituras, metamorfoseando-se sempre que seja necessário proteger a pessoa humana, sobretudo quando valores primordiais à dignidade, como os dados pessoais, tornam-se objeto de troca no mercado.

Na sociedade da informação, o direito do consumidor, face à sua origem constitucional (Constituição da República, art. 5º, XXXII e art. 170, V), é um direito humano, elemento fundamental para a construção da tese do direito ao sossego na Internet, a ser exercido em face do poder do mercado, interconectado por um "sistema nervoso eletrônico", cuja força decorre da acumulação e circulação de informações. Como observa cirurgicamente o autor, ao argumento de promoção das liberdades individuais, inclusive negociais, é que os consumidores se tornam ainda mais vulneráveis na Internet, considerando ainda os deveres laterais, anexos ou instrumentais de conduta decorrentes da boa-fé objetiva.

No segundo capítulo "A publicidade e o dever de respeito aos direitos da personalidade e o contexto informacional", ressalta o autor que o fato de se enquadrarem estes como direitos absolutos, trazendo consigo um dever geral de abstenção e a sujeição frente a todas as pessoas, ressalta o direito ao sossego enquanto concreção da integridade psíquica, considerado ainda o direito à proteção de dados pessoais como direito fundamental autônomo.

A formação dos bancos de dados, com informações personalíssimas, utilizadas para a formação dos chamados "perfis de consumo", podem gerar a discriminação abusiva do consumidor, em função de critérios como sua renda, idade, hábitos ou preferências, atingindo-o em sua privacidade. O autor remete às lições de Stefano Rodotà[1], que des-

---

1. RODOTÀ, Stefano. *Intervista su privacy e libertà*. Bari: Laterza, 2005. p. 120-121.

creve a formação de um *corpo eletrônico,* um novo aspecto da pessoa natural que não ostenta apenas a massa física, ou um *corpus,* mas também uma dimensão digital, através de ferramentas de coleta, classificação, arquivamento, avaliação e sistematização. Outra expressão, cunhada por Roger Clarke[2], é a *persona* digital, que corresponde a um modelo de um indivíduo, ou seja, uma representação simplificada de apenas alguns aspectos da realidade relacionada à pessoa.

A maior parte dos bancos de dados, na visão de Pierre Lévy, são antes espelhos do que memórias; espelhos os mais fiéis possíveis do estado atual de uma especialidade ou de um mercado.[3]

O autor propõe a necessidade de revisitação da problemática concernente à tutela dos direitos da personalidade, indo além da garantia do corpo livre, seja físico ou eletrônico, e também tutelando a concepção física das pessoas. Nas suas palavras, uma vida digital que não permita o pleno exercício da autonomia, no contraponto à exteriorização inter-relacional que conecta indivíduos nos planos concreto e virtual, implicaria violação, também, do conjunto de aspectos relativos à moderação da exposição e à delimitação de expectativas justas de liberdade, direito intimamente ligado à ideia de privacidade.

O autor menciona uma verdadeira reinvenção da privacidade, tendo esta adquirido um caráter positivo e fazendo emergir a dimensão da proteção de dados pessoais, ao passo que a construção da identidade fica entregue por completo aos algoritmos. A evolução da tecnologia conduziu a uma transformação no modo de ser, ver e ser visto na Internet. A autodeterminação informativa, na defesa dos consumidores vulneráveis, significa, como bem antevê o autor, permitir ao usuário/internauta não apenas o direito de aquietar-se ou de não se manifestar e reservar-se à sua própria privacidade, mas também o direito de controlar o grau de sua exposição aos incessantes fluxos informacionais – que têm potencial de assolá-lo e perturbá-lo. Diante disso, ganha especial reforço e destaque, sobretudo na LGPD, a função do consentimento da pessoa.

Por outro lado, surge a técnica capaz de elaborar o perfil de comportamento da pessoa a partir dos seus dados pessoais, denominada *profiling.* Com base nessa sistemática, os dados são tratados por diversos métodos a fim de obter uma "metainformação", ou seja, através de um com junto de comportamentos, hábitos, preferências e desejos, traçando-se um quadro com possíveis decisões futuras.

O controle promovido pela Lei Geral de Proteção de Dados, Lei 13.709/2018, como destaca o autor, é cada vez mais essencial no mercado de consumo, tendo em vista a presumida vulnerabilidade dos consumidores quanto aos poderes privados; a LGPD, ao proteger o tratamento de dados pessoais, não reduz a autonomia do consumidor no controle dos seus dados, mas, ao contrário, busca garantir a sua liberdade efetiva, a partir do respeito à boa-fé objetiva e às suas legítimas expectativas.

No capítulo 4 ("As publicidades importunadoras e o dano de assédio de consumo"), ressalta o autor que a forma mais eficiente de instrumentalizar a tutela do sossego, no

---

2. CLARKE, Roger. Profiling: a hidden challenge to the regulation of data surveillance. *Journal of Law, Information and Science.* v. 4, n. 2, p.403, dez. 1993.

3. LÉVY, Pierre. *As tecnologias da inteligência;* o futuro pensamento na era da informática. Trad. Carlos Irineu da Costa. São Paulo: Editora 34: 2010. p. 116

sentido de não ser importunado por publicidades, é a responsabilidade civil, tanto no seu aspecto preventivo quanto repressivo, em contraposição ao chamado "mercado da atenção".

A partir do *profiling*, os dados são tratados por diversos métodos a fim de se obter uma "metainformação", de modo que, através de um conjunto de comportamentos, hábitos, preferências e desejos, é traçado um quadro com possíveis decisões futuras. Tais técnicas, além de violarem o direito ao sossego dos consumidores, infringiriam princípios específicos da proteção de dados pessoais, em especial o princípio da finalidade.

A prática do *profiling* é descrita em dispositivo isolado da Lei Geral de Proteção de Dados Pessoais, dedicado à anonimização, no artigo 12, parágrafo segundo: "poderão ser igualmente ser considerados como dados pessoais, para os fins desta lei, aqueles utilizados para formação de perfil comportamental de determinada pessoa natural, se identificada". Mesmo com a entrada em vigor da LGPD, grande nebulosidade continua a pairar sobre os processos utilizados para o monitoramento social e a efetividade dos direitos fundamentais dos consumidores-usuários, haja vista a opacidade algorítmica imperante.

O capitalismo de vigilância é alimentado por processos comportamentais preditivos, que antecipam o que o consumidor fará agora, logo e em seguida, automatizando as decisões dos consumidores.[4]

Após delimitar a evolução histórica das leis de proteção de dados pessoais no mundo, o autor destaca a importância de um modelo de lei geral, destacando a figura da autoridade administrativa, construindo-se uma arquitetura que busca consolidar a proteção de dados como um setor de políticas públicas, responsável pela implementação da legislação e de uma cultura própria.

Embora reconheça que a publicidade deriva da livre iniciativa econômica e da livre concorrência, o autor afirma a necessidade de imposição de limites publicitários, em especial diante da necessidade de preservar a autonomia dos consumidores que a recebem, além de outros direitos básicos, como a integridade psíquica, representada pela faceta negativa do direito à proteção de dados pessoais, na figura do sossego. A publicidade não permite abusos, que instigam e assediam ao consumo patológico, por meio da manipulação, visando ao despertar de desejos excessivos e irrefletidos, através do uso de dados pessoais.

Fato é que não pode haver liberdade sem a responsabilidade de todos os atores sociais, em face do projeto constitucional solidarista.

Os perfis comportamentais são tratados no artigo 12, parágrafo segundo da Lei Geral de Proteção de Dados, assim como no artigo 20, havendo grande obscuridade quanto aos algoritmos empregados na sua criação, as chamadas caixas-pretas (*"blackboxes"*), que podem causar danos variados, não apenas quando incorrem em erros estatísticos ou análise preditiva, mas também quando implicarem envio massivo de informações.

---

4. ZUBOFF, Shoshana. *The age of surveillance capitalsm;* the fight for a human future at the new frontier of power. New York: PublicAffairs. 2018. pos. 07-08(*e-book*).

Dentre as técnicas de marketing importunadoras, o autor destaca o *microsite*, o *banner*, o *pop up*, os *links* patrocinados, o *e-mail* marketing, o *adverlog*, o *Search Engine Marketing*, o *podcasting* e os *spams*. A publicidade, lembra o autor, já foi comparada às práticas de guerra psicológica, desenvolvidas com o objetivo de afetar a saúde mental dos destinatários e abalando subliminarmente a moral das pessoas, empregando publicidades de maneira orquestrada para atingir o ponto fraco do ser humano: a emoção.

As tecnologias, afirma o autor, afetam não só o comportamento das pessoas, como a própria condição humana, transformando a sua percepção, interpretação do mundo e o seu contexto emocional e intelectual. A Internet foi projetada intencionalmente para ser um sistema de interrupção, isto é, direcionada a dividir a atenção. Interrupções frequentes dispersam os pensamentos do destinatário, enfraquecendo a memória e deixando os usuários sujeitos a tensão nervosa. O excesso de informação é empregado para confundir e perturbar emocionalmente o consumidor, que, atingido por um turbilhão de mensagens, imagens e ofertas, tornou-se um observador efêmero, saltitante e rasante.

O dano decorrente do assédio de consumo, enfatiza o autor, caracteriza-se como lesão à esfera existencial, tendo por consequência uma interrupção na existência digna da pessoa humana, a partir do impedimento para a realização das atividades cotidianas, retirando-se ao consumidor a autonomia necessária ao consumo consciente e saudável.

Citando Daniel Solove[5], no contexto da expressão "acúmulo de informações", o autor remete à prática reiterada ou até mesmo incessante de determinadas atividades, seja pelos particulares ou pelo Estado, como o registro, o uso, a análise, a combinação, e, por vezes, a exposição, acarretando verdadeira ameaça às pessoas.

A tutela dos direitos fundamentais, lembra o autor, é necessária para impedir que o avanço tecnológico viole o direito das pessoas de usufruírem da navegação na Internet sem interferência alheia, e sem pressões para o consumo desenfreado, violador do sossego e da vida substancialmente livre. A privacidade, inclusive sob o viés da proteção de dados pessoais, enquanto direito fundamental, também qualificado como direito da personalidade e direito básico do consumidor, enquanto situação jurídica existencial, reclama ampla tutela e promoção, tanto no âmbito material como no âmbito processual, considerando os aspectos preventivos da responsabilidade civil, por meio da tutela inibitória.

Fato é que, ao mesmo tempo em que os provedores desenvolvem ferramentas e aplicações cada vez mais sofisticadas para a captação dos dados e categorização dos consumidores, pressionam para que a legislação os isente de deveres e obrigações no tocante à proteção dos dados pessoais dos usuários, que emerge como um direito fundamental autônomo em face da evolução histórica da privacidade. A evolução da sociedade da informação, por um outro lado, impôs aos Estados um dever, consubstanciado na promoção de um equilíbrio entre os valores em questão, desde as consequências da utilização da tecnologia para o processamento de dados pessoais, suas consequências para o livre desenvolvimento da personalidade e sua utilização pelo mercado.[6]

---

5. SOLOVE, Daniel. *Nothing to hide* the false tradeoff between privacy and security. New Haven: Yale University Press, 2011. p. 5.
6. DONEDA, Danilo. *Da privacidade à proteção de dados pessoais*. Rio de Janeiro: Renovar, 2006. p.407.

O autor desenha a metáfora do *habeas mente,* como garantia contra as publicidades virtuais que utilizam dados pessoais da pessoa conectada em rede, assediando ao consumo e, consequentemente, perturbando o sossego dos consumidores. O reconhecimento da dignidade humana pressupõe a efetiva tutela das potencialidades e liberdades físicas(-corpo) e psíquicas(mente).

O autor igualmente menciona a teoria do desvio produtivo do consumidor como uma das possíveis respostas à ingerência na esfera existencial dos usuários da Internet, envolvendo valores como o trabalho, o lazer, o descanso e o convívio pessoal. O tempo do consumidor compõe o dano ressarcível, assim como os demais danos existenciais da sociedade da informação.

A responsabilidade do fornecedor não pode ser eliminada sob a alegação de que o ambiente da Internet é de difícil regulação, sendo, por excelência, um espaço de liberdade. Isso seria defender uma imunidade aos valores fundamentais do ordenamento, em especial no tocante ao livre desenvolvimento da pessoa humana, face às publicidades importunadoras, que se valem de dados pessoais, inclusive sensíveis.

Os aspectos ligados à segurança da informação e, em especial, da governança corporativa(*compliance*) para a proteção de dados pessoais, contemplados nos artigos 46 a 51 da Lei Geral de Proteção de Dados, servem de reforço à proteção do sossego do consumidor, prevenindo situações de tratamento inadequado ou irregular.

O autor é Professor Adjunto na Universidade de Rio Verde (UNIRV), Bacharel e Mestre em Direito pela Universidade Federal de Uberlândia e Doutor pela Universidade do Vale dos Sinos (UNISINOS), atuando sobretudo na área de direitos fundamentais e dos novos direitos. A pesquisa é densa e caudalosa e certamente encantará o leitor, merecendo todo o destaque na literatura jurídica nacional.

Rio de Janeiro, dezembro de 2020

Guilherme Magalhães Martins

Doutor e Mestre em Direito Civil pela Faculdade de Direito da UERJ. Pós-doutorando em Direito Comercial pela Faculdade de Direito da USP – Largo de São Francisco. Professor-associado de Direito Civil da Faculdade Nacional de Direito – Universidade Federal do Rio de Janeiro. Professor permanente do Doutorado em Direito, Instituições e Negócios da Universidade Federal Fluminense. Membro do Ministério Público do Estado do Rio de Janeiro.

APRESENTAÇÃO

"Se você não está pagando por um produto, é sinal que o produto é você." Esta frase proferida pelo jornalista norte-americano – Andrew Lewis no documentário: O Dilema das Redes, é cada vez mais verdadeira e destrói a ilusão de gratuidade na Internet.

Os dados são a nova riqueza do sistema capitalista, que já foi agrário, industrial e hoje se nutre dos dados pessoais. A essência do negócio eletrônico está na conexão em rede, interativa, baseada na Internet, entre produtores, consumidores e prestadores de serviço. A rede é a mensagem, no dizer do grande sociólogo das redes Manuel Castells (A Galáxia da Internet: reflexões sobre a internet, os negócios e a sociedade. Rio de Janeiro: Zahar, 2003, p. 85).

Neste contexto, pergunta-se: por que proteger os dados pessoais¿ A necessidade surge porque os dados congregam informação, a principal riqueza do século XXI, como já revelou a revista *The Economist*, suplantando formas até então tradicionais como petróleo. A sociedade em rede já estava em franca evolução, quando se operou a pandemia da COVID-19, fazendo com que as relações virtuais crescessem em escala exponencial.

Assim, as pessoas ficaram em sua casa em isolamento social e atividades que eram feitas de modo presencial, passaram a se travar pela Internet. Deste modo, o crescimento da utilização das novas tecnologias cresceu em escala global. Porém, trata-se de um fato complexo, que tem pelo menos dois aspectos: o positivo e o negativo. O positivo é que a Internet permitiu a interação social, senão o isolamento social teria sido ainda mais penoso, sem a possibilidade de conversar com amigos e familiares, fazer reunião de trabalho, utilização para aulas síncronas, telemedicina, operações bancárias e comércio eletrônico. Entretanto, existe o outro lado da moeda, qual seja: diante da enorme circulação dos dados, ocorre algumas vezes a apropriação indevida desses. O cidadão usuário é ludibriado com algumas plataformas que oferecem serviços, que a princípio se mostram gratuitos. Pode não haver a prestação pecuniária típica, porém a troca se dá pela captura da informação. Deste modo, os dados pessoais são apreendidos pelas plataformas digitais, sem o consentimento e capturados para fins diversos, que vão desde utilização para oferta de bens e serviços, que é feita a partir do perfil do consumidor, até comprovações como a utilização para efeitos políticos revelado no episódio da *Cambridge Analythics*.

No Brasil, em virtude da pandemia, as empresas de telefonia ficaram obrigadas a passar dados de saúde, ao IBGE, por determinação da Medida Provisória 954/2020. O STF no julgamento das ADI 6387, 6388, 6390 e 6393, j. 8/5 e publicado em 12.11.2020, entendeu que tal não era possível, uma vez que as circunstâncias de utilização e preservação dos dados não estavam corretamente delimitadas, havendo riscos a milhões de usuários brasileiros. Foi uma decisão histórica e importante comparada à proferida pelo Tribunal Constitucional Alemão, quando julgou a inconstitucionalidade da Lei do Censo, em 1983.

O STF deu guarida à proteção de dados, quando se tem Lei Geral de Proteção de Dados (Lei 13.709/2018), que entrou em vigor em setembro de 2020 e tramita a PEC 17/2019 com o objetivo de prever um novo direito fundamental. A legislação brasileira está em sintonia com o desenvolvimento do tema, que ocorre no continente europeu há cinco década e que culminou com o Regulamento Geral de Proteção de Dados – UE 2016/679.

Por isso, uma síntese feliz, no título da obra de Antonio-Enrique Pérez Luño: Ciber-ciudadanía@ o ciudanía@.com¿ (Barcelona: Gedisa, 2003) indagando se a as relações da Internet serviriam para fomentar a efetividade dos direitos humanos ou para fortalecer os aspectos de consumo na sociedade atual.

Deste modo, a obra intitulada *Publicidade digital e proteção de dados pessoais: o direito ao sossego*, de autoria de Arthur Pinheiro Basan, publicada pela editora FOCO, é livro que extremamente importante!

Esta obra jurídica é fruto da tese doutoral defendida pelo autor, na UNISINOS, composta pela banca dos Doutores avaliadores: Fernando Rodrigo Martins (UFU), Guilherme M. Martins (UFRJ), Cristina S. Pasqual (FMP) e Luciane K. Vieira (UNISINOS), que tive a honra de orientar e que obteve a nota máxima – DEZ com a indicação de publicação.

A obra contempla os capítulos: O direito ao sossego frente às mudanças de paradigma nos direitos fundamentais; a publicidade e o dever de respeito aos direitos de personalidade no contexto informacional e as publicidades importunadoras e o dano de assédio ao consumo. A pesquisa contempla ampla bibliografia em que houve esforço e seriedade na construção do trabalho científico.

Deste modo, trata-se de livro essencial aos operadores jurídicos e estudiosos do tema. Deixo a você, o convite para mergulhar na obra, com os votos de boa leitura!

Porto Alegre, verão de 2021.

Têmis Limberger

Professora PPGD-UNISINOS.

Advogada.

Procuradora de Justiça MP/RS (jubilada).

LISTA DE SIGLAS

ANATEL	Agência Nacional de Telecomunicações
CC/02	Código Civil de 2002
CDC	Código de Proteção e Defesa do Consumidor (Lei nº 8.078/1990)
CF/88	Constituição da República Federativa do Brasil de 1988
CONAR	Conselho de Auto-regulamentação Publicitária
DUDH	Declaração Universal dos Direitos Humanos
GDPR	Regulamento Geral de Proteção de Dados
ICTs	Instituições de Ciência e Tecnologia
IDEC	Instituto Brasileiro de Defesa do Consumidor
LGPD	Lei Geral de Proteção de Dados Pessoais
MPDFT	Ministério Público do Distrito Federal e Territórios
NSF	*National Science Foundation*
PL	Projeto de Lei
STF	Supremo Tribunal Federal
STJ	Superior Tribunal de Justiça Federal

SUMÁRIO

SOBRE O AUTOR IV

AGRADECIMENTOS.. V

PREFÁCIO.. IX

APRESENTAÇÃO... XV

LISTA DE SIGLAS XVII

1. INTRODUÇÃO 1

2. O DIREITO AO SOSSEGO FRENTE AS MUDANÇAS DE PARADIGMAS NOS DIREITOS FUNDAMENTAIS... 11

    2.1   Os paradigmas na evolução do modo de produção da sociedade e os novos direitos fundamentais 15

    2.2   O desenvolvimento do consumo na sociedade da informação 30

    2.3   A aplicação dos direitos fundamentais às relações privadas 38

    2.4   A tutela do consumidor sob o viés dos deveres fundamentais 52

3. A PUBLICIDADE E O DEVER DE RESPEITO AOS DIREITOS DA PERSONALIDADE NO CONTEXTO INFORMACIONAL... 63

    3.1   Dos direitos humanos aos direitos básicos do consumidor: o diálogo de fontes na tutela da pessoa 66

    3.2   Da tutela do corpo físico à proteção do corpo eletrônico 77

    3.3   A privacidade como expoente dos direitos da personalidade 88

    3.4   A proteção dos dados pessoais como direito básico do consumidor 107

        3.4.1   Breve desenvolvimento histórico das Leis de Proteção de Dados Pessoais 115

        3.4.2   A Lei Geral de Proteção de Dados Pessoais no Brasil 121

4. AS PUBLICIDADES IMPORTUNADORAS E O DANO DE ASSÉDIO DE CONSUMO .. 131

    4.1   A regulamentação da publicidade no CDC.. 135

4.2 A proteção de dados pessoais frente às publicidades virtuais 146

4.3 Técnicas de publicidade virtuais importunadoras 160

4.4 a concreção do direito ao sossego: o dano de assédio de consumo 170

4.5 Uma proposta de modelo operativo: a responsabilidade civil pela perturbação de sossego 185

5. CONCLUSÃO 205

POSFÁCIO 219

REFERÊNCIAS 225

1
INTRODUÇÃO

A sociedade contemporânea, notadamente designada de diversas formas, seja como sociedade pós-moderna, pós-industrial, globalizada, em rede, ou de consumo, apesar das diferentes denominações carrega consigo a mesma causa subjacente: vive-se a Sociedade da Informação[1]. Desse modo, o desenvolvimento da computação e, sobretudo, a ampliação do uso da *Internet* proporcionou novo ambiente para as interações humanas, com nítidos reflexos nos diversos subsistemas sociais (econômico, jurídico, familiar, político etc.).[2]

Em verdade, a era da informação revela-se espaço ótimo para a promoção da pessoa e da democracia, e, ao mesmo tempo, território para abusos por parte do mercado, ávido por lucro[3], impulsionando a efetivação de uma sociedade cada vez mais consumista.[4] Com efeito, tais fenômenos exigem maior atenção e cuidado pelo sistema jurídico, em especial, visando a concretização dos direitos fundamentais que se tornaram mais frágeis ao serem expostos à sociedade informatizada.[5]

Assim, nesse ritmo de crescimento e de potencialização da informação cresce também o costume de as pessoas possuírem duas espécies de vida, isto é, uma vida real, de contato físico e material com pessoas e bens; e outra virtual, composta por redes sociais,

---

1. A Sociedade da Informação é identificada a partir do contexto histórico em que há a preponderância da informação sobre os meios de produção e distribuição dos bens na sociedade, decorrente principalmente da introdução dos computadores conectados em rede nas relações jurídicas. Nessa linha, desde a segunda metade do século XX, observou-se a maturação do pensamento sociológico, propiciando projeções de uma sociedade de base informacional, posteriormente designada de *sociedade em rede*, com base nos pensamentos de autores como Yoneji Masuda e Fritz Machlup – já na década de 1960 – e, mais recentemente, Jan van Dijk e Manuel Castells. Estes últimos, no curso da década de 1990, foram pioneiros nas proposições sobre como os modais inter-relacionais que configuram a base fundamental de sustentação das atividades humanas seriam afetados pela alavancagem tecnológica, em especial pela *Internet*. DUFF, Alistair A. *Information society studies*. Londres: Routledge: 2000; MASUDA, Yoneji. *The information society as post-industrial society*. Tóquio: Institute for the Information Society, 1980; MACHLUP, Fritz. *The production and distribution of knowledge in the United States*. Nova Jersey: Princeton University Press, 1962; DIJK, Jan van. *The network society*. 3. rd. Londres: Sage Publications, 2012; CASTELLS, Manuel. *A sociedade em rede*. Rio de Janeiro: Paz e Terra, 2018.

2. LOSANO, Mario G. *Sistema e estrutura no direito*. Trad. Carlos Alberto Dastoli. São Paulo: WMF Martins Fontes, 2011. v. 3: Do século XX à pós-modernidade.

3. Michael Sandel, analisando os limites morais do mercado, afirma que "*Os valores de mercado passavam a desempenhar um papel cada vez maior na vida social. A economia tornava-se um domínio imperial. Hoje, a lógica da compra e venda não se aplica mais apenas a bens materiais: governa crescentemente a vida como um todo. Está na hora de perguntarmos se queremos viver assim*". SANDEL, Michael. *O que o dinheiro não compra*. Os limites morais do mercado. Rio de Janeiro: Civilização Brasileira, 2012. p. 11.

4. BAUMAN, Zygmunt. *Vida para consumo*: a transformação das pessoas em mercadoria. Tradução: Carlos Alberto Medeiros. Rio de Janeiro: Zahar, 2008.

5. MARQUES, Claudia Lima. *Confiança no comércio eletrônico e a proteção do consumidor*. São Paulo: Ed. RT, 2004. p. 94.

emails, blogs[6], canais de vídeo, páginas pessoais etc., em interativa relação com outras pessoas e bens virtuais.[7]

Neste sentido, Stefano Rodotà descreve a formação de um *corpo elettronico*, um novo aspecto da pessoa natural que não ostenta apenas a massa física, ou um *corpus*, mas também uma dimensão digital.[8] Outra expressão cunhada para definir essa situação é a de Roger Clarke: *persona* digital.[9] Segundo o autor, uma *persona* digital é um modelo de um indivíduo diante de representações baseadas em conjuntos de dados privados colhidos da pessoa, formando verdadeiros avatares digitais.[10]

Diante disso, é importante ressaltar que a concepção virtual começa a tomar maiores proporções, a ponto de demonstrar que também carece de cuidado e proteção, uma vez que faz parte do patrimônio jurídico da pessoa, decorrência do direito ao livre desenvolvimento da personalidade, valor fundamental no ordenamento.[11] Afinal, no atual contexto, a existência real pode ser até menorizada se não tiver lugar na *Internet*, revelando, portanto, a sua relevância.

Em paralelo a isso, no âmbito mercadológico, a publicidade se destaca como mola-mestra da economia informatizada, matéria-prima de uma milionária indústria mundial. Em verdade, neste contexto de Sociedade da Informação, com desenvolvimento constante do mundo virtual, impulsionado pela expansão do ambiente da *Internet*, a publicidade se destaca, revelando também tarefa importante na sociedade contemporânea. Isso porque a prática publicitária se enquadra como instrumento capaz de disseminar valores culturais e éticos, implementar condutas e comportamentos, e oferecer o acesso rápido e fácil a bens e serviços, auxiliando a satisfação das mais diversas necessidades humanas que, conforme se nota, ampliam-se conforme a sociedade aumenta também a sua complexidade. Vale ressaltar, também, que a publicidade confere incremento à atividade empresarial, gerando, consequentemente, desenvolvimento à sociedade de um modo geral, como circulação de riquezas e promoção de empregos.

Mesmo assim, diversas pessoas não notam a influência que essas publicidades promovem na atual sociedade, ou seja, mesmo diante da quantidade crescente de anúncios publicitários espalhados no cotidiano social, muitas pessoas ignoram, conscientemente, as mensagens veiculadas no mercado de consumo. Todavia, inconscientemente, são impossibilitadas de fugir completamente de seus efeitos[12], fatos estes revelados pela

---

6. Trata-se de uma espécie de diário pessoal eletrônico.
7. LACERDA, Bruno Torquato Zampier. *Bens digitais*. Indaiatuba: Foco Jurídico, 2017.
8. RODOTÀ, Stefano. *Intervista su privacy e libertà*. Bari: Laterza, 2005. p. 120-121.
9. CLARKE, Roger. Profiling: a hidden challenge to the regulation of data surveillance. *Journal of Law, Information and Science*, Hobart, v. 4, n. 2, p. 403, dez. 1993.
10. O avatar pode ser conceituado como o ícone gráfico escolhido pela pessoa para representá-la em jogos ou em comunidades virtuais.
11. PERLINGIERI, Pietro. *O direito civil na legalidade constitucional*. Trad. Maria Cristina de Cicco. Rio de Janeiro: Renovar, 2008.
12. PASQUALOTTO, Adalberto. *Os efeitos obrigacionais da publicidade no código de defesa do consumidor*. São Paulo: Ed. RT, 1997. p. 15.

ampliação do uso, pelo mercado virtual principalmente, de técnicas subliminares[13], do *neuromarketing*[14] e de ofertas com princípios hipnóticos[15].

Assim, apesar de muitas vezes imperceptível, a oferta de consumo é ao tempo todo visível[16], seja nos *outdoors* espalhados pelas cidades, na televisão, no rádio, em revistas e jornais e, de modo cada vez mais ascendente, no mundo virtual, especialmente por meio de mensagens eletrônicas não solicitadas, espalhadas por toda a *Internet*, dos computadores aos *smartphones,* inclusive nas redes sociais. Afinal, não há como negar que a publicidade é o mais evidente meio de comunicação de massa do presente contexto.

Diante disso, o problema surge a partir do momento em que a publicidade, notadamente a virtual, promovida no ambiente da *Internet*, passa a agir de modo patológico, ao buscar o resultado financeiro lucrativo a qualquer custo, mesmo que para isso seja necessário violar direitos fundamentais das pessoas, como a privacidade, em seu aspecto de dados pessoais[17]. E tal situação fica ainda mais evidente ao constatar que, para a implementação das publicidades direcionadas[18] e importunadoras, e muitas vezes não solicitadas, faz-se o uso de banco de dados, com informações sensíveis[19] das pessoas, para que, assim, adquiram maior potencial de induzimento, posto que individualmente produzidas com base na personalidade construída virtualmente, que inclui interesses, condição social, preferências, localização geográfica, hábitos de consumo, convicções etc.

Dito de outra maneira, a publicidade, aproveitando-se dos instrumentos de *marketing* permitidos pelas novas tecnologias de informação e comunicação (TIC), além de utilizar técnicas de cruzamento de dados pessoais, ampliou a sua interferência na sociedade como, por exemplo, por meio de mensagens eletrônicas não solicitadas, tradicionalmente denominadas "spams"[20-21], sem contar as inúmeras possibilidades que advêm do desenvolvimento da *Internet* das coisas.[22]

---

13. MALTEZ, Rafael Tocantins. *Direito do consumidor e publicidade*: análise jurídica e extrajurídica da publicidade subliminar. Curitiba: Juruá, 2011.
14. BRIDGER, Darren. *Neuromarketing:* como a neurociência aliada ao design pode aumentar o engajamento e a influência sobre os consumidores. São Paulo: Autêntica Business, 2018.
15. CIALDINI, Robert B. *As armas da persuasão*. Rio de Janeiro: Sextante, 2012.
16. Destaque-se, por exemplo, as publicidades que são veiculadas em aplicativos de navegação, como no famoso "Waze", vinculando o motorista às publicidades dos empresários que possuem estabelecimentos no trajeto percorrido pelo consumidor, sem que este muitas vezes nem perceba. WAZE. [*S. l.*], 2019. Disponível em: https://www.waze.com/intl/pt-BR/business/index.html. Acesso em: 20 jun. 2019.
17. LIMBERGER, Têmis. *O direito à intimidade na era da informática:* a necessidade de proteção dos dados pessoais. Porto Alegre: Livraria do advogado, 2007.
18. BIONI, Bruno Ricardo. *Proteção de dados pessoais:* a função e os limites do consentimento. Rio de Janeiro: Forense, 2019. p. 15.
19. Consoante o art. 5º, II, da Lei 13.709/2018 (Lei Geral de Proteção de Dados Pessoais), são dados sensíveis aqueles sobre origem racial ou étnica, convicção religiosa, opinião política, filiação a sindicato ou a organização de caráter religioso, filosófico ou político, dado referente à saúde ou à vida sexual, dado genético ou biométrico, quando vinculado a uma pessoa natural. BRASIL. *Lei 13.709, de 14 de agosto de 2018.* Dispõe sobre a proteção de dados pessoais e altera a Lei 12.965, de 23 de abril de 2014 (Marco Civil da Internet). Disponível em: http://www.planalto.gov.br/ccivil_03/_ato2015-2018/2018/lei/L13709.htm. Acesso em: 20 jun. 2019.
20. Embora esse conceito não possua contornos unânimes para o direito digital, é comumente associado ao envio de conteúdos indesejados, muitas vezes em massa. Neste sentido, para o presente estudo, deve ser considerado *spam* qualquer tipo de publicidade não solicitada e importunadora enviada por meio de tecnologias de informação e comunicação. Isso porque, conforme aponta, Finn Brunton, apesar de o conceito de *spam* ser flexível e elástico, a depender do contexto, é possível resumir a prática a uma ideia fundamental, qual seja, o *spam* é o projeto de

Conforme se nota, diante de informações pessoais e, as vezes de maneira mais reprováveis, diante de dados sensíveis, as mensagens publicitárias ganham força e, acima de tudo, tornam-se ilícitas, tendo em vista que na maioria das vezes não são solicitadas e muito menos autorizadas pelas pessoas.[23] Em verdade, o excesso de informação e as práticas intrusivas, naturais no recorrente *marketing* digital, são capazes de interferir no livre desenvolvimento da pessoa e, em última análise, impossibilitar a liberdade daquele que acessa o mundo virtual, lesando, consequentemente, a dignidade da pessoa humana.[24]

Assim, considerando-se o contexto da contemporaneidade, e diante deste conflito entre livre mercado agenciado pelas publicidades, no âmbito virtual, e direitos fundamentais das pessoas conectadas à *Internet*, notadamente o direito de proteção de dados pessoais, surge o seguinte problema: como promover, com base na cláusula geral de tutela da personalidade humana, um elevado nível de proteção às pessoas no mundo virtual, de modo a garantir que estas não sejam molestada e perturbadas pelas publicidades virtuais de consumo?

Nesta perspectiva, surge o imperativo atual e de forte impacto social de desenvolver o direito fundamental ao sossego[25], como notável faceta negativa do direito à proteção de dados, a partir do prejuízo de cunho moral decorrente da importunação pelas publicidades virtuais de consumo, que acabam promovendo o indesejado assédio de consumo. Com base nisso, é oportuno destacar desde já que, do mesmo modo que a privacidade, a garantia do sossego pressupõe uma negação, isto é, a interdição da ação dos outros, tratando-se, pois, da imposição de limites, visando promover a efetiva liberdade das pessoas.

Desse modo, consagrando o direito ao sossego, exibe-se a preocupação em tutelar um amplíssimo direito à saúde, compreendido como completo bem-estar psicofísico e social, expandindo o direito de liberdade garantido costumeiramente tão somente ao

---

alavancar a tecnologia da informação para coletar atenções existentes. BRUNTON, Finn. Spam: *a shadow history of the Internet*. Cambridge: The MIT Press, 2013, p. XVI.

21. O termo, por ser altamente mutável, apresenta novas conotações atualmente, inclusive migrando para as problemáticas eleitorais. Neste sentido, a doutrina destaca o uso de redes sociais ou meios de comunicação, como o *whtasapp*, para o envio de mensagens eleitorais indesejadas, isto é, "no Brasil, aliás, o tema veio à tona com enorme repercussão após as eleições de 2018, quando acusações emergiram sinalizando o uso indevido da ferramenta (*whatsapp*) pelos principais concorrentes da corrida eleitoral para a propagação de mensagens em massa com conteúdo que se convencionou chamar de "spam político" (memes, correntes, "santinhos de candidatos" etc.)" MARTINS, Guilherme Magalhães; LONGHI, João Victor Rozatti; FALEIROS JÚNIOR, José Luiz de Moura. Desinformação e o envio massivo de mensagens no WhatsApp. *Migalhas de peso*, 30 jun. 2020. Disponível em: https://s.migalhas.com.br/S/E9B7E Acesso em 01 jul. 2020.

22. MAGRANI, Eduardo. *A internet das coisas*. Rio de Janeiro: FGV Editora, 2018.

23. MORATO, Antônio Carlos. Mensagens eletrônicas não solicitadas como prática abusiva no mercado de consumo. In: MIRAGEM, Bruno; MARQUES, Claudia Lima (Org.). *Doutrinas essenciais do direito do consumidor*. São Paulo: Ed. RT, 2011. v. 3.

24. LIMBERGER, Têmis. Direito e informática: o desafio de proteger os direitos do cidadão. In: SARLET, Ingo Wolfgang (Org.) *Direitos fundamentais, Informática e comunicação*: algumas aproximações. Porto Alegre: Livraria do Advogado, 2007. p. 195.

25. Não se desconhece a existência do "direito ao sossego", em âmbito criminal, vide art. 42 da Lei das Contravenções Penais (decreto-lei 3.688/41), nem tampouco em âmbito civil, conforme art. 1.277 do Código Civil, como correlato do direito de vizinhança. Todavia, o direito aqui proposto vai além, abarcando a tutela da pessoa humana frente a toda e qualquer importunação praticada no mercado, por publicidades virtuais, com o intuito de promover o assédio de consumo, conforme será melhor exposto no trabalho.

corpo, por meio do remédio constitucional do *habeas corpus*, à tutela da liberdade mental, por meio da garantia metafórica denominada *habeas mente*.[26] Para tanto, reconhecendo o assédio de consumo como um dano, utiliza-se uma proposta de modelo operativo, qual seja, a responsabilidade civil pela perturbação de sossego.

É importante ressaltar que além de promover a construção do direito ao sossego, que visa garantir maior segurança jurídica pela especificidade contra as práticas de assédio de consumo, o trabalho também pretende demonstrar que o sistema jurídico brasileiro já permite o reconhecimento da tutela da pessoa humana às situações de importunação de sossego promovidas pelas publicidades virtuais. Isso porque a responsabilidade civil, ao trabalhar com um conceito aberto e flexível de dano, permite que se promova uma hermenêutica expansiva, no sentido de impedir que as pessoas sejam perturbadas pelas práticas indevidas de assédio ao consumo, seja partindo da figura do abuso de direito, seja baseando-se nas práticas abusivas de consumo.

Com efeito, o trabalho se justifica em razão de a temática das novas tecnologias, no contexto de uma sociedade complexa, em seus diversos subsistemas, clamar por uma res-significação da teoria dos direitos fundamentais. Desse modo, é importante abandonar a dogmática jurídica e a estrutura hierarquizada e vertical de suas fontes, para uma estrutura sob a perspectiva horizontalizada, mediante o diálogo entre as fontes do Direito que surgem tutelando novas perspectivas necessárias para a concretização do respeito à dignidade humana. É com base nisso que se demonstra também a vedação, como dever fundamental autônomo[27], às empresas de se aproveitarem de informações extremamente privadas e íntimas das pessoas inseridas no mundo virtual para o exercício de atividades publicitárias.

Daí porque discutir limitações às publicidades virtuais de consumo trata de questão relevante, uma vez que a utilização da *Internet* e, consequentemente, a exposição dos dados das pessoas, está presente no dia a dia dos brasileiros, além da tendência indiscutível de se tornar cada vez mais abrangente.

Dessa maneira, para o desenvolvimento do texto, destaca-se a importância de se estabelecerem cenários regulatórios na temática das publicidades virtuais inseridas na era tecnológica, mediante o respeito dos direitos fundamentais já consagrados, no contexto de um pluralismo jurídico, além do reconhecimento de novos direitos, carentes de tutela mais específica.[28] Evidentemente, o assunto possui impacto social, representado, por exemplo, pela

---

26. O termo *habeas mente* é do professor Fernando Rodrigues Martins, o qual expressamente afirmou que *"pode-se até buscar a metáfora do habeas mente como garantia contra spams que abordem os dados sensíveis do usuário da rede"*. No presente texto, busca-se ampliar o conceito dessa nova garantia, conforme será exposto adiante. MARTINS, Fernando Rodrigues. Sociedade da Informação e proteção da pessoa. *Revista da Associação Nacional do Ministério Público do Consumidor*, Juiz de Fora, v. 2, n. 2, p. 20, 2016.

27. MARTINS, Fernando Rodrigues. Os deveres fundamentais como causa subjacente-valorativa da tutela da pessoa consumidora: contributo transverso e suplementar à hermenêutica consumerista da afirmação. *Revista de Direito do Consumidor*, São Paulo, v. 23, n. 94, p. 215-257, jul./ago. 2014.

28. Neste aspecto, importante destacar que a sociedade brasileira é demasiadamente complexa para aceitar que os direitos fundamentais devem ser limitados àqueles expressamente previstos como tais na Constituição Federal. Dessa forma, com base no art. 5, §2º da Constituição Federal de 1988, têm-se pistas de que o sistema jurídico brasileiro possui uma cláusula de abertura a novos direitos fundamentais, possibilitando a defesa de direitos fundamentais atípicos dela emergentes. SANTOS, Eduardo Rodrigues dos. *Direitos fundamentais atípicos*: análise da cláusula de abertura – art. 5º, § 2º, da CF/88. Salvador: Juspodivm, 2017. p. 280.

iniciativa da Agência Nacional de Telecomunicações (ANATEL) e do Ministério de Justiça, em 2019, de criar um cadastro de *não me perturbe*, visando impedir a prática de *telemarketing* importunador pelas prestadoras de serviços de telecomunicações, posteriormente alargando essa proibição aos bancos consignados através do mesmo sistema pelo *site* supracitado.[29]

Neste ponto, destaca-se que, se de um lado o direito ao sossego busca tutelar as pessoas e concretizar direitos fundamentais, como a proteção de dados, pessoais, em sua faceta negativa, evitando o assédio de consumo, em contrapartida, a publicidade virtual, enquanto desdobramento da livre iniciativa, não se insere no plano dos direitos fundamentais. Em verdade, o objetivo principal da publicidade não é informar ou comunicar, mas sim auferir lucro, promovendo a venda, induzindo ao consumo ou criando necessidades, visando atender os interesses ligados ao lucro mercantil.

Com esses apontamentos, nota-se que a reflexão trabalha com a ideia de que as publicidades revelam uma forma contextualizada de vulnerabilidade das pessoas, indicando que não só o Estado possui o dever de proteção dos direitos fundamentais[30], mas também os particulares o têm, demonstrando a eficácia horizontal das normas fundamentais[31], especialmente quando se trata de fornecedores multinacionais, de grande poderio social e econômico, descritos como "impérios da comunicação" por Tim Wu.[32]

---

29. Conforme consta no endereço eletrônico, "após a implantação do Não me Perturbe, os bancos que trabalham com o produto consignado solicitaram a participação no *website*, para permitir que os usuários solicitem também o bloqueio de ligações indesejadas relacionadas à oferta de Empréstimo Consignado e Cartão de Crédito Consignado. Cada vez mais, as Instituições Financeiras que operam com o consignado preocupam-se em buscar a constante evolução da estrutura que o envolve, elevando o nível de qualidade dos serviços prestados. Nesse sentido, para aperfeiçoar o atendimento aos clientes na oferta do consignado, a FEBRABAN (Federação Brasileira de Bancos) em conjunto com a ABBC (Associação Brasileira de Bancos), instituíram a Autorregulação para o Consignado, com medidas de boas práticas a serem seguidas pelas instituições financeiras. Dentre as medidas previstas, está a de manter à disposição do consumidor um serviço centralizado de bloqueio do recebimento de ligações para oferta de operações de consignado. Tendo em vista a solução já disponibilizada para o setor de telecomunicações, FEBRABAN e ABBC, em parceria com a ABR Telecom, uniram esforços para viabilizar de forma unificada (dentro do mesmo *website*) a construção do serviço de "Não me Perturbe" para o consignado dos Bancos. Através deste *website*, uma vez cadastrado um telefone fixo ou móvel pelo consumidor na plataforma "Não me Perturbe", os Bancos (e/ou seus respectivos Correspondentes (Consignados) selecionados) e as Prestadoras de Serviços de Telecomunicações participantes do serviço, não poderão realizar qualquer oferta de operações de Empréstimo Consignado e Cartão de Crédito Consignado (Bancos) ou oferta de Telefone móvel, telefone fixo, TV e Internet (Prestadoras) para esse telefone." AGÊNCIA NACIONAL DE TELECOMUNICAÇÕES (ANATEL). *Não me perturbe telemarketing telecomunicações e bancos consignado*. Brasília, DF, 2020. Disponível em: https://www.naomeperturbe.com.br/. Acesso em: 03 jan. 2020.

30. CANARIS, Claus-Wilhelm. *Direitos fundamentais e direito privado*. Trad. de Ingo Wolfgang Sarlet e Paulo Mota Pinto. Coimba, Almedina, 2003.

31. DUQUE, Marcelo Schenk. *Direito privado e constituição*: drittwirkung dos direitos fundamentais, construção de um modelo de convergência à luz dos contratos de consumo. São Paulo: Ed. RT, 2013.

32. Em resumo, aduz o autor que a indústria da informação cria monopólios por cinco razoes, i) efeitos de rede, ou seja, os produtos, como os celulares, se tornam mais úteis quanto maior forem os usos; ii) produção econômica em escala, de modo que os lucros operam de maneira global; iii) poder de integração entre as tecnologias, iv) a busca por poder, capaz de influenciar a mente das pessoas; e, por fim, V) gosto pelo monopólio, tendo em vista que a conveniência limita as escolhas. Assim, segundo o autor: "Close scrutiny suggests the answer has less to do with some dark subliminal attraction to size and power than an impulse far more banal; an incontrovertible preference for convenience over almost anything when it comes to our information tools. With beer or cars your choice may be a matter of personal taste; with networks, the only taste is convenience, and that comes with size. By choosing the most convenient options we collectively cede control to big firms based on a series of tiny choices whose consequences in sum we scarcely consider. Habits shape markets far more powerfully than laws". WU, Tim. *The master switch*: the rise and fall of information empires. Nova York: Vintage, 2010. p. 320-321.

Diante disso, é inegável que ao se discutir a colisão entre os direitos fundamentais de privacidade, de proteção de dados pessoais ou mesmo o direito ao sossego, como faceta negativa desta proteção, e os direitos de livre iniciativa mercadológica, notadamente pelas práticas publicitárias virtuais, não há que se perder de vista que estes devem ceder espaço àqueles, como cumprimento do fundamento central do sistema jurídico brasileiro, qual seja, a efetivação da dignidade da pessoa humana, em seu mais amplo desdobramento, seja físico ou virtual, seja quanto a integridade física ou psíquica.

Isso porque a prática publicitária pode ser causa também para produção de danos às pessoas, como os relacionados ao doentio consumismo (oniomania)[33], posto que toda e qualquer publicidade só tem uma finalidade: lucrar! Não obstante, nota-se que a insistência em mensagens publicitárias, muitas vezes inseridas de maneira clandestina, subliminar ou camuflada, geram repaginadas os problemas de ansiedade, frustração e depressão[34], sem deixar de mencionar o reconhecido problema do superendividamento.[35]

Consequentemente, é necessário que o Direito esteja amparado por instrumentos jurídicos capazes de evitar qualquer comportamento anômalo, gerador de riscos ou de danos emergentes. Inegavelmente, o trato jurídico da publicidade, em especial nas formas virtuais, deve ser responsável por evitar que direitos fundamentais às duras conquistados, garantidores da autonomia privada e necessários ao efetivo desenvolvimento da personalidade da pessoa humana, sejam violados. Desta importante reflexão vale destacar: "em qualquer meio de relacionamento humano, a regra básica deve ser a de não causar dano."[36]

Nesta ótica de análise, à guisa de objetivo geral, busca-se analisar, por meio da releitura dos instrumentos jurídicos, como a regulação normativa e a responsabilidade civil, a necessidade de o sistema do Direito auxiliar na resolução de problemas para a tutela da pessoa humana, em um novo aspecto da personalidade na sociedade virtual. Assim, considerando-se o contexto da contemporaneidade, busca-se destacar como os direitos fundamentais das pessoas conectadas à *Internet* podem ser protegidos em elevado nível, de modo a garantir que os consumidores não sejam molestados pelas publicidades virtuais.

Como objetivos mais específicos, pretende-se defender, dentro do sistema jurídico brasileiro, o reconhecimento da faceta negativa da proteção de dados pessoais, visando a concretização do direito ao sossego dos consumidores. Ademais, busca-se analisar quais as consequências da aplicação dessa tutela às relações de consumo, ao considerar que as publicidades atuais podem impedir as pessoas que possuem uma vida virtual

---

33. SILVA, Ana Beatriz Barbosa. *Mentes consumistas:* do consumismo à compulsão por compras. São Paulo: Globo, 2014. p.10.
34. TURKLE, Sherry. *Alone together*: why we expect more from technology and less from each other. New York: Basic Books, 2011. p. 19.
35. BERTONCELLO, Karen. Rick Danilevicz. *Superendividamento do consumidor:* mínimo existencial. São Paulo: Thomson Reuters Brasil, 2015. *E-book.*
36. MENDES, Laura Schertel. *Privacidade, proteção de dados e defesa do consumidor*: linhas gerais de um novo direito fundamental. São Paulo: Saraiva, 2014. p.15.

de promoverem o seu dia a dia de maneira livre e desembaraçada, sem a perturbação promovida pelo indevido assédio de consumo.

Como se não bastasse, é também um dos objetivos do trabalho demonstrar o dever de respeito das publicidades no que se refere aos dados pessoais. Afinal, essas informações, uma vez compreendidas em preferências, situações e opções da vida da pessoa, não podem ser utilizadas como forma de instigar o consumo desmedido, sob pena de se enquadrar como prática empresarial abusiva e desmensurada, violadora de direitos fundamentais, necessários a autonomia privada da pessoa humana. Inclusive essa é uma das preocupações que surge a partir do assédio de consumo, combatido nos Projetos de Lei 3.514/15 e 3.515/15, que visam atualizar o Código de Defesa do Consumidor (CDC).

Diante disso, para o enfrentamento do problema de pesquisa, desenharam-se três hipóteses desenvolvidas nos três capítulos. A primeira envolve a afirmação de que ocorreram diversas alterações nos paradigmas sociais, na denominada Sociedade da Informação, gerando vários reflexos nos vários subsistemas sociais, como o econômico, o jurídico, o político etc. Neste ponto, o trabalho se delimitará no aprofundamento das mudanças jurídicas notadas com a evolução dos modos de produção e dos meios de comunicação, em especial com o crescimento do ambiente da *Internet*, demonstrando a necessidade de estabelecer uma nova hermenêutica crítica. Assim, esse primeiro capítulo demonstrará como o direito ao sossego enquadra-se como uma necessidade atual diante da mutação dos direitos fundamentais, em razão dos novos riscos implementados pelas inovações tecnológicas, com destaque para o direito de proteção de dados pessoais. Para tanto, evidenciará a relação entre a Sociedade da Informação e o auge de um mercado predominantemente de consumo.

Em seguida, no segundo capítulo, importante será apresentar as relações existentes entre as publicidades e os direitos fundamentais, ressaltando a aproximação destes com os direitos da personalidade e com os direitos básicos do consumidor. Tudo isso dentro da nova concepção da pessoa no contexto virtual, na figura do "corpo eletrônico", exposta aos novos riscos implementados pelas inovações tecnológicas na publicidade. Como forma de apresentar essa situação, será evidenciado como o uso de dados pessoais se tornou fonte de renda no mercado de consumo, possibilitando que as publicidades, em especial as virtuais, se tornassem mais efetivas. Neste ponto, ficará evidenciado que embora os riscos aos dados pessoais estejam nos mais diversos setores da sociedade, é na relação de consumo que saltam aos olhos os maiores desafios.

É seguindo essa abordagem que se desenvolve o terceiro capítulo, e como desfecho, traz o contributo da concretização do direito ao sossego. Para tanto, aponta como as publicidades virtuais importunadoras, que se utilizam de técnicas de *neuromarketing*, sujeitam as pessoas expostas às práticas do mercado virtual a novos riscos. Diante desse panorama, serão estudadas de maneira mais aprofundadas as normas de proteção do uso de dados pessoais, em especial a Lei Geral de Proteção de Dados Pessoais (Lei 13.709/18)[37], relacionando-as com as leis que regulam as publicidades,

---

37. Não se desconhece que no final de outubro de 2019 foi apresentado o Projeto de Lei 5.762/19, propondo a alteração da LGPD, para prorrogar sua *vacatio legis* até 15 de agosto de 2022. Se o projeto for aprovado, o Brasil continuará por um grande período sem legislação específica vigente tratando sobre a proteção de dados.

com destaque para o CDC. Isso tudo para destacar como essas legislações evidenciam a necessária garantia do sossego do consumidor e, consequentemente, a abusividade das publicidades importunadoras, que promovem o assédio de consumo a partir do uso de dados pessoais.

A partir dessas premissas sugerir-se-á uma nova hermenêutica que visa a implementação dos direitos humanos, centrado na promoção da pessoa humana, que abranja mais do que a liberdade física (*habeas corpus*), isto é, incluindo também a liberdade psíquica (*habeas mente*), como reflexo do amplo direito à integridade e à saúde. Nota-se assim que o texto, em alguns momentos, utiliza da metáfora *habeas mente* que já foi designada outrora como garantia contra "spams". [38-39]

Assim, estudar uma hermenêutica que visa à implementação dos direitos humanos, por meio do reconhecimento do direito ao sossego, como faceta negativa do direito de proteção de dados, permite refletir a respeito da necessidade atual de se buscar soluções jurídicas para os problemas e repercussões geradas pelas novas tecnologias, tendo sempre em mente que a virtualização do mundo é um fato cotidiano, necessário ao desenvolvimento humano, irreversível, mas que, em última análise, não pode ser mantida à revelia da regulação e responsabilização[40], sob pena de se permitir que os abusos, tão conhecidos na prática do livre mercado[41], gerem retrocesso aos direitos fundamentais conquistados às duras penas.[42]

Com base nisso, diante desta importante faceta negativa da proteção de dados pessoais, isto é, a partir do reconhecimento do necessário direito ao sossego das pessoas, o assédio de consumo se concretiza como um dano e daí porque essa hermenêutica se instrumentaliza também fundamentada nos direitos básicos do consumidor, garantindo a integridade psíquica das pessoas conectadas a *Internet* através de instrumento jurídico já historicamente consagrado, a saber, a responsabilidade civil.

Desse modo, para a elaboração do trabalho, partindo do problema central exposto, busca-se suporte teórico nos pensamentos de Norberto Bobbio, a justificar o estudo na perspectiva positivista, tendo o Direito como método, a partir do momento em que se busca construir um novo direito capaz de impedir a perturbação de sossego dos con-

---

38. MARTINS, Fernando Rodrigues. Sociedade da informação e proteção da pessoa. *Revista da Associação Nacional do Ministério Público do Consumidor*, Brasília, DF, v. 2, n. 2, p. 20, 2016.

39. Desde já é importante mencionar que se pretende ir além, uma vez que a tese visa defender que é preciso proteger as pessoas de qualquer tipo de publicidade virtual que se aproveita de modo indevido de dados pessoais da pessoa conectada em rede, enquanto esta promove a sua vida virtual, para impor publicidades direcionadas e não solicitadas. Defende-se, assim, um conceito amplo de "spam". Visa-se, portanto, proteger a liberdade daqueles que acessam a *Internet*, tutelando, consequentemente, o livre desenvolvimento da personalidade da pessoa, dado que o reconhecimento da dignidade humana necessita da efetiva tutela das potencialidades e liberdades físicas (corpo) e psíquicas (mente). BASAN, Arthur Pinheiro. Habeas Mente: garantia fundamental de não ser molestado pelas publicidades virtuais de consumo. Revista de Direito do Consumidor. São Paulo. v.131, set./out. 2020.

40. Antônio Benjamin, apontando a importância de promover a regulação das publicidades, aduz que: "Num plano mais elevado, busca-se, com seu controle, a superação do individualismo anárquico, que caracterizou nossos ordenamentos jurídicos até bem recentemente." BENJAMIN, Antônio Herman Vasconcellos. O controle jurídico da publicidade. *Revista de Direito do Consumidor*, São Paulo, n. 9, p. 25-57, jan./mar. 1994.

41. SANDEL, *Michael. Justiça:* o que é fazer a coisa certa. Rio de Janeiro: Civilização Brasileira, 2012. p.12.

42. BOBBIO, Norberto. *A era dos direitos.* Tradução Carlos Nelson Coutinho. Rio de Janeiro: Elservier, 1992. p. 23.

sumidores.[43] Assim, o texto pretende, ao final, desenvolver uma proposta legislativa, a fim de positivar expressamente o direito construído na presente tese e garantir maior segurança jurídica. Não obstante, é preciso deixar claro desde já que é possível identificar no sistema jurídico brasileiro sustentação para promover a hermenêutica necessária para fundamentar a responsabilidade civil pela perturbação de sossego[44], com destaque para as disposições do CDC e as da Lei Geral de Proteção de Dados (LGPD).

Além disso, o trabalho se sustenta nas reflexões de Pérez Luño a respeito da concepção de direitos humanos na sociedade tecnológica, buscando também amparo nas ideias de Stefano Rodotà no que se refere à nova faceta dos direitos da personalidade contextualizados ao mundo virtual. Dessa maneira, o trabalho pauta-se em uma epistemologia humanista, que busca ressaltar como os impactos tecnológicos, que possibilitam novas formas de poder e controle, promovem alterações nas liberdades e nos direitos fundamentais.

Quanto ao método de procedimento, a pesquisa efetuada visa aproximar o estudo ao desenvolvimento das publicidades virtuais no cenário tecnológico, acoplando-a ao sistema do Direito, propondo uma comunicação entre a tecnologia, o mercado publicitário e o Direito. Com efeito, busca evidenciar a correlação entre sistema jurídico e a pessoa humana em sua condição de autêntico sujeito de direitos. Para tanto, utiliza-se a pesquisa bibliográfica, que inicia pelas investigações escritas sobre o problema de pesquisa.

Outro método de procedimento utilizado é a pesquisa documental, pois o tema em investigação, por constituir-se essencialmente de matiz tecnológico, de crescimento e evolução exponencial, encontra subsídios quase que diários em fontes diversificadas, principalmente na *Internet* e em revistas especializadas. Ademais, realizar-se-á, também, análise jurisprudencial pertinente, em razão da atualidade dos problemas jurídicos relacionados ao tema.

---

43. Afirma Norberto Bobbio que "se a ciência consiste na descrição avaliatória da realidade, o método positivista é pura e simplesmente o método científico e, portanto, é necessário adotá-lo se se quer fazer ciência jurídica ou teoria do direito. Se não for adotado, não se fará ciência, mas filosofia ou ideologia do direito. BOBBIO, Norberto. *O positivismo jurídico*. Lições de filosofia do direito. São Paulo: Ícone, 1995. p. 238.

44. MARTINS, Guilherme Magalhães; BASAN, Arthur Pinheiro; FALEIROS JÚNIOR, José Luiz de Moura. A responsabilidade civil pela perturbação de sossego na internet. *Revista de Direito do Consumidor*, São Paulo, v. 128, p. 227-253, mar./abr. 2020.

2
O DIREITO AO SOSSEGO FRENTE AS MUDANÇAS DE PARADIGMAS NOS DIREITOS FUNDAMENTAIS

Inicialmente é importante destacar que o Direito encontra-se inserido na área de ciências humanas, sendo naturalmente influenciado pelas transformações políticas, sociais e culturais ocorridas em determinado contexto histórico analisado. Dessa maneira, é evidente a importância de analisar a mudança de paradigmas nos direitos fundamentais, contextualizando o tema e demonstrando a sua relação com a atual Sociedade da Informação.

Neste ponto, o termo "paradigma" dá indícios de ter seu apogeu nos estudos de Thomas Kuhn, o qual, em resumo, analisando o comportamento dos estudiosos, bem como a existência das denominadas revoluções científicas, descreveu "paradigma" como sendo padrões desenvolvidos e reconhecidos por uma comunidade científica e que servem de modelos ou bases para outros estudos, como um referencial de conceitos e ideias basilares já metodologicamente reconhecidas.[1]

Diante disso, é relevante notar que, quanto aos direitos fundamentais, especialmente a partir do século XIX, passou-se do positivismo normativista clássico para o estudo jurídico alinhado ao pensamento contemporâneo, diante de uma nova compreensão de posicionamento do Direito na sociedade. Dessa maneira, é possível afirmar que houve uma transformação da visão sistemática à visão sistêmica[2], de modo que o estudo jurídico não se limita mais apenas ao sistema do Direito, e sim, ao Direito incluído no sistema social. Em outras palavras, o Direito deve ser compreendido não como um todo composto de partes individuais, isto é, composto somente de normas, mas como um todo em relação com outro todo mais extenso, a saber, a sociedade.

Dessa, forma, o Direito apresenta-se como um subsistema do sistema social, por este, obviamente, influenciado[3], de acordo também com o pensamento de Norberto Bobbio, ao descrever a ideia do direito como subsistema do sistema global da sociedade, isto é, um ramo da ciência geral da sociedade não mais puro e autônomo mas sim inter-relacionado com os sistemas político e econômico, em aliança com as ciências sociais.[4]

---

1. KUHN, Thomas. S. *A estrutura das revoluções científicas.* São Paulo: Perspectiva, 1991. p. 54.
2. LOSANO, Mario G. *Sistema e estrutura no direito.* Trad. Carlo Alberto Dastoli. São Paulo: WMF Martins Fontes, 2011. v. 3: Do século XX à pós-modernidade, p. 237.
3. Neste sentido, é possível perceber que "o sistema jurídico está aberto ao ambiente. Por exemplo, atribui normativamente a capacidade jurídica como consequência do nascimento". LOSANO, Mario G. *Sistema e estrutura no direito.* Trad. Carlo Alberto Dastoli. São Paulo: WMF Martins Fontes, 2011. v. 3: Do século XX à pós-modernidade, p. 403.
4. BOBBIO, Norberto. *Da estrutura à função:* novos estudos de teoria do direito. Trad. Daniela Beccaccia Versiani. Barueri: Manole, 2007. p. 46.

Com efeito, pode-se qualificar o Direito como fechado do ponto de vista normativo porém aberto do ponto de vista epistemológico, isto é, o Direito é fechado em seu subsistema normativo, mas necessariamente é aberto em seu funcionamento ao interagir com os outros subsistemas, como o político e o econômico, por exemplo. Sendo assim, o Direito necessariamente reage às transformações sociais ocorridas em outros subsistemas, em razão da mudança de valores sociais.[5]

Tais apontamentos se fazem necessários pois é preciso deixar claro que não há como efetuar um estudo jurídico coerente desatrelado das mutações sociais por que passa a sociedade no determinado momento em que se visa o debate científico. Na perspectiva positivista, Norberto Bobbio defende que o ordenamento, para sua inteireza científica necessária, deve se pautar pelas características de unidade, coerência e completude, isto é, "são estas três características que fazem com que o Direito, no seu conjunto, seja um ordenamento e, portanto, uma entidade nova, distinta das normas singulares que o constituem".[6]

Conforme se nota, em especial quando se propõe ao reconhecimento de um novo direito, como pretende o presente trabalho, demonstrar a devida contextualização jurídica é crucial. Não obstante, é importante levar em consideração que o direito ao sossego será evidenciado da hermenêutica do ordenamento jurídico brasileiro, isto é, das normas jurídicas já existentes, especialmente a partir do direito de proteção de dados pessoais, mas, ainda assim, será sugerida, no final do trabalho, a proposta legislativa necessária para a devida previsão no CDC do direito em estudo. Tudo isso para promover a máxima concretização da tese desenvolvida.

Assim, visando o acerto metodológico, é preciso destacar brevemente quais foram os paradigmas que circundaram a sociedade, em especial no que se refere à noção dos direitos fundamentais, para, assim, situar o estudo jurídico ao paradigma tecnológico[7], contextualizado à atual Sociedade da Informação.

Oportuno evidenciar, portanto, que Direito, considerado como subsistema, supera a ideia estruturalista de mero relacionamento hierárquico de normas, conforme o pensamento positivista normativista clássico[8], para se concretizar de maneira analítica, concedendo ordenação também valorativa. Neste sentido, Claus-Wilhelm Canaris descreve a necessidade de se colocar em sintonia a globalidade das normas,

---

5. Nas palavras de Niklas Luhmann "o próprio sistema jurídico parece reagir ao que aparentemente se apresenta como transformação dos valores, mas que no fundo vem a ser um processo muito mais amplo, condicionado não só pela diferença entre gerações, mas de distintas maneiras. [...] [...] O que se quer dizer é tão só que as normas se encontram providas de suposições reais que podem ser evidenciadas no próprio sistema jurídico como erro ou resultar inadequadas como alteração das condições. Isso se evidenciam sobretudo, em face da dinâmica dos desenvolvimentos técnico e científico [...]. LUHMANN, Niklas. *O direito da sociedade*. São Paulo: Martins Fontes, 2016. p. 751.

6. BOBBIO, Norberto. *O positivismo jurídico*. Lições de filosofia do direito. São Paulo: Ícone, 1995. p. 198.

7. Segundo Manuel Castells, "o paradigma da tecnologia da informação não evolui para seu fechamento como um sistema, mas rumo à abertura como uma rede de acessos múltiplos. É forte e impositivo em sua materialidade, mas adaptável e aberto em seu desenvolvimento histórico. Abrangência, complexidade e disposição em forma de rede não são seus principais atributos." CASTELLS, Manuel. *A sociedade em rede*. Rio de Janeiro: Paz e Terra, 2018. p. 128.

8. BOBBIO, Norberto. *O positivismo jurídico*. Lições de filosofia do direito. São Paulo: Ícone, 1995. p. 83.

em um isolamento científico do Direito, entretanto, sem se fechar ao seu entorno, composto por valores que os circunda, numa forma historicamente justificada[9], conforme supracitado.

Tal preocupação se justifica a partir da compreensão de que o Direito, sem o seu devido contexto, pode se tornar mero texto normativo, ilhado no mar de normas, sem qualquer tipo de efetividade social ou mesmo concretização fática. É preciso, portanto, que o jurista vá além do complexo de normas e dos conceitos gerais e abstratos positivados, para contextualizar as leis estudadas ao contexto social vigente.

Conforme se percebe, o ordenamento, de uma maneira geral, transmudou-se da estrutura à função, ao positivar também algumas sanções premiais, isto é, nos dizeres de Norberto Bobbio, da passagem do Estado que se limita a proteger algumas atividades produtivas para si, quando intervém, ao Estado que também se propõe a dirigir a atividade econômica em seu todo, em direção a uma ou mais funções, ou seja, a passagem do Estado apenas protecionista para o Estado programático.[10]

Com isso, longe de se considerar o Direito, como por muito tempo foi, uma ciência autônoma e pura, procura-se cada vez mais relação interdisciplinar com as ciências sociais[11], principalmente ao se tratar das reflexões necessárias ao mundo jurídico, como novas possibilidades de riscos, trazidas pelo avanço da tecnologia.[12] Neste ponto, Danilo Doneda destaca a importância de se buscar novas ferramentas para a reafirmação da proteção da pessoa, na medida em que a tecnologia impõe novas questões e problemas que exigem dos juristas novas respostas.[13]

Diante de tudo isso, o que se almeja é demonstrar que, sendo o Direito uma ciência inserida dentro das ciências sociais, visando o acerto metodológico da defesa contra importunações publicitárias, é preciso se atentar para o atual momento contextual de crescimento das tecnologias de comunicação e informação. É, afinal, o que se pretende com a contextualização do presente trabalho à Sociedade da Informação.

Em razão disso, torna-se conveniente examinar, de forma breve, a contextualização do direito ao sossego, como faceta negativa da proteção de dados pessoais, à luz da alteração dos paradigmas dos direitos fundamentais, demonstrando a evolução dos modos de produção, hoje fortemente influenciados pelo uso de dados pessoais no mercado

---

9. CANARIS, Claus-Wilhelm. *Pensamento sistemático e conceito de sistema na ciência do direito*. Lisboa: Fundação Calouste Gulbenkian, 2012. p. 66.

10. BOBBIO, Norberto. *Da estrutura à função*: novos estudos de teoria do direito. Trad. Daniela Beccaccia Versiani. Barueri: Manole, 2007. p. 71.

11. BOBBIO, Norberto. *Da estrutura à função*: novos estudos de teoria do direito. Trad. Daniela Beccaccia Versiani. Barueri: Manole, 2007. p. 46.

12. BECK, Ulrich. *A metamorfose do mundo*: novos conceitos para uma nova realidade. Trad. Maria Luiza Borges. Rio de Janeiro: Zahar. 2018. p. 19.

13. Afirma o autor que "os reflexos são imediatos no direito, pois ele deve mostrar-se apto a responder à novidade proposta pela tecnologia com a reafirmação de seu valor fundamental – a pessoa humana – e, ao mesmo tempo, fornecer a segurança necessária para que haja a previsibilidade e segurança devidas para a viabilidade da estrutura econômica dentro da tábua axiológica constitucional." DONEDA, Danilo. *Da privacidade à proteção de dados pessoais*. Rio de Janeiro: Renovar, 2006. p. 75.

digital, substrato para o exercício do *marketing* direcionado.[14] Aqui ganha destaque a defesa de que o direito de proteção de dados é um direito fundamental.

Dessa maneira, é possível perceber que a alteração dos paradigmas dos direitos fundamentais dá pistas de indicar maior ou menor extensão do âmbito de proteção de determinados direitos, tais como a liberdade e a privacidade, bem como os mecanismos jurídicos elaborados para a concretização dessas prerrogativas. Assim, é preciso destacar, de maneira breve, como a alteração paradigmática se relaciona com o desenvolvimento da sociedade de consumo na era da informação e quais são os novos riscos a esta realidade inerentes.

Aliás, em decorrência do crescimento do consumismo na sociedade e do surgimento de novos poderes, eminentemente privados, é imperioso ter em mente que tal situação demonstra a necessária aplicação e defesa dos direitos fundamentais às relações privadas, em especial no âmbito de consumo[15], que desponta a incidência de vulnerabilidades, agravadas pelo ambiente virtual.

Indo neste mesmo sentido, o pensamento Norberto Bobbio revela que, no contexto atual, a ciência e, além disso, os conhecimentos desta decorrentes, podem ser caracterizados também como formas de expressão de poder e dominação, inclusive dos homens sobre outros homens.[16] Por tais razões, destaca-se que o desenvolvimento de novos poderes coloca em risco direitos fundamentais, demonstrando a necessidade de estudar também o anverso dos direitos fundamentais, isto é, os deveres fundamentais. Com isso, pretende-se demonstrar como a Sociedade da Informação atrai para si a necessária releitura dos deveres[17], de modo que a liberdade, em especial a econômica, no âmbito virtual, deve sempre se equilibrar à responsabilidade de não provocar danos às pessoas.[18] Essa é a meta que se persegue.

---

14. Conforme aponta Antonio Benjamin: "O Direito é reflexo – mas também instrumento de transformação – da realidade econômico-social. Para cada momento histórico – ou melhor, para cada momento econômico – há um Direito específico. Nessa perspectiva, não cogitamos do Direito, mas de Direitos. 'A análise histórica conduz à verificação de que a cada modo de produção pertence um Direito próprio e específico'." BENJAMIN, Antonio Herman Vasconcellos. O controle jurídico da publicidade. *Revista de Direito do Consumidor*, São Paulo, n. 9, p. 25-57, jan./mar. 1994.

15. DUQUE, Marcelo Schenk. *Direito privado e constituição: drittwirkung* dos direitos fundamentais, construção de um modelo de convergência à luz dos contratos de consumo. São Paulo: Ed. RT, 2013. p. 50.

16. Afirma o autor que: "a luta pelos direitos teve como primeiro adversário o poder religioso; depois o poder político; e, por fim, o poder econômico. Hoje, as ameaças à vida, à liberdade e à segurança podem vir do poder sempre maior que as conquistas da ciência e das aplicações dela derivadas dão a quem está em condição de usá-las. Entramos na era que é chamada de pós-moderna e é caracterizada pelo enorme progresso, vertiginoso e irreversível, da transformação tecnológica e, consequentemente, também tecnocrática do mundo. Desde o dia em que Bacon disse que a ciência é poder, o homem percorreu um longo caminho! O crescimento do saber só fez aumentar a possibilidade do homem de dominar a natureza e os outros homens" BOBBIO, Norberto. *A era dos direitos*. Trad. Carlos Nelson Coutinho. Rio de Janeiro: Elservier 1992. p. 229.

17. LIPOVETSKY, Gilles. *A sociedade pós-moralista*: o crepúsculo do dever e a ética indolor dos novos tempos democráticos. Barueri: Manole, 2005. p. 2.

18. NABAIS, José Casalta. *Por uma liberdade com responsabilidade*: estudos sobre direitos e deveres fundamentais. Coimbra: Coimbra Editora, 2007. p. 222.

2.1 OS PARADIGMAS NA EVOLUÇÃO DO MODO DE PRODUÇÃO DA SOCIEDADE E OS NOVOS DIREITOS FUNDAMENTAIS

Historicamente, há cerca de 10 mil anos, o modo de produção humana se caracterizava basicamente pela retirada, da própria natureza, por meio da coleta e da caça, o que fosse necessário para satisfazer as necessidades básicas das pessoas, tão somente.[19] Neste período, portanto, a maioria das pessoas viviam em pequenos grupos, nômades, pois sobreviviam principalmente da coleta, da caça e da pesca.

A mudança começa a ocorrer com o advento da chamada "revolução agrícola", que promoveu as concepções inaugurais de civilização a partir do cultivo da terra pela agricultura. É neste contexto que a "primeira onda"[20] de mudanças começa a alterar profundamente o funcionamento da sociedade a partir do modo de produção implementado para a satisfação de necessidades humanas.

A evolução seguiu as tormentas da expansão histórica do homem ao domínio da geografia do mundo[21], destacando que a descoberta da América e da passagem, pelo cabo da Boa Esperança, para as Índias Orientais, já foram destacadas como eventos históricos extremamente relevantes[22], inclusive para a compreensão do ideal de globalismo econômico vivenciado atualmente. Em verdade, a expansão dos mercados, por meio das descobertas geográficas, evidenciou a figura do intermediário na satisfação das necessidades, isto é, aquele que possui a função de distribuir ao destinatário final a produção gerada pelo trabalhador inicial.

Mas é no período compreendido entre o fim do século XVIII e o início do século XIX que a enorme transformação tecnológica na logística de produção, trazida pela máquina a vapor, destaca-se na Grã-Bretanha[23], abrindo caminho para a denominada "Revolução Industrial".[24] De certa forma paralela, em 1789, eclodiu a Revolução Francesa, que dá indícios de ser o marco teórico do chamado Estado Liberal.[25]

É também neste contexto que surge a denominada "segunda onda", isto é, "a revolução industrial irrompeu através da Europa e desencadeou a segunda grande onda de mudança planetária. Este novo processo – a industrialização – começou a marchar muito mais rapidamente através de nações e continentes."[26] Assim, surge a sociedade

---

19. JAY, Peter. *A riqueza do homem*: uma história econômica. Rio de Janeiro: Record, 2002. p.32.
20. TOFFLER, Alvin. *A terceira onda*. Trad. João Távora. 8. ed. Rio de Janeiro: Record, 1980. p. 27.
21. É importante destacar que os acontecimentos históricos não podem ser compreendidos como fatos que ocorrem de modo linear, sendo assim estudados somente por questões meramente didáticas. Em verdade, a evolução histórica, de um modo geral, é deveras complexa, tendo sempre que se ter em mente que um fato novo não importa necessariamente na derrocada dos fatos anteriores. A evolução histórica, portanto, nem sempre põe fim aos fatos anteriores, posto que muitas vezes à transforma, gerando verdadeiras revoluções.
22. SMITH, Adam. *A riqueza das nações*: investigação sobre sua natureza e suas causas. São Paulo: Nova Cultura, 1996. p.117.
23. Neste ponto, destaca Manuel Castells que "na verdade, as descobertas tecnológicas ocorreram em agrupamentos, interagindo entre si num processo de retornos cada vez maiores. Sejam quais forem as condições que determinaram esses agrupamentos, a principal lição que permanece é a que a inovação tecnológica não é uma ocorrência isolada." CASTELLS, Manuel. *A sociedade em rede*. Rio de Janeiro: Paz e Terra, 2018. p. 92.
24. HUBERMAN, Leo. *História da riqueza do homem*. Rio de Janeiro: Guanabara Koogan, 1986. p. 172.
25. BONAVIDES, Paulo. *Do Estado liberal ao Estado social*. 6. ed. rev. e ampl. São Paulo: Malheiros, 1996. p. 19.
26. TOFFLER, Alvin. *A terceira onda*. Trad. João Távora. 8. ed. Rio de Janeiro: Record, 1980. p. 29.

industrial, que aperfeiçoando a ciência, com novas descobertas e invenções, promoveu o progresso dos meios de produção, da agricultura, da pecuária e do comércio.[27]

Dessa maneira, surge também o ideal de Estado Liberal, em consonância com o movimento filosófico iluminista que demonstrava uma contraposição ao Estado Absolutista, dominado pelas mordomias do clero e da nobreza, ainda custeados pela população francesa. Durante essa época imperavam as monarquias absolutistas e o Estado se geria totalmente sem limites jurídicos previstos em lei, isto é, todo o poder decorria do soberano, sendo este fonte das normas, nos moldes da frase histórica atribuída ao rei francês Luís XIV: "O Estado sou eu".

Com o advento da busca da população pela limitação do poder do absolutismo monárquico surge o "Constitucionalismo clássico" ou "liberal", caracterizado como uma verdadeira luta da burguesia pela legitimidade do poder estatal com o intuito principal de abolir os privilégios da nobreza e do clero. Este Constitucionalismo clássico se deu no decorrer das revoluções liberais movimentadas pela burguesia em busca de ideais libertários[28], surgindo neste contexto declarações de direitos de extrema importância, tais como a Declaração Universal dos Direitos do Homem e do Cidadão, de 1789 e a Declaração de Direitos da Virgínia, de 1776.

Não se desconhece que a Magna Carta de João Sem Terra, de 1215, já havia consagrado, em seu texto, diversas cláusulas de liberdade, como as que representam hoje alguns dos mais essenciais direitos fundamentais. Todavia, é relevante destacar que textos jurídicos como este eram limitados aos privilegiados de certos grupos seletos, não atingindo a maioria da população e, ainda assim, não cumprindo a função primordial de uma constituição, qual seja, a limitação do poder político.[29]

Em verdade, a noção de direitos fundamentais como normas jurídicas limitadoras do poder estatal, conforme se reconhece atualmente, surge da reação dos indivíduos ao poder do Estado Absolutista, consoante supracitado. E é neste contexto que as constituições se tornaram leis escritas e superiores às demais normas existentes na sociedade, estabelecendo a separação dos poderes, a limitação do governo e a garantia dos direitos dos cidadãos. Instituía-se assim o Estado Liberal, e com ele o movimento legalista, tendo como pilares do constitucionalismo o reconhecimento dos direitos fundamentais e a necessária separação dos poderes.[30]

Nota-se que no contexto liberal o modo de produção, influenciado pela revolução industrial, proporcionava o desenvolvimento do capitalismo, isto é, do sistema socioeconômico "baseado na livre troca de mercadorias com o objetivo primordial de se obter

---

27. LISBOA, Roberto Senise. Direito na sociedade da informação. *Revista de Direito do Consumidor,* São Paulo, ano 95, v. 847, p. 78, maio 2007.
28. Quanto às revoluções, Paulo Bonavides afirma que "[...] a Revolução Francesa não foi o Comitê de Salvação Pública nem a guilhotina de Danton e Robespierre, mas o Estado de Direito, a legitimidade republicana, a monarquia constitucional, o regime representativo, as liberdades públicas, os direitos individuais, a majestade da pessoa humana; enfim, toda aquela ordem nova que somente tomou forma e consciência depois que a História filtrou e sazonou o princípio revolucionário em concretização institucional." BONAVIDES, Paulo. *Do Estado liberal ao Estado social.* 6. ed. rev. e ampl. São Paulo: Malheiros, 1996. p. 210.
29. COMPARATO, Fábio Konder. *A afirmação histórica dos direitos humanos.* 3. ed. São Paulo: Saraiva. 2003. p. 34.
30. BONAVIDES, Paulo. *Do Estado liberal ao Estado social.* 6. ed. rev. e ampl. São Paulo: Malheiros, 1996. p. 63-79.

lucro".[31] O modo de produção capitalista se caracterizava essencialmente pela obtenção de lucro, tendo este como gênese no prolongamento da jornada de trabalho, dando origem a "mais-valia". Em verdade, "o prolongamento da jornada de trabalho além do ponto em que o trabalhador teria produzido apenas um equivalente pelo valor de sua força de trabalho, e a apropriação desse mais-trabalho pelo capital, isto é a produção da mais-valia absoluta."[32]

Dessa maneira, é importante ressaltar que é durante esse período que o dinheiro se torna "capital", dentro da lógica do modo de produção, ao permitir a sua utilização na aquisição de meios de produção e no pagamento da força de trabalho necessária para a produção de mercadorias, posteriormente vendidas com a obtenção de lucro.[33]

Dentro desse ambiente econômico os direitos fundamentais ainda se limitavam à garantia da liberdade individual, em especial sob o aspecto da separação entre Estado e sociedade. Assim, prevalecia a defesa de deveres de abstenção do Estado, como verdadeiros limites ao exercício do poder público, visando salvaguardar as liberdades privadas dos indivíduos, em especial direcionado ao grupo burguês que se aproveitava dos modos de produção estabelecidos para a obtenção de lucro.[34]

A principal teoria que justificava essa concepção jurídica era a teoria do positivismo jurídico, que pugnava que a lei conteria todo o Direito, dentro da lógica do primado da legalidade.[35] Neste ponto, quanto aos direitos fundamentais, defendia-se que se limitavam a atuação negativa do Estado, isto é, abstenções de conduta pelo poder público, capazes de garantir a liberdade das pessoas. Afinal, a grande preocupação no que se refere aos direitos fundamentais eram as ameaças decorrentes da conduta estatal.

Destaca-se que é neste contexto, de atuação negativa, com aspecto liberal, que surge o direito à privacidade como direito autônomo.[36] De maneira mais específica, partindo da ideia de que as pessoas são livres, surge a necessidade de garantir a esfera reservada, isto é, onde nem sequer o Estado poderia adentrar, como faceta autônoma à liberdade. Em verdade, a privacidade surge como direito corolário à propriedade, afinal, esta seria condição inafastável para se chegar à privacidade. A privacidade, portanto, torna-se uma prerrogativa de uma emergente classe burguesa, defensora da propriedade, afinal, "a vida privada deve ser murada"[37], de modo que não seria mais permitido, nem mesmo ao Estado, conhecer o que se passa dentro da casa de um particular.

---

31. HUBERMAN, Leo. *História da riqueza do homem*. Rio de Janeiro: Guanabara Koogan, 1986. p. 153.
32. MARX, Karl. *O capital*: crítica da economia política. São Paulo: Nova Cultura, 1996, Livro 1, t. 2, p. 138.
33. HUBERMAN, Leo. *História da riqueza do homem*. Rio de Janeiro: Guanabara Koogan, 1986. p. 156.
34. HEILBRONER, Robert. *A história do pensamento econômico*. São Paulo: Nova Cultural, 1996. p. 88.
35. KELSEN, Hans. *Teoria pura do direito*. Trad. João Baptista Machado. 7. ed. São Paulo: Martins Fontes, 2006. p. 23.
36. LIMBERGER, Têmis. Cibertransparência: informação pública em rede e o direito ao esquecimento. In: STRECK, Lenio Luiz; ROCHA, Leonel Severo; ENGELMANN, Wilson (Org.). *Constituição, sistemas sociais e hermenêutica*. Anuário do Programa de Pós-Graduação em Direito da Unisinos. Porto Alegre: Livraria do Advogado, 2017. p. 208.
37. DUBY, Geoges. Poder privado, poder público. In: DUBY Georges (Org.). *História da vida privada*, 2: da Europa feudal a Renascença. Trad. Maria Lucia Machado. São Paulo: Companhia das Letras, 1990. p.19.

Diante disso, verifica-se que, historicamente, a privacidade está associada a superação da sociedade feudal, onde o isolamento era privilégio de pouquíssimos, e também interligada à ascensão da classe burguesa, sobretudo graças às transformações socioeconômicas decorrentes da Revolução Industrial. Assim, o burguês "apropria-se de um seu 'espaço', com uma técnica que lembra aquela estrutura para a identificação de um direito à propriedade 'solitária'".[38]

Superado esse ponto, em sentido oposto ao reconhecimento da liberdade dos indivíduos, o modo de produção industrial capitalista, além da prosperidade econômica limitada a uma minoria da população, trouxe consigo uma série de problemas sociais, como o aumento da pobreza, o desemprego e especialmente as condições precárias de trabalho, como a excessiva jornada de trabalho, salários irrisórios ou mesmo o trabalho infantil.[39]

Dentro desse contexto social, de extrema desigualdade e pobreza, afirmar que houve o reconhecimento do direito fundamental à liberdade, inclusive, é afirmação que sofreu e ainda sofre severas críticas. Isso porque, ao se considerar as condições desumanas de trabalho, a liberdade defendida se limitava ao seu reconhecimento formal, sem eficácia prática no cotidiano da maioria das pessoas.[40]

Dessa maneira, nota-se que o modo de produção industrial surge em compasso com a defesa da liberdade política como direito essencial. Todavia, essa liberdade restrita era inócua frente as contradições sociais dos marginalizados da sociedade. Como se percebe, a liberdade conquistada nas revoluções junto ao crescimento da industrialização acentuava-se proporcionalmente à exploração do homem pelo homem. Por conta disso, surgiram movimentos de crítica ao capitalismo selvagem liberal, como o marxismo e o socialismo utópico[41], reunindo reivindicações especialmente relacionadas à busca por melhores condições de trabalho.

A derrocada histórica do clássico Estado Liberal se deu, então, a partir da conquista pelo povo do voto censitário, alterando sobremaneira a forma com que ocorria a manutenção do poder político.[42] Neste ponto, "as primeiras manifestações associativas populares originaram os partidos populares modernos. Isso ensejou o exercício de uma liberdade positiva, ou seja, a população começou a participar do processo social."[43] Além disso, novos direitos foram sendo conquistados pelos trabalhadores mais marginalizados, atribuindo ao Estado comportamento ativo na realização da justiça social.[44]

E neste contexto, na Rússia, em 1917, uma grande revolução socialista teve sucesso, e a apropriação coletiva dos meios de produção promoveu a fortes mudanças no Estado,

---

38. RODOTÀ, Stefano. *A vida na sociedade da vigilância*: a privacidade hoje. Trad. Danilo Doneda e Luciana Cabral Doneda. Rio de Janeiro: Renovar, 2008. p. 26.
39. HEILBRONER, Robert. *A história do pensamento econômico*. São Paulo: Nova Cultural, 1996. p. 100.
40. BONAVIDES, Paulo. *Do Estado liberal ao Estado social*. 6. ed. rev. e ampl. São Paulo: Malheiros, 1996. p. 67.
41. SARMENTO, Daniel. *Direitos fundamentais e relações privadas*. 2. ed. Rio de Janeiro: Lumens Juris, 2010. p. 16.
42. BONAVIDES, Paulo. *Do Estado liberal ao Estado social*. 6. ed. rev. e ampl. São Paulo: Malheiros, 1996. p. 188.
43. LISBOA, Roberto Senise. Direito na sociedade da informação. *Revista de Direito do Consumidor*, São Paulo, ano 95, v. 847, p. 81, maio 2007.
44. SARLET, Ingo Wolfgang. *A eficácia dos direitos fundamentais: uma teoria geral dos direitos fundamentais na perspectiva constitucional*. 10. ed. Porto Alegre: Livraria do Advogado, 2010.

2 • O DIREITO AO SOSSEGO FRENTE AS MUDANÇAS DE PARADIGMAS NOS DIREITOS FUNDAMENTAIS

fortalecendo os ideais que possibilitaram a formação dos Estados socialistas notados no século XX. Desse modo, a Revolução Russa é tão fundamental para a compreensão da história do século XX quanto a Revolução Francesa foi para o século XIX.[45]

Essa experiência russa demonstrou aos países que se estruturavam em Estados predominantemente liberais a necessidade de se adequarem a ideia de que para a efetividade dos direitos individuais era necessário garantir um mínimo de condição de existência digna às pessoas. Tal pensamento, inclusive, é evidente nas constituições Mexicana de 1917 e a de Weimar de 1919, que positivaram direitos considerados sociais, como a saúde e a educação. Em outras palavras, é nesse contexto, com destaque para estas Cartas Constitucionais supracitadas, que eclode o Estado do bem-estar social, ou Estado Social.

Se durante a concepção liberal os indivíduos tinham como ideal a liberdade em face do Estado, dentro da lógica de limitação do poder estatal, estampada nos direitos civis e políticos, por outro lado essas previsões se resumiam ao campo meramente formal. Dito de outra maneira, o reconhecimento do direito fundamental de liberdade tão somente de maneira formal não garantia boas condições humanas às pessoas, de modo que a sobrevivência permanecia extremamente precária.

Em razão disso, a sociedade passou a exigir não apenas a abstenção estatal no que se refere à garantia de liberdade, mas sim participação ativa do Estado, por meio de políticas públicas, referentes às prestações destinadas à garantia de condições mínimas de vida. Verifica-se, assim, que o conteúdo ético dos direitos fundamentais se modifica ao longo do tempo[46] e, nesse contexto, surge um novo direito fundamental em destaque, a saber, a igualdade, como valor básico para a compreensão do paradigma do Estado Social.

Como se percebe, sem as condições mínimas de vida, a liberdade torna-se uma fórmula vazia. Dito de outra maneira, a liberdade não pode ser só uma abstenção estatal, posto que demanda a possibilidade de livre desenvolvimento da personalidade de cada pessoa.

Vale destacar que por mais que a formação do denominado Estado social tenha sofrido fortes influências do marxismo, não se pode confundir o ideal do Estado social com o modelo socialista. Isso porque a busca da igualdade preconizada pelo Estado social não dependia da planificação econômica ou estatização dos meios de produção, isto é, decorria, em verdade, de políticas públicas democráticas balizadoras da igualdade, enquanto um padrão mínimo de vida.[47]

O novo paradigma de direitos fundamentais fundado na ideia de igualdade demonstrou uma intensa preocupação ao acesso das pessoas aos direitos básicos. Como se não bastasse, a racionalidade jurídica passou a preocupar-se com a qualidade material dos direitos, superando as meras formalidades outrora predominantes, em busca de uma

---

45. HOBSBAWN, Eric. *A era dos extremos:* o breve século XX. 1941-1991. São Paulo: Companhia das Letras, 1995. p. 62.

46. BOBBIO, Norberto. *A era dos direitos*. Trad. Carlos Nelson Coutinho. Rio de Janeiro: Elservier, 1992. p. 37.

47. Como bem pontua o professor Bonavides, é importante perceber que o "Estado social" se difere do "Estado socialista", uma vez que, de maneira sucinta, dentro da própria base do "Estado social", é possível destacar a adesão ao capitalismo, princípio cardeal a que não renuncia e que o diferencia, desde logo, do "Estado socialista". BONAVIDES, Paulo. *Do Estado liberal ao Estado social*. 6. ed. rev. e ampl. São Paulo: Malheiros, 1996. p. 188.

justiça efetiva. Conforme se percebe, os direitos fundamentais, de uma maneira geral, transmudaram-se da estrutura jurídica de normas que garantiam à abstenção estatal para uma nova concepção, centrada na função do Direito enquanto instrumento capaz de promover a vida das pessoas.[48]

Neste aspecto, inclusive, surge uma nova concepção do direito fundamental à privacidade. Diferentemente do ideal liberal, em que o cidadão se contentava com o direito de ser deixado em paz no interior de sua propriedade privada, no Estado social a privacidade também se reverte à faceta positiva, pois emerge o direito ao acesso, retificação e cancelamento de informações pessoais.[49] Sendo assim, a privacidade se torna ainda mais autônoma ao se desenvolver a partir das mudanças trazidas com a ampliação da revolução industrial, em especial frente aos novos meios de comunicação em massa, como os jornais, instrumentalizados pelas fotografias. Tal fato indica que a defesa da privacidade foi ganhando contornos de natureza pessoal, abandonando a necessidade de se aproveitar da estrutura da tutela da propriedade.[50]

Conforme se nota, se anteriormente a privacidade era garantida no âmbito da propriedade privada, dentro do "jardim", neste novo contexto passa a ser necessária também a sua resguarda fora dos limites do lar, ou seja, no espaço físico dito público, isto é, na praça.[51] Neste ponto, destaca-se desde já que começa a ficar mais clara a íntima relação do desenvolvimento da noção de privacidade com o direito de não ser perturbado pelas publicidades virtuais de consumo, conforme se pretende expor adiante.

Além disso, neste período ampliaram-se os campos das conquistas relacionadas aos direitos fundamentais, com a previsão dos direitos sociais e econômicos, de prestações positivas pelo Estado, por meio das políticas públicas. É neste contexto que o Estado assume parte da responsabilidade de promover a igualdade no plano dos fatos.

Destaca-se que apesar do Estado Social apresentar a defesa de direitos sociais, estes não foram criados essencialmente neste período. Em verdade, os denominados direitos sociais já estavam presentes nas Constituições e Declarações do século XVIII e início do século XIX, ainda antes da crise do Estado Liberal. A título de exemplo, a Constituição de 1791 da França já continha a instrução pública comum a todos os cidadãos, sem deixar de mencionar a previsão de socorro público para as crianças expostas, ou mesmo o auxílio aos pobres em situação de enfermidade.

Assim, de fato o advento do Estado social teve como forte ideal a defesa de direitos sociais, e, de maneira mais adequada, é possível afirmar que houve uma mudança quantitativa na concepção de políticas públicas, e não necessariamente inovação no que se refere ao conteúdo dos direitos fundamentais.

---

48. BOBBIO, Norberto. *Da estrutura à função*: novos estudos de teoria do direito. Trad. Daniela Beccaccia Versiani. Barueri: Manole, 2007. p. 71.
49. LIMBERGER, Têmis. Cibertransparência: informação pública em rede e o direito ao esquecimento. In: STRECK, Lenio Luiz; ROCHA, Leonel Severo; ENGELMANN, Wilson (Org.). *Constituição, sistemas sociais e hermenêutica*. Anuário do Programa de Pós-Graduação em Direito da Unisinos. Porto Alegre: Livraria do Advogado, 2017. p. 208.
50. DONEDA, Danilo. *Da privacidade à proteção de dados pessoais*. Rio de Janeiro: Renovar, 2006. p.139.
51. SALDANHA, Nelson. *O jardim e a praça*: ensaio sobre o lado privado e o lado público da vida social e histórica. Porto Alegre: SAFE, 1986. p. 28.

2 • O DIREITO AO SOSSEGO FRENTE AS MUDANÇAS DE PARADIGMAS NOS DIREITOS FUNDAMENTAIS

Tal mudança paradigmática jurídica tem íntima relação com os problemas que derivaram da alteração nos modos de produção, decorrentes da denominada Segunda Revolução Industrial. Essa Revolução é considerada, em verdade, uma nova fase da Revolução Industrial iniciada no final do século XVIII, em razão do desenvolvimento que foi implementado nas indústrias, através da melhoria de técnicas, construção de novas máquinas e da racionalização do trabalho e dos meios de produção.

Em resumo, durante a Segunda Revolução Industrial buscou-se, por meio de alterações nos modos de produção, reduzir custos e acelerar os resultados, em especial através da organização racional do trabalho. É neste contexto, portanto, que surgem os métodos fordistas e tayloristas, com implementação de novas máquinas substituindo trabalhadores, ordenados racionalmente em linhas de produção em série, em razão de inovações gerenciais permitidas pela administração científica.[52] Não obstante, os operários também foram treinados para alcançar melhores taxas de produtividade.[53]

Como consequência desse contexto produtivo, nota-se a produção em massa e em grandes escalas, com a formação de monopólios por parte das grandes empresas, que detinham o aparato de máquinas necessárias à produção industrial. Consequentemente, ocorreu aumento na concentração de renda e a desvalorização dos trabalhadores que foram substituídos por máquinas. Neste ponto, Fernando Martins reflete que "não resta dúvida de que a revolução industrial modificou o perfil do capitalismo, a partir de três matizes inexoráveis: (i) o enriquecimento de poucos. (ii) o assalariamento de muitos e (iii) a massificação de todos."[54]

Neste contexto, portanto, inicia-se a crítica a respeito da aplicação dos direitos fundamentais tão somente frente ao Estado, posto que os modos de produção perpetuados pelas empresas também demonstravam sérios riscos às pessoas. Ademais, dentro do modo de produção destacado pela Segunda Revolução Industrial, a figura do intermediário, entre o fabricante e o destinatário final, ganha ainda mais relevância. Tudo isso juntamente com a evolução da maneira de produzir e distribuir os bens em massa, modificando sobremaneira os hábitos dos consumidores, novo nome dado aos trabalhadores que, neste contexto, melhor pagos, tinham capacidade econômica de consumir os produtos que produziam.

Aliás, esse é um dos pontos que merece destaque na chamada "segunda onda", inerente à revolução industrial, ou seja, a fissão promovida na economia. É dizer que "as duas metades de vida humana que a Segunda Onda separou foram a produção e o consumo."[55] Isso significa que, até o contexto da revolução industrial, a produção estava especialmente relacionada ao consumo próprio ou mesmo da família dos produtores, sendo as mercadorias destinadas a comercialização extremamente limitadas.

---

52. LISBOA, Roberto Senise. Direito na sociedade da informação. *Revista de Direito do Consumidor*, São Paulo, ano 95, v. 847, p. 79, maio 2007.
53. DRUCKER, Peter. *A sociedade pós-capitalista*. São Paulo: Pioneira, 1993. p. 19.
54. MARTINS, Fernando Rodrigues. *Princípio da justiça contratual*, São Paulo: Saraiva, 2011. p. 119.
55. TOFFLER, Alvin. *A terceira onda*. Trad. João Távora. 8. ed. Rio de Janeiro: Record, 1980. p. 50.

Ocorre que a industrialização mudou sobremaneira essa lógica do mercado. Em vez de pessoas e grupos sociais autossuficientes, a sociedade industrial passou a destinar o volume crescente de alimentos, produtos e serviços especificadamente para venda e troca. Neste contexto, praticamente "todo mundo se tornou quase inteiramente dependente de comida, mercadorias e serviços produzidos por outrem".[56] Com efeito, conforme supracitado, neste período começa a destacar a figura do consumidor como ponto nevrálgico do mercado.[57]

Adiante, em especial após a Segunda Guerra Mundial, o positivismo jurídico, com a ideia de um ordenamento jurídico indiferente a valores éticos, deu pistas de se mostrar superado pelo pensamento jurídico. Em outras palavras, as atrocidades ocorridas nas Grandes Guerras deram indícios de que seria necessário construir um padrão ético global, com a inserção de valores no sistema jurídico. Dito de outro modo, mostrou-se necessário que o Direito garantisse uma pretensão de correção, visando aproximar ao máximo as condutas humanas relevantes ao mundo jurídico do ideal de justiça.[58]

Para tanto, a teoria jurídica, adequando-se à essa necessidade, passou a abrir caminho para o denominado pós-positivismo, que tem como ideia básica a normatividade dos princípios, operando uma verdadeira aproximação entre os valores da sociedade e o Direito.[59] Em razão disso, a dignidade humana, anteriormente um mero valor sem peso normativo, tornou-se norma a ser respeitada, inserida no epicentro jurídico, sendo essa uma das maneiras de evitar que as barbaridades vivenciadas nas Grandes Guerras novamente ocorram.[60] E como reflexo desse momento histórico, houve a internacionalização dos direitos humanos, com destaque para a criação da Carta da ONU em 1945 e para a Declaração Universal dos Direitos Humanos em 1948.

O pós-guerra trouxe consigo, portanto, o ideal de reconstrução dos direitos fundamentais, tornando os direitos humanos paradigmas orientadores da ordem internacional, em especial em repúdio aos sistemas jurídicos que foram indiferentes aos valores éticos, além de influenciar a inserção da tutela da dignidade da pessoa humana em diversos textos constitucionais surgidos a partir de então. Tal fato se deu, especialmente, por conta de ter o nazismo e o fascismo acessado ao poder dentro do quadro da legalidade e, como se não bastasse, por terem promovido a barbárie revelada pela história de maneira justificada pela lei.

---

56. TOFFLER, Alvin. *A terceira onda*. Trad. João Távora. 8. ed. Rio de Janeiro: Record, 1980. p. 52.
57. Neste contexto, Danilo Doneda destaca a influência da tecnologia, segundo o qual: "a Revolução Industrial, como o momento a partir do qual a tecnologia passou a ocupar um lugar de destaque na dinâmica social – até o momento em que o mercado, impulsionado pela técnica, com esta virtualmente se amalgama. Surge então a figura do Homo Faber, destinado pela primeira vez a produzir mais do que poderia consumir e que, subordinado ao imperativo do fazer, restava privado tanto de consciência crítica quanto da responsabilidade sobre seus atos, reduzido que estava pela técnica à esta dimensão." DONEDA, Danilo. *Da privacidade à proteção de dados pessoais*. Rio de Janeiro: Renovar, 2006. p. 61.
58. ALEXY, Robert. *Constitucionalismo discursivo*. Porto Alegre: Livraria do Advogado, 2006. p. 20.
59. LIMBERGER, Têmis. *Direito e informática: o desafio de proteger os direitos do cidadão*. In: SARLET, Ingo Wolfgang (Org.) Direitos fundamentais, informática e comunicação: algumas aproximações. Porto Alegre: Livraria do Advogado, 2007. p. 195.
60. ROBLES, Gregorio. *Os direitos fundamentais e a ética na sociedade atual*. Trad. Roberto Barbosa Alves. Barueri: Manole, 2005. p. 79.

Neste ponto, destaca-se que a própria Lei Fundamental da República Federal da Alemanha, datada de 1949, cuidou expressamente da tutela da pessoa, conforme se nota da literalidade do seu artigo inaugural, segundo o qual "a dignidade da pessoa humana é intangível. Respeitá-la e protegê-la é obrigação de todo o poder público."[61]

Diante disso, e em razão do enfraquecimento dos ideais liberais, principalmente evidenciado pelas crises econômicas e sociais, passou a perceber-se que de nada valeria a igualdade formal sob o manto de que todos são iguais perante a lei, se não houvesse igualdade substancial efetiva entre as pessoas. Dito de outro modo, a história demonstrou que a defesa imoderada da liberdade frente ao Estado acabava por acentuar os aspectos de desigualdades existem entre as próprias pessoas, naturais ou jurídicas, tendo em vista que eram poucos que possuíam condições de exercício dos direitos até então proclamados. Logo, a liberdade irrestrita, justificada pela igualdade formal, estava aniquilando outros valores tão fundamentais à concreção da dignidade humana como ela própria.

Desse modo, ao consagrar a dignidade de pessoa humana como norma central do sistema jurídico há o reconhecimento da necessária reformulação da abordagem das fontes do direito. Logo, os princípios, enquanto valores positivados no ordenamento, dentro das constituições principalmente, passam a ter força normativa[62], demandando também nova maneira de promover a hermenêutica dos direitos fundamentais.

Como se não bastasse, esses direitos fundamentais passam a impor limites materiais efetivos não só ao legislador como também às pessoas em suas relações particulares, a partir do momento em que o poder privado também se apresenta como ameaçador à convivência pacífica e, acima disso, capaz de expor à risco a dignidade da pessoa humana. Dentro dessa ótica, os princípios, enquanto vetores consagradores da tutela da pessoa humana, tornam-se critérios de decisão, sobretudo nos denominados casos difíceis.[63] Em verdade, diante da complexidade das problemáticas que começam a surgir, à título de exemplo, envolvendo colisão de direitos fundamentais de pessoas privadas, os princípios revelam sua importância como critério para efetivação do novo paradigma dos direitos fundamentais.

E tal complexidade se amplia em especial a partir da crise do petróleo na década de 70[64], em razão do colapso advindo das práticas de controle de trabalho, aliadas ao desenvolvimento de tecnologias, ampliação de hábitos de consumo e superação do modelo fordista-keynesiano, iniciando um período de rápida mudança, de fluidez e de incerteza.[65] A virada fundamental, nos anos 70, demonstra o início de uma "nova fase na automação

---

61. ALEMANHA. *Lei fundamental da República Federal da Alemanha de*, 23 de maio de 1949. Disponível em: https://www.btg-bestellservice.de/pdf/80208000.pdf. Acesso em: 30 jul. 2019.

62. HESSE, Konrad. *A força normativa da Constituição*. Trad. Gilmar Ferreira Mendes. Porto Alegre: Sérgio Antônio Fabris, 1991. p. 18.

63. DWORKIN, Ronald. *Levando os direitos a sério*. 3. ed. São Paulo: Martins Fontes, 2010. p. 105.

64. A partir deste marco histórico, Castells afirma que "de fato, parece que o surgimento de um novo sistema tecnológico na década de 1970 deve ser atribuído à dinâmica autônoma da descoberta e difusão tecnológica, inclusive aos efeitos sinérgicos entre todas as várias principais tecnologias." CASTELLS, Manuel. *A sociedade em rede*. Rio de Janeiro: Paz e Terra, 2018. p. 114.

65. HARVEY, David. *Condição pós-moderna*. Uma pesquisa sobre as origens da mudança cultural. São Paulo: Loyola. 1989. p. 119.

da produção industrial: robótica, linhas de produção flexíveis, máquinas industriais com controles digitais etc."[66]

Como se não bastasse, em especial a partir desse período, o modelo de Estado Social se torna insustentável principalmente pela incapacidade de encarregar-se das responsabilidades sociais que assumira, em nítido inadimplemento constitucional.[67] Além disso, surgem novos problemas relacionado à sociedade de massa, demonstrando a necessidade de traçar novas concepções jurídicas, como as surgidas com relação aos direitos difusos e coletivos. E tudo isso ocorrendo paralelamente à evolução tecnológica dos meios de comunicação, com a propagação frenética de informações, gerando uma verdadeira "terceira onda" de mudanças.[68] Neste sentido, Stefano Rodotà destaca o descompasso existente entre os efeitos das novas tecnologias a transformação das instituições jurídicas, que acabaram se tornando inadequadas para a organização social do futuro tal qual ele começa a se construir.[69]

Somado a isso, o mundo torna-se cada vez mais globalizado[70], acelerando de maneira inimaginável o avanço tecnológico dos meios de comunicação e, consequentemente, da informática. O Estado, portanto, passa a ter o seu domínio relativizado no tocante ao controle da produção, distribuição e comercialização de bens e serviços, posto que as empresas passam a atuar em rede[71], oferecendo produtos cada vez mais imateriais, dado que inseridos no mundo virtual.

Neste ponto, Anderson Perry, ao trabalhar com a ideia de que o contexto atual pode ser denominado "pós-moderno", aduz que isso ocorre pois se verificam diversas situações, como i) um avanço tecnológico da eletrônica, como uma das principais fontes de lucro e inovação; ii) o crescimento de empresas multinacionais, deslocando as suas atividades para países subdesenvolvidos; iii) a ascensão dos conglomerados de comunicação, com um poder permitido pela mídia sem precedentes na história.[72]

Conforme se nota, com a evolução da globalização do mundo, ampliam-se os mercados, padronizam-se os costumes e a importância da delimitação de territórios nacionais são reduzidas, dado que fragilizadas vão se tornado as soberanias estatais frente a flexibilização do mercado de consumo.[73]

---

66. LÉVY, Pierre. *Cibercultura*. Trad. Carlos Irineu da Costa. São Paulo: Editora 34, 2010. p. 31.
67. MARTINS, Fernando Rodrigues. *Controle do patrimônio público*. 5. ed. São Paulo: Ed. RT, 2013. p. 258.
68. TOFFLER, Alvin. *A terceira onda*. Trad. João Távora. 8. ed. Rio de Janeiro: Record, 1980. p. 13.
69. Aponta o autor que: "É evidente, com efeito, forte desproporção entre os extraordinários efeitos das novas tecnologias ("terceira onda", nova revolução industrial, e assim por diante), a mudança de paradigma marcada pelo emergir da informação como recurso fundamental para a organização social do futuro, e a aspiração de não acompanhar uma transformação de tamanha importância com instituições jurídicas adequadas." RODOTÀ, Stefano. *A vida na sociedade da vigilância*: a privacidade hoje. Trad. Danilo Doneda e Luciana Cabral Doneda. Rio de Janeiro: Renovar, 2008. p. 57.
70. GIDDENS, Anthony. *O mundo na era da globalização*. Lisboa: Presença, 2000. p.14.
71. CASTELLS, Manuel. *A galáxia da internet*: reflexões sobre a internet, os negócios e a sociedade. Rio de Janeiro: Zahar, 2003. p. 58.
72. PERRY, Anderson. *As origens da pós-modernidade*. Rio de janeiro: Jorge Zahar. 1999. p. 66.
73. MORAIS, José Luis Bolzan de. O fim da geografia institucional do Estado. A "crise" do estado de direito". In: STRECK, Lenio Luiz; ROCHA, Leonel Severo; ENGELMANN, Wilson (Org.). *Constituição, sistemas sociais e hermenêutica*. Anuário do Programa de Pós-Graduação em Direito da Unisinos. Porto Alegre: Livraria do Advogado, 2017. p. 85.

2 • O DIREITO AO SOSSEGO FRENTE AS MUDANÇAS DE PARADIGMAS NOS DIREITOS FUNDAMENTAIS

Além disso, segundo defende Zygmunt Bauman, o atual contexto qualifica a sociedade como uma nítida "sociedade de consumo", pela qual o trabalhador, operário das indústrias, como ator principal da ordem social, foi substituído pelo consumidor, o verdadeiro responsável pela fluidez do mercado.[74] Desse modo, segundo o autor, os projetos de vida das pessoas não giram mais em torno do trabalho ou das capacidades profissionais mas sim da possibilidade real de consumo. E alterando toda a lógica do mercado, defende o autor que os próprios consumidores se transformam em mercadoria, inclusive sendo essa qualidade a demonstração de que são membros autênticos dessa sociedade, afinal, "tornar-se e continuar sendo uma mercadoria vendável é o mais poderoso motivo de preocupação do consumidor, mesmo que em geral latente e quase nunca consciente."[75]

Dessa maneira, na atual sociedade, o poder e a riqueza já não se encontram mais na propriedade dos meios de produção ou mesmo no domínio sobre bens materiais, mas sim na posse de informação. Por isso, a informação ganha uma nova importância, afinal, torna-se o novo elemento central que organiza a sociedade, como o foi a terra, as máquinas a vapor e a eletricidade nas sociedades agrícola e industrial.[76] Assim, é possível afirmar que "a revolução da tecnologia da informação foi essencial para a implementação de um importante processo de reestruturação do sistema capitalista a partir da década de 1980."[77]

Nessa linha, desde o final do século XX, observou-se a maturação do pensamento sociológico, propiciando projeções de uma sociedade de base informacional[78], posteriormente designada de "sociedade em rede", com base nas ideias de autores como Yoneji Masuda[79] e Fritz Machlup[80] – já na década de 1960 – e, mais recentemente, Jan van Dijk[81] e Manuel Castells.[82] Estes últimos, no curso da década de 1990, foram pio-

---

74. BAUMAN, Zygmunt. *Globalização*: as consequências humanas. Trad. Marcus Penchel. Rio de Janeiro: Jorge Zahar, 1999. p. 87.
75. BAUMAN, Zygmunt. *Vida para consumo*: a transformação das pessoas em mercadoria. Trad. Carlos Alberto Medeiros. Rio de Janeiro: Zahar, 2008.
76. BIONI, Bruno Ricardo. *Proteção de dados pessoais*: a função e os limites do consentimento. Rio de Janeiro: Forense, 2019. p. 5.
77. CASTELLS, Manuel. *A sociedade em rede*. Rio de Janeiro: Paz e Terra, 2018. p. 71.
78. DUFF, Alistair A. *Information society studies*. Londres: Routledge: 2000. p. 3. O autor anota o seguinte: "A palavra aqui parece sugerir que 'sociedade da informação' já era uma opção ativa como um possível descritor para a formação social emergente. [...] Uma ampla variedade de pesquisas bibliográficas em bancos de dados encomendadas para a presente pesquisa confirmou que não havia uso do termo em inglês antes de 1970, pelo menos em um título ou resumo de documento. A teoria alternativa afirma que "o termo" sociedade da informação "foi cunhado no Japão".
79. MASUDA, Yoneji. *The information society as post-industrial society*. Tóquio: Institute for the Information Society, 1980. p. vii.
80. MACHLUP, Fritz. *The production and distribution of knowledge in the United States*. Nova Jersey: Princeton University Press, 1962. p. 15.
81. DIJK, Jan van. *The network society*. 3. rd. Londres: Sage Publications, 2012. p. 6. Comenta: "Os desenvolvimentos na atual revolução das comunicações seguem o mesmo padrão. As invenções ocorreram nos últimos 50 anos. Nas primeiras décadas após a Segunda Guerra Mundial, foram fabricados grandes computadores de *mainframe*, servindo como máquinas de processamento de números ou processadores de banco de dados e telecomunicações por satélite. Então, a partir da década de 1960, foram introduzidos computadores menores e ainda mais potentes, que serviam como máquinas simbólicas gerais, preocupadas com a manipulação interativa da informação e com a comunicação, conectadas em redes. Nesse meio tempo, passamos a fase de inovações através da introdução de várias gerações de computadores pessoais, redes de computadores, equipamentos terminais, programas e serviços."
82. CASTELLS, Manuel. *A sociedade em rede*. Rio de Janeiro: Paz e Terra, 2018. p. 469.

neiros nas proposições sobre como os modais inter-relacionais que configuram a base fundamental de sustentação das atividades humanas seriam afetados pela alavancagem tecnológica, em especial pela *Internet*.

No contexto informacional, Ian Lloyd afirma que, "com a capacidade de digitalizar qualquer forma de informação, os limites entre as várias formas de vigilância estão desaparecendo"[83], e isto se deve ao incalculável potencial da "personalização informacional" advinda do vínculo entre a informação e um determinado indivíduo, conduzindo à reformulação de sua identidade.

Neste diapasão, diante da coleta e processamento de dados pessoais, o consumidor resta transformado em um verdadeiro avatar, tornando-se ainda mais vulnerável, posto que decomposto em um "consumidor de vidro".[84] Afinal, as informações sobre o consumidor, bem como seus hábitos de consumo, permitem que os empreendimentos empresariais sejam mais eficientes no mercado.[85]

Somado a isso, a indução ao consumo torna-se prática corriqueira no mercado, através da oferta de crédito fácil e da publicidade cada vez mais onipresente[86], personalizada e obscura. Em verdade, com os dados pessoais do consumidor, as publicidades se tornaram a engrenagem da economia da informação.[87]

As tecnologias ampliam essa influência ao consumo, de modo que o consumidor é levado ao estado hipnótico, quando as tecnologias invasivas se tornam extensão da própria noção de pessoa. Com efeito, "computadores, sistemas de comunicação, decodificação e programação genética são todos amplificadores e extensões de mente humana"[88], razão pela qual Marshall Mcluhan destaca que o desenvolvimento da tecnologia é acompanhado da criação de novas necessidades.[89]

Assim, na atual sociedade, sustentada por uma economia cada vez mais globalizada, a informação não só se tornou um elemento substancial e vital para as relações

---

83. Com efeito: "Com a capacidade de digitalizar qualquer forma de informação, os limites entre as várias formas de vigilância estão desaparecendo com a aplicação da tecnologia da informação que vincula as técnicas de vigilância a uma rede quase perfeita de vigilância." LLOYD, Ian J. *Information technology law*. 6. rd. Nova Iorque; Oxford: Oxford University Press, 2011. p. 5.
84. LACE, Susane. *The glass consumer*: life in a surveillance Society. Bristol: Policy, 2005.
85. Neste mesmo sentido, Stefano Rodotà aduz que "assediados por computadores, espiados por olhos furtivos, filmados por telecâmeras invisíveis. Os cidadãos da sociedade da informação correm o risco de parecer homens de vidro: uma sociedade em que a informática e a telemática estão totalmente transparentes". RODOTÀ, Stefano. *A vida na sociedade da vigilância*: a privacidade hoje. Trad. Danilo Doneda e Luciana Cabral Doneda. Rio de Janeiro: Renovar, 2008. p. 8.
86. Neste sentido, destaca Schwab Klaus que "o onipresente *Iphone* foi lançado em 2007. Mas no final de 2015, já existiam cerca de bilhões de *smartphones*." KLAUS, Schwab. *A quarta revolução industrial*. São Paulo: Edipro, 2016. p. 18.
87. BIONI, Bruno Ricardo. *Proteção de dados pessoais*: a função e os limites do consentimento. Rio de Janeiro: Forense, 2019. p. 13.
88. CASTELLS, Manuel. *A sociedade em rede*. Rio de Janeiro: Paz e Terra, 2018. p. 89.
89. Aduz o autor que: "[...] a consequência psicológica mais evidente de uma tecnologia nova seja simplesmente a sua demanda. Ninguém quer um carro até que haja carros, e ninguém está interessado em TV até que existam programas de televisão. Este poder da tecnologia em criar seu próprio mercado de procura não pode ser desvinculado do fato de a tecnologia ser, antes de mais nada, uma extensão de nossos corpos e de nossos sentidos. [...] [...] a necessidade de utilizar os sentidos disponíveis é tão premente quanto respirar – o que confere sentido à necessidade que sentimos em manter o rádio ou o aparelho de televisão ligados quase que continuamente." MCLUHAN, Marshall. *Os meios de comunicação como extensões do homem*. São Paulo: Cultrix, 2007. p. 88.

sociais como também, em especial os dados pessoais, o principal insumo da atividade econômica, de modo que quem tem acesso aos dados tem acesso ao poder.[90]

Isso ainda somado ao desenvolvimento crescente das redes digitais interativas, que expõe novas formas de i) isolamento e sobrecarga cognitiva, em razão do estresse pelo excesso de comunicação; ii) de dependência, em razão do vício na navegação pela *Internet*; iii) de dominação, pelo monopólio praticado por algumas potências econômicas sobre funções importantes da rede; iv) de exploração, em razão da vigilância e das novas formas de vendas eletrônicas e; v) de "bobagem" coletiva pelo acúmulo de dados sem qualquer informação relevante.[91]

Surge, portanto, um novo poder, o poder tecnológico, que encurta distâncias, acelera o tempo e transforma as informações inerentes às pessoas em capital. Desenvolve-se a quarta revolução industrial, que se destaca por três elementos essenciais, quais sejam; i) a velocidade, evoluindo a sociedade em um ritmo exponencial e em um mundo multifacetado e interconectado, com tecnologias cada vez mais qualificadas; ii) a amplitude e a profundidade, modificando paradigmas na economia, na sociedade e nos indivíduos, alterando não só "o quê" e "como" o mundo funciona mas também a própria identidade das pessoas, e, por fim; iii) impacto sistêmico, envolvendo transformação de sistemas inteiros, em empresas, indústrias e na sociedade como um todo.[92]

Desse modo, se as primeiras revoluções industriais possibilitaram imensa transformação social, semelhante fenômeno vem ocorrendo com o advento da denominada "revolução informacional". Neste ponto, pode-se destacar como principais efeitos decorrentes dessa revolução i) a transnacionalização; ii) o constante conflito entre interesses dos Estados e das macroempresas multinacionais; iii) a economicidade da informação, passando a integrar ativo econômico; iv) o desenvolvimento do *e-commerce*, possibilitando a aquisição de produtos e serviços através da *Internet*; e v) a formação de bancos de dados pessoais dos consumidores.[93]

Diante do exposto, a posse sobre dados pessoais no mercado surge como forma de expressão de poder e dominação, possibilitando o domínio das pessoas sobre outras pessoas. Neste sentido, corriqueiramente os estudiosos indicam que, no atual contexto, dentro do modo de produção tecnológico e virtualizado, os dados são considerados o novo petróleo, ou seja, a nova fonte de riqueza, conforme recorrentemente destacado pelos meios de comunicação.[94]

---

90. PINHEIRO, Patrícia Peck. *Proteção de dados pessoais*: comentários à lei n. 13.709/18 (LGPD). São Paulo: Saraiva Educação, 2018. p. 50.
91. LÉVY, Pierre. *Cibercultura*. Trad. Carlos Irineu da Costa. São Paulo: Editora 34, 2010. p. 30.
92. KLAUS, Schwab. *A quarta revolução industrial*. São Paulo: Edipro, 2016. p. 13.
93. LISBOA, Roberto Senise. Direito na sociedade da informação. *Revista de Direito do Consumidor*, São Paulo, ano 95, v. 847, p. 78, maio 2007.
94. Destaca-se que essa ideia é constantemente divulgada em diversos portais: JULIO, Rennan A. "Dados são o novo petróleo", diz CEO da Mastercard – exceto por um pequeno detalhe. *Época Negócios*, São Paulo. 05 jul. 2019. Disponível em: https://epocanegocios.globo.com/Empresa/ noticia/2019/07/dados-sao-o-novo-petroleo-diz--ceo-da-mastercard.html. Acesso em: 06. ago. 2019; LOUREIRO, Rodrigo. Os dados são o novo petróleo. *Istoé Dinheiro*, São Paulo, ed. 1060, 09 mar. 2018. Disponível em: https://www.istoedinheiro.com.br/os-dados-sao-o--novo-petroleo. Acesso em: 06 ago. 2019. Neste sentido, inclusive, Marina Feferbaum destaca que *"agora os dados são a grande questão do mercado jurídico. Se antes havia uma questão de propriedade muito forte, hoje passaram para*

Logo, a mudança de paradigmas na evolução do modo de produção na sociedade dá pistas de que os direitos fundamentais, sob novas ameaças e riscos, dependem de releituras. Em verdade, na atual Sociedade da Informação, é preciso repensar a forma de proteger a pessoa humana, principalmente quando valores essenciais à dignidade, como os dados pessoais, tornam-se objeto de troca no mercado. Afinal, neste contexto, a informática e o desenvolvimento tecnológico devem ser geridos sempre a serviço e para a promoção da vida das pessoas, jamais como restritiva de direitos fundamentais.[95]

Noutras palavras, importa saber se, na medida em que o acesso à informação permita estabelecer elos entre as características ou ações de um determinado sujeito e o conjunto dos dados relacionados a seus hábitos de consumo, às opiniões que manifesta, à sua localização, entre outras informações relevantes e sensíveis que permitam sua identificação, ter-se-á que compatibilizar o direito a essas novas conjecturas para a atribuição de tutela jurídica adequada.[96]

Importante frisar que esse percurso histórico supracitado, que indica alterações nos paradigmas, se difere quando a análise se delimita ao Brasil. Isso porque, conforme se nota, o país nunca teve um Estado concretamente liberal e, ainda assim, enquanto grande parte do mundo estabelecia os Estados sociais, com garantias de direitos mínimos, o Brasil vivenciava uma ditadura militar que intensificou a desigualdade social. Desse modo, o Brasil vivencia uma modernidade tardia, isto é, "as promessas da modernidade só são aproveitadas por um certo tipo de brasileiros. Para os demais, o atraso! O *apartheid* social!"[97]

Dessa maneira, a reflexão desconcertante é de que o Brasil chega à Sociedade da Informação sem ter constituído um Estado nem liberal nem social. Subordinados ao Estado patrimonialista em seu conteúdo e estamental em sua forma, de tradição autoritária e populista, elitizada e excludente, benevolente com os ricos e rígido com os pobres, os cidadãos brasileiros chegam ao século XXI atrasados e, ao mesmo tempo, com pressa.[98] Conforme se nota, "nesse Brasil, até o passado chegou tarde."[99]

Em razão disso, levando em consideração que o mercado globalizado altera o caráter dos bens, é preciso investigar qual o lugar desse mercado e onde é que ele não deve estar, especialmente diante da tutela dos direitos fundamentais, para, no final das

---

a imaterialidade. Quanto vale um Facebook, um Google? Não são coisas físicas, tangíveis. Dados são o novo petróleo." BARROS, Rubem. O futuro das profissões jurídicas. Entrevita com Marina Feferbaum. *Revista Ensino Superior*, São Paulo, 30 abr. 2019. Disponível em: http://revistaensinosuperior.com.br/futuro-do-direito/. Acesso em: 22. jul. 2019.

95. LIMBERGER, Têmis. Direito e informática: o desafio de proteger os direitos do cidadão. In: SARLET, Ingo Wolfgang (Org.) *Direitos fundamentais, informática e comunicação: algumas aproximações*. Porto Alegre: Livraria do Advogado, 2007. p. 202.

96. DONEDA, Danilo. O direito fundamental à proteção de dados pessoais. In: MARTINS, Guilherme Magalhães; LONGHI, João Victor Rozatti. *Direito digital: direito privado e Internet*. 2. ed. Indaiatuba: Foco, 2019. p. 36.

97. STRECK, Lenio. *Hermenêutica jurídica e(m) crise*: uma exploração hermenêutica da construção do direito. 11. ed. rev. e atual. Porto Alegre: Livraria do Advogado, 2014. p. 29.

98. BARROSO, Luís Roberto. Fundamentos teóricos e filosóficos do novo direito constitucional brasileiro. *Revista de Direito Administrativo*, Rio de Janeiro: Renovar, 2001. p. 8.

99. FACHIN, Luiz Edson. *Direito civil*: sentidos, transformações e fins. Rio de Janeiro: Renovar, 2015. p. 44.

2 • O DIREITO AO SOSSEGO FRENTE AS MUDANÇAS DE PARADIGMAS NOS DIREITOS FUNDAMENTAIS

contas, concluir se é legítima a sociedade onde tudo esteja à venda ou se existem certos bens morais e cívicos, como o sossego e a integridade psíquica das pessoas, que não são honrados pelo mercado e que o dinheiro não pode comprar.[100]

Assim, a evolução da sociedade deve ocorrer por meio da globalização dos direitos e não através da expansão dos mercados.[101] Para tanto, destaca-se o papel primordial do Estado como poder responsável por zelar dos direitos fundamentais, inclusive os incipientes, mesmo que ameaçados por outra pessoa privada. Neste contexto, vale lembrar que a tecnologia em si possui um caráter instrumental e utilitarista, e quando inserida no mercado, torna-se focada na obtenção de lucros. Com efeito, é possível afirmar, conforme aponta o historiador Melvin Kranzberg, que "a tecnologia não é boa nem má, nem sequer é neutra".[102]

Dessa forma, o direito ao sossego encontra coerência com os modos de produção atuais, fortemente influenciados pelo uso de dados pessoais no mercado digital, permitido pelas novas tecnologias de processamento de informações, expondo as pessoas ainda a maiores riscos quando se analisa a situação do Brasil, país subdesenvolvido, com altíssimo grau de desigualdade social.

Sendo assim, é evidente que a mudança de paradigmas, quanto aos direitos fundamentais, indica a alteração no âmbito de proteção de determinados direitos, tais como a liberdade e a privacidade, e ainda o surgimento de novos direitos, como o de proteção de dados pessoais, além dos mecanismos jurídicos necessários para a efetivação destes direitos. Neste sentido, refletindo sobre os direitos que surgem do contexto tecnológico, Antonio-Enrique Pérez Luño afirma que "uma sociedade livre e democrática deve sempre ser sensível e aberta ao surgimento de novas necessidades, que sustentam novos direitos"[103].

Assim, cumpre investigar, em um contexto em que se busca a ampliação da tutela das pessoas, como a necessidade de garantir o sossego àqueles expostos as publicidades virtuais, se relacionada com a lógica de uma ordem social cada vez mais interligada ao mercado consumo. Afinal, "o desafio consiste, assim, em que o espaço virtual não seja a mera reprodução das mazelas existentes na vida real [...]"[104], dito de outra forma, a *Internet* é somente uma ferramenta tecnológica, que pode ser utilizada de forma ambígua, de modo que a sua utilização somente pode expor às pessoas ao risco diante da utilização de maneira ilícita. E neste ponto, vale ressaltar, o uso da *Internet* sempre será por meio da mão humana e consequentemente passível de sofrer com a vicissitudes humanas.[105]

---

100. SANDEL, Michael. *O que o dinheiro não compra*. Os limites morais do mercado. Rio de Janeiro: Civilização Brasileira, 2012. p. 201-202.
101. Do original: "una sociedad libre y democrática deberá mostrarse siempre sensible y abierta a la aparición de nuevas necesidades, que fundamentan nuevos derechos." RODOTÀ, Stefano. *A vida na sociedade da vigilância*: a privacidade hoje. Trad. Danilo Doneda e Luciana Cabral Doneda. Rio de Janeiro: Renovar, 2008. p. 6.
102. KRANZBERG, Melvin *apud* DONEDA, Danilo. *Da privacidade à proteção de dados pessoais*. Rio de Janeiro: Renovar, 2006. p. 64.
103. PÉREZ-LUÑO, Antonio Enrique. Los *derechos humanos en la sociedad tecnologica*. Madrid: Universitas, 2012. p. 38.
104. LIMBERGER, Têmis; BUNCHAFT, Maria Eugenia. Novas tecnologias e direitos humanos: uma reflexão à luz da concepção de esfera pública. *Revista Espaço Jurídico*, Chapecó, v. 17, p. 863, 2016.
105. LIMBERGER, Têmis. Direitos humanos na era tecnológica. *Revista Direitos Emergentes na Sociedade Global*, Santa Maria, v. 2, n. 2, p. 348, 2014.

Neste ponto, vale lembrar que o desenvolvimento informacional jamais cessará, isto é, "não há nenhum fundo sólido sob o oceano das informações. Devemos aceitá-lo como nossa nova condição"[106], de modo que ao Direito caberá o dever de regulamentar essa nova realidade, visando sempre a promoção da pessoa humana.

2.2 O DESENVOLVIMENTO DO CONSUMO NA SOCIEDADE DA INFORMAÇÃO

A sociedade contemporânea já foi designada de diversas maneiras, seja como sociedade pós-moderna, pós-industrial, globalizada ou em rede. E apesar das diferentes denominações é possível notar que todas elas possuem a mesma fundamentação, ou seja, vive-se hoje a era da informação.[107] Destaca-se que não é no atual contexto que ocorre a gênese da informação como poder, em especial de elaboração, preservação e compartilhamento de conhecimento, afinal, desde a Biblioteca de Alexandria já se busca agrupar o saber humano como forma de manifestação de poder.[108]

Todavia, é inegável que o desenvolvimento da computação e, sobretudo, a ampliação do uso da *Internet* proporcionou a transformação do conhecimento de maneira nunca alcançável, pois em tempo real e de forma transnacional. Isso porque as tecnologias experimentadas anteriormente, como a televisão e o computador, isolados, foram instrumentos de relação unilateral, na qual o sujeito era mero receptor da informação.[109] Em contrapartida, ao se analisar a *Internet*, é possível defender que trata-se de "um meio de comunicação que permite, pela primeira vez, a comunicação de muitos com muitos, num momento escolhido, em escala global".[110]

Neste contexto, abre-se espaço, portanto, para a criação de novo ambiente para as interações humanas, com nítidos reflexos nos diversos subsistemas sociais (econômico, jurídico, familiar, político etc.). E neste novo ambiente, o subsistema mais beneficiado pela sociedade da informação é o econômico, posto que a facilidade de transmissão de informações possibilita a redução de custos e a ampliação dos mercados de consumo[111], como se nota no comércio eletrônico. Dito de outro modo, a tecnologia digital exerce um grande impacto na diminuição de custos, seja de pesquisa de mercado ou de cele-

---

106. LÉVY, Pierre. *Cibercultura*. Trad. Carlos Irineu da Costa. Editora 34: São Paulo, 2010. p. 15.
107. A capacidade de processamento de informações chegou a números nunca imaginados. À título de exemplo, em 2012, a equipe do Google revelou que é utilizada a mesma quantidade de processamento para responder uma busca no site do que todo o processamento usado no programa Apollo, que permitiu a ida do homem à lua. KLAUS, Schwab. *A quarta revolução industrial*. São Paulo: Edipro, 2016. p.124.
108. MCNEELY, Ian F.; WOLVERTON, Lisa. *A reinvenção do conhecimento*: de Alexandria à internet. Trad. Maria Lúcia de Oliveira. Rio de Janeiro: Record, 2013. p. 28.
109. É importante mencionar que a partir dos anos 2000, principalmente, diversas tecnologias surgiram expandindo o universo digital de maneira exponencial. À título de exemplo, destaca-se o surgimento do *iphone* e demais *smartphones,* a geolocalização, o as televisões e relógios inteligentes etc. Assim, nota-se que todas essas tecnologias tem um denominador comum, qual seja, o uso da *Internet.* TORRES, Cláudio. *A bíblia do marketing digital*: tudo o que você queria saber sobre marketing e publicidade na internet e não tinha a quem perguntar. São Paulo: Novatec, 2018. p. 69.
110. CASTELLS, Manuel. *A galáxia da internet*: reflexões sobre a internet, os negócios e a sociedade. Rio de Janeiro: Zahar, 2003. p. 08.
111. MARTINS, Fernando Rodrigues. Sociedade da informação e proteção da pessoa. *Revista da Associação Nacional do Ministério Público do Consumidor*, Juiz de Fora, v. 2, n. 2, p. 6, 2016.

bração de contratos, afinal nos contratos virtuais "a aceitação pode ser feita mediante um simples clique com o *mouse*".[112]

Como se não bastasse, nota-se nítido declínio na organização produtiva clássica, de fabricação, produção e fornecimento de bens materiais, criando, assim, uma nova concepção produtiva, na lógica da economia digitalizada, de modo que "[...] todos os contratos não solenes podem ser hoje realizados por *e-mail, online*, por telefone, por cabo ou por internet [...] [...] trata-se do mais novo efeito da sociedade da informação".[113]

Assim, pode-se dizer que a sociedade da informação é identificada a partir do contexto histórico em que há a preponderância da informação sobre os meios de produção e distribuição dos bens na sociedade, decorrente principalmente da introdução dos computadores conectados, em rede, nas relações jurídicas.[114]

Tal situação altera também o raciocínio econômico, afinal, a economia passa a se basear no conhecimento, sendo este inclusive um dos principais ativos do mercado atual. A sociedade da informação, portanto, "valoriza os ativos não físicos, também chamados de ativos informacionais, do conhecimento ou intelectuais".[115] Neste ponto, importante destacar que a informação se torna um bem comercializável, de modo que os indivíduos conectados "não são contratantes informados e não informados, mas apenas produtor de informação e adquirente desta. Ela não é um instrumento. É um bem em si mesmo."[116]

Dessa maneira, os computadores conectados em rede possibilitaram uma nova fase de automação da produção industrial, fundamentando a evolução da robótica, das linhas de produção flexíveis e das máquinas industriais controladas digitalmente. Como se não bastasse, impulsionou também a automação do setor de serviços, como no sistema bancário, com significativos "ganhos de produtividade por meio de várias formas de uso de aparelhos eletrônicos, computadores e redes de comunicação de dados."[117]

Com efeito, se a revolução industrial permitiu o desenvolvimento e a distribuição em larga escala de bens tangíveis e corpóreos no mercado, coube à revolução da informação a função de promover o acesso aos bens intangíveis ou incorpóreos e, muitas vezes, por meio deles, tornar possível o acesso aos bens materiais.[118] Neste ponto, destaca-se que em meados de 2019 a mídia digital noticiou que os aplicativos "Uber" e "Ifood"

---

112. LORENZETTI, Ricardo. *Comércio eletrônico*. São Paulo: Ed. RT, 2004. p. 51.
113. MARQUES, Claudia Lima. *Contratos no código de defesa do consumidor*: o novo regime das relações contratuais. São Paulo: Ed. RT, 2014. p. 127.
114. Destaca Cristina Prates que "pela primeira vez fez-se uma máquina capaz de criar e fornecer informação, essa é a importância da tecnologia do computador." PRATES, Cristina Cantú. *Publicidade na internet*: consequências jurídicas. Curitiba: Juruá, 2015. p. 29.
115. LISBOA, Roberto Senise. Direito na sociedade da informação. *Revista de Direito do Consumidor*, São Paulo, ano 95, v. 847, p. 88, maio 2007.
116. LORENZETTI, Ricardo. *Comércio eletrônico*. São Paulo: Ed. RT, 2004. p. 55.
117. LÉVY, Pierre. *As tecnologias da inteligência*: o futuro do pensamento na era da informática. Trad. Carlos Irineu da Costa. São Paulo: Editora 34, 2010. p. 31.
118. LISBOA, Roberto Senise. Direito na sociedade da informação. *Revista de Direito do Consumidor*, São Paulo, ano 95, v. 847, p. 84, maio 2007.

tornaram-se os maiores "empregadores" do Brasil, posto que fonte de renda de quase 4 milhões de brasileiros.[119]

Conforme se nota, na sociedade informacional se justifica maior valorização dos contratos de prestação de serviço, que passam a ser a mola propulsora da economia[120], com destaque no mercado de consumo para os serviços fornecidos no meio virtual por meio de aplicativos. Assim, destaca Claudia Marques que, se na Idade Média os bens mais relevantes eram os imóveis e na Idade Moderna os bens móveis, atualmente valorizam-se os bens imateriais, como os *softwares*, com a ampliação também da relevância dos serviços, também desmaterializados, como os relacionados à comunicação, ao lazer, à segurança e ao crédito, por exemplo.[121]

Neste contexto, estar-se-á diante de um verdadeiro "paradigma digital", isto é, uma nova forma de compreensão e funcionamento do mundo, que alterará sobremaneira as relações humanas, inclusive inserindo os direitos humanos em novos riscos.[122] Neste sentido, o Direito posto não poderá ser simplesmente reaproveitado, demandando novas criações e hermenêuticas jurídicas, especialmente considerando as novas necessidades de tutelas.[123] Obviamente, este novo ambiente virtual também está sujeito às vicissitudes humanas, conforme expõe Têmis Limberger, sendo ambiente propício para o surgimento de novos problemas que demandam respostas jurídicas adequadas.[124]

Diante disso, frente aos novos desafios jurídicos, surge uma nova economia, de fato capitalista, que encontra inserida em todos os países do planeta, ou ao menos dependentes da ligação às redes capitalistas globais. Essa nova realidade econômica se encontra pautada em um novo tipo de capitalismo, tecnológico, organizacional e institucionalmente diferente do capitalismo clássico e do keynesiano.[125] Com efeito, o consumidor se torna o grande protagonista do sistema econômico e social, posto que age como engrenagem do atual sistema capitalista, em nítida transformação das pessoas em mercadoria.[126]

---

119. APPS como Uber e iFood se tornam "maior empregador" do Brasil. *Exame*, São Paulo, 28 abr. 2019. Disponível em: https://exame.abril.com.br/economia/apps-como-uber-e-ifood-sao-fonte-de-renda-de-quase-4-milhoes-de--pessoas/. Acesso em :10 ago. 2019.
120. BIONI, Bruno Ricardo. *Proteção de dados pessoais*: a função e os limites do consentimento. Rio de Janeiro: Forense, 2019. p. 3.
121. MARQUES, Claudia Lima. *Contratos no código de defesa do* consumidor: o novo regime das relações contratuais. São Paulo: Ed. RT, 2014. p. 179.
122. "En nombre de la tecnociencia se pretende colonizar todos los aspectos de la vida humana. [...] El control externo, la instrumentalización y la coisificación de la vida desembocan en la aniquilación de la personalidad y, por consiguiente, de la dignidad humana." PÉREZ-LUÑO, Antonio Enrique. *Derechos humanos, Estado de derecho y Constitución*. Madrid: Tecnos, 1995. p. 99.
123. LORENZETTI, Ricardo. *Comércio eletrônico*. São Paulo: Ed. RT, 2004. p. 69.
124. Expõe a autora que: "A ideia de que seria possível criar um mundo perfeito na rede, isento de problemas, que transcendesse às injustiças e que, por conseguintes, fosse desnecessária a regulação jurídica, não prosperou. A internet não é este espaço neutro, veja-se a questão dos hackers, spams, pedofilia na internet, violação dos dados pessoais e a exclusão digital. Tudo isto nos faz refletir se as agruras da vida real, encontram no terreno virtual espaço fértil para sua disseminação. O desafio consiste em utilizar o espaço de informação na internet em prol da efetividade dos direitos humanos." LIMBERGER, Têmis. Direitos humanos na era tecnológica. *Revista Direitos Emergentes na Sociedade Global*, Santa Maria, v. 2, n. 2, p. 348, 2014.
125. CASTELLS, Manuel. *A sociedade em rede*. Rio de Janeiro: Paz e Terra, 2018. p. 210.
126. BAUMAN, Zygmunt. *Vida para consumo*: a transformação das pessoas em mercadoria. Trad. Carlos Alberto Medeiros. Rio de Janeiro: Zahar, 2008. p. 20.

Dessa maneira, é possível afirmar que o modelo consumista notado na sociedade atual decorre das diversas transformações por que passaram os modos de produção durante o período da modernidade, conforme supracitado. Como se não bastasse, as novas tecnologias e as estruturas produtivas digitais representam a necessidade de evoluções também de paradigmas, alinhados ao contexto de "terceira revolução industrial".[127]

É inegável, portanto, que a *Internet*, como maior rede que mantém a interligação mundial entre computadores e, consequentemente, entre pessoas, é uma ferramenta que é utilizada para o incremento das ofertas no mercado de consumo. Neste sentido "hoje existem milhares de usuários de redes no mundo inteiro, cobrindo todo o espectro da comunicação humana, da política e da religião ao sexo e à pesquisa – com o comércio eletrônico como atração principal da *Internet* contemporânea."[128] Somado a isso, vale lembrar que as lojas virtuais permanecem funcionando o tempo todo, durante todos os dias da semana, podendo o consumidor esticar à vontade o tempo de satisfação dos seus desejos de consumo.[129]

Daí porque é evidente que a tutela do consumidor tem sofrido diversas alterações em razão das novas relações virtuais, sendo possível inclusive afirmar que "a proteção do consumidor terá um antes e um depois da aparição do comércio eletrônico, tornando necessária a proposição de novas soluções para os novos problemas."[130]

Nota-se que o desenvolvimento da sociedade da informação trouxe consigo o crescimento de uma sociedade que se pauta especialmente pelo consumo, evidenciando também maior necessidade de tutela dessas pessoas em situação de vulnerabilidade.[131] Afinal, vale lembrar que o direito do consumidor é considerado uma espécie de direito humano, visando reconhecer, antes de mais nada, o poder do mercado como limitador da liberdade de todo ser humano, que se encontra, invariavelmente, a ele submetido.[132] Sendo assim, considerando que o mercado encontra-se interconectado por um "sistema nervoso eletrônico"[133], maiores são as possibilidades de exercer poder sobre o consumidor.

Ressalta-se que a sociedade de consumo foi efetivamente um surgimento da modernidade, durante o clima de mudanças provocado especialmente pela Segunda Revolução

---

127. RIFKIN, Jeremy. *A terceira revolução industrial.* Como o poder lateral está transformando a energia, a economia e o mundo. São Paulo: M. Books, 2012. p. 13.
128. CASTELLS, Manuel. *A sociedade em rede.* Rio de Janeiro: Paz e Terra, 2018. p. 437.
129. BAUMAN, Zygmunt. *Vida para consumo:* a transformação das pessoas em mercadoria. Trad. Carlos Alberto Medeiros. Rio de Janeiro: Zahar, 2008. p. 28.
130. LORENZETTI, Ricardo. *Comércio Eletrônico.* São Paulo: Ed. RT, 2004. p. 354.
131. CARVALHO, Alexander Perazo Nunes de; SOUSA, Raphaella Prado Aragão de. A influência da psicopolítica digital nas contratações virtuais e seus reflexos no aumento da vulnerabilidade do consumidor. *Revista de Direito do Consumidor*, São Paulo, v. 123, p. 295, maio/jun. 2019.
132. BARBOSA, Fernanda Nunes. O dano informativo do consumidor na era digital: uma abordagem a partir do reconhecimento do direito do consumidor como direito humano. *Revista de Direito do Consumidor*, São Paulo, v. 122, p. 205, mar./abr. 2019.
133. CASTELLS, Manuel. *A galáxia da internet:* reflexões sobre a internet, os negócios e a sociedade. Rio de Janeiro: Zahar, 2003. p. 11.

Industrial. Contudo, o seu exponencial crescimento é inerente ao momento atual, de sociedade da informação.[134]

Com isso, é evidente que a tecnologia inerente à Sociedade da Informação amplia a vulnerabilidade dos consumidores posto que, neste contexto, é "mundivivida como falha no sistema virtual"[135], afinal é inegável que a tecnologia amplia as possibilidade dos indivíduos de se comunicarem e aumenta as opções de maneira significativa, apesar disso não importar na garantia de comportamentos racionalmente orientados, tendo em vista as falhas estruturais que impedem.[136] Neste sentido, é possível ainda considerar que a vulnerabilidade do consumidor é diacrônica, ou seja, se prolonga no tempo, inclusive diante das novas formas de negociações e das "exposições a riscos desnecessários aptos a, senão incutir o dano, retirar o sossego."[137]

Em verdade, o consumo em si é algo trivial, inerente à própria sobrevivência humana enquanto animal que não é considerado autossuficiente. Trata-se, portanto, de um "elemento inseparável da sobrevivência biológica que nós humanos compartilhamos com todos os outros organismos vivos."[138]

Entretanto, o problema surge com o advento da cultura de consumo, isto é, o consumismo, como derivativo da pós-modernidade, em um atributo da sociedade, diverso do consumo voltado ao suprimento dos interesses básicos de subsistência. Dito de outra maneira, a problemática tem sua origem a partir do momento em que o consumo assume papel de destaque nas relações sociais, inclusive como forma de diferenciação social e de identidade, no luxo das marcas.[139] Neste ponto, o consumo pode significar a realização de dois institutos do homem contemporâneo, quais sejam, o de incluir-se na sociedade de consumo e o de diferenciar-se ou ser especial justamente pelo que consegue consumir.[140]

Jean Baudrillard, nos anos 70, sobretudo levando em consideração as realidades americana e europeia, onde o capitalismo parecia anunciar uma crescente abundância, foi um dos primeiros autores das ciências sociais que despertou-se para o advento de uma

---

134. Neste ponto, Claudia Lima Marques alerta que: "Vivemos um momento de mudança também no estilo de vida, da acumulação de bens materiais passamos à acumulação de bens imateriais, dos contratos de dar para os contratos de fazer, do modelo imediatista da compra e venda para um modelo duradouro da relação contratual, da contratação pessoal direta para o automatismo da contratação a distância por meios eletrônicos, da substituição, da terceirização, das parcerias fluidas e das privatizações, de relações meramente privadas para as relações particulares de eminente interesse social ou político." MARQUES, Claudia Lima. *Contratos no código de defesa do consumidor*: o novo regime das relações contratuais. São Paulo: Ed. RT, 2014. p. 173.
135. MARTINS, Fernando Rodrigues. Sociedade da informação e proteção da pessoa. *Revista da Associação Nacional do Ministério Público do Consumidor*, São Paulo. v. 2, n. 2, p. 23, 2016.
136. LORENZETTI, Ricardo. *Comércio eletrônico*. São Paulo: Ed. RT, 2004. p. 361.
137. MARTINS, Fernando Rodrigues. *Direito do consumidor, reforma do CDC e constante renovação metodológica do direito privado*. Revista de Direito do Consumidor, São Paulo, v. 107, p. 293-307, set./out. 2016.
138. BAUMAN, Zygmunt. *Vida para consumo*: a transformação das pessoas em mercadoria. Trad. Carlos Alberto Medeiros. Rio de Janeiro: Zahar, 2008. p. 37.
139. LIPOVETSKY, Gilles; ROUX, Elyette. *O luxo eterno: da idade do sagrado ao tempo das marcas*. São Paulo: Companhia das Letras, 2005. p. 140.
140. MARQUES, Claudia Lima. *Contratos no código de defesa do* consumidor: o novo regime das relações contratuais. São Paulo: Thomson Reuters Brasil, 2019. E-book.

sociedade de consumo, capaz de, por meio das mídias, promover efetiva diferenciação social, por meio dos *signos*.[141]

Destaca-se que esse consumismo se agrava com o advento das revoluções industriais, com efeitos ampliados pela sociedade da informação, com nítida ampliação de circulação de produtos e serviços, agora incrementados pelo ambiente virtual e pela ampliação do potencial das mídias, sedimentando os pontos essenciais da cultura de consumo. Assim, dentro da lógica da Sociedade da Informação, o mercado não reconhece diferenças de idade ou de gênero, tampouco reconhece distinções de classes ou de localização geográfica, quando o assunto é oferta de produtos e serviços. Ou seja, "dos centros geográficos da rede mundial de autoestradas de informações a suas periferias mais distantes e empobrecidas"[142], as publicidades de consumo estão presentes, sempre no intuito de atingir o lucro desejado.

Somado a isso, a dinâmica da sociedade se implementa cada vez mais pela constante busca das pessoas pelo supérfluo, afinal, fabricam-se produtos também para serem adquiridos como confirmação do *status* social e como modo de diferenciação na sociedade. Abandonou-se assim a busca pelo consumo daquilo que seria essencial à manutenção da existência digna, passando a induzir, especialmente por meio de publicidades, comportamentos que criam desejos muitas vezes inconscientes de consumo, tendo como consequência o despertar de uma sociedade da ostentação. Neste ponto, alerta Jean Baudrillard que o que o se consome não é o objeto em si, no que se refere ao seu valor de uso, mas sim os signos, ou seja, os símbolos relacionados ao consumo daquele objeto, que geralmente expõe uma referência ideal ou de um grupo de estatuto superior.[143]

Em verdade, pela lógica do consumismo, o próprio mercado cria a ideia de insatisfação permanente, por meio da depreciação e desvalorização dos produtos, em nítida "obsolescência embutida". Neste ponto, afirma Zygmunt Bauman que "na hierarquia herdada dos valores reconhecidos, a síndrome consumista degradou a duração e promoveu a transitoriedade. Colocou o valor da novidade acima do valor da permanência."[144] Neste mesmo sentido, nota-se que "os setores de vestuário, aparelhos domésticos, automóvel, apartamento, obedecem todos atualmente a normas de renovação acelerada."[145]

Sendo assim, a partir da evolução dos meios de comunicação, dentro do contexto da Sociedade da Informação, há uma ampliação da oferta de consumo, de maneira global, em tempo real. Aliás, neste ponto, é inegável que as pessoas estão cada vez mais conectadas, em especial por meio de *smartphones*[146], que servem como instrumento

---

141. BAUDRILLARD, Jean. *A sociedade de consumo*. Portugal: Edições 70, 2008. p. 13.
142. BAUMAN, Zygmunt. *Vida para consumo*: a transformação das pessoas em mercadoria. Trad. Carlos Alberto Medeiros. Rio de Janeiro: Zahar, 2008. p. 74.
143. BAUDRILLARD, Jean. *A sociedade de consumo*. Portugal: Edições 70, 2008. p. 60.
144. BAUMAN, Zygmunt. *Vida líquida*. Rio de Janeiro: Jorge Zahar, 2009. p. 109.
145. BAUDRILLARD, Jean. Função-signo e lógica de classe. In: BAUDRILLARD, Jean. *A economia política dos signos*. São Paulo: Martins Fontes, 1996. p. 18.
146. Afirma Cláudio Torres que o "*smartphone* nada mais é que um computador que cabe na sua mão." TORRES, Cláudio. *A bíblia do marketing digital*: tudo o que você queria saber sobre marketing e publicidade na internet e não tinha a quem perguntar. São Paulo: Novatec, 2018. p. 46.

ideal para que as publicidades sejam capazes de criar necessidades constantes, todos os dias da semana, 24 (vinte e quatro) horas por dia.[147]

Conforme se nota, "a experiência humana passa a contar com pequenos companheiros que, para o bem ou para o mal, se integram ao próprio 'eu' como membros corporais ou psíquicos, como é o caso dos celulares[...]".[148] E dentro desse mecanismo, grande parte das ofertas dizem respeito a produtos ou serviços desnecessários à sobrevivência digna, mas amplamente induzidos por famosos, "blogueiros", "youtubers" ou personalidades da rede virtual[149], sendo os consumidores seduzidos à aquisição de bens no intuito de atingirem a felicidade prometida pelas publicidades. Neste ponto, alerta Zygmunt Bauman que a economia consumista é considerada em alta quando o dinheiro frequentemente circula dos compradores aos mercadores. Em razão disso, a busca pelas emoções, como propósito central das publicidades promovidas, reforça a disposição dos consumidores para se separarem de seu dinheiro, redirecionando o fazer coisas ou sua apropriação para a constante remoção.[150]

Dentro da lógica da Sociedade da Informação, também caracterizada pelo consumo como fundamento básico, as publicidades virtuais ganham maior destaque, afinal, são elas que induzem as pessoas a sentirem desejos insaciáveis de consumo, tornando a insatisfação uma permanente no mercado. Neste ponto, Manuel Castells chega a afirmar que "a principal fonte de rendimentos das companhias de comércio eletrônico são a publicidade e o *marketing*".[151]

Tal mudança acompanha a atenção do mercado em disponibilizar, à venda, a possibilidade de satisfação dos anseios e dos desejos do indivíduo em sociedade, criados artificialmente pelos profissionais publicitários. Zygmunt Bauman destaca que "[...] o consumismo também é, por essa razão, uma economia do engano. Ele aposta na irracionalidade dos consumidores, e não em suas estimativas sóbrias e bem informadas; estimula emoções consumistas e não cultiva a razão."[152]

Dessa maneira, é sobre a liberdade da pessoa, por ora considerada como consumidora, que incidem as mais avançadas tecnologias, frequentemente potencializadas, em escala nunca antes vista, capazes de tornar a "publicidade direcionada como a tônica dos modelos de negócios na Internet."[153]

---

147. Alberto Albertin apresenta os benefícios do comércio eletrônico para as empresas, afinal, segundo o autor, há i) a onipresença, de modo que os mercados eletrônicos estão abertos 24 horas por dia, todos os dias, e qualquer internauta tem acesso a eles, independentemente da localização geográfica; ii) a facilidade de informação e; iii) o baixo custo das transações. ALBERTIN, Alberto. *Comércio eletrônico:* modelo, aspectos e contribuições de sua aplicação. 5. ed. São Paulo: Atlas, 2007. p. 113.

148. BOLESINA, Iuri. *Direito à extimidade:* as inter-relações entre identidade, ciberespaço e privacidade. Florianópolis: Empório do Direito, 2017. p.180.

149. KRETZMANN, Renata Pozzi. *O princípio da identificação da publicidade e a abusividade da publicidade dirigida às crianças no youtube.* In: PASQUALOTTO, Adalberto (Org.). *Publicidade e proteção da infância.* Porto Alegre: Livraria do Advogado, 2018; v. 2, p. 133.

150. BAUMAN, Zygmunt. *Vida para consumo:* a transformação das pessoas em mercadoria. Trad. Carlos Alberto Medeiros. Rio de Janeiro: Zahar, 2008. p. 51-52.

151. CASTELLS, Manuel. *A galáxia da internet:* reflexões sobre a internet, os negócios e a sociedade. Rio de Janeiro: Zahar, 2003. p. 143.

152. BAUMAN, Zygmunt. *Vida para consumo:* a transformação das pessoas em mercadoria. Trad. Carlos Alberto Medeiros. Rio de Janeiro: Zahar, 2008. p. 65.

153. BIONI, Bruno Ricardo. *Proteção de dados pessoais:* a função e os limites do consentimento. Rio de Janeiro: Forense, 2019. p. 15.

2 • O DIREITO AO SOSSEGO FRENTE AS MUDANÇAS DE PARADIGMAS NOS DIREITOS FUNDAMENTAIS   37

Enfim, toda a tecnologia decorrente da evolução da sociedade informativa parece inaugurar um novo tipo de manipulação do consumidor enquanto sujeito conectado ao mundo virtual e exige, obviamente, o desenvolvimento de uma nova mentalidade de tutela, capaz de evitar que as práticas abusivas, muitas vezes invisíveis ou imperceptíveis, extraia da pessoa humana àquilo que de mais essencial possui: sua liberdade integral.

Afinal, atualmente, só é possível falar em liberdade se se garantir que as pessoas possuam mentes livres de pensamentos intrusivos e importunadores, artificialmente elaborados pelo mercado publicitário. Neste ponto, a promoção da dignidade humana necessita da garantia de que as pessoas possam viver, sentir, pensar e agir livremente, tendo a tecnologia que ser aliada neste sentido.[154]

Aliás, é obviamente inadequado considerar o consumidor como sujeito desprovido da capacidade de decidir e se posicionar frente as práticas do sistema publicitário virtual. Contudo, é relevante destacar que o contexto contemporâneo demonstra que a interação das pessoas com as tecnologias, tanto as já consolidadas como as emergentes, dá indícios do surgimento de um novo âmbito de ofertas de consumo sem limites[155], demonstrando então uma verdadeira revolução que deverá ser promovida na própria ideia de consentimento, sob pena deste conceito se tornar uma panaceia normativa.[156]

Em verdade, neste cenário tecnológico, as empresas se aproveitam dos dados pessoais e, pior, dos dados sensíveis das pessoas para conseguir um dos recursos mais escassos na sociedade atual: a atenção potencial. Dessa forma, os fornecedores buscam, da melhor maneira possível, aproveitarem o tempo em que o consumidor não está consciente para o preencher com publicidades direcionadas e dirigidas. E dentro dessa lógica, uma habilidade fundamental consiste em se proteger da grande parte das informações oferecidas, na maioria publicidades de consumo, que são evidentemente indesejadas.[157]

Com efeito, o direito ao sossego, ou seja, de não ser importunado pelas publicidades virtuais de consumo, como faceta negativa do direito de proteção de dados pessoais, se mostra intimamente conectado com o atual contexto social, demonstrando a necessidade de o campo jurídico se readaptar aos novos problemas e exigências que surgem da mutação da sociedade. Afinal, há de se destacar que "como o desenvolvimento tecnológico age sobre a sociedade e, consequentemente, sobre o ordenamento jurídico; há de se considerar o seu potencial para imprimir suas próprias características ao meio sobre o qual se projeta." [158]

---

154. DONEDA, Danilo. *Da privacidade à proteção de dados pessoais*. Rio de Janeiro: Renovar, 2006. p. 60.

155. Neste ponto, Pierre Lévy aponta que: "Acreditar em uma disponibilidade total das técnicas e de seu potencial para indivíduos ou coletivos supostamente livres, esclarecidos e racionais seria nutrir-se de ilusões. Muitas vezes, enquanto discutimos sobre os possíveis usos de uma dada tecnologia, algumas formas de usar já se impuseram. Antes de nossa conscientização, a dinâmica coletiva escavou seus atratores. Quando finalmente prestamos atenção, é demasiado tarde." LÉVY, Pierre. *Cibercultura*. Trad. Carlos Irineu da Costa. São Paulo: Editora 34, 2010. p. 26.

156. BIONI, Bruno Ricardo. *Proteção de dados pessoais*: a função e os limites do consentimento. Rio de Janeiro: Forense, 2019. p. 209.

157. BAUMAN, Zygmunt. *Vida para consumo*: a transformação das pessoas em mercadoria. Trad. Carlos Alberto Medeiros. Rio de Janeiro: Zahar, 2008. p. 55.

158. A importância dos direitos fundamentais, frente à tecnologia, é destacada por Danilo Doneda, segundo o qual: "Se hoje a privacidade e a proteção dos dados pessoais são assuntos na pauta atual do jurista, isto se deve a uma orientação estrutural do ordenamento jurídico com vistas à atuação dos direitos fundamentais, cujo pano de fundo

Assim, considerar a relação entre a Sociedade da Informação e a denominada sociedade de consumo fomenta a necessidade de releitura do sistema de proteção do consumidor, em especial frente a potencialidade das novas publicidades virtuais de consumo, como forma de concretizar a tutela das pessoas facilmente aviltadas pela lógica mercadológica. Somado a isso, têm-se pistas de que a crescente preocupação com a proteção de dados pessoais, agora utilizadas frequentemente nas publicidades virtuais, surge como verdadeiro filtro, capaz de proteger as pessoas expostas às práticas do mercado.

Isso porque há um perceptível consenso de que os modelos comunicacionais e informacionais, amplificados pela tecnologia, geraram uma crise social generalizada, de modo que, considerando o direito enquanto ciência, "esta crise importa em insegurança, riscos, perigos e leva à constatação de lacunas permanentes, indesejadas, o que vulnera ainda mais o estatuto constitucional da pessoa (novo centro epistemológico jurídico)".[159]

Sendo assim, o reconhecimento de uma tutela nova e diferenciada implica reconhecer o poder dos agentes privados frente ao controle sobre a sociedade e a cadeia produtiva, tendo em contrapartida a vulnerabilidade dos consumidores, que em regra estão em condições socioeconômicas, técnicas e jurídicas inferiores.[160] Dito de outro modo, o reconhecimento de novos direitos fundamentais implica compreender que as relações privadas, especialmente às virtuais, são ambiente propício para abusos e violações de direitos fundamentais, demandando nova hermenêutica jurídica expansiva.

2.3 A APLICAÇÃO DOS DIREITOS FUNDAMENTAIS ÀS RELAÇÕES PRIVADAS

É evidente que a sociedade contemporânea, em rede, conectada via *Internet,* trouxe diversos desafios jurídicos, afinal, conforme supracitado, ao mesmo passo em que o desenvolvimento tecnológico promove novas possibilidades de comunicação, paralelamente, aumenta o risco de lesão aos direitos mais fundamentais, como a liberdade e a privacidade, por exemplo.

Em razão dos novos problemas crescentes nota-se, no âmbito legal, a expansão da ideia de pluralismo jurídico[161], revelando uma preocupação do Direito em se adequar ao setor pelo qual a norma foi produzida (como reflexo do pluralismo de fontes), em verda-

---

é, em boa parte, o papel do desenvolvimento tecnológico na definição de novos espaços submetidos à regulação jurídica." DONEDA, Danilo. *Da privacidade à proteção de dados pessoais.* Rio de Janeiro: Renovar, 2006. p. 32.

159. MARTINS, Fernando Rodrigues. Sociedade da informação e promoção à pessoa: empoderamento humano na concretude de novos direitos fundamentais. In: MARTINS, Fernando Rodrigues. *Direito privado e policontextualidade:* fontes, fundamentos e emancipação. Rio de Janeiro: Lumen Juris, 2018. p. 403.

160. MORAES, Paulo Valério Dal Pai. *Código de defesa do consumidor:* o princípio da vulnerabilidade no contrato, na publicidade, nas demais práticas comerciais. Porto Alegre: Livraria do Advogado, 2009. p. 141.

161. O pluralismo, seja de métodos, fontes, sentimentos, agentes econômicos ou instituições produtoras de normas, caracteriza o desafio do direito brasileiro atual. Neste sentido, afirma a professora Marques que "exige a participação ativa do intérprete, de sua sabedoria, na identificação dessa complexidade normativa e de sua conexão necessárias com os valores e normas constitucionais, que não substituem outras normas, mas condicional e iluminam sua aplicação em vista da finalidade de proteção e efetivação dos direitos fundamentais." MARQUES, Claudia Lima; MIRAGEM, Bruno. *O novo direito privado e a proteção dos vulneráveis.* São Paulo: Ed. RT, 2012. p. 105.

2 • O DIREITO AO SOSSEGO FRENTE AS MUDANÇAS DE PARADIGMAS NOS DIREITOS FUNDAMENTAIS — 39

deiro diálogo fontes.[162] Tal fato se deve, especialmente, a ênfase que se dá à desregulação, por meio dos diversos códigos deontológicos (leis especiais e microssistemas), corolário ao valor em destaque, a saber, a manutenção dos grupos, em especial, os considerados constitucionalmente vulneráveis.[163]

Seguindo esse raciocínio, é possível perceber a crescente preocupação normativa com a proteção dos vulneráveis, principalmente por meio das diversas legislações especiais, tais como o Estatuto do Idoso, o Estatuto da Criança e do Adolescente, o Estatuto da Pessoa com Deficiência e o Código de Defesa do Consumidor[164], as quais evidenciam ainda mais a relativização da *summa diviso* público e privado.

Com efeito, no atual contexto é inegável a aplicação dos direitos fundamentais de maneira transversal, isto é, não somente nas relações entre cidadãos e o Estado, pela concepção clássica, mas também nas relações jurídicas horizontais, travadas entre particulares. No que se refere ao âmbito digital, tal afirmação ganha ainda maior força, afinal, a Lei Geral de Proteção de Dados (Lei 13.709/18) brasileira, norma que regula o uso de dados pessoais, visando proteger direitos fundamentais, expressamente prevê que deve ser aplicada sobre o tratamento de dados pessoais por pessoa natural ou por pessoa jurídica de direito público ou privado.[165]

Dessa forma, é imperioso reconhecer a necessidade da aplicação dos direitos fundamentais às relações privadas, especialmente no que se refere às publicidades virtuais de consumo, que no atual contexto, são capazes de perturbar o direito das pessoas expostas ao mercado.

Neste intuito, será feita brevemente a apresentação das principais teorias que defendem a eficácia horizontal dos direitos fundamentais. Superada essa abordagem inicial, é preciso evidenciar como o Código de Defesa do Consumidor já carregava consigo esse ideal, ao ser promulgado como lei de ordem pública e interesse social. Não obstante, será apresentada a Lei Geral de Proteção de Dados Pessoais (LGPD) como norma importante

---

162. A teoria do diálogo das fontes surge no ordenamento pelo jurista alemão Erik Jayme, sendo amplamente difundida no Brasil pela professora Claudia Lima Marques. Em resumo, essa teoria surge para fomentar a as decisões por meio da utilização de fontes jurídicas heterogêneas que não se excluem, mas se complementam e "dialogam" entre si, de forma sistemática e coordenada. MARQUES, Claudia Lima. Superação das antinomias pelo diálogo das fontes. *Revista de Direito do Consumidor*, São Paulo, v. 51, p. 34-67, jul./set. 2004.

163. Vale o alerta de Pietro Perlingieri, segundo o qual "Nem a emergência traduzida na legislação especial deve induzir a atribuir a esta última um papel central, acabando por ler os próprios princípios fundamentais à luz das leis especiais, quando a correta hierarquia das normas e dos valores exige exatamente o oposto. De tais leis especiais não se pode propor uma exegese assistemática que exclua sua recondução à unidade lógica e axiológica do ordenamento e do sistema". PERLINGIERI, Pietro. *O direito civil na legalidade constitucional.* Trad. de Maria Cristina de Cicco. Rio de Janeiro: Renovar, 2008. p. 33.

164. MARQUES, Claudia Lima; MIRAGEM, Bruno. *O novo direito privado e a proteção dos vulneráveis.* São Paulo: Ed. RT, 2012. p. 105.

165. Consoante o art. 5º, X, da Lei 13.709/2018 (Lei Geral de Proteção de Dados Pessoais), considera-se tratamento "toda operação realizada com dados pessoais, como as que se referem a coleta, produção, recepção, classificação, utilização, acesso, reprodução, transmissão, distribuição, processamento, arquivamento, armazenamento, eliminação, avaliação ou controle da informação, modificação, comunicação, transferência, difusão ou extração." BRASIL. *Lei 13.709, de 14 de agosto de 2018.* Dispõe sobre a proteção de dados pessoais e altera a lei 12.965, de 23 de abril de 2014 (Marco Civil da Internet). Disponível em: http://www.planalto.gov.br/ ccivil_03/_ato2015-2018/2018/lei/L13709.htm. Acesso em: 20 jun. 2019.

na tutela das pessoas, especialmente no âmbito digital, demonstrando a consagração da eficácia horizontal.[166]

Tal abordagem se dá em razão da consideração de que, mais do que nunca, em uma sociedade notadamente consumista, os poderes privados aproveitam de dados pessoais e sensíveis das pessoas, isto é, informações compreendidas em preferências, situações e opções da vida da pessoa, para o exercício de atividades publicitárias. Desse modo, a LGPD surge para, dentre outras finalidades, evitar a prática empresarial abusiva e desmensurada, violadora de direitos fundamentais e transgressora da autonomia privada, necessária a autodeterminação da pessoa humana, em especial no que se refere às práticas da vida virtual.

Sendo assim, inicialmente é imperioso destacar que o fenômeno da eficácia horizontal dos direitos fundamentais tem um dos seus pontos seguros no *leading case* do Caso *Lüth* (1958)[167], não tanto pela importância da controvérsia, mas sim pelo valor da fundamentação utilizada pelo Tribunal Federal Constitucional Alemão, e, diante disso, pela repercussão nos estudos jurídicos do mundo inteiro, inclusive no Brasil.

Na decisão deste caso o Tribunal Federal Constitucional Alemão considerou que os direitos fundamentais, apesar de em primeira linha serem direitos de defesa do cidadão em face do Estado, são, também, uma ordem de valores objetivos. Vale lembrar que, no Brasil, o Supremo Tribunal Federal decidiu situação semelhante, no "Caso Ellwanger".[168]

Em decorrência desse entendimento é possível caracterizar os direitos fundamentais por um caráter duplo, isto é, composto de dimensões de direitos públicos subjetivos e, além disso, de dimensões de elementos objetivos fundamentais, verdadeiros valores de uma comunidade.

---

166. É relevante deixar claro que a expressão "eficácia horizontal" sofre duras críticas, uma vez que mesmo as relações entre particulares podem ser marcadas pela desigualdade fática, como nos contratos de consumo, não sendo, portanto, relações jurídicas "horizontais" nem tão pouco "paritárias". De qualquer modo, o presente trabalho optou pelo uso de "eficácia horizontal" principalmente pelo consenso que a própria expressão gera, a saber, que se trata de relações entre privados, não estando o Estado em nenhum dos polos. Mesmo assim, é importante evidenciar que a utilização dessa terminologia não pode criar a falsa ideia de que os particulares dessa relação estejam em situações simétricas, em patamar de igualdade. Reconhecer isso seria entrar em contradição com a própria razão de ser da aplicação dos direitos fundamentais nessas relações. DUQUE, Marcelo Schenk. *Direito privado e constituição*: drittwirkung dos direitos fundamentais, construção de um modelo de convergência à luz dos contratos de consumo. São Paulo: Ed. RT, 2013. p. 50.

167. De maneira sintética, esse caso debatia o direito de liberdade de expressão de Erich Lüth, o qual sustentou um boicote público contra o filme *Unsterbliche Gelibte* (Amada Imortal), de produção de Veit Harlan, o mesmo cineasta que, anos anteriores, havia produzido um filme chamado *Jud Süß*, sob influência do regime totalitário nacional-socialista, e que tinha forma de um filme de propaganda antissemita. DUQUE, Marcelo Schenk. *Direito privado e constituição*: drittwirkung dos direitos fundamentais, construção de um modelo de convergência à luz dos contratos de consumo. São Paulo: Ed. RT, 2013. p. 66-67.

168. A questão se dá na apreciação pelo STF do HC 82.424/RS, em que Siegfried Ellwanger publica um livro com conteúdo antissemita, alegando, inclusive, que o holocausto nunca existiu. Contanto que a matéria em debate seja de natureza predominantemente penal, quanto à prescrição ou não do crime de racismo pelo qual o autor foi condenado, em última análise é possível perceber substancial semelhança com o caso *Lüth* em seu aspecto civil. Basta imaginar que, mesmo antes da condenação de Ellwanger, poderia algum judeu promover um boicote público à obra, ou até mesmo, requerendo a sua retirada do mercado. ANDRADE, José Carlos Vieira de *apud* SOMBRA, Thiago Luís Santos. *A eficácia dos direitos fundamentais nas relações privadas*. 2. ed. São Paulo: Atlas, 2011. p. 60.

Com base nisso, o direito privado não pode ser um âmbito jurídico imune à incidência da irradiação dos efeitos dos direitos fundamentais, sob pena de não passar de retórica vazia o argumento da supremacia da constituição e, em última análise, até mesmo o da própria unidade do ordenamento. Afinal, como defender a supremacia da constituição e dos direitos fundamentais inerentes a ela e, ao mesmo tempo, pregar por um isolamento total das relações privadas aos efeitos jusfundamentais?

Obviamente, em se tratando de sistema, como é o sistema jurídico brasileiro, coerência é um imperativo. Sendo assim, pode-se dizer que reconhecer essa eficácia horizontal é uma exigência lógica de coerência interna do ordenamento jurídico de um Estado Constitucional[169], enquanto sistema jurídico como ordem axiológica-teleológica.[170]

Evidentemente que no contexto atual o poder pode se mostrar diante de feições das mais diversas, tanto no âmbito público quanto no âmbito privado. Em razão disso, a divisão entre direito público e privado deve ser mitigada, ao considerar que o poder, de maneira ampla, foi espargido aos diversos setores da sociedade, razão pela qual, mesmo nas relações entre privados sob a lógica do mercado, os direitos fundamentais devem ser respeitados, cabendo ao Estado o dever de protegê-los contra violações provenientes da esfera privada.

A discussão a respeito da aplicação das normas fundamentais nas relações privadas ganha ainda maior destaque ao considerar que as sociedades hodiernas, da qual a brasileira não escapa, dão pistas de serem basicamente "sociedades de consumo", inseridas em um contexto de informação, altamente conectada, composta por pessoas em nítida situação de vulnerabilidade.[171]

Como se não bastasse, esse fato é agravado pela imensa desigualdade social crescente no país[172], que só revela a possibilidade de poderes privados ampliarem ainda mais a sua atuação, notadamente frente às empresas fornecedoras multinacionais.

Ainda assim, no que se refere às relações em âmbito digital, têm-se indícios de que o reconhecimento da aplicação dos direitos fundamentais nas relações privadas é um imperativo, afinal, as mídias sociais revelaram que, em 2019, as cinco empresas mais valiosas do mundo estão intimamente relacionadas ao mercado digital, a saber: Amazon, Apple, Google, Microsoft e Samsung.[173] Tal situação se alia com o denominado "efeito plataforma", segundo o qual "as organizações digitais criam redes que emparelham compradores e vendedores de uma grande variedade de produtos e serviços e, assim,

---

169. ABBOUD, Georges; CARNIO, Henrique Garbellini; OLIVEIRA, Rafael Tomaz de. *Introdução à teoria e à filosofia do direito*. São Paulo: Ed. RT, 2013. p. 227.

170. CANARIS, Claus-Wilhelm. *Pensamento sistemático e conceito de sistema na ciência do direito*. 5. ed. Lisboa: Fundação Calouste Gulbenkian. 2012. p. 280.

171. ROBLES, Gregorio. *Os direitos fundamentais e a ética na sociedade atual*. Trad. Roberto Barbosa Alves. Barueri: Manole, 2005. p. 96.

172. MARTINS, Gabriel. Brasil vive o ciclo mais longo de aumento da desigualdade. *O Globo*, São Paulo, 16 ago. 2019. Disponível em: https://oglobo.globo.com/economia/brasil-vive-ciclo-mais-longo-de-aumento-da-desigualda-de-23881027. Acesso em: 16 ago. 2019.

173. DEARO, Guilherme. Amazon é a marca mais valiosa do mundo, revela Brand Finance 2019. *Exame*, São Paulo, 23 jan. 2016. Disponível em: https://exame.abril.com.br/marketing/amazon-e-a-marca-mais-valiosa-do-mun-do-revela-brand-finance-2019/. Acesso em: 27 ago. 2019.

desfrutam de rendimentos crescentes de escala."[174] Todavia, a consequência desse fenômeno é a contração de poucas plataformas poderosas que dominam seus mercados.

Neste ponto, muitas vezes, nota-se que "o desconhecimento da tendência atual de que a rede orienta-se para a criação de grandes grupos, que estabeleçam alianças que terminem guiando o internauta por caminhos traçados segundo conveniências predeterminadas."[175] Neste sentido, Stefano Rodotà afirma que a organização social atual é baseada na acumulação e na circulação de informações, fazendo emergir um novo recurso, capaz de estabelecer novas situações de poder, gerando o problema de legitimação desse poder fundado na informação.[176]

Assim, de uma maneira geral, é possível defender que a aplicação dos direitos fundamentais nas relações privadas se justifica e, além disso, encontra suas razões, com base nos pressupostos de que i) os direitos fundamentais tomaram grande força expansiva, ii) a aplicação da Constituição Federal em todos os ramos do Direito, inclusive no Direito Privado, como forma de determinar a unidade do ordenamento; iii) a crise na dicotomia público-privado; iv) a intensa desigualdade social brasileira aliada ao fenômeno do "poder privado"; e, por fim, v) a necessária tutela dos vulneráveis em uma sociedade de consumo cada vez mais virtual.

De maneira geral, com base nas ideias ora levantadas, é possível perceber que todos os argumentos que defendem as razões da eficácia dos direitos fundamentais nas relações privadas podem ser resumidos a uma ideia básica central, qual seja, a convergência do direito privado, inclusive quanto às relações virtuais, para a Constituição. Logo, quanto à aplicação das normas fundamentais nas relações jurídicas travadas entre particulares a maior questão que surge não é "se" os direitos fundamentais são aplicados a essas relações, mas sim, "como" (e em que medida[177]) é feita essa aplicação.[178]

Portanto, o ponto central do debate encontra-se na busca de uma forma de equilíbrio e compatibilização entre, de um lado, a liberdade, o maior valor existente no mundo virtual, e, de outro lado, a tutela efetiva e eficaz da pessoa humana. A grande questão que se põe quanto à aplicação das normas fundamentais gira em torno da extensão da eficácia dessas normas frente às relações jurídicas entre particulares, ou seja, se a eficácia é direta (imediata) ou indireta (mediata).

Assim, deve-se verificar se dentro das relações privadas as pessoas podem invocar os direitos fundamentais em termos semelhantes aos opostos perante o Estado (eficácia direta) ou se devem invocá-los através dos mecanismos próprios do direito privado, como, por exemplo, as cláusulas gerais (eficácia indireta).

---

174. KLAUS, Schwab. *A quarta revolução industrial*. São Paulo :Edipro, 2016. p. 21.
175. LORENZETTI, Ricardo. *Comércio eletrônico*. São Paulo: Ed. RT, 2004. p. 24.
176. RODOTÀ, Stefano. *A vida na sociedade da vigilância*: a privacidade hoje. Trad. Danilo Doneda e Luciana Cabral Doneda. Rio de Janeiro: Renovar, 2008. p. 35.
177. BILBAO UBILLOS, Juan María. Eficacia horizontal de los derechos fundamentales: las teorias y la practica. Direito civil contemporâneo: novos problemas à luz da legalidade constitucional: anais do congresso nacional de direito civil. Constitucional da cidade do Rio de Janeiro. In: TEPEDINO, Gustavo (Org.). *Direito civil contemporâneo*: novos problemas à luz da legalidade constitucional. São Paulo: Atlas, 2008. p. 236.
178. DUQUE, Marcelo Schenk. *Direito privado e constituição*: drittwirkung dos direitos fundamentais, construção de um modelo de convergência à luz dos contratos de consumo. São Paulo: Ed. RT, 2013. p. 102.

2 • O DIREITO AO SOSSEGO FRENTE AS MUDANÇAS DE PARADIGMAS NOS DIREITOS FUNDAMENTAIS

A princípio, a teoria da eficácia indireta (mediata) foi formulada por Günter Dürig, ganhando destaque especialmente após ser citada pelo Tribunal Constitucional Alemão no supracitado Caso Lüth (1958).[179] Uma vez que os direitos fundamentais compõem uma ordem objetiva de valores que produzem irradiação de efeitos por todo o ordenamento jurídico, para incidirem nas relações jurídicas entre particulares, as normas fundamentais necessitariam de mecanismos de intermediação.[180]

De uma maneira bem geral, essa teoria defende que as normas de direito fundamental produzem efeitos nas relações privadas de modo objetivo, isto é, por meio de normas e parâmetros dogmáticos do direito privado. Desse modo, a eficácia dessas normas fundamentais fica condicionada à concretização pelo legislador ordinário, por meio das leis específicas de direito privado, em primeiro plano, e dos juízes e tribunais em segundo plano.

Neste aspecto, é possível perceber a relevância dos textos de normas imperativas do Direito Privado, sobretudo os princípios e as cláusulas gerais, como verdadeiras "portas" que permitem a "irradiação" dessas normas fundamentais nas relações particulares, isto é, a construção de certas "pontes" entre o Direito Privado e os valores expressos na Constituição como fundamentais ao sistema jurídico.[181]

As principais críticas feitas a essa teoria resumem-se na impossibilidade do legislador regular todas as pretensas situações particulares de conflito de direitos fundamentais e, ademais, a frequente inércia do legislador. Com base nessas considerações, "os direitos fundamentais nada seriam sem o legislador, apregoariam os mais fanáticos."[182]

Em contrapartida, a teoria da eficácia direta (imediata) defende que da mesma forma que os direitos fundamentais são aplicados nas relações verticais, ou seja, entre pessoas e o Estado, devem ser aplicados também nas relações interparticulares, sem intermediação legislativa. O grande expoente dessa teoria é o autor Hans Carl Nipperdey, o qual defendeu a ideia de que as normas fundamentais possuem efeitos absolutos, isto é, não carecem de intermediações legislativas infraconstitucionais para serem aplicadas às relações privadas.[183]

Dessa forma, os direitos fundamentais possuiriam caráter dúplice, ou seja, vinculariam, em algumas situações, apenas o Estado e, em outros contextos, poderiam ser invocados diretamente nas relações particulares, independente de ação intermediária legislativa. Em outras palavras, há uma previsão dos direitos fundamentais em sua dupla vertente, subjetiva e objetiva, operante em todo o sistema jurídico.

Ademais, para essa teoria, a aplicação das normas fundamentais se dá de forma direta e imediata, ou seja, independente de legislações específicas ou de cláusulas gerais

---

179. STEINMETZ, Wilson. *A vinculação dos particulares a direitos fundamentais*. São Paulo: Malheiros, 2004. p.136.
180. CANARIS, Claus-Wilhelm. *Direitos fundamentais e direito privado*. Trad. de Ingo Wolfgang Sarlet e Paulo Mota Pinto. Coimbra, Almedina, 2003.
181. SARMENTO, Daniel. *Direitos fundamentais e relações privadas*. Rio de Janeiro: Lumens Juris, 2010. p. 198.
182. SOMBRA, Thiago Luís Santos. *A eficácia dos direitos fundamentais nas relações privadas*. São Paulo: Atlas, 2011. p. 81.
183. SILVA, Virgílio Afonso. *A constitucionalização do direito*: os direitos fundamentais nas relações entre particulares. São Paulo: Malheiros, 2005. p. 87.

que permitam sua incidência nas relações privadas. Tal fato decorre da defesa de que os direitos fundamentais constituem verdadeiros direitos subjetivos, podendo os particulares recorrer a estas normas mesmo para fazê-las valer contra outras pessoas privadas (trata-se do *status socialis*).[184]

Entretanto, é preciso alertar que considerar a aplicação imediata e irrestrita dos direitos fundamentais é desconsiderar as especificidades tratadas pelo direito privado, as quais dão maior especialidade às normas e, consequentemente, capacitam maior efetividade na aplicação dos direitos fundamentais.

Como se nota, têm-se pistas de que, ao utilizar de maneira infundada o argumento jusfundamental, fazendo com que os direitos fundamentais sejam ilimitados, em verdadeira hipertrofia, corre-se o risco de tornar, de maneira indesejável, esses direitos insaciáveis[185], gerando a banalização dos direitos humanos.[186]

Em outras palavras, a banalização dos direitos fundamentais pode se dar também pela expansão da jurisdição constitucional, a qual, quando elevada a abusos, gera um expansionismo constitucional ilegítimo, aplicando a Constituição sem observar as regras de competência, as quais, devido à setorização, são dotadas de maior especificidade.

Nesse sentido, ganha relevância a reflexão quanto o grau de eficácia horizontal das normas fundamentais, porquanto se trata de um dos temas mais caros ao estudo dos direitos fundamentais, uma vez que a pós-modernidade trouxe consigo uma série de conflitos privados até então inimagináveis na ocasião do nascimento da doutrina de direitos fundamentais, como a própria utilização de dados pessoais e sensíveis como forma de implementar publicidades indesejadas no mundo virtual.

Com efeito, visando evitar a banalização do uso do argumento dos direitos fundamentais nas relações entre privados, é preciso propor uma reflexão que considere que o direito constitucional e o direito privado existem em uma relação recíproca de complementação e dependência, em verdadeiro diálogo de fontes, até porque, esse pensamento é o que parece permitir maior coerência sistêmica.

Indo adiante, conforme já exposto, das duas teorias quanto à extensão da aplicação das normas fundamentais às relações jurídicas horizontais, a saber, as teorias direta e indireta, é possível perceber uma possibilidade de complementariedade, especialmente visando evitar que o uso dos direitos fundamentais seja feito de forma trivial e banalizada.

Ora, um dos grandes embates que dificulta a determinação da medida de eficácia das normas fundamentais nas relações entre particulares reside no fato de que a titularidade e o destinatário dos direitos fundamentais se confundem, isto é, numa relação privada, ambas as pessoas têm garantidas os seus direitos fundamentais e, aparentemente, ao mesmo tempo, são também possíveis violadoras de direitos fundamentais. Desse modo,

---

184. STEINMETZ, Wilson. *A vinculação dos particulares a direitos fundamentais*. São Paulo: Malheiros, 2004. p. 168.

185. PINTORE, Anna. Derechos insaciables. In: FERRAJOLI, Luigi. *Los Fundamentos de los derechos fundamentales*. Madri: Trotta, 2001. p. 243-265.

186. TESSLER, Marga Barth. Há um fundamento para os direitos humanos ou como fundamentar os direitos humanos e que direitos humanos fundamentar. *Revista do Tribunal Regional Federal da 4ª Região,* Porto Alegre, v. 1, n. 1, p. 54-5, jan./mar. 1990.

2 • O DIREITO AO SOSSEGO FRENTE AS MUDANÇAS DE PARADIGMAS NOS DIREITOS FUNDAMENTAIS   **45**

como determinar quem será o destinatário desses direitos?[187] Logo, como determinar até que ponto um direito fundamental será limitado em favor do outro?

Diante disso, têm-se pistas de que a melhor maneira de determinar a incidência das normas fundamentais nas relações privadas, evitando a hipertrofia desses direitos e promovendo sua ótima efetividade, é por meio da complementariedade das teorias indireta e direta, conforme se extrai da teoria de Claus-Wilhelm Canaris.[188]

Conforme esse autor, a eficácia das normas fundamentais frente às relações entre particulares deve ser indireta, por meio das legislações específicas de direito privado. Dessa forma, o destinatário das normas fundamentais passa a ser tão somente o Estado, assim como nas relações verticais, cabendo a este a positivação das ferramentas privadas capazes de garantir os direitos fundamentais das pessoas, conforme a proibição de insuficiência.

Assim, é imperioso lembrar que é dever do Estado ser um garantidor e um não violador das normas fundamentais. Com isso, nas relações privadas, o Estado surge como um "terceiro" regulador da relação, ao determiná-lo como competente para fazer o regramento inferior que especifique melhor a aplicação *a priori* ampla e abstrata das normas fundamentais. Em consequência, ao Estado cabe a retirada da abstração das normas fundamentais, por meio da setorização nas legislações específicas, aproximando a norma das particularidades dos casos concretos.[189]

Em verdade, essa abordagem relaciona-se com o próprio princípio de segurança jurídica, afinal, este é mais bem observado se as normas fundamentais amplas e abstratas, *a priori,* são projetadas de modo mais detalhado nas relações privadas por meio das legislações do Poder Legislativo, em primeiro plano, e, subsidiariamente, do Poder Judiciário, por meio da hermenêutica das cláusulas gerais, dos princípios e dos conceitos indeterminados.

Ademais, em última hipótese, não havendo o Estado legislado sobre as normas fundamentais, isto é, havendo uma omissão estatal quanto à normatização nas legislações mais específicas sobre os direitos fundamentais, há de se considerar, segundo Claus--Wilhelm Canaris, o "imperativo de tutela", permitindo a aplicação direta e imediata das normas fundamentais nas relações privadas.[190]

---

187. DUQUE, Marcelo Schenk. *Direito privado e constituição*: drittwirkung dos direitos fundamentais, construção de um modelo de convergência à luz dos contratos de consumo. São Paulo: Ed. RT, 2013. p. 47.
188. CANARIS, Claus-Wilhelm. *Direitos fundamentais e direito privado*. Trad. de Ingo Wolfgang Sarlet e Paulo Mota Pinto. Coimbra: Almedina, 2003.
189. DUQUE, Marcelo Schenk. *Direito privado e constituição*: drittwirkung dos direitos fundamentais, construção de um modelo de convergência à luz dos contratos de consumo. São Paulo: Ed. RT, 2013. p. 47.
190. Com efeito, afirma Canaris que há "diferença teorético-estrutural entre a função dos direitos fundamentais como imperativos de tutela e como proibições de intervenção: enquanto na última se trata simplesmente de controlar segundo os direitos fundamentais uma disciplina já existente – isto é, uma norma, um acto da administração ou similar –, no caso da função de imperativos de tutela está em causa justamente o contrário, isto é, a *ausência* de uma tal disciplina – ou seja, uma omissão estatal em contraposição a uma intervenção [...]." CANARIS, Claus--Wilhelm. *Direitos fundamentais e direito privado*. Trad. de Ingo Wolfgang Sarlet e Paulo Mota Pinto. Coimbra: Almedina, 2003. p. 115.

Conforme se percebe, em um mundo complexo, a mais acertada decisão judicial deve partir das normatizações mais setoriais, as quais possuem maiores proximidades com as especificidades do caso concreto.[191] Com isso, é possível concluir que a eficácia indireta e a eficácia direta não são formas incompatíveis de aplicação de normas fundamentais, uma vez que nas situações em que não há viabilização da primeira (omissão), abre-se a possibilidade para utilização da segunda. Logo, ambas são garantidoras da eficácia das normas fundamentais como princípios objetivos de todo o sistema jurídico[192], especialmente ao se considerar a concentração de poder nas mãos de pessoas privadas, dentro da lógica do sistema capitalista.[193]

Superado esses enfrentamentos, é preciso destacar que na atual sociedade, sustentada por uma economia cada vez mais globalizada, a informação não só se tornou um elemento substancial e vital para as relações sociais como também, em especial os dados pessoais, se tornaram o principal insumo da atividade econômica[194], em todos os setores possíveis. Isso quer dizer que, seja no âmbito público, seja no setor privado, quem tem acesso aos dados tem acesso ao poder.[195]

Desse modo, levando em consideração que o desenvolvimento do modelo de negócios passou a necessitar de uma economia digital, começou a notar-se uma dependência muito maior dos fluxos de bases de dados.[196] Sendo assim, considerando o papel fundamental do fenômeno da informação nas sociedades contemporâneas, em todos os seus subsistemas, passou a se exigir, do Direito, não só o reconhecimento da problemática do tratamento de dados como também a necessidade de lidar de maneira incisiva juridicamente com esse fenômeno e os seus efeitos.[197]

Em verdade, o acesso à informação, rápido e dinâmico, não só amplia as possibilidades de ação das pessoas como também, na mesma proporção, maximizam os riscos

---

191. LORENZETTI, Ricardo Luís. *Teoria da decisão judicial*: fundamentos de direito. Trad. Bruno Miragem. São Paulo: Ed. RT, 2010. p. 364.

192. MARQUES, Claudia Lima. *Contratos no código de defesa do consumidor*: o novo regime das relações contratuais. 7 ed. rev., atual. e ampl. São Paulo: Ed. RT, 2014. p. 253.

193. Com efeito, Norberto Bobbio destaca que: "[...] a afirmação das liberdades civis seria letra morta, e a finalidade principal almejada pelas garantias constitucionais seria excluída, se as liberdades do cidadão, afirmadas perante os órgãos do Estado, não fossem igualmente afirmadas e protegidas perante os poderes privados. Uma das marcas da atual sociedade capitalista é a concentração de grandes poderes nas mãos de instituições privadas. Damo-nos conta que tais poderes são a tal ponto grandes que suspendem, diminuem ou mesmo tornam vãs algumas liberdades fundamentais que, até então, pareciam ameaçadas somente pelos órgãos do poder estatal." BOBBIO, Norberto. *Autobiografia*. Bari: Laterza, 1997. p. 173.

194. "Com o crescimento exponencial do universo digital, haverá um aumento na produção e no tratamento de dados, o que impactará profundamente a relação entre consumidores, máquinas e empresas." MAGRANI, Eduardo. *A internet das coisas*. Rio de Janeiro: FGV Editora, 2018. p. 90.

195. PINHEIRO, Patrícia Peck. *Proteção de dados pessoais*: comentários à lei n. 13.709/18 (LGPD). São Paulo: Saraiva Educação, 2018. p. 50.

196. Afirma Carolina Braga que "[...] as empresas que utilizam Big Data possuem cinco vezes mais chances de tomar decisões mais rápidas do que seus concorrentes e duas vezes mais chances de obter performance superior". BRAGA, Carolina Henrique da Costa. A utilização do Big Data pelo setor público: possibilidades, riscos e desafios. In: CAMARGO, Coriolano Almeida (Coord.). *Direito digital*: novas teses jurídicas. Rio de Janeiro: Lumen Juris, 2018. p. 67.

197. Pierre Lévy, com seu otimismo característico, afirma que "[...] estamos vivendo a abertura de um novo espaço de comunicação, e cabe apenas a nós explorar as potencialidades mais positivas deste espaço nos planos econômico, político, cultural e humano." LÉVY, Pierre. *Cibercultura*. Trad. Carlos Irineu da Costa. São Paulo: Editora 34, 2010. p. 11.

2 • O DIREITO AO SOSSEGO FRENTE AS MUDANÇAS DE PARADIGMAS NOS DIREITOS FUNDAMENTAIS

de danos.[198] Afinal, o monopólio de informações pessoais pode ter como consequência a geração de situações nefastas, como as previstas por George Orwell, ao criar a figura do "Big Brother".[199] Evidentemente, quando se trata de sociedade da informação, os desafios atingem tanto a esfera pública quanto a privada.[200]

Sendo assim, a abordagem jurídica dos dados das pessoas, umbilicalmente relacionado à necessária garantia da privacidade, passou a ser tema de relevantes discussões jurídicas.[201] No Brasil, a Lei 13.70 foi promulgada em 14 de agosto de 2018, conhecida como Lei Geral de Proteção de Dados (LGPD), visando a normatização do tratamento de dados, que até então era uma "terra sem lei"[202] no país.

Não obstante as diversas leis esparsas que existiam anteriormente tratando sobre o tema, com destaque para a Lei 12.965/14, isto é, o Marco Civil da *Internet*, não existia, ainda, no país, uma normatização adequada à tutela de dados pessoais. Assim, a LGPD estabelece, em seu artigo inaugural que a lei dispõe sobre o tratamento de dados pessoais com o objetivo de proteger os direitos fundamentais de liberdade e de privacidade e o livre desenvolvimento da personalidade da pessoa natural.[203]

Neste sentido, é evidente que veio a norma jurídica tutelar direitos fundamentais já previstos em mandamentos constitucionais, a saber, a liberdade, a privacidade e o livre desenvolvimento da personalidade humana. Ressalta-se também que a proteção dos dados pessoais é um direito humano garantido como direito fundamental em diversas legislações, em vários países[204], como também assim considerado na Carta dos Direitos Fundamentais da União Europeia, expressamente em seu artigo 8º.[205] No Brasil,

---

198. Aduz Patrícia Peck que "Temos um déficit de segurança que precisa ser superado já de imediato, e precisamos ter cuidados cada vez mais intensos para evitar incidentes com as novas tecnologias que estão ainda se popularizando. As principais preocupações encontram destaque: (i) no aumento da exposição da intimidade das pessoas por meio da coleta de informações, (ii) na ausência ou redução do monitoramento ou controle de tais dispositivos pelos usuários e (iii) nos limitados mecanismos de segurança utilizados nos próprios dispositivos. PINHEIRO, Patrícia Peck. *Direito digital*. 6. ed. São Paulo: Saraiva, 2016. p. 361.

199. ORWELL, George. *1984*. São Paulo: Companhia das Letras, 2009.

200. Neste sentido, destaca Danilo Doneda que: "cabe ao civilista a tarefa de atualizar os seus paradigmas interpretativos de acordo com uma reflexão sobre a relação entre o desenvolvimento tecnológico e a pessoa humana, e visando a harmonização dos poderes privados como elemento formador desta estrutura." DONEDA, Danilo. *Da privacidade à proteção de dados pessoais*. Rio de Janeiro: Renovar, 2006. p. 87.

201. "Não existe pleno exercício do direito de acesso à Internet sem a garantia do direito à privacidade. Essa determinação, constante do artigo oitavo do Marco Civil da Internet, serve de guia para que se compreenda a importância da tutela da privacidade para o desenvolvimento da personalidade, para o exercício da cidadania e a sua fruição completa através das possibilidades criadas pela comunicação na rede." SOUZA, Carlos Affonso (Coord.). *Marco civil da internet*: jurisprudência comentada. *Revista dos Tribunais*: São Paulo, 2017. p. 19.

202. COTS, Márcio; OLIVEIRA, Ricardo. *Lei geral de proteção de dados pessoais comentada*. São Paulo: Thomsons Reuteres Brasil, 2018. p. 22.

203. BRASIL. *Lei 13.709, de 14 de agosto de 2018*. Dispõe sobre a proteção de dados pessoais e altera a Lei 12.965, de 23 de abril de 2014 (Marco Civil da Internet). Disponível em: http://www. planalto. gov.br/ ccivil_03/_ato2015-2018/2018/lei/L13709.htm. Acesso em: 20 jun. 2019.

204. Segundo defende Stefano Rodotà, "a proteção de dados constitui não apenas um direito fundamental entre outros: é o mais expressivo da condição humana contemporânea." RODOTÀ, Stefano. *A vida na sociedade da vigilância*: a privacidade hoje. Trad. Danilo Doneda e Luciana Cabral Doneda. Rio de Janeiro: Renovar, 2008. p. 21.

205. Artigo 8º Proteção de dados pessoais. 1. Todas as pessoas têm direito à proteção dos dados de caráter pessoal que lhes digam respeito. 2. Esses dados devem ser objeto de um tratamento leal, para fins específicos e com o consentimento da pessoa interessada ou com outro fundamento legítimo previsto por lei. Todas as pessoas têm o direito de aceder aos dados coligidos que lhes digam respeito e de obter a respectiva retificação. 3. O cumprimento

destaque para a Proposta de Emenda à Constituição 17, que visa inserir expressamente o direito de proteção de dados pessoais no rol dos direitos fundamentais.[206] E apesar de a proposta ainda estar em tramitação no Congresso Nacional, o Supremo Tribunal Federal, em maio de 2020, no julgamento das cinco Ações Diretas de Inconstitucionalidade contra a Medida Provisória 954/2020, que previa o compartilhamento de dados de usuários por prestadoras de serviços de telecomunicações com a Fundação Instituto Brasileiro de Geografia e Estatística (IBGE), reconheceu a proteção de dados direito como fundamental.[207]

Outro ponto que merece evidência no artigo 1º da lei é que a disposição normativa limitou sua proteção aos dados pessoais da pessoa natural, não estendendo a tutela às pessoas jurídicas. Assim, com notável caráter humanista, a legislação, visando não banalizar a proteção de dados, projetou-se à proteção das pessoas humanas, seres únicos e completos, totalmente suscetíveis às condições adequadas do ambiente[208] para que possam se desenvolver da melhor maneira possível.[209]

Entretanto, a característica mais importante da LGPD, para fins da presente análise, é a expressa disposição de que a lei, protegendo os direitos fundamentais de liberdade e de privacidade e o livre desenvolvimento da personalidade da pessoa natural, inclusive nos meios digitais, será aplicada contra o tratamento ilegal de dados pessoais praticado tanto por pessoa natural quanto por pessoa jurídica, seja esta de direito público ou privado. Ou seja, assim como o CDC, lei decorrente do dever fundamental de proteção do consumidor como agente constitucionalmente designado[210], a LGPD trata de legislação que tutela direitos fundamentais de modo transversal, isto é, aplicável às relações jurídicas tanto de direito público quanto de direito privado, seguindo este mesmo sentido as propostas de reforma do CDC, que visam especialmente regular as relações virtuais de consumo.[211]

---

destas regras fica sujeito a fiscalização por parte de uma autoridade independente. UNIÃO EUROPEIA. Carta dos Direitos Fundamentais da União Europeia de 2000. *Jornal Oficial das Comunidades Europeias*, Bruxelas, 18 dez. 2000. Disponível em: https://www.europarl.europa.eu/charter/pdf/text_pt.pdf. Acesso em: 19 ago. 2019.

206. BRASIL. Senado Federal. *PEC 17/2019*. Proposta de Emenda à Constituição. Disponível em: https://www. camara. leg.br/proposicoesWeb/fichadetramitacao?idProposicao =2210757. Acesso em: 13 abr. 2020.

207. Ações ajuizadas pelo Conselho Federal da Ordem dos Advogados do Brasil (ADI 6387), pelo Partido da Social Democracia Brasileira – PSDB (ADI 6388), pelo Partido Socialista Brasileiro – PSB (ADI 6389), pelo Partido Socialismo e Liberdade – PSOL (ADI 6390) e pelo Partido Comunista do Brasil (ADI 6393). BRASIL. Supremo Tribunal Federal. *ADI 6387 – Ação direta de inconstitucionalidade*. Requerente: Conselho Federal da Ordem dos Advogados do Brasil – CFOAB. Intimado: Presidente da República Relator: Min. Rosa Weber. Brasília, DF, 7 de maio de 2020. Disponível em http://portal.stf.jus.br/processos/detalhe.asp?incidente=5895165. Acesso em: 08 maio 2020.

208. Afirma Martin Lindstrom que "As marcas que gostamos, que compramos e com as quais nos rodeamos (e agora você já sabe que defino qualquer coisa como 'marca', das músicas em nossa playlists aos nossos sapatos, lençóis, pastas de dentes e quadros) têm o profundo dom de revelar quem somos." LINDSTROM, Martin. *Small data*: como poucas pistas indicam grandes tendências. Trad. Rodrigo Peixoto. 1. ed. Rio de Janeiro: HapperCollins Brasil, 2016. p. 211.

209. COTS, Márcio; OLIVEIRA, Ricardo. *Lei geral de proteção de dados pessoais comentada*. São Paulo: Thomsons Reuteres Brasil, 2018. p. 54.

210. MARTINS, Fernando Rodrigues. Os deveres fundamentais como causa subjacente-valorativa da tutela da pessoa consumidora: contributo transverso e suplementar à hermenêutica consumerista da afirmação. *Revista de Direito do Consumidor*, São Paulo, v. 23, n. 94, p. 215-257, jul./ago. 2014.

211. Assim, oportuno são os apontamentos de Fernando Martins, segundo o qual: "quando da vigência do CDC, o comércio eletrônico era inexistente, sendo que as disposições sobre contratos na lei protetiva em vigência – a

Sendo assim, a LGPD corrobora para o entendimento de que cabem às legislações infraconstitucionais a retirada da abstração das normas fundamentais, previstas na constituição, por meio da setorização nas legislações específicas, aproximando a norma das particularidades e, além disso, da tecnicidade dos fatos concretos, ou seja, da vida real, inundada em variadas complexidades.

Dessa maneira, vale lembrar que a LGPD é uma legislação extremamente técnica, composta por uma porção de conceitos jurídicos necessários ao fim a que se destina (conforme previsto no artigo 5º da citada lei) e de itens de controle para assegurar a efetividade das garantias defendidas pela norma. Sendo assim, a LGPD concretiza, de maneira mais bem definida, a proteção dos direitos fundamentais abstratamente tratados no artigo 5º da Constituição, garantindo, inclusive, a autonomia privada das pessoas, valor essencial à consagração do direito fundamental à liberdade.[212]

Conforme se percebe, a LGPD corrobora para a compreensão de que a proteção dos direitos fundamentais não pode ser limitada à atuação da pessoa natural frente ao Estado, em especial quando há pessoa em situação de vulnerabilidade, como ocorre com os indivíduos sujeitos ao tratamento ilegal de dados pessoais e, posteriormente, exposto às publicidades virtuais de consumo importunadoras.[213] Neste ponto, merece ênfase o pensamento de Guilherme Martins, segundo o qual a desigualdade entre os fornecedores e os usuários da *Internet*, em especial nas redes sociais, é patente, afinal, além destes serem induzidos a contratar por técnicas agressivas de publicidades, a vulnerabilidade se agrava por desconhecer o consumidor as nuances das técnicas que fundamentam a relação que compõe.[214]

Logo, ao se considerar que a grande maioria das relações jurídicas no âmbito virtual são também relações de consumo, nítida está a situação de hipervulnerabilidade[215], que

---

despeito de provida de cláusulas gerais de possibilidades amplas carecem de meios normativos mais específicos para a ampla promoção do agente destinatário final. Em suma: há disparidade entre a ampla utilização do comércio eletrônico e a existência de conteúdos normativos fundamentais! Assim a tutela deve considerar: a proteção aos dados sensíveis do consumidor; o respeito ao sossego virtual e à privacidade; as informações claras sobre o sítio eletrônico e o modo de fornecimento de seus produtos ou serviços; as informações claras sobre a procedimentalização da negociação realizada com todo o respectivo iter; a proibição de oferta ou meio eletrônico convidativo sem a autorização do utente; o direito de arrependimento do consumidor; e a responsabilidade civil do fornecedor. O espaço eletrônico sendo democratizado não pode ser instrumento de abusos, daí com razão suficiente de sobra a aprovação do Projeto de Lei do Senado 281/2012" MARTINS, Fernando Rodrigues. Direito do consumidor, reforma do CDC e constante renovação metodológica do direito privado. *Revista de Direito do Consumidor*, São Paulo, v. 107, p. 293-307, set./out. 2016.

212. Corrobora com esse pensamento a afirmação de Bruno Zampier, segundo o qual "a eficácia horizontal dos direitos fundamentais não é apta a suprimir a autonomia na perspectiva de um mundo digital, a fim de que possa se permitir não apenas a titularidade de bens digitais, mas também a proteção de dados pessoais quando da contratação de serviços em rede." LACERDA, Bruno Torquato Zampier. *Bens digitais*. Indaiatuba: Foco Jurídico, 2017. p. 163.

213. A título de exemplo, Martin Lindstrom descreve que: "Capturando detalhes sobre transações comerciais realizadas em quase 3 mil lojas de seis países, o Walmart mantém 7,5 terabytes de dados – um estoque informacional muitas vezes superior ao do governo dos Estados Unidos." LINDSTROM, Martin. *Brandwashed*: o lado oculto do marketing. Controlamos o que compramos ou são as empresas que escolhem por nós? Rio de Janeiro: Alta Books, 2018. p. 244.

214. MARTINS, Guilherme Magalhães. *Contratos eletrônicos de consumo*. São Paulo: Atlas, 2016. p. 55.

215. A hipervulnerabilidade consiste no agravamento fático e objetivo da fragilidade da pessoa humana em sua situação jurídica, por circunstâncias pessoais, permanente ou temporária, como a doença, o analfabetismo ou a idade. Ou seja, é uma somatória de situações de vulnerabilidade que despertam a necessidade ainda maior de tratar as

demanda maior atenção e, consequentemente, um âmbito de tutela mais intensificado.[216] Afinal, conforme defende Hoffman-Riem, "se George Orwell fosse reescrever '1984', sob as atuais circunstâncias, provavelmente ele iria descrever um cenário de ameaças do setor privado e da economia."[217] Neste ponto, destaca-se que "o potencial perigo para a privacidade dos cidadãos, representado inicialmente pelo Governo, deu lugar à outra ideia segundo a qual o setor privado poderia representar uma ameaça muito maior."[218]

Todos esses apontamentos indicam que a LGPD demonstra que a teorias da eficácia indireta e eficácia direta não são formas incompatíveis de tutela dos direitos fundamentais, afinal, havendo legislação específica tendente à proteção de direitos essenciais, não há razões para a aplicação tão somente, de maneira imediata e desmedida, das disposições constitucionais, sob pena de banalização do argumento jusfundamental.

Obviamente, não havendo normatização setorial, de um direito que demonstra importância a ponto de ser julgado como fundamental, razoável será a aplicação direta e imediata da Constituição, pelo imperativo de tutela, tendo sempre como foco o epicentro do sistema jurídico, a saber, a promoção da pessoa humana. Logo, é possível perceber que, assim como outras lei de ordem pública, que visam regulamentar relações privadas, em especial tutelando pessoas em situação de vulnerabilidade, a LGPD surgiu como legislação relevante para evidenciar ainda mais a relativização da *summa diviso* público e privado posto que, conforme é uníssono na doutrina, todo o sistema jurídico deve se propor, na maior medida possível, à tutela da pessoa humana, independentemente do ramo jurídico analisado e, atualmente, independentemente do ambiente em discussão, seja físico, seja virtual.

Sendo assim, as diversas transformações sociais dão conta de que os direitos fundamentais devem ser aplicados, de fato, até mesmo nas relações entre pessoas particulares, posto que os poderes e os riscos de ameaça ou lesão aos direitos há muito não são monopólio estatal, em especial no ambiente virtual. Neste ponto, novamente destaca-se que frente as publicidades virtuais de consumo, em especial as que utilizam dados pessoais, a ideia de não ser molestado, na figura da tutela do sossego do consumidor, deve ser reconhecida como direito fundamental diante de sujeitos privados, na figura das fornecedoras do mercado de consumo, especialmente tendo em vista que, como faceta negativa do direito de proteção de dados, a busca pelo sossego possui o mesmo caráter de fundamentalidade.

Dessa maneira, merece destaque a afirmação de Danilo Doneda, segundo o qual os dados pessoais tornaram-se intermediários entre a pessoa e a sociedade, e muitas

---

pessoas de modo diferenciado para proteger o mais débil. MARQUES, Claudia Lima; MIRAGEM, Bruno. *O novo direito privado e a proteção dos vulneráveis*. São Paulo: Ed. RT, 2012. passim.

216. Segundo aduz Bruno Bioni, "[...] o titular dos dados pessoais amarga um (hiper)vulnerabilidade, o que demanda respectivamente, o seu empoderamento para emancipa-lo e a sua intervenção para assisti-lo" BIONI, Bruno Ricardo. *Proteção de dados pessoais*: a função e os limites do consentimento. Rio de Janeiro: Forense, 2019. p. 274.

217. MENDES, Laura Schertel. *Privacidade, proteção de dados e defesa do consumidor*: linhas gerais de um novo direito fundamental. São Paulo: Saraiva, 2014. p. 22.

218. DONEDA, Danilo. *Da privacidade à proteção de dados pessoais*. Rio de Janeiro: Renovar, 2006. p. 40. Ressalta-se que o mesmo autor não desconhece os riscos à privacidade inerentes às práticas estatais, isto é, diante das hipóteses de rastreamento e controle por parte do próprio Estado.

2 • O DIREITO AO SOSSEGO FRENTE AS MUDANÇAS DE PARADIGMAS NOS DIREITOS FUNDAMENTAIS

vezes com a perda do controle pelos titulares, o que representa diminuição da sua própria liberdade.[219] Dito de outro modo, a partir do reconhecimento de que a proteção dos dados pessoais é considerado um direito fundamental, o direito ao sossego, como aspecto negativo desta proteção, acaba adquirindo essa mesma essencialidade normativa.

Em síntese, a nova LGPD surge como apoio para pretensão jurídica desta tese, posto que, como legislação infraconstitucional, direcionada às pessoas públicas e privadas, tem como objetivo a tutela de direitos fundamentais. Logo, a LGPD reforça os argumentos expostos, afinal, dentro da sua tecnicidade característica, deixa evidente que é um instrumento muito mais efetivo na tutela dos direitos fundamentais de liberdade, privacidade e livre desenvolvimento da pessoa humana do que a própria Constituição Federal, que prevê esses direitos fundamentais de forma altamente abstrata e genérica.

Não obstante, conforme supracitado, um dos grandes embates quanto a medida de eficácia das normas fundamentais nas relações entre particulares reside no fato de que a titularidade e o destinatário dos direitos fundamentais se confundem. Todavia, quando se trata de relação de consumo, configurada a partir da exposição das pessoas às publicidades virtuais, tal embate perde força, afinal, a maior parte dos fornecedores presentes no mercado de consumo são pessoas jurídicas, as quais tem direitos fundamentais reconhecidos somente em situação de exceção.

Dito de outra maneira, ao se analisar o direito ao sossego, relacionado às publicidades virtuais, é possível verificar necessariamente nítida relação de consumo, conforme expõe o artigo 29 do CDC.[220] Ademais, nesta relação, de um lado há uma pessoa humana, presumidamente vulnerável, titular de direitos fundamentais e do outro, na maioria notável dos casos, encontra-se uma fornecedora, pessoa jurídica, as vezes uma megaempresa capitalista[221], com notável poder privado.

Sendo assim, é evidente a mitigação do debate quanto à polêmica consideração dos direitos fundamentais nessas relações privadas, afinal, partindo do pressuposto de que se tratam de relações desiguais, a tutela do vulnerável se torna um imperativo. Não obstante, o próprio CDC, em seu artigo 1º, estabelece ser a lei protetiva norma de ordem pública e interesse social, remetendo ao cumprimento da exigência prevista no artigo 5º, inciso XXXII da CF/88. Vale lembrar, inclusive, que a realidade é que o sistema jurídico é uno, de modo que a tutela da pessoa humana se apresenta como um problema unitário.

Neste ponto, há de se considerar a essencialidade do direito ao sossego, juntamente com a proteção de dados pessoais, como forma de garantir a liberdade integral das pes-

---

219. DONEDA, Danilo. *Da privacidade à proteção de dados pessoais*. Rio de Janeiro: Renovar, 2006. p. 181.
220. Nestes termos: "Para os fins deste Capítulo e do seguinte, equiparam-se aos consumidores todas as pessoas determináveis ou não, expostas às práticas nele previstas", dentre elas, a publicidade, vide art. 36 do mesmo código. BRASIL. *Lei 8.078, de 11 de setembro de 1990*. [Código de Defesa do. Consumidor]. Dispõe sobre a proteção do consumidor e dá outras providências. Disponível em: http://www.planalto.gov.br/ccivil_03/leis/l8078.htm. Acesso em: 08 maio 2020.
221. DESSAUNE, Marcos. *Desvio produtivo do consumidor: o prejuízo do tempo desperdiçado*. São Paulo: Ed. RT, 2017. p. 78.

soas, inclusive sob a ideia de extensão da personalidade, também ao homem artificial.[222] Aliás, muito além de refletir acerca da eficácia horizontal desses direitos, têm-se pistas da necessidade de evidenciar o anverso fundamental, qual seja, o dever das grandes fornecedoras em respeitar às pessoas expostas às práticas de mercado, em especial, no que se refere às publicidades virtuais de consumo.

2.4 A TUTELA DO CONSUMIDOR SOB O VIÉS DOS DEVERES FUNDAMENTAIS

Não há dúvidas de que, se as questões envolvendo o âmbito virtual são recentes, a problemática dos direitos fundamentais é pensada há muito tempo[223] e, com o advento da Constituição da República de 1988, todo o sistema jurídico brasileiro foi submetido a uma verdadeira reformulação, visando à atribuição de coerência dos direitos humanos defendidos pela carta constitucional ao modelo de Estado democrático estabelecido.

Assim, pode-se dizer que os direitos fundamentais dos cidadãos são aqueles nos quais são protegidas as diversas facetas da pessoa humana, visando a garantia substancial dos elementos básicos e essenciais, ou seja, a garantia de um conteúdo mínimo necessário, que faz parte da estrutura básica da sociedade.

Dessa maneira, se configuram como normas básicas do ordenamento jurídico, posto que possuem o caráter fundante do Estado de Direito e além disso, se relacionam com o paradigma de limite ao poder. Como se não bastasse, o seu fundamento não reside em uma pessoa específica ou mesmo na humanidade, e sim no modelo de acordos necessários que originam a sociedade.[224] Tendo isso em vista, os direitos fundamentais são direitos essenciais a dignidade da pessoa humana e daí, segundo Ricardo Lorenzetti, a necessidade de "o direito fundamental ter a garantia de um conteúdo mínimo"[225], visto que trata da pessoa humana.

Em razão disso, em especial, conforme já destacado, com o advento da CF/88, o caminho de reformulação jurídica também foi operado pelo direito privado, influenciado pela expansão dos direitos fundamentais[226], em razão, inclusive, de expressa determinação constitucional de proteção do consumidor enquanto parte vulnerável. Adotou-se, portanto, a defesa do consumidor como princípio fundamental, consagrando passo essencial para a consolidação do chamado "direito privado solidário"[227], justificando, inclusive, o direito

---

222. FROSINI, Vittorio apud LIMBERGER, Têmis. Direitos humanos na era tecnológica. *Revista Direitos Emergentes na Sociedade Global*, Santa Maria, v. 2, n. 2, p. 354, 2014.
223. LIMBERGER, Têmis. Direito e informática: o desafio de proteger os direitos do cidadão. In: SARLET, Ingo Wolfgang (Org.). *Direitos fundamentais, informática e comunicação*: algumas aproximações. Porto Alegre: Livraria do Advogado, 2007. p. 197.
224. LORENZETTI, Ricardo Luís. *Teoria da decisão judicial*: fundamentos de direito. Trad. Bruno Miragem. São Paulo: Ed. RT, 2010. p. 102-103.
225. LORENZETTI, Ricardo Luís. *Teoria da decisão judicial*: fundamentos de direito. Trad. Bruno Miragem. São Paulo: Ed. RT, 2010. p. 103.
226. CANARIS, Claus-Wilhelm. *Direitos fundamentais e direito privado*. Trad. Ingo Wolfgang Sarlet e Paulo Mota Pinto. Coimbra: Almedina, 2003. passim.
227. MARQUES, Claudia Lima. *Contratos no código de defesa do consumidor*: o novo regime das relações contratuais. São Paulo: Thomson Reuters Brasil, 2019. *E-book*.

2 • O DIREITO AO SOSSEGO FRENTE AS MUDANÇAS DE PARADIGMAS NOS DIREITOS FUNDAMENTAIS — 53

do consumidor como direito fundamental de terceira dimensão, destacando o valor da solidariedade.

Em verdade, analisando a lógica do mercado, que opera pelo código binário "lucrativo/não lucrativo", a proteção do consumidor se mostra como uma forma de superar as falhas do mercado, que expõe as pessoas ao risco de danos.[228] Dito de outro modo, é a lei que cumpre a função de ordenar o mercado no afã de proteger as pessoas das práticas comerciais abusivas, como as próprias publicidades de consumo, garantindo o cumprimento efetivo do fundamento de tutela da pessoa humana, expresso na carta constitucional, mesmo dentro da lógica do direito privado, o que reforça a supracitada eficácia horizontal das normas fundamentais.

Despiciendo dizer que o CDC, em seu artigo inaugural, estabelece que sua finalidade é a proteção e defesa do consumidor, matéria de ordem pública e interesse social, ressaltando o artigo 170, inciso V, da CF/88, o qual, expressamente, impõe ao legislador infraconstitucional a defesa do consumidor como princípio geral da atividade econômica, mas que cumpre função promocional dos direitos humanos.[229]

Noutras palavras, no sistema jurídico brasileiro, só se admite a prática comercial que, além de outros princípios, respeite a dignidade da pessoa humana, que, em seu sentido mais amplo, congloba os direitos dos consumidores. Significa dizer que a norma constitucional procura compatibilizar a livre iniciativa com a tutela das pessoas vulneráveis expostas às práticas do mercado, utilizando o CDC como mecanismo para a instrumentalização dessa tutela.[230] Sendo assim, o lucro só se legitima a partir do respeito ao direito dos consumidores.

Por causa disso, conforme exposto, o artigo 1º do CDC expõe que a lei protetiva do consumidor é uma norma de interesse social, ou seja, é legislação que vai além da relação entre as partes (consumidor/fornecedor), pois também deve ser interpretado no interesse de toda a sociedade. Noutros termos, o fornecedor que age contrariando o CDC não apenas viola o direito do consumidor diretamente envolvido, como também prejudica a livre concorrência e, em última análise, pode colocar outras pessoas em perigo.[231]

Como "coluna vertebral" do CDC, o artigo 4º traça a Política Nacional de Relações de Consumo, prevendo os princípios mais importantes do código consumerista no intuito de cumprir essa função social supracitada.[232] Destacadamente,

---

228. SANDEL, Michael J. *O que o dinheiro não compra*: os limites morais do mercado. Trad. Clóvis Marques. Rio de Janeiro: Civilização Brasileira, 2012. p. 11.

229. Sobre o tema, confira-se: RECASÉNS SICHES, Luis. *Filosofia del derecho*. México: Porrúa, 2008. p. 1-19; SARLET, Ingo Wolfgang. *A eficácia dos direitos fundamentais*: uma teoria geral dos direitos fundamentais na perspectiva constitucional. 10. ed. Porto Alegre: Livraria do Advogado, 2010. p. 79; COMPARATO, Fábio Konder. *A afirmação histórica dos direitos humanos*. 7. ed. São Paulo: Saraiva, 2010. p. 91-92; HUNT, Lynn. *A invenção dos direitos humanos*: uma história. Trad. Rosaura Eichenberg. São Paulo: Cia. das Letras, 2009. p. 113-145.

230. GARCIA, Leonardo de Medeiros. *Código de defesa do consumidor comentado artigo por artigo*. Salvador: Juspodivm, 2019. p. 25.

231. Para ilustrar, destaca-se o consumidor por equiparação, vítima do evento, previsto no art. 17 do CDC. Neste caso, a pessoa protegida pelo código sequer possui relação jurídica com o fornecedor, sendo, mesmo assim, protegida pela lei. É o exemplo do celular defeituoso que explode e atinge pessoas que estavam próximas ao aparelho.

232. GRAU. Eros Roberto. Interpretando o código de defesa do consumidor. *Revista de Direito do Consumidor*, São Paulo, v. 5, p. 166, jan./mar. 1993.

o inciso I reconhece a vulnerabilidade do consumidor no mercado de consumo, razão pela qual se tem um microssistema norteado por um código (ao invés de simplesmente lei)[233], que é expressamente protetivo. Com efeito, é em razão dessa vulnerabilidade que se busca, por meio da lei, promover a promoção das pessoas em situação de consumo.

Além disso, é importante mencionar o artigo 6º do Código, que prevê os direitos básicos dos consumidores. Em verdade, muitos direitos fundamentais expressos na Constituição surgem como direitos da personalidade no Código Civil[234] e, na relação de consumo, são protegidos como direitos básicos. À guisa de exemplo, destaca-se a proteção à vida, à saúde e à segurança – mandamentos fundamentais – em todos os âmbitos do Direito (constitucional, civil e consumidor).

Diante do exposto, uma vez assentada a ideia de que a CF/88 previu a tutela do consumidor como direito fundamental, sendo setorizado através do CDC especialmente, é importante ressaltar que a existência de direitos fundamentais pressupõe também a existência de deveres fundamentais, os quais, segundo Fernando Martins "são aqueles alocados no cúspide do sistema (a Constituição Federal)."[235] Aliás, neste ponto, extrai-se do próprio artigo 5º, inciso XXXII da CF/88 que o Estado possui o dever de defender o consumidor.

Os deveres fundamentais, sejam eles dos cidadãos para com o Estado, sejam do Estado para com o cidadão, ou ainda de pessoa particular (jurídicas ou naturais) para com outra pessoa particular, são objeto de poucas reflexões no meio jurídico e acadêmico, visto que se vive em uma sociedade que valoriza em demasia os direitos, fruto da inserção do Brasil em um contexto de "modernidade tardia", conforme supracitado.[236] Neste ponto, contextualizando com a situação brasileira, Fernando Martins destaca que as Constituições democráticas posteriores aos períodos de ditaduras ou de governos autoritários são caracterizadas por textos extensos, com diversas garantias e com fundamento em direitos inesgotáveis ao titulares.[237]

Com base nisso, nasce a necessidade de um estudo específico sobre os deveres, para que se possa compreender a sua importância frente aos novos problemas, notadamente os originados pela Sociedade da Informação. Em verdade, tendo em vista que estar-se-á

---

233. DE LUCCA, Newton. *Direito do consumidor:* aspectos práticos – perguntas e respostas. São Paulo: Ed. RT, 1995. p. 36-36.

234. MORAES, Maria Celina Bodin de. *Na medida da pessoa humana:* estudos de direito civil-constitucional. Rio de Janeiro: Renovar, 2016. p. 85.

235. MARTINS, Fernando Rodrigues. Os deveres fundamentais como causa subjacente-valorativa da tutela da pessoa consumidora: contributo transverso e suplementar à hermenêutica consumerista da afirmação. *Revista de Direito do Consumidor*, São Paulo, v. 23, n. 94, p. 215-257, jul./ago. 2014.

236. STRECK, Lenio. *Hermenêutica jurídica e(m) crise:* uma exploração hermenêutica da construção do direito. 11. ed. rev. e atual. Porto Alegre: Livraria do Advogado, 2014. p. 29.

237. Afirma o autor que: "As Constituições democráticas pós-modernas caracterizadas pelas rupturas com os estafes totalitários que lhes precederam e ainda sob forte influência da Declaração Universal dos Direitos do Homem inauguram reação aos desmandos, ao arbítrio, à violência, ao racismo e às desigualdades, firmando-se, por isso, por textos com ampla tentativa de plenitude normativa (legislar tudo) e tendo por fundamento a fixação de direitos inesgotáveis ao indivíduo." MARTINS, Fernando Rodrigues. Sociedade da informação e proteção da pessoa. *Revista da Associação Nacional do Ministério Público do Consumidor*, Brasília, DF, v. 2, n. 2, p. 14, 2016.

2 • O DIREITO AO SOSSEGO FRENTE AS MUDANÇAS DE PARADIGMAS NOS DIREITOS FUNDAMENTAIS **55**

a defender o reconhecimento do direito de proteção de dados, na faceta negativa, de não ser perturbado pelas publicidades virtuais de consumo, necessário se faz o destaque dos deveres como "contributo transverso e suplementar à hermenêutica consumerista".[238] Tal fato, inclusive, se justifica ao considerar a hermenêutica de afirmação na tutela das pessoas expostas às práticas publicitárias.

Como se não bastasse, é importante destacar que no âmbito do ambiente virtual é notável uma hipotrofia da autonomia estatal para legislar sobre o setor informacional, dando ensejo à denominada computopia.[239] Isso trouxe a ideia de que a *Internet* traria consigo uma verdadeira *lex informatica*, construída em analogia à *lex mercatoria*, expondo as pessoas que acessam os conteúdos em rede às vicissitudes características do livre mercado, totalmente desregulado.

Para Gilles Lipovetsky, vive-se atualmente em uma sociedade onde não mais se enaltece o dever, mas sim os direitos subjetivos tão somente. Essa crise da cultura do dever é decorrente do individualismo e do *neoindividualismo*, onde há um culto pelo ego. Segundo esse autor, as ideias de soberania individual e de igualdade civil simbolizam o novo valor absoluto dos tempos modernos: o indivíduo humano.[240]

Nesse sentido, a sociedade vincula-se a ideia de que o bem estar individual é o verdadeiro princípio humano, afastando a importância da coletividade e do respeito aos deveres. Com isso, para o autor, vive-se a construção de uma "ética do vazio"[241], onde se constitui uma nova moral que se distancia da antiga, ou seja, agora não mais se enaltece o dever, mas sim os direitos subjetivos.

Assiste-se, pois, uma verdadeira "absolutização do eu", em evidente hiperindividualismo, afastando a noção de deveres frente à sociedade como um todo.[242] Sob o mesmo ponto de vista, desenvolve-se uma sociedade que se compõe de um "coletivismo de egoísmos", ou um somatório de individualismos, que só reclamam por direitos.[243]

Isso é resultado de um senso calculista do dever, com diversas leis para defesa de direitos, em um minimalismo ético, face a ideia consumerista e a sociedade hedonista que procura a realização do prazer imediato como único fim a ser alcançado, em especial em um contexto de sociedade notadamente consumista.[244] No âmbito digital, repete-se

---

238. MARTINS, Fernando Rodrigues. Os deveres fundamentais como causa subjacente-valorativa da tutela da pessoa consumidora: contributo transverso e suplementar à hermenêutica consumerista da afirmação. *Revista de Direito do Consumidor*, São Paulo, v. 23, n. 94, p. 215-257, jul./ago. 2014.
239. MASUDA, Yoneji *apud* MARTINS, Fernando Rodrigues. Sociedade da informação e promoção à pessoa: empoderamento humano na concretude de novos direitos fundamentais. In: MARTINS, Fernando Rodrigues. *Direito privado e policontexturalidade:* fontes, fundamentos e emancipação. Rio de Janeiro: Lumen Juris, 2018. p. 411.
240. LIPOVETSKY, Gilles. *A sociedade pós-moralista:* o crepúsculo do dever e a ética indolor dos novos tempos democráticos. Barueri: Manole, 2005. p. 2.
241. LIPOVETSKY, Gilles. *A sociedade pós-moralista:* o crepúsculo do dever e a ética indolor dos novos tempos democráticos. Barueri: Manole, 2005. p. 2.
242. CHEVALLIER, Jacques apud LIMBERGER, Têmis. Direitos humanos na era tecnológica. *Revista Direitos Emergentes na Sociedade Global*, Santa Maria, v. 2, n. 2, p. 356, 2014.
243. MARTINS, Fernando Rodrigues. Os deveres fundamentais como causa subjacente-valorativa da tutela da pessoa consumidora: contributo transverso e suplementar à hermenêutica consumerista da afirmação. *Revista de Direito do Consumidor*, São Paulo, v. 23, n. 94, p. 215-257, jul./ago. 2014.
244. LIPOVETSKY, Gilles. *A felicidade paradoxal:* ensaio sobre a sociedade do hiperconsumo. São Paulo: Companhia das Letras, 2007. p. 13.

essa postura, reproduzindo a nota acentuada de individualismo e consumismo atrás de uma tela.[245] E é nesse pano de fundo que o pós-dever surge, com a valorização extrema dos direitos em detrimento dos deveres.[246]

Com isso, o indivíduo passa a ser o valor soberano da moral, fazendo com que o Direito tenha como foco o indivíduo, o qual passa a ter posição absoluta e preponderante no sistema jurídico. Consequentemente, ocorre uma mudança no papel do dever e, passa-se assim, a uma sociedade "pós-moralista", que segundo Gilles Lipovetsky "a retórica sentenciosa do dever não está mais no cerne de nossa cultura [...] ficou extinta a cultura do sacrifício, do dever; entramos no período pós-moralista da democracia".[247]

Daí porque se percebe que a lógica na sociedade contemporânea é a de uma sociedade que deixa a margem os deveres e que clama apenas por direitos. Daí a importância de, buscando os ensinamentos da ética, promover a revalorização dos deveres, isto é, nas palavras de Gregorio Robles "a sociedade que queremos deve combinar sabiamente os dois elementos, equilibrando o sentimento do dever e o sentimento dos direitos".[248]

Afinal, a liberdade, como expressão máxima da autonomia privada, impõe a valorização da responsabilidade dos indivíduos e dos grupos, em especial, no mundo virtual, das empresas que detém o poderio que mantém o funcionamento e a lucratividade de todo o sistema cibernético. Desse modo, como se nota, analisar os deveres torna-se essencial para se defender a coerência do sistema jurídico. Não se tem uma ideia de dever apenas como um acessório dos direitos, mas sim numa relação de dependência entre os mesmos, gerando entre eles uma relação de coordenação. Assim, o dever é uma necessária forma de equilíbrio, em especial em um Estado Democrático de Direito.[249]

Tal fato ganha ainda maior destaque ao considerar que a exposição das pessoas às publicidades promove a situação de consumo e, no âmbito virtual, com o uso de dados pessoais, expõe ainda mais evidente a hipervulnerabilidade. Sendo assim, torna-se verdadeiro dever da empresa fornecedora, que financia o anúncio publicitário, ao se relacionar com o consumidor exposto, presumidamente pessoa mais frágil, agir de

---

245. LIMBERGER, Têmis. Direitos humanos na era tecnológica. *Revista Direitos Emergentes na Sociedade Global*, Santa Maria, v. 2, n. 2, p. 356, 2014.

246. Na reflexão de Gilles Lipovetsky: "Em nossos dias, o que desperta maior reprovação (e até indignação) não é a norma ideal, mas sim uma eventual reativação do conceito de dever absoluto, a tal ponto que o moralismo ficou sendo equiparado, socialmente falando, ao terrorismo e a barbárie. Na era pós-moralista, o que campeia é uma demanda social por justos limites, um senso calculista do dever, algumas leis específicas para defender os direitos de cada um [...] Pleiteamos, claro, o respeito à ética, contanto que isso não demande a imolação de nós mesmos ou um encargo de execução. Espirito de responsabilidade sim; dever incondicional, não!". LIPOVETSKY, Gilles. *A sociedade pós-moralista*: o crepúsculo do dever e a ética indolor dos novos tempos democráticos. Barueri: Manole, 2005. p. 27.

247. LIPOVETSKY, Gilles. *A sociedade pós-moralista*: o crepúsculo do dever e a ética indolor dos novos tempos democráticos. Barueri: Manole, 2005. p. 26.

248. ROBLES, Gregorio. *Os direitos fundamentais e a ética na sociedade atual*. Trad. Roberto Barbosa Alves. Barueri: Manole, 2005. p. 50.

249. NABAIS, José Casalta. *Por uma liberdade com responsabilidade*: estudos sobre direitos e deveres fundamentais. Coimbra: Coimbra Editora, 2007. p. 222.

2 • O DIREITO AO SOSSEGO FRENTE AS MUDANÇAS DE PARADIGMAS NOS DIREITOS FUNDAMENTAIS **57**

maneira solidária, cooperativa e leal, cumprindo os mandamentos básicos oriundos da boa-fé objetiva.[250]

Diante desse raciocínio, a publicidade de consumo promove um "contato em que necessariamente não se podem esquecer ou desrespeitar os deveres gerais de conduta, os deveres de atuação conforme a boa-fé e conforme o direito."[251] Em verdade, a boa-fé no direito privado atua mediante a imposição de diversos deveres, como, por exemplo, o dever de informação, de lealdade, de solidariedade, de correção, de cuidado etc., em etapas diferenciadas das relações jurídicas, a saber, pré-negociais, negociais e pós-negociais.

Além disso, para José Nabais, os deveres fundamentais são uma diretriz da relação da vida das pessoas em sociedade, que justifica as instituições e a existência dos próprios direitos fundamentais.[252] Nesse mesmo sentido, Edgard Morin defende que "a democracia faz do indivíduo um cidadão que reconhece deveres e exerce direitos."[253] Tendo isso em vista, as pessoas possuem, além de direitos fundamentais, deveres fundamentais, sendo estes essenciais e complementares para o efetivo exercício dos direitos.

Outrossim, é necessário destacar que, em regra, os direitos fundamentais pertencem as pessoas naturais e estão positivados no texto constitucional com ênfase (e por isso denominados fundamentais) devido ao seu grau de importância e essencialidade para o ser humano.[254] São esses direitos, pois, que garantem a máxima efetividade da dignidade da pessoa humana e, por esse motivo, estão fora da disponibilidade dos poderes constituídos, sejam eles públicos ou privados.[255]

Dessa maneira, os direitos fundamentais são essenciais a garantia da dignidade da pessoa humana e, consequentemente, devem acarretar a existência de deveres às pessoas e ao Estado, visto que o dever tem sentido essencial na composição da relação jurídica formulada entre o titular do direito e o responsável pelo cumprimento do mesmo, qual seja, o sujeito obrigado a concretizar o direito.

Com efeito, é preciso atentar-se à ideia de dever jurídico como o ajustamento da conduta humana aos preceitos normativos, de modo que o seu descumprimento, ou

---

250. Neste ponto, Fernando Martins afirma que os deveres "representam figura jurídica com arrimo na fundamentalidade das normas constitucionais de promoção da pessoa [...] fazendo-se inserir no elemento de ordem limitativa, ao lado dos direitos fundamentais". MARTINS, Fernando Rodrigues. Os deveres fundamentais como causa subjacente-valorativa da tutela da pessoa consumidora: contributo transverso e suplementar à hermenêutica consumerista da afirmação. *Revista de Direito do Consumidor*, São Paulo, v. 23, n. 94, p. 215-257, jul./ago. 2014.

251. MARQUES, Claudia Lima. *Contratos no código de defesa do consumidor*: o novo regime das relações contratuais. São Paulo: Ed. RT, 2014. p. 221.

252. NABAIS, José Casalta. *Por uma liberdade com responsabilidade*: estudos sobre direitos e deveres fundamentais. Coimbra: Coimbra Editora, 2007. p. 232.

253. MORIN, Edgard. *O método 6*: ética. Porto Alegre: Sulina, 2007. p. 149.

254. DIMOULIS, Dimitri; MARTINS, Leonardo. *Teoria geral dos direitos fundamentais*. 2. ed. São Paulo: Ed. RT, 2009. p. 46-47.

255. Ingo Sarlet explica que: "Direitos fundamentais são, portanto, todas aquelas posições jurídicas concernentes às pessoas, que, do ponto de vista do direito constitucional positivo, foram, por seu conteúdo e importância (fundamentalidade em sentido material), integradas ao texto da Constituição e, portanto, retiradas da esfera de disponibilidade dos poderes constituídos (fundamentalidade formal), bem como as que, por seu conteúdo e significado, possam lhes ser equiparados, agregando-se à Constituição material, tendo, ou não, assento na Constituição formal (aqui considerada a abertura material do Catálogo)". SARLET, Ingo Wolfgang. *A eficácia dos direitos fundamentais*. 10. ed. rev. atual. e ampl. Porto Alegre: Livraria do advogado, 2011. p. 77.

mesmo a não observação do comportamento legalmente determinado ocasiona o surgimento das sanções ou indenizações previstas.[256] Aqui, na relação privada, destaca-se a violação positiva do contrato.

O dever, portanto, seria muitas vezes reflexivo ao próprio direito e, se não cumprido, pode dar origem a garantias ou sanções, conforme se verifica, por exemplo, nas multas previstas no artigo 52 da LGPD para os sujeitos que desrespeitarem os deveres no zelo pelos dados pessoais.[257]

Ocorre que, na sociedade contemporânea, com a desvinculação da ideia de dever na mentalidade das pessoas, constrói-se uma desmoralização da vida pública e da vida privada, como consequência da perda do sentido de dever.[258] Nesse prisma, José Nabais aduz que "somente com uma consideração adequada dos deveres fundamentais e dos custos dos direitos, poderemos lograr um estado em que as ideias de liberdade e de solidariedade não se excluam, antes se completem.[259]

Sendo assim os direitos fundamentais possuem custos e as empresas alocadas no mercado virtual devem estar cientes dos deveres que devem cumprir, sob pena de prejudicar a promoção das pessoas, em suas dignidades.[260] Com efeito, Gregorio Robles aponta que há "a ideia de que entre os dois elementos, direitos e deveres, são esses últimos os que constituem a sociedade. O sentimento do dever é o sentimento básico dentro do grupo. A vida deste depende da fortaleza daquele."[261] Logo, verifica-se que para que os direitos permaneçam protegidos e garantidos é essencial que haja comprometimento no cumprimento dos deveres[262], afinal, os deveres fundamentais dimensionam limites aos direitos fundamentais.

Ademais, verifica-se a importância de se considerar as noções dos deveres fundamentais, como ferramenta e instrumento para garantir inclusive a tutela dos novos direitos fundamentais emergentes na sociedade, como ensina Gregorio Robles, que "para lutar pela justiça nada melhor que assumir os próprios deveres e cumpri-los, com a mesma finalidade de alcançar os direitos e a felicidade dos outros."[263]

---

256. MARTINS, Fernando Rodrigues. *Controle do patrimônio público*. 5. ed. São Paulo: Ed. RT, 2013. p. 258.
257. BRASIL. *Lei 13.709, de 14 de agosto de 2018*. Dispõe sobre a proteção de dados pessoais e altera a Lei 12.965, de 23 de abril de 2014 (Marco Civil da Internet). Disponível em: http://www. planalto.gov.br/ ccivil_03/_ato2015-2018/2018/lei/L13709.htm. Acesso em: 20 jun. 2019.
258. MARTINS, Fernando Rodrigues. *Controle do patrimônio público*. 5. ed. São Paulo: Ed. RT, 2013. p. 18.
259. NABAIS, José Casalta. *A face oculta dos direitos fundamentais: os deveres e os custos dos direitos*. [S. l.], 2002. Disponível em http://www.egov.ufsc.br/portal/sites/default/files/anexos/ 15184-15185-1-PB.pdf. Acesso em: 08 ago. 2019.
260. NABAIS, José Casalta. *Por uma liberdade com responsabilidade*: estudos sobre direitos e deveres fundamentais. Coimbra: Coimbra Editora, 2007. p. 123.
261. ROBLES, Gregorio. *Os direitos fundamentais e a ética na sociedade atual*. Trad. Roberto Barbosa Alves. Barueri: Manole, 2005. p. 50.
262. ROBLES, Gregorio. *Os direitos fundamentais e a ética na sociedade atual*. Trad. Roberto Barbosa Alves. Barueri: Manole, 2005. p. 17-18. Ensina: "Não faz sentido, pretender, como é comum, fundamentar os direitos humanos sem fazê-los corresponder aos deveres e valores morais [...] o que é específico da teoria dos direitos humanos é que ela proporciona uma resposta que prescinde completamente dos deveres: afasta os direitos de seu contexto natural, o contexto de um sistema de valores; eleva os direitos aos praticamente únicos valores com entidade própria." Essa é justamente a justificativa do autor do problema do desprezo dos deveres face aos direitos.
263. ROBLES, Gregorio. *Os direitos fundamentais e a ética na sociedade atual*. Trad. Roberto Barbosa Alves. Barueri: Manole, 2005. p. 61.

2 • O DIREITO AO SOSSEGO FRENTE AS MUDANÇAS DE PARADIGMAS NOS DIREITOS FUNDAMENTAIS

Destarte que, para Luigi Ferrajoli, o direito e a democracia são evidentemente construções humanas, isto é, dependem da política, da cultura, dos movimentos sociais e a força exercida por estes, e do empenho de cada um dos sujeitos que vivem em sociedade. Em razão disso, não só na construção do presente como também na projeção do futuro, conclui o autor, todos nós possuímos parte de responsabilidade[264], especialmente quando se trata de não gerar danos contra outras pessoas, na expressão latina *neminem laedere*.[265]

Nessa ótica, ciente da essencialidade dos direitos fundamentais, seja nas relações entre as pessoas e o Estado, seja nas relações entre particulares, é imperioso lembrar que cabe a cada um, para concretização da democracia e desses direitos fundamentais, a devida liberdade com responsabilidade, em especial no ambiente virtual. Vale lembrar, obviamente, que "na relação pessoa-sociedade, a existência de direitos somente se legitima a partir da distribuição de deveres"[266], sob pena da fundamentação dos direitos fundamentais carecerem de sentido. Tal fato se deve ao fundamento dos deveres fundamentais se confundir com a fonte dos direitos fundamentais, a saber, a pessoa humana.

É dizer que, de maneira mais específica, qualquer empresa que pretenda impulsionar seus negócios por meio de publicidades virtuais de consumo deve respeitar as leis que protegem os consumidores, como imperativo de tutela. Evidentemente, para além de respeitar esses direitos, é nítido que há deveres, dentro do sistema jurídico, imprescindíveis para o devido respeito às pessoas que estão expostas às práticas do mercado digital, principalmente se houver riscos de nessa atividade acabar por gerar danos às pessoas.

Afinal, um dos maiores desafio ao pensar nas mudanças que a *Internet* promove no dia a dia das pessoas é evitar que a defesa de uma máxima liberdade, muito comum no discurso econômico, que fundamenta o argumento publicitário, transforme o espaço virtual em um verdadeiro *far west* informático.[267] Desse modo, a *Internet* deve ser considerada em seus pontos positivos e negativos, afinal, "a simples disponibilidade de uma tecnologia não legitima todas as suas utilizações, que devem ser avaliadas com base em valores diferentes daqueles fornecidos pela própria tecnologia."[268]

À título de exemplo, é inegável que é por meio da *Internet* que se promove a conexão entre pessoas rapidamente e em lugares longuíssimos, amplia-se a capacidade de difusão de informações e de conhecimentos, em todas áreas e, como se não bastasse, possibilita maior oportunidade para grupos se manifestarem com mais liberdade. Em contrapartida, o uso da tecnologia é comum aos governos autoritá-

---

264. FERRAJOLI, Luigi. *Democracia y garantismo*. 2. ed. Madrid: Trotta, 2010. p. 41.

265. Conforme expõe Fernando Martins: [...] a vida na sociedade pós-moderna – caracterizada pelo acendrado culto às regras de mercado global e pela desproporcional atuação efetiva dos poderes públicos – exige compromissos de convergência, coexistência e convivência entre as pessoas, revelando pautas de perspectivas axiológicas." MARTINS, Fernando Rodrigues. Os deveres fundamentais como causa subjacente-valorativa da tutela da pessoa consumidora: contributo transverso e suplementar à hermenêutica consumerista da afirmação. *Revista de Direito do Consumidor*, São Paulo, v. 23, n. 94, p. 215-257, jul./ago. 2014.

266. ROBLES, Gregorio. *Os direitos fundamentais e a ética na sociedade atual*. Trad. Roberto Barbosa Alves. Barueri: Manole, 2005. p. 36.

267. LIMBERGER, Têmis. Direitos humanos na era tecnológica. *Revista Direitos Emergentes na Sociedade Global*, Santa Maria, v. 2, n. 2, p. 363, 2014.

268. RODOTÀ, Stefano. *A vida na sociedade da vigilância*: a privacidade hoje. Trad. Danilo Doneda e Luciana Cabral Doneda. Rio de Janeiro: Renovar, 2008. p. 241.

rios, seja por meio da restrição ao acesso à *Internet*, como forma de manutenção de poder, seja pelo uso recorrentemente de *fakenew's* para manipulação dos cidadãos mais vulneráveis e leigos.

Ainda assim, os riscos do uso tecnológico no mercado estão onipresentes, desde o assédio desmesurado ao consumo, por meio de práticas de *marketing* e de indução ao consumo, até o uso de dados pessoais como moeda de troca. Evidentemente, sob a escusa de que a *Internet* é o ambiente de total liberdade negocial, os consumidores se tornam ainda mais vulneráveis.

Neste sentido, não se trata de escolher entre os valores de liberdade ou a promoção de outros direitos fundamentais, afinal, "é necessário realizar balanceamentos mais complexos entre os interesses em jogo, para assegurar a coexistência da garantia dos direitos individuais com a progressiva abertura da sociedade." [269]

Com efeito, toda a tecnologia inerente à Sociedade da Informação é criação do gênio humano, de modo que todos os defeitos, riscos e perigos aos direitos são de responsabilidade também das pessoas.[270] Neste sentido, é preciso, mais do que nunca, garantir a autonomia privada, todavia, em diálogo com as responsabilidades, em especial quando envolve a atividade de grandes empresas no mercado de consumo, que se destacam como verdadeiros poderes privados no mundo virtual.

Por isso, é preciso, nas palavras de Vittorio Frosini, a "consciência informática", isto é, a noção de que os novos problemas surgidos em razão da tecnologia são de responsabilidade das próprias pessoas que as desenvolvem.[271] É dizer que, diante da necessária tutela integral da pessoa humana, como valor central do sistema jurídico, não considerar os deveres e responsabilidades das pessoas frente aos problemas envolvendo a Sociedade da Informação significa subtrair o direito ao seu próprio tempo, afinal, a tecnologia é um vetor condicionante não só da sociedade como, por consequência, do próprio direito.[272]

Desse modo, vale destacar, conforme expõe Fernando Martins, que nas relações de consumo, segundo o CDC, a lista de deveres é vasta, podendo ser destacados, para a presente discussão: i) o dever de respeito aos direitos básicos do consumidor, como por exemplo, impedindo a publicidade enganosa e abusiva, os métodos comerciais coercitivos ou desleais; ii) o dever de abster-se dos exercícios de práticas abusivas e iii) o dever de correção da publicidade.[273]

Não obstante, no âmbito virtual, o dever insere-se como verdadeiro pressuposto de legitimação da comunicação, afinal, o consentimento das pessoas às relações jurídicas

---

269. RODOTÀ, Stefano. *A vida na sociedade da vigilância: a privacidade hoje.* Trad. Danilo Doneda e Luciana Cabral Doneda. Rio de Janeiro: Renovar, 2008. p. 48.

270. DONEDA, Danilo. *Da privacidade à proteção de dados pessoais.* Rio de Janeiro: Renovar, 2006. p. 63.

271. FROSINI, Vittorio Apud DONEDA, Danilo. *Da privacidade à proteção de dados pessoais.* Rio de Janeiro: Renovar, 2006. p. 64.

272. DONEDA, Danilo. *Da privacidade à proteção de dados pessoais.* Rio de Janeiro: Renovar, 2006. p. 64.

273. MARTINS, Fernando Rodrigues. Os deveres fundamentais como causa subjacente-valorativa da tutela da pessoa consumidora: contributo transverso e suplementar à hermenêutica consumerista da afirmação. *Revista de Direito do Consumidor*, São Paulo, v. 23, n. 94, p. 215-257, jul./ago. 2014.

que estabelecem, cada vez mais complexas, demanda amplo cumprimento da prestação de informações claras, precisas e de fácil compreensão.[274]

Tal argumentação é relevante para descontruir a falácia de que o consumidor, ao ser importunado por publicidades virtuais de consumo, como por meio de *spams*, pode simplesmente ignorá-las ou excluí-los de seu *e-mail*, conforme decidiu o Superior Tribunal de Justiça (STJ) quando foi questionado sobre o tema.[275]

Em resumo, na decisão do Superior Tribunal, afirmou-se que o *spam*, por si só, não consubstancia fundamento para justificar repressão à prática abusiva, em especial em razão da possibilidade de bloqueio, exclusão ou simplesmente recusa de tais mensagens. Ainda assim, no ato decisório, o Tribunal afirmou que o pedido desenfreado da indenização por dano moral, em casos de mero aborrecimento, deveria ser limitado pela Corte Superior, ainda mais ao considerar que o *spam* não é considerado ilícito em previsão legal expressa.

Nota-se, portanto, que o STJ desconsiderou, ao analisar a abusividade do envio de publicidades virtuais não solicitadas, que este tipo de prática de mercado viola deveres especiais de proteção ao consumidor, em especial, os deveres advindos da boa-fé objetiva. Vale sempre lembrar, afinal, que "o comportamento das pessoas deve respeitar um conjunto de deveres reconduzidos, num prisma juspositivo e numa ótica histórico-cultural a uma regra de atuação de boa-fé."[276]

Neste sentido, conforme já mencionado, a boa-fé objetiva opera no direito privado impondo também diversos deveres, tendo em vista a sua função de limitar as condutas, seja no momento do exercício de direitos, faculdades ou liberdades. Neste ponto, Judith Martins-Costa destaca que a função corretora do exercício jurídico, visando impedir o exercício manifestamente abusivo, imoderado ou incoerente, é uma das mais vastas e relevantes funções da boa-fé jurídica. Daí porque, destaca a autora, a sua incidência deve ocorrer em momento dinâmico, isto é, em todas as fases da relação obrigacional, também em atuação multifacetada.[277]

A preocupação não é tão somente pelo direito violado, na medida da perturbação do sossego do consumidor, mas da elaboração, do planejamento e da prática exercida pelos fornecedores nas publicidades de consumo, assediando ao consumo e descumprindo os necessários deveres de boa-fé, isto é, ignorando os deveres de evitar, prevenir

---

274. Aduz Fernando Martins que: "Às tecnologias antes de extravasar fatos, imagens, comunicados, compartilhamentos, espaços publicitários, cumpre notadamente buscar o consentimento esclarecido do usuário, com todas as explicitações minuciosas quanto às consequências daquela exposição. A identidade virtualizada ou perfil (onde se compreendem nome do usuário, imagem, profissão, preferências, localização) é referência de dado valiosa e, por isso, sua exposição requer autorização prévia do titular para cada finalidade buscada na rede." MARTINS, Fernando Rodrigues. Sociedade da informação e proteção da pessoa. *Revista da Associação Nacional do Ministério Público do Consumidor*, Juiz de Fora, v. 2, n. 2, p. 15, 2016.
275. BRASIL. Superior Tribunal de Justiça (4. Turma). *Recurso especial 844.736/DF*. Recorrente: Gerson Alves de Oliveira Júnior. Recorrido: WB Restaurante Ltda Relator Ministro Luís Felipe Salomão, Relator. p/ Acórdão Ministro Honildo Amaral de Mello Castro. Brasília, Julgado em: 27 de outubro de 2009. Disponível em: https://scon.stj.jus.br/SCON/jurisprudencia/doc.jsp. Acesso em: 20 jun. 2019.
276. CORDEIRO, António Meneses. *Da boa-fé no direito civil*. Coimbra: Almedina, 2017. p. 632.
277. MARTINS-COSTA, Judith. *A boa-fé no direito privado*: critérios para a sua aplicação. São Paulo: Saraiva Educação, 2018. p. 625.

e cooperar para que danos, inclusive na esfera psíquica, não ocorram. Ainda assim, cabe destacar que as práticas publicitárias importunadoras, na maioria das vezes, se instrumentalizam por meio de dados pessoais utilizados de maneira indevida, violando, portanto, indiscutível direito fundamental.

Neste ponto, Nelson Rosenvald evidencia que "para advertir a sociedade sobre o desvalor de determinados comportamentos, a tendência contemporânea caminha no sentido de ampliar o raio de ação do direito privado, em busca de formas de prevenção geral de conduta antijurídicas."[278] Afinal, "hoje sabemos também que não basta falar em direitos fundamentais, esquecendo-se dos deveres fundamentais. Trata-se de correlação imposta pela hermenêutica do equilíbrio."[279]

Supera-se, desse modo, a ideia de "mero aborrecimento", enquanto consequência subjetiva tolerada pelo consumidor, focando nas práticas inconsequentes do fornecedor e, mais do que isso, concentra-se na inegável perturbação de sossego, enquanto consequência objetiva, como resultado consciente e pretendido por aquele a quem a lei impôs o dever de cooperar, prevenir e indenizar os danos.[280]

Neste sentido, defende Fernanda Barbosa que o paradigma da responsabilidade civil não se encontra mais nos moldes do "autor-vítima" mas sim dentro da lógica de coletividade, isto é, com base na solidariedade, nos moldes da base constitucional e em coerência com o valor central do sistema jurídico brasileiro, que sustenta todos os demais valores, como a própria solidariedade e também a liberdade, isto é, a dignidade da pessoa humana.[281]

Portanto, destacando a importância da regulação das aplicações tecnológicas, com as devidas responsabilidades, é possível afirmar que é preciso assumir uma responsabilidade coletiva, por um futuro em que a inovação e a tecnologia estejam focadas na humanidade e na necessidade de servir às pessoas, visando um desenvolvimento sustentável[282], e não baseada na total liberdade, capaz de violar direitos fundamentais e, em última análise, perturbar o sossego das pessoas.

---

278. ROSENVALD, Nelson. *A responsabilidade civil pelo ilícito lucrativo*. Salvador: JusPodivm, 2019. p. 31-32.
279. FARIAS, Cristiano Chaves de; NETTO, Felipe Peixoto Braga; ROSENVALD, Nelson. *Novo tratado de responsabilidade civil*. São Paulo: Saraiva Educação, 2019. p. 696.
280. MARQUES, Claudia Lima. Apresentação. In: BERGSTEIN, Laís. *O tempo do consumidor e o menosprezo planejado*: o tratamento jurídico do tempo perdido e a superação das suas causas. São Paulo: Thomson Reuters Brasil, 2019. *E-book*
281. BARBOSA, Fernanda Nunes. Informação e consumo: a proteção da privacidade do consumidor no mercado contemporâneo da oferta. In: MARTINS, Guilherme Magalhães; LONGHI, João Victor Rozatti (Coord.) *Direito digital*: direito privado e internet. Indaiatuba: Foco, 2019. p. 360.
282. KLAUS, Schwab. *A quarta revolução industrial*. São Paulo: Edipro, 2016. p. 114.

3
A PUBLICIDADE E O DEVER DE RESPEITO AOS DIREITOS DA PERSONALIDADE NO CONTEXTO INFORMACIONAL

A publicidade, em si, possui tarefa relevante na sociedade, como instrumento capaz de oferecer o acesso rápido e fácil aos bens e serviços, auxiliando a satisfação das mais diversas necessidades humanas, além de possibilitar a inovação nas práticas de empreendedorismo, permitindo novas fontes de riqueza às pessoas. Há autores, inclusive, que defendem que a atividade publicitária encontra assento no direito fundamental à liberdade de expressão.[1]

Todavia, é evidente que a publicidade, enquanto prática de mercado, está umbilicalmente ligada à livre iniciativa da atividade econômica. Neste sentido, é imperioso lembrar que a atividade econômica, com capítulo específico na Constituição Federal, tendo como fim assegurar a todos existência digna, conforme os ditames da justiça social, possui uma série de princípios legitimadores que a limitam, como, por exemplo, a própria defesa do consumidor (artigo 170, inciso V).

Aliado a isso, é importante destacar que a publicidade evolui juntamente com a era da informação, que constitui espaço ótimo para a promoção da pessoa e da sociedade como um todo, ou seja, promove o fortalecimento da civilização e dos valores humanistas.[2] Entretanto, ao mesmo tempo, a ampliação da comunicação torna-se território fértil para prática de abusos por parte do mercado, expondo as pessoas ao risco de danos, especialmente diante das novas possiblidades permitidas pela tecnologia, no que se refere ao potencial e a efetividade das mensagens publicitárias.

Em resumo, com o advento das novas tecnologias de comunicação, com destaque para os *smartphones*[3], dentro do contexto da Sociedade da Informação, as publicidades

---

1. BARROSO, Luís Roberto. *Liberdade de expressão, direito à informação e banimento da publicidade de cigarro.* Temas de direito constitucional. Rio de Janeiro: Renovar, 2001. p. 263. De maneira totalmente oposta, expõe Adalberto Pasqualotto que "[...] a liberdade [de expressão] que se visa resguardar é de ordem política. De natureza bem diversa é a liberdade de anunciar. A publicidade está associada às atividades empresariais, que buscam no lucro a sua justificativa. PASQUALOTTO, Adalberto. *Os efeitos obrigacionais da publicidade no código de defesa do consumidor.* São Paulo: Ed. RT, 1997. p. 66.
2. LÉVY, Pierre. *Cibercultura.* Trad. Carlos Irineu da Costa. São Paulo: Editora 34, 2010. p. 236.
3. Cláudio Torres destaca que "os aparelhos celulares, que inicialmente eram telefones móveis, transformaram-se com a evolução dos *smartphones,* em uma nova categoria, gerando uma verdadeira revolução, não somente tecnológica, mas principalmente de comportamento dos consumidores, expandindo o ecossistema digital." TORRES, Cláudio. *A bíblia do marketing digital:* tudo o que você queria saber sobre marketing e publicidade na internet e não tinha a quem perguntar. São Paulo: Novatec, 2018. p. 46.

virtuais se tornaram individuais, personalizadas e, acima de tudo isso, onipresentes.[4] Com base nisso, é possível afirmar que apesar de ter uma importância ímpar na facilitação de oferecimento de produtos e serviços e, ademais, na redução de custos empresariais, a publicidade não é um direito fundamental, não gozando, portanto, de nenhum tratamento jurídico de tutela diferenciado por parte do sistema jurídico.

Por outro lado, é sempre prudente questionar se as normas vigentes no sistema jurídico pátrio são adequadas e suficientes para promover a integral tutela das pessoas expostas às práticas publicitárias do mercado virtual, cumprindo o mandamento constitucional de promoção da pessoa humana, em sua máxima dignidade. Neste aspecto, vale ressaltar que é preciso sempre analisar essa proteção com base na complementariedade de direitos, de modo que o diálogo de fontes torna-se essencial para o respeito à pessoa, em sua dignidade. Dessa forma, é preciso compreender como é possível que direitos humanos, fundamentais, da personalidade e básicos do consumidor se relacione no sistema jurídico brasileiro.

Isso porque "todas essas diferentes designações destinam-se a contemplar atributos da personalidade humana merecedores de proteção jurídica. O que muda é tão somente o plano em que a personalidade humana se manifesta."[5] Afinal, todos esses direitos tem o mesmo fundamento, e o valor tutelado é idêntico e unitário: a dignidade humana.[6]

Além disso, é oportuno destacar que, na atual Sociedade da Informação, a própria tutela dos direitos mais básicos da pessoa transmudou-se, ao verificar, por exemplo, que muitos direitos há tempos já consagrados, como a tutela do corpo, sofrem novas interpretações frente às novas concepções da pessoa. Neste ponto, destaca-se as discussões a respeito da proteção do corpo eletrônico, em sintonia com a nova realidade virtual, como efetivação da integral proteção da pessoa no atual contexto informacional.

Conforme se nota, não é que seja necessário apontar concretamente a existência de novos direitos, mas, evidentemente, aceitar que existe um impacto das novas tecnologias nos direitos classicamente consagrados, inclusive quanto a tutela da própria dignidade da pessoa humana. Isso, portanto, exige dos juristas reflexões pontuais a respeito das mutações dos direitos fundamentais e das novas necessidades de tutela jurídica. Em verdade, a sociedade completamente conectada via *Internet* apresenta uma expansão tecnológica capaz de pôr em risco direitos fundamentais há muito consagrados, sem que, na maioria das vezes o avanço das respostas jurídicas seja capaz de tutelar esses direitos na velocidade em que as violações surgem.[7]

---

4. Neste sentido, afirma Iuri Bolesina: "Hodiernamente o ideal ciborgue concretiza-se diariamente. Diferente do passado onde para se ficar conectado era preciso estar sentado em frente a um computador pessoal, ligado a um emaranhado de fios, e depender de questões técnicas mais ou menos complexas; hoje, número considerável de pessoas estão constantemente conectadas por meio de diversas tecnologias – em geral sem a necessidade de nenhum fio e de ficar sentado –. A conexão é tamanha que a distinção entre online e offline tornou-se um binarismo onde o online é o termo privilegiado." BOLESINA, Iuri. *Direito à extimidade*: as inter-relações entre identidade, ciberespaço e privacidade. Florianópolis: Empório do Direito, 2017. p.173.
5. SCHREIBER, Anderson. *Direitos da personalidade*. São Paulo: Atlas, 2014. p. 13.
6. SCHREIBER, Anderson. *Direitos da personalidade*. São Paulo: Atlas, 2014. p. 13.
7. BECK, Ulrich. *Sociedade de risco*: rumo a uma outra modernidade. São Paulo: Editora 34, 2010.

3 • O DEVER DE RESPEITO AOS DIREITOS DA PERSONALIDADE   **65**

Vale destacar a economia e a publicidade, fenômenos capazes de expor a risco diversos direitos e que se desenvolvem de maneira veloz, enquanto o Direito, como método imprescindível na resolução de conflitos e como ciência de pacificação social, é extremamente moroso.[8] Cite-se o exemplo das mensagens empresariais eletrônicas não solicitadas, denominadas *"spam"*, que já representaram cerca de 2/3 do tráfego mundial de mensagens, provocando desperdício de tempo, dinheiro[9] e, acima de tudo isso, violando a privacidade, o tempo e o sossego das pessoas, sem que o Direito, ainda, tenha dado resposta efetiva para esse tipo de comportamento mercadológico abusivo.

Em consonância com isso, nota-se que a propulsão de novas dinâmicas inter-relacionais, a partir da eclosão do fenômeno de globalização e da ascensão da *Internet*, propiciou o incremento enorme de captação de informações, estruturadas ou não, que viabilizaram a configuração daquilo que se convencionou chamar de *big data*. E neste ponto, destaca-se que a privacidade surge como verdadeiro expoente dos direitos da personalidade no ambiente virtual, afinal, diante das notáveis mudanças promovidas pelo avanço tecnológico, de todos os aspectos dos direitos da personalidade, a privacidade é um dos direitos que mais sofreu as transformações sociais radicais.[10]

Conforme é sabido, a privacidade poderia ser considerada como respeito à vida privada, ou seja, àquilo que é íntimo a pessoa e não interessa aos outros, nem mesmo ao Estado. Ocorre que, no complexo cenário da Sociedade da Informação, a privacidade sofreu grandes transformações, já não se limitando a essa clássica discussão acerca da violação do direito da pessoa quando fotografada ou filmada em situações embaraçosas ou íntimas, por exemplo.

Em verdade, no atual contexto, a privacidade voltou-se muito mais para a preocupação com diversos riscos que as pessoas estão expostas em razão da coleta, do processamento e do uso de seus dados pessoais, tanto por parte dos Estados quanto por parte das pessoas privadas, a partir das inúmeras possibilidades concedidas pelas modernas tecnologias da informação.[11] A privacidade, portanto, pode ser compreendida atualmente, sem desconsiderar as possibilidades de ampliação, como a capacidade que o indivíduo tem de controlar o fluxo de informações pessoais disponíveis na sociedade sobre si mesmo.[12]

Nota-se, portanto, que toda essa alteração na forma de problematizar a privacidade e, em última análise, a própria tutela da pessoa, dá indícios dos riscos que acometem a própria concepção de autonomia da pessoa, posto que no atual contexto, a liberdade deve ser compreendida como a possibilidade de a pessoa poder se locomover física e

---

8. PASQUALOTTO, Adalberto. *Os efeitos obrigacionais da publicidade no código de defesa do consumidor.* São Paulo: Ed. RT, 1997. p. 16.
9. LIMBERGER, Têmis. Direito e informática: o desafio de proteger os direitos do cidadão. In: SARLET, Ingo Wolfgang (Org.) *Direitos fundamentais, informática e comunicação*: algumas aproximações. Porto Alegre: Livraria do Advogado, 2007. p. 195.
10. MORAES, Maria Celina Bodin de. *Na medida da pessoa humana*: estudos de direito civil-constitucional. Rio de Janeiro: Renovar, 2016. p. 140.
11. MENDES, Laura Schertel. *Privacidade, proteção de dados e defesa do consumidor*: linhas gerais de um novo direito fundamental. São Paulo: Saraiva, 2014. p. 22
12. LEONARDI, Marcelo. *Tutela e privacidade na internet.* São Paulo: Saraiva, 2012. p. 67.

virtualmente, sem ser importunada no mundo real ou na sua esfera psíquica, em âmbito virtual.

E, neste ponto, a publicidade qualifica-se como instrumento propício para que o mercado promova os abusos visando a obtenção do almejado lucro, desconsiderando as novas concepções de privacidade, liberdade, integridade psíquica e, em última análise, desconsiderando a própria noção de pessoa no contexto virtual. Assim, importante destacar como o uso de dados pessoais, em ampla escala, para a promoção de publicidade indevidas, se enquadra como prática que deve ser coibida pelo Direito, em especial ao considerar as novas concepções e direitos insurgentes na Sociedade da Informação, especialmente sob a ótica da proteção de dados.

Nesta linha de raciocínio, nota-se que a utilização de dados pessoais, outrora aparentemente sem qualquer limitação e, além disso, o crescimento desvairado das publicidades de consumo, sob o prisma do Estado Democrático de Direito, deverá ceder espaço às garantias de privacidade e de autonomia das pessoas. Aliás, aqui, importante ressaltar que diversos países no mundo já se atentaram para a necessidade de limitar o indesejado assédio de consumo, que é amplificado pelas publicidades personalizadas e indesejadas promovidas em âmbito virtual.

Conforme se nota, a concepção de que a publicidade virtual, dentro da lógica do livre mercado, pode subsistir, sob a lógica da total liberdade, fraqueja-se frente ao sistema jurídico que, em última análise, preocupa-se com o combate dos abusos e, consequentemente, com a proteção das pessoas humanas em sua integridade, física ou psíquica, atenta à nova dimensão do ser humano, inserido na Sociedade da Informação, muitas vezes representado pelos seus próprios dados pessoais.

Tudo isso indica, portanto, que a livre publicidade não pode ser argumento juridicamente aceito para a justificação da violação de direitos das pessoas. Obviamente, diante de novos direitos que surgem como fundamentais na atual sociedade, como a própria proteção de dados, é indiscutível que a publicidade deve ser limitada pelo devido respeito aos direitos relacionados à pessoa humana, como os direitos da personalidade. São essas as ideias que por ora se pretende expor.

3.1 DOS DIREITOS HUMANOS AOS DIREITOS BÁSICOS DO CONSUMIDOR: O DIÁLOGO DE FONTES NA TUTELA DA PESSOA

Inicialmente, é preciso descrever que a real diferença entre os direitos humanos e direitos fundamentais, já devidamente qualificados anteriormente, consiste na forma com que foram positivados no sistema jurídico. Isso porque os direitos humanos são positivados por meio de documentos de direito internacional, como por exemplo, os tratados internacionais. Esses direitos possuem grande carga axiológica, sofrendo fortes influências das perspectivas do direito natural.

Já os direitos fundamentais consistem no reconhecimento interno por parte dos Estados nacionais das normas que no âmbito internacional são destacadas pela essencialidade. Esse reconhecimento, portanto, ocorre por intermédio da norma constitucional, que insere no ordenamento jurídico de determinado Estado a previsão de tutela desses direitos básicos. Desse modo, no fundo, os direitos fundamentais são direitos humanos reconhecidos constitucionalmente.[13]

Em verdade, visando melhor esclarecimento, é oportuno diferenciar alguns termos que são rotineiramente mencionados nos estudos jurídicos. A princípio, o termo "direitos do homem" tradicionalmente é usado para referir-se àqueles direitos inatos do ser humano, reconhecidos historicamente pelo direito natural. Por sua vez, o termo "direitos humanos" é utilizado aos direitos inserido em tratados, convenções e acordos internacionais ou, em outras palavras, os direitos do homem positivados nas relações entre Estados soberanos, em âmbito internacional. Já no que se refere ao termo "direitos fundamentais", configura o uso destes direitos no âmbito interno dos sistemas jurídicos nacionais, ou seja, consagram-se a partir do reconhecimento desses direitos, com tratamento diferenciado, dentro das Constituições de cada Estado nacional.[14]

Vale destacar, portanto, que quando certos direitos humanos se positivam no ordenamento jurídico interno, sendo então processualmente protegidos, tornam-se direitos fundamentais. Todavia, para que isso ocorra é fundamental que o Estado que o reconhece o faça destacando um *status* especial que os torne distintos, dando primazia frente aos demais direitos. Se assim não fosse não seria cabível distinguir os direitos fundamentais das demais espécies de normas ordinárias. Dessa forma, é na Constituição que se descrevem os direitos fundamentais e, por conseguinte, o tratamento especial dado a eles.[15]

Evidentemente que o fundamento que justifica a existência tanto dos direitos humanos quanto dos direitos fundamentais é um só, a saber, a dignidade da pessoa humana. Em razão disso, é sempre relevante destacar que os direitos humanos e fundamentais devem interagir, de maneira a promover um verdadeiro diálogo entre as fontes. Para que isso ocorra, portanto, é necessária "uma relação bilateral multinacional e multicultural dos direitos envolvidos. O parâmetro de interpretação para os direitos fundamentais deve ser sempre da órbita dos direitos humanos."[16]

Dentro desse raciocínio, vale destacar que o atual contexto globalizado, na Sociedade da Informação, promoveu transformação profunda no que se refere à proteção dos direitos humanos. Isso porque o Estado, em alguns casos, deixou de ser protagonista na solução de problemas jurídicos, posto que a integração sistêmica cada vez maior da sociedade mundial, levou à desterritorialização de problemas. Neste ponto, Marcelo Neves defende a ideia de transconstitucionalismo, isto é, o reconhecimento da possi-

---

13. MARTINS, Fernando Rodrigues. Direitos Humanos (e fundamentais) e relações jurídicas privadas. In: MARTINS, Fernando Rodrigues. *Direito privado e policontexturalidade*. Fontes, fundamentos e emancipação. Rio de Janeiro: Lumen Juris, 2018. p. 288.

14. SARLET, Ingo Wolfgang. *A eficácia dos direitos fundamentais*: uma teoria geral dos direitos fundamentais na perspectiva constitucional. Porto Alegre: Livraria do Advogado, 2010. p. 27.

15. ROBLES, Gregorio. *Os direitos fundamentais e a ética na sociedade atual*. Trad. Roberto Barbosa Alves. Barueri: Manole, 2005. p. 111.

16. LIMBERGER, Têmis. Direitos humanos na era tecnológica. *Revista Direitos Emergentes na Sociedade Global*, Santa Maria, v. 2, n. 2, p. 352, 2014.

bilidade de diversas ordens jurídicas agirem de maneira entrelaçada na solução de um problema de cunho constitucional, em especial frente aos direitos humanos.[17]

Inclusive, diante desse mesmo raciocínio, Stefano Rodotà, ao defender a tutela do direito fundamental à proteção de dados, aduz que o espaço eletrônico, virtual, demanda um novo constitucionalismo multinivelado, isto é, um constitucionalismo "onde a proteção global de dados desempenhe um papel essencial para iniciar uma dimensão mais abrangente dos direitos humanos".[18]

Superado esse raciocínio inicial, e conforme supracitado, os direitos fundamentais, em regra, atuam frente ao poder de autoridade promovido pelo Estado. É dizer que, na lógica de surgimento histórico dos direitos fundamentais, sua aplicação se concentrava às relações verticais, de direito público, havidas entre o Estado e os cidadãos. Neste contexto, por exemplo, surgem garantias fundamentais como o *habeas corpus* e o *habeas data*.

Contudo, a partir de uma verdadeira "virada kantiana" promovida no pós-guerra[19], influenciando o Direito como um todo, inclusive nos ramos de direito privado, a dignidade humana passa a designar a pessoa como epicentro do sistema jurídico, transformando, de maneira infraconstitucional, os direitos fundamentais em verdadeiros direitos da personalidade. É dizer que, a ideia de dignidade passa pelo aspecto de que é um atributo inerente à pessoa humana enquanto si, garantindo-lhe, portanto, o reconhecimento de sua autonomia prática.[20]

A proteção da pessoa humana, assim, confunde-se com o principal objetivo do direito civil na atualidade, visando o pleno desenvolvimento do projeto de vida de cada um.[21] No Brasil, esse ideal ganha força a partir da superação do período ditatorial, com o advento da Constituição Federal de 1988, que enquadrou a dignidade como fundamento da república, considerando a pessoa humana como valor unitário, exigindo, assim, sua proteção integral.

Neste ponto, analisando de maneira pormenorizada os direitos da personalidade, contidos no Código Civil especialmente, verifica-se notadamente direitos também previstos como fundamentais na Constituição, como a própria privacidade e a tutela

---

17. NEVES, Marcelo. Transconstitucionalismo. São Paulo: WMF Martins Fontes, 2009. p. 12.
18. RODOTÀ, Stefano. *A vida na sociedade da vigilância*: a privacidade hoje. Trad. Danilo Doneda e Luciana Cabral Doneda. Rio de Janeiro: Renovar, 2008. p. 20.
19. A expressão "virada kantiana" consiste no "retorno aos valores como caminho para a superação dos positivismos, isto é, a volta à influência da filosofia de Kant com reaproximação entre a ética e o direito, com a fundamentação moral dos direitos humanos e com a busca da justiça fundada na ideia de imperativo categórico. BARROSO, Luís Roberto. Neoconstitucionalismo e constitucionalização do direito: o triunfo tardio do direito constitucional no Brasil. *Revista Interesse Público*, Porto Alegre: Notadez, ano 7, n. 33, set./out. 2005.
20. Neste aspecto, Karl Larenz, já nos anos 80, defendia que: "La proteción de la personalidad humana en el ámbito proprio de ésta, [...], fue estimada en general como insuficiente tras la Segunda Guerra Mundial. Después de las experiencias de la Dictadura había surgido la sensibilidad frente a toda clase de menosprecio de la dignidad humana y de la personalidad; al proprio tiempo se advirtió que las possibilidades de realizar actos que representen tal menosprecio no sólo por parte del Estado, sino también por parte de otra asociaciones o por personas privadas, se abían multiplicado, debido al desarrollo de la moderna técnica." LARENZ, Karl. Tractado de derecho civil alemán. Madrid: *Revista de Derecho Privado*, 1980. p. 33.
21. MORAES, Maria Celina Bodin de. *Danos à pessoa humana*: uma leitura civil-constitucional dos danos morais. Rio de Janeiro. Renovar, 2003. p. 140.

3 • O DEVER DE RESPEITO AOS DIREITOS DA PERSONALIDADE

da integridade física e psíquica. Afirma-se, assim, que não é correto se restringir ao domínio do direito privado ou mesmo do público para completar uma série de direitos da personalidade, inerentes à pessoa.[22] É preciso, sempre, analisar sob a ótica da complementariedade.

Dessa forma, considerando o ângulo do direito privado, isto é, a sua aplicação nas relações particulares, os direitos da personalidade se qualificam como direitos essenciais à consecução da dignidade humana frente aos possíveis atentados perpetrados por outras pessoas, também privadas.[23] Com efeito, podem ser considerados direitos da personalidade as normas de conteúdo essencialmente existenciais, afastando a lógica tradicional econômica do Direito Civil, e que possibilitam o desfrute das faculdades do corpo e da mente, essenciais ao bem-estar psicofísico da pessoa, ou seja, "mais de perto ainda, pode-se afirmar com toda segurança que os direitos da personalidade são os direitos fundamentais vistos sob a ótica do direito privado."[24]

A ideia de direitos da personalidade, portanto, é utilizada como menção aos "atributos humanos que exigem especial proteção no campo das relações privadas, ou seja, na interação entre particulares, sem embargo de encontrarem também fundamento constitucional e proteção nos planos nacional e internacional."[25] Conforme se nota, quando se trata dessa ordem de direitos há a referência da medula da própria personalidade.[26]

É oportuno lembrar, neste aspecto, que os códigos civis do século XX, em geral, não se preocuparam com os direitos da personalidade, tendo em vista que o ideal histórico do Direito Civil era de se posicionar como ramo jurídico responsável pela tutela do patrimônio e suas nuances. É dizer, pois, que o elemento unificador do Direito Civil era a propriedade.

Todavia, com o pós-guerra, em especial pela Alemanha, que sentiu a necessidade de se recompor de uma ordem jurídica coadjuvante com a prática do terror contra as pessoas, os códigos foram aos poucos inserindo noções de direitos da personalidade em seus textos. É neste contexto que emerge a constatação da necessidade de tutela de duas categorias relacionadas à pessoa em sua vida privada, quais sejam, o "ter" e o "ser", como conjunto de interesse humanos juridicamente tutelados no âmbito civil.[27] A partir daí os conceitos chaves do direito civil – propriedade, contrato, família e empresa – precisaram ser ressignificados frente aos valores constitucionais, de modo que a tutela dos interesses econômicos passou a ter seu filtro de legitimidade frente ao respeito dos direitos (da personalidade) da pessoa humana.

---

22. CUPIS, Adriano de. *Os direitos da personalidade*. São Paulo: Quorum, 2008. p. 42.
23. TEPEDINO, Gustavo. *Temas de direito Civil*. Rio de Janeiro: Renovar, 1997. p. 33.
24. BITTAR, Eduardo Carlos Bianca. Direitos do consumidor e direitos da personalidade: limites, intersecções, relações. *Revista de Direito do Consumidor*, São Paulo, n. 33, p. 197, jan./mar. 2000.
25. SCHREIBER, Anderson. *Direitos da personalidade*. São Paulo: Atlas, 2014. p. 13.
26. CUPIS, Adriano de. *Os direitos da personalidade*. São Paulo: Quorum, 2008. p. 24.
27. NASCIMENTO, Valéria Ribas do. Direitos fundamentais da personalidade na era da sociedade da informação: transversalidade da tutela à privacidade. *Revista de Informação Legislativa: RIL*, Brasília, DF, v. 54, n. 213, p. 270, jan./mar. 2017. Disponível em: http://www12.senado.leg.br/ril/edicoes/54/213/ril_v54_n213_p265. Acesso em: 20 jun. 2019.

Diante disso, afirma Danilo Doneda que "o instituto da personalidade era o que apresentava a vocação mais forte para se tornar o centro de irradiação, no direito privado, desta nova dogmática voltada à proteção da pessoa."[28] Neste mesmo sentido, aduz Gustavo Tepedino que o sujeito de direito neutro, anônimo e titular de patrimônio cede espaço à pessoa humana, qualificada na concreta relação jurídica que se insere, dentro das especificidades do caso concreto, tutelada pela lei segundo o grau de vulnerabilidade que apresenta, tornando ponto central do direito privado.[29]

Destaca-se que, no Brasil, os direitos da personalidade surgem de maneira positivada somente com o advento Código Civil de 2002, apesar de ter sido feito de maneira tímida.[30] Isso porque o Código Civil se limitou à menção de 10 artigos tratando sobre o tema (dos artigos 11 ao 21), tendo em vista que foi promulgado em 2002 mas fundamentado em um projeto elaborado na década de 70, durante o regime militar, e ainda fortemente apegado às questões patrimonialistas[31], de modo que se trata de "um novo Código Civil que de novo pouco tem."[32]

Assim, é Pontes de Miranda que promove no Brasil a sistematização do tratamento jurídico conferido aos direitos da personalidade. Segundo o autor, são direitos subjetivos que advêm da personalidade inerentes aos seres humanos, ou seja, a personalidade "resulta da entrada do ser humano no mundo jurídico"[33], especialmente no âmbito do direito privado. Esses direitos intrínsecos à pessoa humana são tradicionalmente classificados como direito à integridade física (proteção do corpo e suas partes, tutela do corpo após a morte, consentimento frente aos tratamentos médicos etc.), à integridade psíquica (liberdade, privacidade, intimidade, sigilo, recato etc.) e à integridade moral (identidade, nome, honra, fama, direitos autorais etc.)[34]

Seguindo essa linha de raciocínio, o rol dos direitos da personalidade no Código Civil de 2002 é exemplificativo, a partir do princípio constitucional de tutela da dignidade humana, formando uma categoria aberta de proteção[35], através do uso de cláusulas gerais. É por isso que se diz que no Brasil há a cláusula geral de tutela

---

28. TEPEDINO, Gustavo. Do sujeito de direito à pessoa humana. *Editorial da Revista Trimestral de Direito Civil*, [S. l.], n. 2, p. vi, 2000.
29. DONEDA, Danilo. *Da privacidade à proteção de dados pessoais*. Rio de Janeiro: Renovar, 2006. p. 86-87.
30. Ressalta-se que isso não significa que a proteção dos direitos da personalidade só ganharam tutela no Brasil neste contexto, afinal, a proteção da personalidade, isto é, da própria pessoa enquanto ser humano, não se restringe à proteção dos direitos da personalidade, como se observa, por exemplo, na tutela promovida a esses direitos no ramo do direito público, por meio dos direitos fundamentais, ou mesmo no direito penal, ao proteger direitos como a vida, a integridade física, a honra e a moral.
31. Cite-se como exemplo o artigo 1.284 que expressamente se preocupa em determinar de quem é o fruto caído de uma árvore limítrofe, nestes termos: "Os frutos caídos de árvore do terreno vizinho pertencem ao dono do solo onde caíram, se este for de propriedade particular." BRASIL. *Lei 10.406, de 10 de janeiro de 2002*. Institui o Código Civil. Disponível em: http://www.planalto.gov. br/ccivil_03/leis/ 2002/l10406.htm. Acesso em: 20 jun. 2019.
32. SCHREIBER, Anderson. *Direitos da personalidade*. São Paulo: Atlas, 2014. p. 10.
33. PONTES DE MIRANDA, Francisco Cavalcanti. *Tratado de direito privado*. 4. ed. São Paulo: Ed. RT, 1974. t. 7, p. 6.
34. BITTAR, Carlos Alberto. *Os direitos da personalidade*. Rio de Janeiro: Forense Universitária, 1999. p. 63-64.
35. MORAES, Maria Celina Bodin de. Ampliando os direitos da personalidade. In: VIEIRA, José Ribas (Org.). *20 anos da Constituição cidadã de 1988*: efetivação ou impasse institucional? Rio de Janeiro: Forense, 2008. p. 373.

da pessoa humana[36], ou seja, a necessidade de reconhecer a proteção da pessoa em diversos âmbitos e leis.[37]

Neste sentido, é importante frisar que a proteção dos direitos da personalidade deve se adequar, inclusive, às novas ameaças decorrentes da Sociedade da Informação e dos novos conflitos no ambiente digital. Neste ínterim ressalta-se que a *Internet* constitui, na verdade, apenas mais um espaço, agora virtual, no qual os direitos fundamentais e os direitos da personalidade, a depender do âmbito da relação jurídica em análise, terão de exercer o papel que historicamente sempre desempenharam, isto é, a promoção da pessoa humana.

Desde logo, importa destacar que o estudo não visa diferenciar o mundo físico do mundo virtual, presente na *Internet*, pois, conforme aduz Pierre Lévy, "em geral, é um erro pensar as relações entre antigos e novos dispositivos de comunicação em termos de substituição".[38] Neste mesmo sentido, afirma Iuri Bolesina que "a distinção entre o 'mundo real' e o 'mundo virtual' é um mito"[39], tendo em vista que a própria expressão "virtual" é polissêmica". Daí porque o que se pretende, em linhas gerais, é investigar o modo como o ambiente tecnológico reconfigura e exige uma nova hermenêutica das relações jurídicas previamente existentes, sem provocar sua exclusão, afinal, o que é inadequado na vida real continua sendo inadequado no "mundo virtual". Neste sentido, expõe Danilo Doneda que os impactos das tecnologias são tão intensos nas várias instâncias da vida das pessoas, sejam estas usuários diretos ou não, que separar os fenômenos relativos à informática de outros denominados "tradicionais" tornou-se tanto impossível quanto irrelevante.[40]

Para tanto, relevante se faz descrever as características mais importantes dos direitos da personalidade, posto que é este um dos pontos que vai justificar a hermenêutica jurídica diferenciada. Com efeito, são direitos i) absolutos, posto que oponíveis *erga omnes*, contendo em si um dever geral de abstenção por parte de todos os demais indivíduos; ii) imprescritíveis, uma vez que não se extinguem nem se transmitem, seja pelo não uso, seja pela inércia na pretensão de defendê-los; iii) extrapatrimoniais, uma vez que, em regra, não detém um valor econômico intrínseco, inclusive por não poderem se qualificar como objeto em uma relação jurídica e; i) vitalícios, considerando que, em

---

36. MORAES, Maria Celina Bodin de. *Danos à pessoa humana*: uma leitura civil-constitucional dos danos morais. 2. ed. Rio de Janeiro: Processo, 2017.

37. Neste sentido, afirma Bruno Miragem que há a finalidade de que: "[...] por meio da sua interpretação seja possível alcançar uma compreensão extensiva destes direitos. Como exemplo pode citar o direito à integridade psíquica, que embora não afirmado expressamente no novo Código Civil, ou mesmo na Constituição da República, é o corolário de toda a proteção indicada aos direitos subjetivos da personalidade que referem a subjetividade da pessoa. Em grande medida, ao proteger-se através de normas distintas, a honra, imagem, privacidade, intimidade, recato e sigilo, está-se a proteger a integridade psíquica do indivíduo." MIRAGEM, Bruno. Os direitos da personalidade e os direitos do consumidor. *Revista de Direito do Consumidor*, São Paulo, n. 49, p. 7, jan./mar. 2004.

38. LÉVY, Pierre. *Cibercultura*. Trad. Carlos Irineu da Costa. São Paulo: Editora 34, 2010. p. 131.

39. Aduz o autor que: "Portanto, não existe um 'mundo real' e um 'mundo virtual'. O virtual é um elemento do real. Neste sentido, os 'mundos virtuais (entendidos como ambientes criados / mediados por computadores em que se pode habitar e coexistir), notadamente aqueles online, não são outro mundo, outro universo; eles são como novos continentes, extensões do já descoberto." BOLESINA, Iuri. *Direito à extimidade*: as inter-relações entre identidade, ciberespaço e privacidade. Florianópolis: Empório do Direito, 2017. p. 177.

40. DONEDA, Danilo. *Da privacidade à proteção de dados pessoais*. Rio de Janeiro: Renovar, 2006. p. 200.

regra, demandam proteção desde a concepção do nascituro até a morte da pessoa. Em resumo, é possível classificar os direitos da personalidade como categoria autônoma, não passíveis de disponibilidade pelos titulares[41], e protegidos por meio da inexpropriabilidade, imprescritibilidade e impenhorabilidade.[42]

Aqui surge um ponto relevante a respeito dos supracitados deveres fundamentais, afinal, da característica dos direitos da personalidade de se enquadrarem como direitos absolutos advém o dever geral de abstenção e, consequentemente, a situação jurídica de sujeição frente a todas as pessoas, públicas ou privadas, que assumem o dever de respeito frente aos direitos da personalidade alheios.[43]

Deste modo, revela-se mais um argumento relevante para o reconhecimento de um direito fundamental e da personalidade de proteção de dados pessoais, no aspecto de não ser importunado, em sua vertente de dever fundamental frente as empresas que promovem publicidades virtuais de consumo. Dito de outro modo: ao considerar o direito de proteção de dados pessoais, em sua faceta negativa, como uma concreção da integridade psíquica, na figura do sossego, enquadra-se também como evidente direito da personalidade e, consequentemente, se impõe o dever de abstenção das empresas de promoverem a atuação publicitária ilimitada.

Vale lembrar, inclusive, que intimamente relacionado aos direitos da personalidade encontra-se a ideia de livre desenvolvimento da pessoa, afinal, o direito privado, em última análise, possui como valor inexorável a liberdade das pessoas, manifestado pela autonomia privada. Logo, é dentro das garantias previstas pelos direitos da personalidade que a pessoa realiza as escolhas de vida, no intuito de realizar os seus interesses existenciais e patrimoniais. Neste ponto os direitos da personalidade são abertos, sincrônica e diacronicamente, possibilitando a tutela de novos direitos especialmente tendo como base as renovadas ameaças que surgem contra a pessoa, agora também no ambiente da *Internet*.

É dizer que a pessoa, portanto, escreve livremente a sua própria história de vida, por meio das escolhas privadas, sendo estas, obviamente, resguardadas pelo Direito em uma ampla esfera autodeterminativa. Neste sentido, a importunação da pessoa, enquanto promove a sua vida virtual especialmente, viola nitidamente esse ideal de livre desenvolvimento da pessoa.[44]

---

41. Neste ponto, vale desde já a menção à crítica de Antonio-Enrique Pérez Luño segundo o qual o direito à privacidade perde o aspecto de indisponibilidade quando se tratar de pessoa maior e capaz. Isto porque, conforme aponta o autor, a mutação do direito à privacidade o deslocou de direito da personalidade para direito patrimonial, posto que passou a integrar a ótica negocial, a partir do momento em que certas intimidades das pessoas passaram a ter valor para os meios de comunicação. Assim, no atual contexto, deve-se destacar que a indisponibilidade dos direitos da personalidade é somente relativa. PÉREZ LUÑO, Antonio Enrique. *Los derechos humanos en la sociedad tecnologica*. Madrid: Universitas, 2012. p. 120-121.

42. JABUR, Gilberto Haddad. *Liberdade de pensamento e direito à vida privada*: conflitos entre direitos da personalidade. São Paulo: Ed. RT, 2000. p. 94.

43. Os direitos fundamentais que, estruturalmente, surgem oponíveis *erga omnes* são, precisamente, os direitos de personalidade." CORDEIRO, António Manuel da Rocha e Menezes. *Tratado de direito civil português*: parte geral. Coimbra: Almedina, 2004. t., 3, p. 92.

44. Neste ponto, Rodrigo Moreira descreve que: "Enquanto a dignidade protege a pessoa em sua essência, o livre desenvolvimento da personalidade tutela a sua dinâmica. A pessoa não é uma realidade estanque, pois a ela é concedido

3 • O DEVER DE RESPEITO AOS DIREITOS DA PERSONALIDADE   **73**

Superados esses apontamentos, é importante perceber que no atual contexto de pluralismo, é evidente o surgimento de diversas fontes normativas muitas vezes regulando os mesmos direitos, conforme supracitado. Neste sentido, pode-se citar o direito à vida, à liberdade e integridade física e psíquica ou mesmo a supramencionada privacidade, por exemplo, considerados direitos humanos, fundamentais e da personalidade.

Neste ponto, é importante lembrar que a própria LGPD, consoante já mencionado, foi elaborada tendo como campo de aplicação os vários ramos do direito (público e privado), ainda tutelando diversos direitos fundamentais. Assim, em última análise, nas relações entre privados, a LGPD tutela diversos direitos da personalidade, dando destaque para a liberdade, a privacidade e o livre desenvolvimento da personalidade da pessoa natural.[45]

Em razão disso, considerando que o sistema jurídico deve existir de modo que as normas convivam pacificamente, de maneira coerente, a aplicação jurídica deve ser sempre pautada na ideia de complementariedade, com base no diálogo de fontes, tendo como foco a mais efetiva tutela da pessoa humana possível.[46] Dessa maneira, o diálogo das fontes, como teoria de interpretação e aplicação do Direito, permite a aplicação simultânea, coerente e coordenada das plúrimas fontes legislativas convergentes.[47]

Isso porque as inovações legislativas, por si só, de nada adiantam se não vieram acompanhadas da devida hermenêutica emancipatória, capaz de contribuir para a evolução dos textos jurídicos no intuito de promoção da pessoa humana. Com efeito, o exercício hermenêutico, pelos operadores do direito ao caso concreto (*law in action*) é que permitirá a efetivação da tutela prevista em lei aos acontecimentos sociais, visando, sempre, a evolução sistêmica em busca da unidade do direito e da concreção da tutela da pessoa.[48]

Assim, é somente diante do caso concreto que se deverá verificar qual a melhor norma aos direitos fundamentais, isto é, o aplicador deve visar dar efeito útil a um grande número de normas, privilegiando os valores constitucionais e, sobretudo, os direitos

---

a possibilidade de construir a sua própria biografia que não pode ser anulada por considerações deterministas ou perfeccionistas. A liberdade de construção da personalidade permite a eleição dos planos de vida valorados pela própria pessoa como sendo de uma vida boa e feliz. Este direito leva em consideração a autodeterminação da individualidade humana. A pessoa, como dona do seu próprio destino, escolhe cotidianamente os rumos da sua vida. Ao Estado e aos agentes particulares cabe respeitar (abstenção) e promover os meios para a realização destas decisões existenciais." MOREIRA, Rodrigo Pereira. *Direito ao livre desenvolvimento da personalidade*: caminhos para a proteção e promoção da pessoa humana. Curitiba: Juruá, 2016. p. 13.

45. BRASIL. *Lei 13.709, de 14 de agosto de 2018*. Dispõe sobre a proteção de dados pessoais e altera a Lei 12.965, de 23 de abril de 2014 (Marco Civil da Internet). Disponível em: http://www.planalto.gov.br/ ccivil_03/_ato2015-2018/2018/lei/L13709.htm. Acesso em: 20 jun. 2019.

46. MARQUES, Claudia Lima. *Contratos no código de defesa do consumidor*: o novo regime das relações contratuais. São Paulo: Ed. RT, 2014. p. 613.

47. MARQUES, Claudia Lima. Diálogo entre o código de defesa do consumidor e o novo código civil – do "diálogo das fontes" no combate às cláusulas abusivas. *Revista de Direito do Consumidor*, São Paulo, v. 45, p. 71-99, jan./mar. 2003.

48. MARTINS, Fernando Rodrigues. Direito do consumidor, reforma do CDC e constante renovação metodológica do direito privado. *Revista de Direito do Consumidor*, São Paulo, v. 107, p. 293-307, set./out. 2016.

humanos, afinal, o fio condutor do direito na pós-modernidade, do direito do século XXI, são os direitos humanos.[49]

Como se nota, surgindo proteções referentes aos direitos fundamentais na constituição ou em leis esparsas, e também proteções aos direitos da personalidade, no Código Civil ou em leis derivadas, é necessária a aplicação da teoria do diálogo de fontes, de forma que se tenha a maior promoção da pessoa humana. Conforme já mencionado, a leitura deve ser sempre de complementariedade, e não de exclusão.[50]

Diante dessa linha de raciocínio, é oportuno lembrar que muitos desses direitos fundamentais e da personalidade mencionados são também tutelados por meio do Código específico de proteção ao consumidor, considerados por esta lei como "direitos básicos do consumidor". Em verdade, nesta categoria encontram-se os direitos indisponíveis pelo consumidor, posto que integram a ordem pública de proteção da parte vulnerável da relação, como a vida e a liberdade.[51]

Daí porque é possível reconhecer que os direitos básicos do consumidor se orientam no sentido dos direitos humanos, fundamentais e da personalidade, tendo, por meio da tutela legislativa, reconhecida a integridade humana nas diferentes posições jurídicas que a pessoa assume durante a vida. No âmbito internacional, a pessoa se protege pelos direitos humanos, no âmbito público, pelos direitos fundamentais, na área privada, através dos direitos da personalidade e, por fim, estando em uma situação de consumo, por meio dos direitos básicos do consumidor. Tudo isso, conforme supracitado, só a ótica do diálogo das fontes.

Vale destacar que, enquanto a tutela conferida aos direitos da personalidade é baseada na concepção da pessoa em si mesma, de maneira natural, os direitos básicos

---

49. MARQUES, Claudia Lima. *Contratos no código de defesa do consumidor*: o novo regime das relações contratuais. São Paulo: Ed. RT, 2014. p. 613.

50. Consoante aponta Valéria do Nascimento: "É importante que se faça uma abordagem dos direitos da personalidade à luz das Constituições, bem como de uma funcionalidade objetivamente relevante. Essa funcionalidade pode ser percebida numa perspectiva de transversalidade; ou seja, não apenas pelas Constituições internas, mas por normas específicas, como normas atinentes a pesquisas genéticas, proteção de dados, direitos autorais etc. Com efeito, essa premissa lança um paradoxo sobre a unidade do ordenamento e da relevância da pessoa humana apresentada em vários ordenamentos nacionais e internacionais (tratados, convenções acordos, utilização de mecanismos da *soft law* etc.). Deve-se atentar para o fato de que esses diferentes instrumentos de legitimação – mesmo trazendo o perigo de fragmentação do direito – buscam a unificação da tutela da pessoa humana, como valor maior a ser garantido." NASCIMENTO, Valéria Ribas do. Direitos fundamentais da personalidade na era da sociedade da informação: transversalidade da tutela à privacidade. *Revista de Informação Legislativa: RIL*, Brasília, DF, v. 54, n. 213, p. 272, jan./mar. 2017. Disponível em: http://www12.senado.leg.br/ril/edicoes/54/213/ril_v54_n213_p265. Acesso em: 11 set. 2019.

51. Neste sentido, defende Bruno Miragem que: "A proteção da pessoa, que no direito privado se traduz pelos direitos da personalidade, é fundamento indisponível do direito do consumidor e da legislação que determina o seu conteúdo. Daí porque, para identificar a abrangência das normas de proteção pessoal do microssistema do consumidor, é necessário servir-se de outras fontes normativas, dentre as quais a Constituição que, ao consagrar os direitos fundamentais, tem precedência absoluta. As normas do novo Código Civil, assim, devem ser observadas como elementos de especialização dos direitos da personalidade reconhecidos ao consumidor para sua proteção pessoal. [...] [...] Os direitos da personalidade, tal qual previstos no novo Código Civil, devem ser utilizados como instrumento de apreensão de sentido da proteção pessoal do consumidor pelo Código de Defesa do Consumidor, promovendo, em última análise, as normas e valores que a Constituição determinará à pessoa." MIRAGEM, Bruno. Os direitos da personalidade e os direitos do consumidor. *Revista de Direito do Consumidor*, São Paulo, n. 49, p. 19, jan./mar. 2004.

do consumidor, diferentemente, decorrem da própria definição legal do consumidor, delimitada de maneira artificial, nos limites e em função de previsão jurídica. Sendo assim, aduz Eduardo Bittar que a definição da pessoa como consumidora depende da sua situação em uma relação social (de consumo) definida pela norma jurídica, diante da necessidade de disciplinar um "setor de relações, avassalado pelas dimensões quantitativas ditadas pelo capitalismo e pelo advento de avanços modernos na tecnologia, na produção, na informação, na circulação de bens, na publicidade e nas comunicações."[52]

Por isso, o fato de o Estado promover juridicamente a defesa do consumidor não se orienta por uma finalidade necessariamente econômica. Em verdade, o CDC reconhece, em uma série de dispositivos, a preocupação com direitos e interesses existenciais, como, por exemplo, ao apresentar regra de determinação das competências dos entes na promoção da defesa do consumidor, em seu artigo 55, §1º, elencando como finalidades a preservação da vida, da saúde, da segurança, da informação e do bem-estar do consumidor.

O CDC utiliza basicamente o mesmo critério do Código Civil para a tutela das pessoas, na figura do consumidor, a saber, através da proteção das integridades física, psíquica e moral. Desse modo, é possível afirmar que as disposições do Código Civil, "em matéria de direitos da personalidade, assim, vão ter o condão de informar, auxiliando na atribuição de significado à tutela jurídica do consumidor, estabelecida pelo CDC"[53], através, especialmente, dos princípios e cláusulas gerais, que definem valores a parâmetros hermenêuticos.

Inicialmente, quanto a integridade física, em diversos dispositivos, o CDC estabelece o dever de segurança dos fornecedores quanto aos produtos e serviços oferecidos no mercado, inclusive enquadrando a garantia de segurança como um princípio de atuação do Estado (artigo 4º, inciso II, alínea d). Neste ponto, destaca-se que a violação do dever de segurança, pelo fornecedor, nos termos dos artigos 12 a 14, gera o dever de indenizar pelo fato danoso provocado pelo produto ou pelo serviço.

Não obstante, é relevante ressaltar o zelo do CDC com a segurança no mercado, afinal, em seu artigo 17, prevê a equiparação, aos consumidores, de todas as vítimas do evento (na figura do consumidor *bystander*), protegendo a pessoa que, mesmo fora da relação de consumo na sua concepção tradicional, como destinatário final do produto ou serviço, acaba tendo a sua integridade física violada pelo fato danoso. Neste sentido, o STJ já promoveu a aplicação do CDC em favor de uma vítima de um acidente aéreo, justificado pela situação de consumo.[54]

---

52. BITTAR, Eduardo Carlos Bianca Direitos do consumidor e direitos da personalidade: limites, intersecções, relações. *Revista de Direito do Consumidor*, São Paulo, n. 33, p. 183, jan./mar. 2000.

53. MIRAGEM, Bruno. Os direitos da personalidade e os direitos do consumidor. *Revista de Direito do Consumidor*, São Paulo, n. 49, p. 17, jan./mar. 2004.

54. Civil, processo civil e consumidor. Reparação civil. [...] [...] Acidente de trânsito envolvendo fornecedor de serviço de transporte de pessoas. Terceiro, alheio à relação de consumo, envolvido no acidente. Consumidor por equiparação. Embargos de declaração. Decisão omissa. Intuito protelatório. Inexistência. [...] [...] 3. O art. 17 do CDC prevê a figura do consumidor por equiparação (bystander), sujeitando à proteção do CDC aqueles que, embora não tenham participado diretamente da relação de consumo, sejam vítimas de evento danoso decorrente dessa relação. 4. Em acidente de trânsito envolvendo fornecedor de serviço de transporte, o terceiro vitimado em decorrência dessa

No que tange às integridades psíquicas e morais, o CDC possui proteção ampla, reconhecida em diversos dispositivos. Neste ponto, relevante destacar a atenção especial contra a publicidade enganosa e abusiva, bem como contra os métodos comerciais coercitivos ou desleais. Para o código consumerista, as práticas abusivas são consideradas ilícitas e ocorrem nas situações em que o fornecedor, abusando do seu exercício de liberdade econômica, impõe ao consumidor ofensa à sua esfera moral.[55]

De maneira expressa, por exemplo, o CDC considera prática ilícita o aproveitamento da fraqueza ou ignorância do consumidor, levando em consideração suas condições pessoais, como a saúde ou a idade, para impingir-lhe seus produtos ou serviços (artigo 39, IV). Neste ponto, ganha destaque as novas discussões a respeito do indesejado "assédio ao consumo", consoante será tratado adiante.

Por oportuno, um dos aspectos mais problemáticos que ganha destaque no atual contexto, como espécie de risco em ascensão na Sociedade da Informação e de consumo, é quanto aos bancos de dados pessoais. Em verdade, a crescente formação, difusão e comercialização de dados dos consumidores, com informações de caráter personalíssimos, colocam em perigo a integridade daqueles que, diante do conhecimento pelo fornecedor dessas informações (como por exemplo, referentes à família, à saúde, à idade, ao modo de vida, à renda etc.) ficam ainda mais expostos às práticas abusivas, em especial, às publicidades de consumo.

Assim, conforme expõe Bruno Miragem, essas informações são utilizadas para a definição dos denominados "perfis de consumo", identificados pelo responsável pela coleta dos dados. Com isso, pode haver a discriminação do consumidor, por exemplo, com maior ou menor renda, que tenha filhos ou até determinada idade, com a finalidade de verificar hábitos ou preferências capazes de sustentar publicidades personalizadas com base nessas particularidades. Por isso, o grande problema é identificar em que medida o acesso, coleta e processamento destas informações constituem ou não uma interferência na privacidade do consumidor.[56]

Em verdade, essa ampliação de conhecimento, por parte dos fornecedores, dos padrões de consumo em razão da posse de dados pessoais das pessoas, é somada ao caráter invasivo e onipresente das técnicas de comunicação, informação, produção e circulação de bens e serviços, proporcionada especialmente pela publicidade virtual. Afinal, em face da multiplicidade de formas de contato entre consumidores e fornecedores, proporcionada pela evolução dos meios de comunicação, como o próprio celular,

---

relação de consumo deve ser considerado consumidor por equiparação. Excepciona-se essa regra se, no momento do acidente, o fornecedor não estiver prestando o serviço, inexistindo, pois, qualquer relação de consumo de onde se possa extrair, por equiparação, a condição de consumidor do terceiro. BRASIL. Superior Tribunal de Justiça. (3. Turma). *Recurso especial 1.125.276 – RJ*. Recorrente: Maurício Escobar Saad. Recorrido: Oswaldo Branquinho Saraiva. Relatora: Ministra Nancy Andrighi. Brasília/DF, 28 de fevereiro de 2012. Disponível em: https://ww2.stj.jus.br/processo/revista/documento/mediado/?componente=ATC&sequencial=20589615&num_registro=200900344585&data=20120307&tipo=5&formato=PDF Acesso em: 11 set. 2019.

55. MIRAGEM, Bruno. Os direitos da personalidade e os direitos do consumidor. *Revista de Direito do Consumidor*, São Paulo, n. 49, p. 10, jan./mar. 2004.

56. MIRAGEM, Bruno. Os direitos da personalidade e os direitos do consumidor. *Revista de Direito do Consumidor*, São Paulo, n. 49, p. 15, jan./mar. 2004.

3 • O DEVER DE RESPEITO AOS DIREITOS DA PERSONALIDADE   77

uma série de lesões podem dar ensejo à invasão do espaço dos direitos personalíssimos[57] e, consequentemente dos direitos fundamentais.

Neste ponto, destaca-se que a liberdade e a integridade psíquica ganham novas projeções, a justificar a necessidade de os consumidores serem protegidos dos assédios e importunações das publicidades virtuais, que visam instigar ao consumo desmedido. Daí porque, conforme aponta Danilo Doneda, surge a necessidade de tutelas específicas dentro do sistema jurídico, capazes de dar as devidas respostas aos novos problemas que colocam direitos já consagrados frente à novos riscos.[58]

Dessa forma, é possível destacar que as concepções de direitos da personalidade e de liberdade são categorias entrelaçadas entre si, afinal, ambas se pautam pelo livre desenvolvimento e autodeterminação da pessoa, justificando inclusive a oportuna designação do *habeas mente* como garantia fundamental, inerente ao contexto de Sociedade da Informação. Isso se evidencia tendo em vista que os direitos da personalidade às vezes surgem como direitos de defesa relacionados à própria liberdade, e, lado outro, a liberdade pode ser considerada um direito da personalidade em razão de sua necessidade e essencialidade na promoção da vida humana[59], em sua integralidade (corpo e mente), seja no âmbito social físico, seja no virtual.[60]

3.2 DA TUTELA DO CORPO FÍSICO À PROTEÇÃO DO CORPO ELETRÔNICO

Conforme supracitado, a sociedade contemporânea, globalizada e conectada via *Internet*, apresenta uma evolução tecnológica que produz risco evidentes a diversos direitos fundamentais já consagradas. Não obstante, na maioria das vezes, o Direito não consegue produzir respostas rápidas e eficientes capazes de tutelar esses direitos na mesma velocidade e intensidade em que as violações surgem, de modo que Marshall Mcluhan já alertava quanto aos perigos provocados pelo avanço tecnológico, afirmando que "nenhuma sociedade teve um conhecimento suficiente

---

57. BITTAR, Eduardo Carlos Bianca Direitos do consumidor e direitos da personalidade: limites, intersecções, relações. *Revista de Direito do Consumidor*, São Paulo: Ed. RT, n. 33, p. 184, jan./mar. 2000.

58. Defende o autor que: "Algumas normativas específicas para a proteção da pessoa surgem então em torno de necessidades específicas – seja no caso da problemática relacionada à pesquisa genética ou, no nosso caso, em torno da proteção de dados pessoais. Este é, aliás, um aparente paradoxo com o qual deparamos: a unidade do ordenamento e do valor da pessoa humana coexiste com uma multiplicação sem precedentes dos campos nos quais é realizada sua tutela. Sem menosprezarmos o perigo de fragmentação do próprio conteúdo da tutela em diversas peculiaridades setoriais, esta situação justifica um apego aos direitos fundamentais e seus instrumentos de legitimação, tanto mais forte quanto justificado por esta finalidade específica, que ao unificarem a tutela da pessoa, exercem igualmente outra função: ordenar um sistema que tende ao caos." DONEDA, Danilo. *Da privacidade à proteção de dados pessoais*. Rio de Janeiro: Renovar, 2006. p. 99.

59. CUPIS, Adriano de. *Os direitos da personalidade*. São Paulo: Quorum, 2008.

60. Neste ponto, relevante o pensamento de Pierre Lévy ao destacar a oposição enganosa geralmente feita entre real e virtual. Segundo o autor, a palavra "virtual" deriva do latim *virtus*, que significa força ou potência. Na filosofia, portanto, é considerado virtual o que existe em potência, mas não em ato. Assim, a virtualidade não se contradiz com o real mas sim com o atual, isto é, virtualidade e atualidade seriam as duas maneiras de ser diferentes. LÉVY, Pierre. *O que é virtual?* Trad. Paulo Neves. Editora 34: São Paulo, 2011. p. 15.

de suas ações a ponto de poder desenvolver uma imunidade contra novas extensões ou tecnologias."[61]

Neste sentido, é preciso evidenciar que, no ritmo do crescimento e da potencialização dos aparelhos tecnológicos, decorrentes da lógica do desenvolvimento da informação, cresce também na sociedade o costume de as pessoas possuírem duas espécies de vida[62], isto é, uma vida concreta, real, de contato físico e material com pessoas e bens; e outra virtual[63], composta por redes sociais, *emails*, *blogs*, canais de vídeo, páginas pessoais etc., em interativa relação com outras pessoas e bens virtuais.[64] Essa situação, segundo Stefano Rodotà, promoveu a mudança na própria forma de construção da personalidade.[65]

Neste diapasão, vale ressaltar que essa vida virtual também carece de tutela, uma vez que faz parte da situação jurídica da pessoa, decorrência do direito ao livre desenvolvimento da personalidade, valor fundamental ao ordenamento.[66] Afinal, conforme expõe Laura Knoener, o contrabalancear entre a realidade e a virtualidade é criador do espaço de remodelação do modo de construção social, influenciando não só a identidade coletiva mas, principalmente, a formação das identidades individuais.[67]

No atual contexto, a existência real pode ser até menorizada se não tiver lugar na *Internet*, revelando, portanto, a nova dimensão do ser humano, que exige medidas jurídicas diferentes, que ampliem o âmbito dos direitos fundamentais da pessoa, inclusive no que se refere ao ambiente virtual.[68] Atualmente, as pessoas absorvem a tecnologia às suas vidas, entrelaçando o real e o virtual, o social e o individual. Assim, "reconhece-se que cada vez mais as pessoas vivem na internet, trabalham com e na internet, pareiam seus acessórios, veículos e casas com a internet, entretém-se na e com internet, sofrem

---

61. MCLUHAN, Marshall. *Os meios de comunicação como extensões do homem.* São Paulo: Cultrix, 2007. p. 84.

62. Aliás, neste ponto, vale mencionar o famoso jogo denominado "second life", isto é, "segunda vida". O jogo oferece uma espécie de vida paralela, ou seja, uma vida além vida real das pessoas, dentro do mundo virtual. SECOND LIFE. San Francisco, CA, 2019. Disponível em: https://secondlife.com/ ?lang=pt-BR. Acesso em: 23 maio 2019. Stefano Rodotà chega a destacar a necessidade de extensão de garantias ao mundo virtual (*second life*), já proposta pela Declaração de Direitos do Avatar. RODOTÀ, Stefano. *A vida na sociedade da vigilância: a privacidade hoje.* Trad. Danilo Doneda e Luciana Cabral Doneda. Rio de Janeiro: Renovar, 2008. p. 20.

63. Conforme aduz Stefano Rodotà, "[...] se exhibe un conjunto de informaciones personales, el cuerpo eletrónico, como se exhibe el cuerpo físico mediante los tatuajes, los piercings y otras señas de identidad. La identidad se hace comunicación". RODOTÀ, Stefano. *El derecho a tener derechos.* Trotta: Madrid, 2014. p. 296.

64. LACERDA, Bruno Torquato Zampier. *Bens digitais.* Indaiatuba: Foco Jurídico, 2017.

65. Afirma o autor que: "Internet 2.0, el de las redes sociales, se há convertido en un instrumento essencial en los procesos de socialización y en la libre construcción de la personalidad. En esta perspectiva assume un significado nuevo la libertad de expresión como elemento esencial del ser de la persona y de su situación em la sociedad. La construcción de la identidad tiende a presentarse cada vez más como un medio para la comunicación con los demás y para presentarse cada cual en la escena del mudo. Esto modifica la relación entre la esferada pública y la privada, y la noción misma de privacidad." RODOTÀ, Stefano. *El derecho a tener derechos.* Trotta: Madrid, 2014. p. 294.

66. PERLINGIERI, Pietro. *O direito civil na legalidade constitucional.* Trad. Maria Cristina de Cicco. Rio de Janeiro: Renovar, 2008.

67. KNOENER, Laura Eroles. *Sociedade em rede*: facebook como personificação da hipermodernidade. São Paulo: Editora ECA USP, 2015. p. 20.

68. RODOTÀ, Stefano. *El derecho a tener derechos.* Trotta: Madrid, 2014. p. 289.

são violadas e expostas na internet"[69], além de tantas outras infinitas situações que demonstram a convergência entre o concreto e o virtual.

Esse fenômeno, que é uma das marcas preponderantes da chamada Sociedade da Informação, torna cada vez mais plausível a migração de atos outrora praticados no plano físico, real, material, para o plano virtual, imaterial, lastreado em projeções cada vez mais fidedignas dos caracteres que formam, essencialmente, a personalidade de quem os pratica. O atual contexto, denominado por alguns autores como inerente à quarta revolução digital, promove a fusão de tecnologias e a interação entre os aspectos físicos, digitais e biológicos.[70] Tudo isso graças à presença cada vez mais marcante da tecnologia no cotidiano das pessoas, com destaque para os *smartphones*.[71]

Daí porque, no ambiente ciberespacial, a presença física não é elemento necessário para a manipulação e nem mesmo para o exercício da comunicação de uma maneira geral, seja no sentido de criar, explorar, modificar, transferir ou informações. O ciberespaço, compreendido em espaço derivado de meios de comunicação, como o rádio, a telefonia ou mais precipuamente a *Internet*, confunde e mistura as próprias concepções de "real" e "virtual".[72]

Com base nessa premissa, várias inovações tecnológicas, capazes de gerar impacto social, acabam por irradiar efeitos sobre inúmeros institutos jurídicos tradicionais, propiciando uma releitura de diversos conceitos que, logo, se reconfiguram à luz de novas inter-relações sociais permeadas pela dicotomia entre sua aplicação no mundo físico e no mundo virtual. Com efeito, Javier Iniesta e Francisco Serna indicam a necessidade de uma regulação voltada ao meio digital, exatamente para que seja possível situar as transformações oriundas do desenvolvimento tecnológico.[73] Tudo isso levando em

---

69. BOLESINA, Iuri. *Direito à extimidade*: as inter-relações entre identidade, ciberespaço e privacidade. Florianópolis: Empório do Direito, 2017. p. 167.

70. KLAUS, Schwab. *A quarta revolução industrial*. São Paulo: Edipro, 2016. p. 16.

71. Em recente reportagem nas mídias sociais, o chefe da BRK Ambiental, empresa privada de saneamento básico no Brasil, afirmou, de maneira crítica, que "há criança no celular, mas pisando no esgoto", demonstrando que no país as pessoas tem mais acesso à telefonia do que ao saneamento básico. ESTADÃO CONTEÚDO. Há criança no celular, mas pisando no esgoto, diz chefe da BRK ambiental. *Exame*. 13 maio 2019. Disponível em: https://exame.abril.com.br/brasil/ ha-crianca-no-celular-mas-pisando-no-esgoto-diz-chefe-da-brk-ambiental/. Acesso em: 11 set. 2019.

72. Cite-se como exemplo o jogo desenvolvido pela empresa de games Nintendo, chamado "Pokémon GO", onde a partir da tecnologia desenvolvida as pessoas podiam "caçar" os pókemons no mundo real, tendo em vista que por meio de *tablets* ou celulares eram projetadas as criaturas, como se estivessem no ambiente físico que o usuário estava focando. Destaca-se que a própria doutrina já se preocupou em analisar tal fato, ao expor que "O Pokémon Go é um jogo que se utiliza da tecnologia da realidade aumentada, em que criaturas, chamadas de Pokémons, estão espalhadas pelo mundo real para serem capturadas pelos jogadores, os quais devem abrir a câmera do celular e os monstrinhos surgirão na tela, como um desenho no mundo real. O objetivo é que o jogador capture o máximo de Pokémons, o que é feito acertando uma pokébola (virtual) no bichinho. Assim, deve o jogador se deslocar, fisicamente, na busca de Pokémons, a fim de capturá-los" ADOLFO, Luiz Gonzaga Silva; BAGATINI, Julia. Sociedade de informação e direito do consumidor: uma abordagem a partir do jogo Pokémon GO. *Revista de Direito do Consumidor*, São Paulo, v. 110, p. 259-279, mar./abr. 2017.

73. INIESTA, Javier Belda; SERNA, Francisco José Aranda. El paradigma de la identidad: hacia una regulación del mundo digital. *Revista Forense*, Rio de Janeiro, v. 422, p. 184, jul./dez. 2015. Veja-se: "Pero, realmente, ¿en qué lugar podemos situar lo virtual? Con la aparición de Internet se da un cambio fundamental, la comunicación fluye de todos a todos. Hasta ahora, se ha visto esta realidad como un cambio cuantitativo, más que cualitativo, en las relaciones interpersonales, que habla de la disponibilidad ininterrumpida del otro y de formas de acercamiento afectivo, que hasta ahora requerían inexorablemente la co-presencia física de los actores. Evidentemente, esta

consideração que a atual sociedade pode ser caracterizada como complexa, plural e fragmentada, de modo que os modelos jurídicos tradicionais tornam-se insuficientes, "impondo-se à ciência do direito a construção de novas e adequadas estruturas jurídicas de resposta, capazes de assegurar a realização da justiça e da segurança em uma sociedade em rápido processo de mudança."[74]

Fala-se, assim, em uma "nova era" da tecnologia e, diante disso, rapidamente se questiona acerca do papel da *Internet* como principal força-motriz revolucionária do cenário atual das inovações e da concepção da pessoa na construção da sua própria personalidade. A sociedade tecnológica promove o surgimento de uma nova espécie de homem, segundo Vitorio Frosini, o "homem artificial", que vive no mundo artificial, e foi criado e desenvolvido pelo homem, e não pela natureza.[75] Consoante se percebe, "se a lógica de que existe um mundo 'real' e um mundo 'virtual' apartados é dada como uma falácia, a mesma lógica pode se aplicar, agora, para a questão da identidade pessoal (virtual)."[76]

Neste sentido, oportuno mencionar o caso julgado pelo Tribunal de Justiça do Rio de Janeiro, condenando a produtora de *games* Activision Blizzard Brasil a pagar indenização por danos morais a um homem banido do jogo *World of Warcraft*. No caso, o jogador que há tempos participava da plataforma de entretenimento, ocupando posição relevante dentre os mais de 10 milhões de usuários do jogo, teve o seu perfil excluído por política de conduta da própria empresa. Em razão disso, entendeu o Tribunal que o site que organiza jogo de videogame online não pode banir nenhum jogador sem provas de ilegalidade de conduta, em especial porque, segundo o entendimento da decisão, não se pode dissociar a imagem virtual da imagem real.[77]

---

variación de parámetros ha provocado un desenfoque de la visión que se tenía hasta el momento, dando lugar al surgimiento de conflictos de complejo enfoque jurídico. Así, Internet se nos presenta como un espacio abierto que permite interactuar en diversos contextos tomando distintas identidades, estas identidades – denominadas virtuales – se alejan de la noción de identidad basada en los presupuestos culturales de la persona que hasta ahora eran el paradigma de nuestra visión del ser humano".

74. AMARAL, Francisco. O direito civil na pós-modernidade. In: NAVES, Bruno Torquato de Oliveira; FIUZA, César; SÁ, Maria de Fátima Freire de (Coord.). *Direito civil:* atualidades. Belo Horizonte: Del Rey, 2003. p. 63.

75. PÉREZ LUÑO, Antonio-Enrique. *La filosofía del derecho en perspectiva histórica*. Estudios conmemorativos del 65 aniversario del autor. Homenaje de la Facultad de Derecho y del Departamento de Filosofía del Derecho de la Universidad de Sevilla. Sevilla: Servicio de Publicaciones de la Universidad de Sevilla, 2009. p. 448.

76. BOLESINA, Iuri. *Direito à extimidade*: as inter-relações entre identidade, ciberespaço e privacidade. Florianópolis: Empório do Direito, 2017. p. 128.

77. Apelação cível. Indenizatória. Banimento de jogos virtuais. Falta de comprovação de conduta desleal do consumidor/jogador. Dano moral configurado. Participante de jogos virtuais que, em razão de alegada atitude ilícita no jogo, foi permanentemente banido do site. Conduta ilícita não comprovada. Sentença de parcial procedência que determinou o reingresso do Autor no jogo, preservadas as características que seu personagem possuía no momento do banimento, com a reativação de sua conta, conforme requerido. O mundo virtual demanda hoje novas formas de soluções dos problemas da vida, ou mesmo que sejam aplicadas às novas realidades soluções preexistentes. Por isso a internet e sua realidade virtual não podem ficar de fora dessa interação. Levando em conta uma interpretação evolutiva, afigura-se razoável impor à imagem virtual um valor, como ocorre com a imagem humana real, notadamente em casos concretos semelhantes, além do que sempre por trás de um participante de competição virtual existe uma pessoa com sentimentos e dignidade, pelo que resta claramente configurado dano moral, posto que o nome virtual do Autor permaneceu à vista de todos como banido. Dano moral configurado. Lesão ao direito da personalidade. Patente a quebra da legítima expectativa em relação ao site, no qual o Autor era assinante e muito bem classificado, em meio a mais de dez milhões de jogadores em todo o mundo. Quantum reparatório. Elementos que justificam o arbitramento em R$ 5.000,00 (cinco mil reais). Valor que se afigura

Sendo assim, é preciso levantar possibilidades a serem analisadas e repensadas no que se refere a tutela das pessoas frente às práticas publicitárias virtuais de consumo, sempre destacando o paradigma de que o ser humano tem, em sua integridade, o fator psicofísico, agora sob a possibilidade de ainda se subdividir em real e virtual. Não obstante, vale destacar que o mundo virtual, de livre acesso, deve ser considerado um espaço público[78], onde haja a mais ampla liberdade, inclusive de não ser importunado enquanto promover a "navegação" em rede.

Neste sentido, vêm surgindo indagações acerca dos limites e das perspectivas para a tutela jurídica de situações danosas ao conjunto de dados formado pelas projeções da personalidade individual, no plano virtual – noutros dizeres, o *corpo elettronico*, descrito por Stefano Rodotà, ou a *persona* digital de Roger Clarke.

Veja-se que a personalidade humana, de uma maneira geral, está sofrendo fortes mutações em razão das mudanças sociais promovidas pela ampliação do uso tecnológico. Em verdade, essa mutação demanda novos estudos jurídicos, em especial, visando compreender as novas situações jurídicas que demandam tutela, afinal, "a virtualização dos corpos que experimentamos hoje é uma nova etapa na aventura de autocriação que sustenta nossa espécie."[79]

Com destaque, Stefano Rodotà, em comentário quanto à variabilidade inter-relacional propiciada pela presença das novas tecnologias e, em especial, da *Internet*, que toma o lugar da estabilidade das identidades individuais, destaca o surgimento de identidades múltiplas, não somente em dimensão diacrônica, em vários momentos, mas também sincrônica, assumindo diversos papeis e várias funções no mesmo instante, diante da ubiquidade que a rede permite.[80]

Conforme se nota, "em definitivo, não existe uma 'identidade real' e uma 'identidade não real'; o que existe é uma identidade física e uma identidade virtual, as quais pode ser idênticas ou não, mas ambas reais e incessantemente relacionais."[81] Nesse contexto, pode-se dizer que a vida na Sociedade da Informação está alterando – inclusive do ponto de vista filosófico – a maneira pela qual o ser humano pratica atos e se relaciona nas diversas circunstâncias da vida.[82] Tem-se uma nova percepção do homem sobre si

---

em harmonia com o princípio da proporcionalidade. Honorários advocatícios majorados para 15% do valor da condenação, na forma do art. 85 § 11 do CPC. Reforma parcial da sentença. Provimento do recurso. RIO DE JANEIRO. Tribunal de Justiça. (24, Câmara Cível). *Apelação cível 0033863-56.2016.8.19.0203.* Apelante: José Roberto Gallo de Oliveira. Apelada: Activision Blizzard Brasil Promoções Ltda. Relator: Desembargador Alcides da Fonseca Neto. Rio de Janeiro, julgado em: 16 de outubro de 2019. Disponível em: https://www. conjur.com. br/dl/jogador-banido-game-online-houver-prova.pdf. Acesso em: 11 set. 2019.

78. "Hoje, a internet é eminentemente pública, aberta e interativa." ERENBERG, Jean Jaques. *Publicidade patológica na Internet à luz da legislação brasileira.* São Paulo: Editora Juarez de Oliveira, 2003. p. 12.

79. LÉVY, Pierre. *O que é virtual?* Trad. Paulo Neves. São Paulo: Editora 34, 2011. p. 27.

80. RODOTÀ, Stefano. *A vida na sociedade da vigilância*: a privacidade hoje. Trad. Danilo Doneda e Luciana Cabral Doneda. Rio de Janeiro: Renovar, 2008. p. 120.

81. BOLESINA, Iuri. *Direito à extimidade*: as inter-relações entre identidade, ciberespaço e privacidade. Florianópolis: Empório do Direito, 2017. p. 129.

82. Essa é, em essência, a base do pensamento de Don Ihde, que trabalha com sua visão em torno de um *technological lifeworld* imantado de visões fenomenológicas, assim analisadas por Verbeek: "Classical philosophy of technology tended to reify technology, treating it as a monolithic force, "Technology". Ihde, por outro lado, evita os pronunciamentos gerais sobre tecnologia, temendo perder o contato com o papel que as tecnologias concretas desempenham

mesmo[83], que contribui para a formação de arquétipos da personalidade, projetados a um novo "universo".

Conforme expõe Paulo Lôbo, no atual contexto, as pessoas fornecem constantemente informações, deixando verdadeiros rastros quando desejam produtos ou serviços, ou mesmo quando obtém informações ou se "movimentam" no espaço real ou virtual, de modo que "a grande massa de dados pessoais, recolhidos em escala sempre mais larga e postos em circulação intensamente, modifica o conhecimento e a identidade mesma da pessoa.[84]

Isso demanda grande acuidade na análise do diálogo entre as esferas de interesse individual, social e estatal – decorrência da despatrimonialização do direito privado, que advém do descompasso entre conceitos essenciais da civilística frente a novos contextos e realidades.[85] A própria noção dos direitos fundamentais, inerentes ao ser humano, como a privacidade e a liberdade, sofrem incisivas mutações.

Assim, Stefano Rodotà descreve a formação de um *corpo eletrônico*, um novo aspecto da pessoa natural que não ostenta apenas a massa física, ou um *corpus*, mas também uma dimensão digital.[86] Remete ao que Cristiano Colombo e Eugênio Facchini Neto descrevem, isto é, que esse: "fenômeno se acentua na medida em que ferramentas mais precisas de tratamento destes fatos revelados no espaço virtual são desenvolvidas, desde a coleta, classificação, arquivamento, avaliação, sistematização." [87]

Isso significa que, no atual contexto, a integralidade da pessoa humana diz respeito tanto ao seu corpo físico quanto ao seu corpo eletrônico, composto pelo conjunto de seus dados pessoais sistematizados. Neste ponto, importante lembrar do chamado fenômeno de "datificação", isto é, expor em dados praticamente toda a vida das pessoas.[88] Neste aspecto, tanto a dimensão informacional quanto a dimensão corpórea convergem para a unidade intangível que é a pessoa humana.

Dessa maneira, sob a ótica do corpo eletrônico, que compõe a existência virtual, cabe aproximar as tutelas dos direitos da personalidade do corpo físico aos elementos digitais, como forma de consolidar a promoção integral do livre desenvolvimento da

---

em nossa cultura e no cotidiano das pessoas. Ele se propõe a explorar esse papel das tecnologias. Ihde faz isso de dentro da tradição fenomenológica, que ajudou a conectar à filosofia da tecnologia." VERBEEK, Peter-Paul. Don Ihde: the technological lifeworld. ACHTERHUIS, Hans (Ed.). *American philosophy of technology*: the empirical turn. Tradução do alemão para o inglês de Robert P. Crease. Indianapolis: Indiana University Press, 2001. p. 120.

83. FLORIDI, Luciano. *The fourth revolution*: how the infosphere is reshaping human reality. Oxford: Oxford University Press, 2014. p. 118-119.

84. LÔBO, Paulo. Direito à privacidade e sua autolimitação. In: EHRHARDT JÚNIOR, Marcos; LOBO, Fabíola Albuquerque (Coord.) *Privacidade e sua compreensão no direito brasileiro*. Belo Horizonte: Fórum, 2019. p. 25.

85. MORAES, Maria Celina Bodin de. *Na medida da pessoa humana*: estudos de direito civil-constitucional. Rio de Janeiro: Renovar, 2010. p. 72.

86. RODOTÀ, Stefano. *Intervista su privacy e libertà*. Bari: Laterza, 2005. p. 120-121.

87. COLOMBO, Cristiano; FACCHINI NETO, Eugênio. "Corpo elettronico" como vítima em matéria de tratamento de dados pessoais: responsabilidade civil por danos à luz da lei de proteção de dados brasileira e dano estético no mundo digital. In: CELLA, José Renato Graziero; BOFF, Salete Oro; OLIVEIRA, Júlia Francieli Neves de. *Direito, governança e novas tecnologias II*. Florianópolis: CONPEDI, 2018. p. 65.

88. BIONI, Bruno Ricardo. *Proteção de dados pessoais*: a função e os limites do consentimento. Forense: Rio de Janeiro, 2019. p. 87.

3 • O DEVER DE RESPEITO AOS DIREITOS DA PERSONALIDADE

pessoa humana. Afinal, a escolha da própria identidade virtual, na *Internet*, deve ser considerada como um elemento essencial do desenvolvimento da personalidade, ainda mais considerando as comunidades virtuais como verdadeiras "formações sociais"[89], ao se avaliar, por exemplo o Facebook[90] como a plataforma de uma nova era, um novo "povo", que compõe a terceira "nação" do mundo, atrás somente da China e da Índia.[91]

Neste aspecto, oportuno mencionar que o próprio Facebook já está desenvolvendo mecanismos digitais para promover a interação de pessoas por meio de hologramas, isto é, projetando a imagem tridimensional da pessoa conectada, compondo um verdadeiro "corpo eletrônico" capaz de interagir virtualmente.[92]

Consoante se nota, a Sociedade da Informação promove mudanças que dizem respeito até mesmo à própria antropologia da pessoa[93] e, diante dessa nova perspectiva da qualidade de ser da pessoa, nasce também uma emergente necessidade de tutela integral do ser humano, cujo instrumento jurídico pertinente é a proteção do corpo em seu conjunto, que é, atualmente, tanto "físico" quanto "eletrônico", exigindo ambos o devido respeito legal.[94] Fica evidente, portanto, que "em nosso mundo cada vez mais conectado, a vida digital está se tornando intimamente associada à vida de uma pessoa física."[95] É dizer que a expansão da dimensão do que é a pessoa exige medidas jurídicas também inovadoras, que ampliem a efetivação dos direitos fundamentais dos huma-

---

89. RODOTÀ, Stefano. *A vida na sociedade da vigilância*: a privacidade hoje. Trad. Danilo Doneda e Luciana Cabral Doneda. Rio de Janeiro: Renovar, 2008. p. 116.
90. Com relação a relação do Facebook com o *marketing* digital, Cláudio Torres destaca que "em 2014, o Facebook, a maior rede social do planeta, comprou o Whatsapp, uma empresa com cinco anos de existência, proprietária de uma *app* gratuita de comunicação para *smartphones,* por US$ 19,3 bilhões. Só isso já deveria ser motivo suficiente para você pensar que está na hora de entender qual a razão disso." TORRES, Cláudio. *A bíblia do marketing digital*: tudo o que você queria saber sobre marketing e publicidade na internet e não tinha a quem perguntar. São Paulo: Novatec, 2018. p. 20.
91. RODOTÀ, Stefano. *El derecho a tener derechos*. Trotta: Madrid, 2014. p. 305.
92. Em entrevista nas mídias sociais, Mark Zuckerberg, o presidente executivo do Facebook, afirmou que: "Estamos focados em criar o que deve ser a nova plataforma de computação. Nós ajudamos a moldar a experiência das pessoas com aplicativos. Agora, queremos moldar sua experiência de interação. A cada 15 anos, há uma plataforma de computação diferente. Eu vivi três delas: quando eu crescia, usava um computador Windows. Depois, vieram a internet e os smartphones. Estamos prontos para a próxima experiência: será uma combinação de óculos de realidade virtual (RV) com óculos de realidade aumentada (RA). A principal característica dessa geração será a presença: a sensação de que você está no mesmo lugar que outra pessoa. No futuro, você não teria de voar do Brasil para conversar comigo: nossos hologramas estariam no mesmo ambiente virtual e sentiríamos que estamos interagindo." CAPELAS, Bruno. 'Temos de proteger a privacidade e a saúde mental das pessoas', diz Mark Zuckerberg. *O Estado de São Paulo*, São Paulo, 26 set. 2019. Disponível em: https://link. estadao.com.br/noticias/ empresas,temos-que-proteger-a-privacidade-e-a-saude-mental-das-pessoas-diz-mark-zuckerberg,70003026190. Acesso em: 02 out. 2019.
93. RODOTÀ, Stefano. *A vida na sociedade da vigilância*: a privacidade hoje. Trad. Danilo Doneda e Luciana Cabral Doneda. Rio de Janeiro: Renovar, 2008. p. 240.
94. É importante destacar que a empresa supracitada, isto é, o *Facebook*, se preocupa inclusive com as publicidades indesejadas (*spams*) que são veiculadas em seus serviços, como o *whatsapp* e o *Instagram,* às pessoas, afinal, nos termos de uso da empresa encontram-se vedações a essas práticas, conforme se nota: "O spam envolve entrar em contato com alguém com conteúdos ou solicitações indesejados. Isso inclui enviar mensagens em massa, fazer publicações excessivas de links ou imagens na linha do tempo das pessoas e enviar solicitações de amizade a pessoas que você não conhece pessoalmente. Às vezes, o spam se espalha por cliques em links impróprios ou instalações de softwares mal-intencionados. Em outros casos, fraudadores conseguem acessar a conta do Facebook de terceiros, que é usada para enviar spam." FACEBOOK. Termos de Uso. Disponível em: https://pt-br.facebook. com/help/287137088110949. Acesso em: 07 jul. 2020.
95. KLAUS, Schwab. *A quarta revolução industrial*. São Paulo: Edipro, 2016. p. 118.

nos[96], especialmente diante das mutações que o próprio conceito de pessoa faz surgir no atual contexto.[97]

Neste mesmo contexto de raciocínio, outra expressão cunhada que ganhou relevância para definir essa situação é a de Roger Clarke, ao descrever a existência da *persona digital*.[98] Segundo o autor, uma *persona* digital é um modelo de um indivíduo e, portanto, uma representação simplificada de apenas alguns aspectos da realidade relacionada à pessoa. A eficácia do modelo, portanto, depende da medida em que ele captura as características da realidade que são relevantes para o uso do modelo.

Assim, como acontece com qualquer atividade de modelagem, esta sofre as fraquezas do tratamento e da abordagem reducionista, ou seja, os indivíduos são tratados não holisticamente, mas como se um conjunto relativamente simples de estruturas de informações e de dados fosse adequado para representar suas características pertinentes. A título de síntese, os dados pessoais, que representam o que uma pessoa é no mundo virtual, acabam sendo utilizados das formas mais criativas e nem sempre com o devido consentimento do titular, com consequências negativas para a autonomia da pessoa.[99]

Neste sentido, um dos grandes problemas da *persona digital* é que organismos sociais, públicos ou privados, reconhecem e classificam as pessoas por meio de códigos computadorizados, e com base neles são tomadas decisões que afetam a personalidade e, em última análise, a própria vida desses sujeitos.[100] Assim, há a classificação e a segmentação das pessoas com base nas informações colidas, criando-se verdadeiros estereótipos, que estigmatizam os titulares dos dados.[101]

Por outro lado, segundo Roger Clarke, a persona digital oferece alguns benefícios significativos, afinal, ao contrário de uma personalidade humana real, pode desempenhar papel em rede o tempo todo sem que, para isso, a pessoa precise ser interrompida de seu trabalho, jogo ou sono. Dessa forma, a ideia de persona digital tem poder descritivo, ou seja, de constatar que as pessoas digitais estão efetivamente surgindo e que é preciso que seja feita a construção desse conceito como um elemento da compreensão do mundo emergente aprimorado pelas redes.[102]

---

96. RODOTÀ, Stefano. *El derecho a tener derechos*. Trotta: Madrid, 2014. p. 289.
97. Neste contexto, defende Pierre Levy que: "Meu corpo pessoal é a manifestação temporária de um enorme 'hipercorpo' híbrido, social e tecnobiológico. O corpo contemporâneo se assemelha a uma chama. Ele costuma ser minúsculo, isolado, separado, quase imóvel. Depois, ele chega a fugir de si mesmo, intensificado pelos esportes ou pelas drogas, passa através de um satélite, ergue ao céu um braço virtual bem alto em direção ao céu, ao longo de redes de interesses ou de comunicação. Retorna em seguida, transformado, a uma esfera quase privada, e assim sucessivamente, ora aqui, ora em toda parte, ora em sai, ora mistura. Um dia, separa-se completamente do hipercorpo e se extingue." LÉVY, Pierre. *O que é virtual?* Trad. Paulo Neves. Editora 34: São Paulo, 2011. p. 13.
98. CLARKE, Roger. Profiling: a hidden challenge to the regulation of data surveillance. *Journal of Law, Information and Science*, [S. l.], v. 4, n. 2, p. 403, dez. 1993.
99. BOLESINA, Iuri. *Direito à extimidade*: as inter-relações entre identidade, ciberespaço e privacidade. Florianópolis: Empório do Direito, 2017. p. 127.
100. LYON, David. *The electronic eye*: the rise of surveillance society. Mineapolis: University of Minesota, 1994. p. 3.
101. SOLOVE, Daniel J. *The digital person*: technology and privacy in the information age. New York: University Press, 2006. p. 46.
102. CLARKE, Roger. The digital persona and its application to data surveillance. *Journal of Law, Information and Science*, v. 10, n. 2, p. 83, jun. 1994.

3 • O DEVER DE RESPEITO AOS DIREITOS DA PERSONALIDADE

Conforme se nota, a essas representações (verdadeiros "avatares"), formadas a partir de notáveis conjunto de dados, se atribui tratamento jurídico. Em um contexto como esse, entrelaços do físico com o virtual propiciam mudanças e ressignificam a maneira com que alguns institutos jurídicos devem ser encarados. Tudo se combina e conduz a um ambiente no qual se "operam e se autoproduzem regras sociais de comportamento suas e próprias"[103], de modo que essa espécie de "pessoa virtual" é formada por dados pessoais.[104]

Desse modo, se a formação de uma projeção da personalidade, um avatar, *corpo eletrônico* ou *persona* digital dá indícios de um novo arcabouço de valores da dignidade individual – passível de proteção e tutela jurídica –, nasce uma preocupação desdobrada das inúmeras consequências que este indivíduo enfrentará em sua "vida tecnológica". Ora, se "cada ser humano possui um valor intrínseco e desfruta de uma posição especial no universo" [105], com uma dimensão individual e própria, dotada de valor, e outra extrínseca, orbitada por deveres para com outrem, 'será 'desumano', portanto, tudo aquilo que puder reduzir o indivíduo à condição de objeto.[106]

Como se não bastasse, para que se viabilize a solução de problemáticas relativas aos conflitos tecnológicos, deve a liberdade ser exercida "dentro e conforme o direito, e não fora dele".[107] Noutros termos, o sistema jurídico deve conferir meios para que os direitos fundamentais produzam seus efeitos, mesmo nas relações interprivadas, uma vez que "a matriz personalista e solidarista do projeto constitucional impõe a revisitação dos tradicionais institutos (propriedade, autonomia privada, família, formações sociais) em função do pleno desenvolvimento da dignidade da pessoa."[108]

Neste contexto, as interações humanas ocorrem de forma completamente peculiar na *Internet*, em relação ao modo como se operam no mundo físico e concreto, e a razão para isto reside no fenômeno descrito por Abraham Maslow em seus estudos sobre as necessidades humanas[109], remodeladas na sociedade da informação, em que se deve conviver com o ambiente chamado de ciberespaço, onde grande parte dos usuários está exposta à publicidade

---

103. ROSSELLO, Carlo. Riflessioni. De jure condendo in materia di responsabilità del provider. *Il Diritto Dell'Informazione e Dell'Informatica*, Roma, v. 26, n. 6, p. 618, nov./dez. 2010.

104. Conforme destaca Iuri Bolesina: "Essa identidade [virtual] é formada pela confluência dos dados de identificação (nome, data e local de nascimento, número de telefone, filiação, profissão etc.), de feição subjetiva (opiniões, veiculação da intimidade, sites e informações que são marcadas como positivas/negativas e / ou compartilhadas etc.), de comportamento (histórico de navegação, de negócios, de geolocalização, notíficas, fotografias em eventos etc.) e de dados derivados (dados calculados por terceiros de modo analítico que geram uma espécie de perfil comportamental – quem é e o que (não) gosta – de alguém baseado em sua conduta online." BOLESINA, Iuri. *Direito à extimidade*: as inter-relações entre identidade, ciberespaço e privacidade. Florianópolis: Empório do Direito, 2017. p. 131.

105. BARROSO, Luís Roberto. *A dignidade humana no direito constitucional contemporâneo*: a construção de um conceito jurídico à luz da jurisprudência mundial. Belo Horizonte: Fórum, 2013. p. 14.

106. LEAL, Lívia Teixeira. *Internet e morte do usuário*: propostas para o tratamento jurídico post mortem do conteúdo inserido na rede. Rio de Janeiro: GZ Editora, 2018. p. 34.

107. TEPEDINO, Gustavo. Liberdades, tecnologia e teoria da interpretação. *Revista Forense*, Rio de Janeiro, ano 110, v. 419, p. 84, jan./jun. 2014.

108. PERLINGIERI, Pietro. *O direito civil na legalidade constitucional*. Trad. Maria Cristina De Cicco. Rio de Janeiro: Renovar, 2008. p. 162.

109. *Cf.* MASLOW, Abraham H. *Motivation and personality*. 2. ed. Nova Iorque: Harper & Row, 1970.

irrefreável, instigando os desejos mais primitivos dos consumidores.[110] Essa situação dá origem à figura do *turboconsumidor* descrito por Lipovetsky e Serroy, na exata medida em que "o universo do consumo vê dissolver as antigas culturas de classe que enquadravam os comportamentos dos diferentes meios sociais por pressões e outras intimidações".[111]

Com relações cada vez mais aceleradas, com o armazenamento ininterrupto de dados (*always recording*)[112], a *web* criativa, a tecnologia tridimensional e os avatares virtuais, tem-se a chamada "web semântica", a legibilidade da rede por máquinas – e não mais apenas por seres humanos – e a hiperconectividade. Nesse campo, as comunicações entre indivíduos (*person-to-person*, P2P), entre indivíduos e máquina (*human-to-machine*, H2M) ou entre máquinas (*machine-to-machine*, M2M), passa a ocorrer a partir de um vasto aparato técnico.[113] Em verdade, o desenvolvimento tecnológico, as vezes acoplado ao corpo humano (na figura do "ciborgue"), transforma os indivíduos em "pessoas conectadas" à rede continuamente, em constante "*networking*".[114]

Além disso, diversos autores já indicam que se está caminhando para a predominância da *web 4.0* ou "*web* inteligente", marcada pela presença da "Internet das Coisas".[115] Tudo estará conectado, a ponto de se conceber um novo conceito de vigilância[116] de dados – *dataveillance*[117] – que suscita, sob todos os ângulos, visões de uma era "pós-territorial" (sem fronteiras).[118] Afinal, "a vigilância não conhece fronteiras"[119] e, além disso, o *data shadow*[120] promovido pelo tratamento de informações pessoais pode implicar em tratamento desiguais e discriminatórios às pessoas.

---

110. CALAZANS, Flávio Mário de Alcântara. *Propaganda subliminar multimídia*. São Paulo: Summus, 2006. p. 60.
111. LIPOVETSKY, Gilles; SERROY, Jean. *A cultura-mundo*: resposta a uma sociedade desorientada. Trad. Maria Lúcia Machado. São Paulo: Cia. das Letras, 2011. p. 57. E os autores prosseguem: "As classes superiores já não consideram indigno comprar em *low cost*, e as marcas de luxo são conhecidas e desejadas por todos os grupos, inclusive os mais modestos. As atividades e as paixões transcendem as diferenças sociais, criam "tribos" transversais e diversificadas. As publicações, a publicidade, as ofertas comerciais ecoam isso, visando alvos a uma só vez ampliados a todo o corpo social e segmentados em função de sua inclusão neste ou naquele universo de consumo. O comprador de novo estilo deixou de ser compartimentado e previsível: tornou-se errático, nômade, volátil, imprevisível, fragmentado, desregulado. Porque liberto dos controles coletivos à antiga, o hiperconsumidor é um sujeito zapeador e descoordenado".
112. FREDETTE, John *et al*. The promise and peril of hyperconnectivity for organizations and societies. In: DUTTA, Soumitra; BILBAO-OSORIO, Beñat (Ed.). *The global information technology report 2012*: living in a hyperconnected world. Genebra: Insead; World Economic Forum, 2012. p. 113.
113. QUAN-HAASE, Anabel; WELLMAN, Barry. Hyperconnected network: computer-mediated community in a high-tech organization. In: ADLER, Paul S.; HECKSCHER, Charles (Ed.). *The firm as a collaborative community*. Nova Iorque: Oxford University Press, 2006. p. 285.
114. RODOTÀ, Stefano. *A vida na sociedade da vigilância*: a privacidade hoje. Trad. Danilo Doneda e Luciana Cabral Doneda. Rio de Janeiro: Renovar, 2008. p. 268.
115. GREENGARD, Samuel. *The internet of things*. Cambridge: The MIT Press, 2015. p. 188-189.
116. BAUMAN, Zygmunt; LYON, David. *Vigilância líquida*. Trad. Carlos Alberto Medeiros. Rio de Janeiro: Zahar, 2013. p. 95-96. Segundo os autores: "[o]s principais meios de obter segurança, ao que parece, são as novas técnicas e tecnologias de vigilância, que supostamente nos protegem, não de perigos distintos, mas de riscos nebulosos e informes".
117. Confira-se: CLARKE, Roger. Information technology and dataveillance. *Communications of the ACM*, Nova Iorque, v. 31, n. 5, p. 498-512, maio 1988.
118. GOLDSMITH, Jack; WU, Tim. *Who controls the Internet?* illusions of a borderless world. Oxford: Oxford University Press, 2006. p. 13.
119. RODOTÀ, Stefano. *A vida na sociedade da vigilância*: a privacidade hoje. Trad. Danilo Doneda e Luciana Cabral Doneda. Rio de Janeiro: Renovar, 2008. p. 9.
120. A expressão *data shadow* é de Alan Westin, um dos precursores do estudo de dados pessoais, segundo o qual as informações pessoais colhidas pela relação objetiva entre a pessoa e suas opiniões e comportamentos, a partir do

3 • O DEVER DE RESPEITO AOS DIREITOS DA PERSONALIDADE

Portanto, para os fins do recorte metodológico propugnado nesta pesquisa, deve-se conceber a necessidade de revisitação da problemática concernente à tutela dos direitos da personalidade, indo além da garantia do corpo livre, seja físico ou eletrônico, e também tutelando a concepção psíquica das pessoas. Isso porque uma vida digital que não permita o pleno exercício da autonomia, no contraponto à exteriorização inter-relacional que conecta indivíduos nos planos concreto e virtual, implicaria violação, também, do conjunto de aspectos relativos à moderação da exposição e à delimitação de expectativas justas de liberdade, direito intimamente relacionado à ideia de privacidade.[121]

Assim, a privacidade é vista, nessa linha, para além do clássico conceito descrito por Samuel Warren e Louis Brandeis: o direito de ser deixado só (*right to be left alone*).[122] Na *Internet*, grandes são as repercussões a se considerar quanto a esse direito, afinal, a privacidade transmuda-se, promovendo a ascensão de um novo direito fundamental autônomo, a saber, a proteção de dados.[123] Com razão, afirma Stefano Rodotà que "tem-se aumentado a consciência da importância da proteção de dados no que se refere não só à proteção das vidas privadas dos indivíduos, mas à sua própria liberdade"[124], diante da ideia de autodeterminação informativa especialmente, fazendo com que a proteção de dados seja reconhecida como um direito fundamental autônomo.

Comprovando isso, Stefano Rodotà menciona a Carta de Direitos Fundamentais da União Europeia, que reconheceu no ano de 2000 a proteção de dados como direito autônomo. Em razão disso, afirma o autor, têm-se neste documento a tutela do corpo físico (conforme artigo 3) e, além disso, a proteção do corpo eletrônico (nos ditames da proteção de dados do artigo 8). Dessa forma, afirma o autor italiano que essas previsões são diretamente relacionadas à dignidade da pessoa humana, fundamento da própria Carta de Direitos, evidenciando que a proteção de dados contribui para a constitucionalização da pessoa, uma vez que esse tipo de tutela "se tornou uma ferramenta essencial para o livre desenvolvimento da personalidade."[125]

Dessa forma, é possível perceber que a nova concepção da pessoa, no seu aspecto físico e eletrônico, corporal ou psíquico, evidencia que a privacidade se tornou um dos mais importantes direitos necessários para a promoção da pessoa no atual contexto, tendo

---

momento em que é armazenado em banco de dados, passam a acompanhá-la onde quer que ela vá, como se essas informações fosse uma "sombra". WESTIN, Alan. *Privacy and freedom*. New York: Ig Publishing, 2015.

121. ARATA JÚNIOR, Seiiti. Regulação tecnológica e jurídica das redes sociais (social networks). *Revista da Faculdade de Direito da Universidade de São Paulo*, São Paulo, v. 100, p. 626, jan./dez. 2005.

122. WARREN, Samuel D.; BRANDEIS, Louis D. The right to privacy. *Harvard Law Review*, Cambridge, v. 4, n. 5, p. 193-220, dec. 1890. Disponível em: http://bit.ly/2VSsbCE. Acesso em: 23 jun. 2019.

123. Para corroborar com essa afirmação, cita-se o exemplo de Martin Lindstrom, evidenciando que a inviolabilidade de correspondências, por exemplo, também encontra amparo no reconhecimento da proteção de dados como direito fundamental. Neste sentido, "[o Google] sabe ainda o que está nos e-mails, pois os copia automaticamente com o propósito de servi-lo com propaganda contextualizada, isto é, propaganda direcionada a produtos de alguma forma relacionados a algo que você acabou de enviar no e-mail." LINDSTROM, Martin. *Brandwashed*: o lado oculto do marketing. Controlamos o que compramos ou são as empresas que escolhem por nós? Rio de Janeiro: Alta Books, 2018. p. 268.

124. RODOTÀ, Stefano. *A vida na sociedade da vigilância*: a privacidade hoje. Trad. Danilo Doneda e Luciana Cabral Doneda. Rio de Janeiro: Renovar, 2008. p. 35.

125. RODOTÀ, Stefano. *A vida na sociedade da vigilância*: a privacidade hoje. Trad. Danilo Doneda e Luciana Cabral Doneda. Rio de Janeiro: Renovar, 2008. p. 17.

em vista que foi um dos direitos fundamentais mais flexibilizados pelo uso recorrente da *Internet*. Afinal, conforme expõe Stefano Rodotà, sem a proteção do corpo eletrônico, isto é, do conjunto de informações recolhidas a respeito da pessoa, a liberdade pessoal estará fortemente em perigo. É por isso que o autor destaca a importância da tutela do direito à privacidade, tendo em vista que é ele o instrumento necessário para defender a sociedade da liberdade e para se opor à construção de uma sociedade da vigilância, da classificação e da discriminação social.[126]

Em razão disso, é possível perceber que o advento e o desenvolvimento de novas oportunidades tecnológicas, somada à expansão da colheita, manipulação e comparti-lhamento de dados pessoais colocam as pessoas em risco a partir do momento em que esses instrumentos são usados pelos sistemas das empresas, na lógica do mercado.[127] Isso faz com que seja necessário alocar a pessoa, intangível em sua dignidade, no centro do sistema jurídico, promovendo uma verdadeira reinvenção dos direitos da personali-dade. Neste ponto, a privacidade ganha novas concepções, evidenciado também novos direitos que necessitam de tutela.

Sendo assim, visando defender a existência de um direito ao sossego, relacionado à ideia de não ser importunado por publicidades virtuais de consumo, em especial àquelas não solicitadas, elaboradas por meio de dados pessoais, às vezes até mesmo sensíveis, é imprescindível demonstrar como a privacidade sofreu radicais mutações, como notável direito fundamental essencial na promoção da pessoa no contexto da Sociedade da Informação.

3.3 A PRIVACIDADE COMO EXPOENTE DOS DIREITOS DA PERSONALIDADE

O conceito de privacidade decorre da ideia daquilo que é privado, pessoal, íntimo ou reservado, referente à esfera mais interna da pessoa, e por isso só interessaria a ela mesma. Juridicamente falando, conceituar o termo "privacidade" nunca foi unanimida-de para a doutrina nem mesmo para a jurisprudência, afinal, "as noções de intimidade e vida privada trazem consigo uma carga emotiva que as torna equívocas, ambíguas e dificulta a precisão de seu significado".[128]

Grande parte da doutrina apresenta a privacidade sob a ótica das esferas concêntri-cas, de Heinrich Hubmann, que diferencia os graus de manifestação da privacidade.[129] Para o autor, a privacidade pode ser dividida em três círculos, a saber, i) da vida privada; ii) da intimidade; e iii) do segredo. A vida privada é composta de um grande número de relações interpessoal, contendo sigilos de âmbito patrimonial, como o bancário, por exemplo, e demais dados constitucionalmente protegidos, como os dados telefônicos. Destaca-se que é possível que o interesse público justifique o acesso a tais dados, como

---

126. RODOTÀ, Stefano. *A vida na sociedade da vigilância*: a privacidade hoje. Trad. Danilo Doneda e Luciana Cabral Doneda. Rio de Janeiro: Renovar, 2008. p. 19.
127. RODOTÀ, Stefano. *El derecho a tener derechos*. Trotta: Madrid, 2014. p. 309.
128. PÉREZ-LUÑO, Antonio Enrique. *Derechos humanos, Estado de derecho y Constituición*. Madrid: Tecnos, 1995. p. 334.
129. HUBMANN, Heinrich apud DONEDA, Danilo. *Da privacidade à proteção de dados pessoais*. Rio de Janeiro: Renovar, 2006. p. 137.

3 • O DEVER DE RESPEITO AOS DIREITOS DA PERSONALIDADE

por exemplo visando a investigação criminal. Já a intimidade está relacionada especialmente aos sigilos domiciliar e profissional. Trata, portanto, daquelas informações restritas sobre a pessoa, com compartilhamento limitado a alguns poucos conviventes de confiança, como o próprio ambiente familiar e de amigos íntimos. Por fim, quanto ao círculo do segredo, é considerado o menor e mais oculto, necessitando, portanto, de maior tutela. Trata de informações cujo conteúdo a pessoa guarda para si, sem interesse em compartilhar, como por exemplo as opções sexuais, os traumas e as convicções religiosas.

Destaca-se que essa teoria não está imune a críticas, em especial diante da dificuldade de diferenciar, nos casos concretos, qual valor está em risco, seja a vida privada, a intimidade ou o segredo, em razão do alto grau de subjetividade dos conceitos.[130] Entretanto, têm-se indícios da importância de promover certos graus diferenciados de proteção, como se faz, por exemplo, com os chamados "dados sensíveis", consoante diferencia o artigo 5º, II, da LGPD.

Dessa maneira, visando melhor acerto metodológico, é preciso delinear que ao se destacar o direito fundamental à privacidade, trata-se de um valor amplo, autônomo frente a outros direitos correlatos, como a imagem e a honra, mas abrangente no que se refere aos valores de vida privada, intimidade e segredo.[131] Dito de outra forma, para melhor compreensão do presente trabalho, destaca-se desde já que as expressões intimidade, vida privada, segredo ou privacidade serão consideradas sinônimas.

Assim, historicamente a privacidade ganha contornos jurídicos de relevância a partir do século XIX, por ser classicamente um direito intimamente relacionado ao direito à propriedade, afinal, "a vida privada deve ser murada"[132], de modo que a burguesia em ascensão exigia total isolamento do Estado frente aos interesses privados que exsurgiam. Em verdade, a privacidade nesta época era marcada por um individualismo egoístico, defendendo o direito de a pessoa se isolar, pautada na ideia de poder se ausentar da comunicação com demais pessoas. Destaca-se assim, conforme supramencionado, que a privacidade adquire forte relevância jurídica como direito tipicamente burguês, na denominada "idade de ouro da privacidade", durante a segunda metade do século XIX.[133]

Dessa forma, é a partir da ampliação da Revolução Industrial, que trouxe consigo a massificação da sociedade, que se começa a debater os limites da interferência dos meios de comunicação, também massificados, no que se refere à exposição da vida privada das pessoas. Assim, em razão da utilização desses novos instrumentos midi-

---

130. DONEDA, Danilo. *Da privacidade à proteção de dados pessoais*. Rio de Janeiro: Renovar, 2006. p. 137.
131. Paulo Lôbo defende que: "no ambiente algo-saxão [...] o conceito de privacidade tenha se tornado demasiadamente vago e difícil de controlar para executar um trabalho analítico útil (e legal). O conceito cresceu dentro de uma nebulosa noção de propriedade, de liberdade (com a qual é frequentemente igualado) ou de autonomia (com a qual é frequentemente confundido). Essa ambiguidade tem prejudicado a eficaz proteção legal. LÔBO, Paulo. Direito à privacidade e sua autolimitação. EHRHARDT JÚNIOR, Marcos; LOBO, Fabíola Albuquerque (Coord.). *Privacidade e sua compreensão no direito brasileiro*. Belo Horizonte: Fórum, 2019. p. 18.
132. DUBY, Georges. Poder Privado, Poder Público. In: DUBY Georges (Org.). *História da vida privada, 2*: da Europa feudal a Renascença. Trad. Maria Lucia Machado. São Paulo: Companhia das Letras, 1990. p. 19.
133. RODOTÀ, Stefano. *A vida na sociedade da vigilância*: a privacidade hoje. Trad. Danilo Doneda e Luciana Cabral Doneda. Rio de Janeiro: Renovar, 2008. p. 31.

áticos, Samuel Warren e Louis Brandeis surgem como personagens relevantes quanto ao assunto, posto que denunciaram, através de um artigo, como os jornais estavam invadindo a vida privada de forma nunca antes vista na sociedade americana. Em verdade, o artigo foi motivado pelo exagerado destaque que os jornais da época estavam dando à vida social da esposa de Samuel.[134] A partir daí, esses autores defenderam a ideia de que há um direito das pessoas de serem deixadas em paz, na expressão consagrada *"rigth to be let alone"*.[135]

Assim, é possível perceber que o avanço tecnológico possui uma característica que lhe é intrínseco, a saber, a imprevisibilidade, que coloca em risco direitos já consolidados. Neste sentido, Louis Brandeis, ainda no século XIX, já notava que o progresso tecnológico, na figura dos meios de comunicação jornalísticos[136], expunha em risco, de maneira estritamente relacionada, a privacidade.[137]

Com efeito, destaca-se novamente que a privacidade surge historicamente sob forte influência do direito de propriedade, com caráter fortemente individualista, isto é, "parte dos clássicos direitos de liberdade e propriedade para defender o direito a ser deixado em paz".[138] Neste sentido, inclusive, nota-se que a privacidade surge juridicamente com forte apego à própria proteção da moradia[139], destacando que a inviolabilidade do domicílio consta em todas as Constituições brasileiras, desde 1824, vide a máxima do direito inglês: *every man's house is his castle*.[140]

Vale lembrar, conforme aponta Danilo Doneda, que o direito de privacidade conforme é concebido no ordenamento norte americano (*right to privacy*) possui um caráter muito abrangente, que deve ser criticamente analisado quando transportado para o contexto brasileiro, sob pena de se tornar uma *umbrela word*[141], ou seja, um termo que

---

134. NASCIMENTO, Valéria Ribas do. Direitos fundamentais da personalidade na era da sociedade da informação: transversalidade da tutela à privacidade. *Revista de Informação Legislativa: RIL*, Brasília, DF, v. 54, n. 213, p. 276, jan./mar. 2017. Disponível em: http://www12.senado.leg.br/ril/edicoes/54/213/ril_v54_n213_p265. Acesso em: 19 out. 2019.

135. Vale destacar que tal fato não é uníssono na doutrina, afinal, "a menção a um 'direito a ser deixado só', tantas vezes apontada como sendo a definição de Warren e Brandeis, não é de todo exato: em seu mencionado artigo, os autores em nenhum momento definem estritamente o *right to privacy*." DONEDA, Danilo. *Da privacidade à proteção de dados pessoais*. Rio de Janeiro: Renovar, 2006. p. 124.

136. Warren e Brandeis apontaram uma vasta gama de hipóteses que potencialmente poderiam colocar em risco a privacidade das pessoas, como por exemplo, as máquinas fotográficas instantâneas que se destacavam na época pelo uso jornalístico. MALDONADO, Viviane Nóbrega. Direitos dos titulares de dados. In: BLUM, Renato Opice; MALDONADO, Viviane Nóbrega (Coord.). *Comentários ao GDPR*: regulamento geral de proteção de dados da União Europeia. São Paulo: Thomson Reuters Brasil, 2018. p. 86.

137. BRANDEIS, Louis *apud* DONEDA, Danilo. *Da privacidade à proteção de dados pessoais*. Rio de Janeiro: Renovar, 2006. p. 62.

138. LIMBERGER, Têmis. Direito e informática: o desafio de proteger os direitos do cidadão. In: SARLET, Ingo Wolfgang (Org.). *Direitos fundamentais, informática e comunicação*: algumas aproximações. Porto Alegre: Livraria do Advogado, 2007. p. 205.

139. Defende Anderson Schreiber que: "De fato, em sua formulação inicial, o direito à privacidade identificava-se com a proteção à vida íntima, familiar, pessoal de cada ser humano. Tratava-se, em essência, de um direito à intimidade. É visível, nesse primeiro momento da privacidade, uma forte influência do modelo proprietário: não se entra na propriedade, não se entra na vida privada". Do mesmo modo que o direito à propriedade permitia repelir o esbulho dos bens materiais, a privacidade permitia afastar a interferência alheia sobre a vida íntima de cada um." SCHREIBER, Anderson. *Direitos da personalidade*. São Paulo: Atlas, 2014. p.137.

140. DONEDA, Danilo. *Da privacidade à proteção de dados pessoais*. Rio de Janeiro: Renovar, 2006. p. 101.

141. SOLOVE, Daniel J. *Undestanding privacy*. Cambridge: Harvard University Press, 2008. p. 15. Kindle Edition.

3 • O DEVER DE RESPEITO AOS DIREITOS DA PERSONALIDADE

abarca uma infinitude de significados. Com efeito, aduz o autor que "na jurisprudência norte-americana o *right to privacy* ocuparia o lugar de um verdadeiro direito geral de personalidade."[142]

Adiante, conforme se nota, o sistema jurídico brasileiro contempla a proteção da pessoa humana como valor máximo, protegendo a privacidade das pessoas no âmbito dos direitos fundamentais, da personalidade e básicos do consumidor, conforme supracitado. Dessa forma, a privacidade, "embora devesse corresponder uma proteção integrada e dirigida pela tábua axiológica constitucional, atua de forma fracionada, em focos de atuação determinados"[143], pela lógica de campos específicos, em razão da setorização normativa.

Sendo assim, com o passar do tempo a própria transformação das funções estatais, isto é, a mutação do Estado liberal ao Estado social, aliada à evolução tecnológica, trouxe novos contornos jurídicos para o conceito de privacidade. Como se não bastasse, em razão do crescimento do fluxo de informações, não eram somente as figuras de grande relevo social, da classe burguesa, que estavam passíveis de sofrerem violações em sua privacidade, mas sim uma parcela muito maior da sociedade, dentro do contexto de massas, em uma porção de situações variadas diante dos novos meios difusos de comunicação.[144]

Em verdade, a privacidade sempre deve ser compreendida diante da inexorável relação entre o indivíduo e a sociedade, de modo que, atualmente, a noção de privacidade geralmente se baseia em duas causas fundamentais, a saber, "a emergência do estado-nação, da sociedade civil e das teorias de sua soberania nos séculos XVI e XVII, que formaram a noção moderna do ente público; e também o estabelecimento de uma esfera privada livre das ingerências deste ente público"[145], em especial com o advento da revolução industrial e da decadência do estado absolutista.

Desse modo, é possível perceber que o século XX foi um período de verdadeira reinvenção da privacidade[146], tendo esta adquirido um caráter positivo e fazendo emergir a dimensão de proteção de dados pessoais.[147] É dizer que, de um direito de dimensão estritamente negativa, a privacidade se tornou uma forma de garantir o controle do indivíduo sobre suas próprias informações. A princípio, visando um significado básico e geral, é possível afirmar que a privacidade atualmente poderia ser considerada a capacidade que o indivíduo tem de controlar o fluxo de informações disponíveis na sociedade sobre si mesmo.[148]

Essas mudanças são claras ao perceber que a partir da segunda metade do século XX as discussões jurídicas passaram a relacionar cada vez mais a privacidade aos casos

---

142. DONEDA, Danilo. *Da privacidade à proteção de dados pessoais*. Rio de Janeiro: Renovar, 2006. p. 142.
143. DONEDA, Danilo. *Da privacidade à proteção de dados pessoais*. Rio de Janeiro: Renovar, 2006. p. 50.
144. DONEDA, Danilo. *Da privacidade à proteção de dados pessoais*. Rio de Janeiro: Renovar, 2006. p. 29.
145. DONEDA, Danilo. *Da privacidade à proteção de dados pessoais*. Rio de Janeiro: Renovar, 2006. p.102.
146. RODOTÀ, Stefano. *A vida na sociedade da vigilância*: a privacidade hoje. Trad. Danilo Doneda e Luciana Cabral Doneda. Rio de Janeiro: Renovar, 2008. p. 51.
147. MENDES, Laura Schertel. *Privacidade, proteção de dados e defesa do consumidor*: linhas gerais de um novo direito fundamental. São Paulo: Saraiva, 2014. p. 29.
148. LEONARDI, Marcelo. *Tutela e privacidade na internet*. São Paulo: Saraiva, 2012. p. 67.

envolvendo informações armazenadas em bancos de dados.[149] Dessa maneira, a privacidade foi transmudando-se de um direito de manter confidenciais e intocáveis alguns fatos pessoais ao direito de saber quais informações próprias são armazenadas e utilizadas por outros, ainda com a possibilidade de poder exigir a veracidade e atualidade dessas informações, evidenciada pelo remédio constitucional do *habeas data*[150].

Danilo Doneda destaca que capacidade técnica cada vez maior de recolher, processar e utilizar a informação dá lugar a uma nova concepção do direito à privacidade. Neste ponto, destaca o autor que dois fatores recorrentemente são utilizados para a manutenção de informações pessoais, a saber, o controle (segurança) e a eficiência. Dessa maneira, inicialmente foi o Estado que se aproveitou do uso das informações pessoais, tendo como motivo a necessidade de conhecer os administrados para uma maior eficiência administrativa, através de censos e pesquisas. Como se não bastasse, esse mesmo domínio de informações pessoais também permitiria maior controle da população, característica evidente ao se analisar os regimes totalitários que se destacaram no decorrer do século XX.

Neste ponto, importante frisar que esse controle de dados feito pelo Estado, ainda hoje, é questão presente e amplamente debatida. À título de exemplo, destaca-se o advento do denominado "Cadastro Base do Cidadão e o Comitê Central de Governança de Dados" no Brasil, o qual irá coletar informações pessoais, como número do CPF, RG ou filiação, além de dados laborais e biométricos dos cidadãos brasileiros.[151]

Neste mesmo sentido, Christian Fuchs aduz que foram os Estados Modernos que iniciaram a Sociedade da Informação, tendo em vista que se começou a coletar e armazenar informações dos cidadãos, como nascimento, casamento, morte, estatísticas demográficas e fiscais, dentre outros dados. Assim, a coleta de dados pessoais surge como uma forma de organizar a administração, lhe dando também maiores poderes.[152]

Dentro desse contexto, a relevância da informação cresce à medida em que a tecnologia, à um custo tolerável, torna-se capaz de transformá-la em uma utilidade lucrativa. Segundo Danilo Doneda, fora da esfera estatal, o uso de informação era restrito em razão dos seus altos custos.[153] Assim, o uso estatal de informações pessoais predominou até o desenvolvimento de tecnologias, especialmente com o desenvolvimento da informática,

---

149. A Suécia, em 1973, foi o primeiro país europeu a elaborar lei nacional sobre proteção de dados, seguida pela Dinamarca, Noruega e Finlândia. A preocupação nestes países foi com o novo paradigma tecnológico que surgia, isto é, preocupa-se com os dados pessoais e com o controle sobre eles. PEIXOTO, Erick Lucena Santos; EHRHARDT JÚNIOR, Marcos. Os desafios da compreensão do direito à privacidade no sistema jurídico brasileiro em face das novas tecnologias. In: EHRHARDT JÚNIOR, Marcos; LOBO, Fabíola Albuquerque (Coord.). *Privacidade e sua compreensão no direito brasileiro.* Belo Horizonte: Fórum, 2019. p. 38.

150. O *habeas data* surge no Brasil como uma interligação entre o problema da informação, a privacidade e a busca de uma liberdade no meio informacional. Desse modo, é inegável a relação entre a ideia de autodeterminação informativa e *habeas data*, ganhando maiores enfoques a partir da sentença da Lei do Censo alemã da década de 70.

151. GULLINO, Daniel. Governo cria cadastro com dados pessoais de todos os brasileiros. *O Globo*, São Paulo, 10 out. 2019. Disponível em: https://oglobo.globo.com/brasil/governo-cria-cadastro-com-dados-pessoais-de-todos-os--brasileiros-1-24009511. Acesso em: 22 out. 2019.

152. FUCHS, Christian. *Internet and society*: social theory in the information age. Londres: Routledge, 2008. p. 270.

153. DONEDA, Danilo. *Da privacidade à proteção de dados pessoais*. Rio de Janeiro: Renovar, 2006. p. 31.

que possibilitaram, com menor custo e maior facilidade, a coleta e o processamento de dados pessoais.

Dessa forma, o desenvolvimento da tecnologia permitiu a facilitação de coleta e processamento de informações, não só reduzindo os custos como também dando outras possibilidades de uso destes dados. Daí porque nota-se que a tecnologia, dentro do contexto de mudanças sociais, destacou a relação próxima entre informação pessoal e privacidade, afinal, o controle de informação sempre foi um elemento essencial de poder, de modo que a intensificação de fluxos de informações, permitida pela evolução tecnológica, evidenciou "nova estrutura de poder vinculada a esta nova arquitetura informacional". [154]

Consoante se nota, no atual contexto, relacionado ao próprio ciberespaço, as pessoas deixam pistas que são digitalmente registrados e que podem ser acessados e combinados, a interesse do Estado, ou mesmo de empresas privadas. Mesmo assim, a maioria das pessoas não tem conhecimento de quem as vigia ou muito menos têm acesso aos históricos coletados no mundo virtual, de modo que a possibilidade de coletar informações pessoais sem ser notado dá indícios do surgimento do fenômeno de "vigilância eletrônica". [155]

Consequentemente, neste contexto, a defesa da privacidade requer um alargamento da perspectiva institucional, superando a tradicional lógica puramente proprietária para relacionar-se a ideia de promoção da vida humana. [156] Afinal, é inegável que a privacidade é direito corolário da própria liberdade, posto que este direito possui característica de fundamentar outros direitos, como por exemplo, a livre manifestação do pensamento.

Conforme expõe Danilo Doneda, especialmente diante do aumento do fluxo de informações, a privacidade se destacou como elemento chave para a sociedade democrática, afinal, possui um aspecto de pré-requisito para outras liberdades fundamentais essenciais à democracia. [157] Desse modo, garantir a privacidade é também, proteger a liberdade e, como consequência, a própria dignidade da pessoa humana, de maneira integral.

Neste ponto, importante destacar que Emmanuel Kant trouxe uma noção de dignidade contraposta à de "preço", afinal, o que tem preço pode ser trocado por algo equivalente, mas, ao contrário, quando algo não pode ser trocado nem substituído, diz-se que tem dignidade. [158] Dito de outro modo, a dignidade, enquanto imperativo categórico, é um valor moral intrínseco e diferenciador do homem, não podendo jamais ser relativizado pelo Estado ou pela sociedade, muito menos pelo mercado. Com escopo, o autor aproxima a dignidade humana à liberdade, uma vez que o ser humano age conforme a sua vontade no uso da razão, tornando a liberdade um princípio fundamental sem o qual o homem não passaria de um mero instrumento.

---

154. DONEDA, Danilo. *Da privacidade à proteção de dados pessoais*. Rio de Janeiro: Renovar, 2006. p. 31.
155. FUCHS, Christian. *Internet and society*: social theory in the information age. Londres: Routledge, 2008. p. 269.
156. RODOTÀ, Stefano. *A vida na sociedade da vigilância*: a privacidade hoje. Trad. Danilo Doneda e Luciana Cabral Doneda. Rio de Janeiro: Renovar, 2008. p. 51.
157. DONEDA, Danilo. *Da privacidade à proteção de dados pessoais*. Rio de Janeiro: Renovar, 2006. p. 28.
158. KANT, Emmanuel. *Fundamentos da metafísica dos costumes*. São Paulo: Nova Cultural, 2000. p. 134. (Col. Os pensadores).

Dessa forma, atualmente é possível notar que o antigo "direito a ser deixado só" se tornou uma condição essencial para o exercício de outros direitos e liberdades fundamentais. Não obstante, esse direito toma novas proporções, ao considerar a nova realidade virtual. Dito de outra forma, no momento atual, conforme afirma Stefano Rodotà, a associação entre privacidade e liberdade torna-se cada vez mais forte e por isso a ênfase tem sido cada vez maior na necessidade de minimizar a ingerência externa na esfera privada das pessoas. Segundo o autor, é necessário garantir que cada pessoa possa desenvolver livremente a sua própria personalidade, de forma autônoma na vida política e social. Assim, evita-se que as escolhas de vida sejam condicionadas por pressões alheias, sejam públicas ou privadas, permitindo a cada um agir em plena autonomia. Por isso, conclui o autor, "a lógica econômica não pode legitimar a redução das informações pessoais a mercadorias."[159]

Vale lembrar, inclusive, que diante das notáveis mudanças promovidas pelo avanço tecnológico, de todos os aspectos dos direitos da personalidade, a privacidade é o direito que sofreu as transformações sociais mais radicais[160], especialmente no que se refere aos riscos e as violações.[161]

Diante desse panorama, a grande questão que se põe é como conceituar a privacidade, em especial no contexto de uma sociedade que relativiza a vida privada cada vez mais, como evidenciado, por exemplo, no sucesso que fazem os programas de *reality show*[162], ou mesmo nas constantes postagens de *selfs* em redes sociais, tornando públicas informações há pouco estritamente privadas[163] e, consequentemente, dando a falsa impressão de que a relativização da privacidade é indicativa de maior liberdade.

Conforme se nota, diante da autolimitação da privacidade pelas próprias pessoas, seja por meio dos programas televisivos como o *big brother*, seja diante da postura quase narcisista em redes sociais[164], postando fotos, vídeos e informações privadas na rede, se questiona se teria a privacidade acabado no contexto da Sociedade da Informação.

---

159. RODOTÀ, Stefano. *A vida na sociedade da vigilância*: a privacidade hoje. Trad. Danilo Doneda e Luciana Cabral Doneda. Rio de Janeiro: Renovar, 2008. p. 237.
160. MORAES, Maria Celina Bodin de. *Na medida da pessoa humana*: estudos de direito civil-constitucional. Rio de Janeiro: Renovar, 2016. p. 140.
161. No complexo cenário da sociedade da informação, Laura Mendes aponta que: "[...] o conceito envolvendo o direito à privacidade sofreu grandes transformações desde a segunda metade do século XX, como poucos conceitos jurídicos sofreram. Da discussão acerca da violação do direito de celebridades fotografadas em situações embaraçosas ou íntimas, o debate sobre o direito à privacidade voltou-se para o risco à personalidade de milhares de cidadãos cujos dados pessoais são coletados, processados e transferidos por organismos estatais e privados, a partir de modernas tecnologias da informação." MENDES, Laura Schertel. *Privacidade, proteção de dados e defesa do consumidor*: linhas gerais de um novo direito fundamental. São Paulo: Saraiva, 2014. p. 22.
162. Vale citar reportagem sobre o famoso programa televiso "Big Brother Brasil", batendo recordes de audiência. PAREDÃO entre Carolina, Eliana e Paula no BBB19 bate recorde mundial. Berlinda ultrapassou a casa dos 202 milhões de votos. *Gshow*, Rio de Janeiro, 26 mar. 2019. Disponível em: https://gshow.globo.com/realities/bbb/bbb19/noticia/paredao-entre-carolina-elana-e-paula-tem-a-maior-votacao-da-historia-do-big-brother-brasil.ghtml. Acesso em: 16 set. 2019.
163. NOVAES, Thelma F. de. *Identidade*: as diversas faces em uma sociedade em rede. 2013. 97 f. Dissertação (Mestrado em Tecnologias de Inteligência e Design Digital) – Pontifícia Universidade Católica de São Paulo, Programa de Pós-Graduação em Tecnologias de Inteligência e Design Digital, São Paulo, 2013.
164. LÔBO, Paulo. Direito à privacidade e sua autolimitação. In: EHRHARDT JÚNIOR, Marcos; LOBO, Fabíola Albuquerque (Coord.) *Privacidade e sua compreensão no direito brasileiro*. Belo Horizonte: Fórum, 2019. p. 14.

3 • O DEVER DE RESPEITO AOS DIREITOS DA PERSONALIDADE

Partindo daí importantes autores fazem reflexões pontuais a respeito da (in)existência da privacidade a partir do advento da denominada Sociedade da Informação. Neste ponto, oportunas são as observações feitas por Têmis Limberger, ao eleger como fundamentais para compreender essa problemática os pensamentos de Stefano Rodotà, de Antonio-Enrique Pérez Luño e de Manuel Castells[165], consoante se nota, autores que também fundamentam as ideias do presente trabalho.

Em verdade, como se destacou, um dos grandes desafios da tutela da privacidade é equilibrar a autonomia das pessoas em relativizar os seus próprios direitos frente ao poder de controle permitido pelos novos modos de tratamento das informações pessoais, outrora privadas. Dessa maneira, no atual contexto, não é que seja necessário apontar a existência de novos direitos, mas, evidentemente, notar que existe um impacto das novas tecnologias nos direitos classicamente consagrados, inclusive quanto a tutela da própria dignidade da pessoa humana. Com efeito, assim como é necessário extrapolar a proteção do corpo físico à nova da concepção de pessoa no ambiente da *Internet*, é exigido também dos juristas reflexões pontuais a respeito das mutações dos direitos fundamentais, do qual a privacidade ganha evidente destaque.

Isso porque muitos aspectos referentes à privacidade têm se tornado públicos de maneira voluntária, em razão da própria conduta das pessoas em "postarem" em rede situações que outrora seriam consideradas privadas. Em verdade, tal fato deve ser destacado para compreender que, na presente sociedade, tornar pública a privacidade, como referente às informações pessoais solicitadas em redes sociais, tem como finalidade promover as próprias relações sociais, que sofreram fortes mutações com o uso da tecnologia.

Conforme se visualiza, as pessoas revelam informações pessoais como fotos, vídeos ou intimidades em plataformas com *webcam*, em *blogs*, redes sociais como o *MySpace*, *Facebook*, *Instagram*, *Snapchat*, *Google* ou mesmo em sites como o *Youtube*. E fazem isso de maneira espontânea, ou seja, tornam públicas essas informações e situações privadas visando estabelecer contato e conexões com pessoas que compartilham interesses semelhantes e com quem certamente não teriam contato sem o uso da *Internet*. Para muitas pessoas, serem monitoradas por outros ou mesmo monitorarem outras pessoas no mundo virtual é agradável em termos mentais e sexuais, e faz parte de um contexto de relações sociais necessárias no atual contexto.[166]

Dessa forma, é inegável que as mídias sociais e os comportamentos incitados por elas, na realidade tecnológica, foram capazes de transformar não apenas a identidade das pessoas, como destacado pela ideia de corpo eletrônico, como também foram capazes de transformar a própria noção de privacidade, sem deixar de mencionar os novos modos de socialidade.[167]

---

165. LIMBERGER, Têmis. *Cibertransparência*: informação pública em rede – a virtualidade e suas repercussões na realidade. Porto Alegre: Livraria do Advogado, 2016. p. 58.
166. FUCHS, Christian. *Internet and society*: social theory in the information age. Londres: Routledge, 2008. p. 267.
167. BOLESINA, Iuri. *Direito à extimidade*: as inter-relações entre identidade, ciberespaço e privacidade. Florianópolis: Empório do Direito, 2017. p. 132.

Sendo assim, esse tipo de disponibilização de dados outrora privados, com a finalidade de socializar no mundo virtual, não pode ser tratado ou compartilhado com finalidades diferentes. É dizer, portanto, que o fato de tornar público dados pessoais não permite que esses dados sejam usados, sem o devido consentimento esclarecido da pessoa, para fins de controle ou mesmo pela lógica do mercado[168], em especial, para o impulsionamento de publicidades virtuais personalizadas e não solicitadas.

Dessa maneira, dentro dos autores mencionados acima que tratam sobre as mutações da privacidade, inicialmente afirma Stefano Rodotà que no atual contexto ocorreu uma verdadeira reinvenção da privacidade[169], tendo esta adquirido um caráter positivo e fazendo emergir a dimensão de proteção de dados pessoais. Assim, é possível perceber que há uma mudança na concepção de identidade e da própria pessoa, de modo que as pessoas passam a ser reconhecidas não pelo que dizem que são, mas pelo que o *Google* expõe, de acordo com os dados pessoais coletados.

Desse modo, "a construção da identidade fica entregue por completo aos algoritmos. A construção da identidade é interior e exterior"[170], razão pela qual a privacidade das pessoas, como parte substancial da personalidade, faz emergir, conforme supracitado, um novo direito também fundamental: a proteção dos dados pessoais. A evolução da tecnologia, conforme se nota, conduziu a uma "transformação do modo de *ser, ver* e *ser visto* na internet.[171]

Para Stefano Rodotà, na atual sociedade, as pessoas são suas próprias informações, de modo que o direito à vida privada é reinventado, fazendo emergir o direito à autodeterminação, relacionado com o tratamento conferido às informações pessoais em rede, e que concede a cada pessoa o real poder sobre seus próprios dados.[172]

Diante disso, Têmis Limberger afirma que "a intimidade deriva da dignidade humana, é um direito fundamental que integra a personalidade. Das relações da informática e a intimidade se desenvolve a autodeterminação informativa"[173], destacando a importância de se relacionar o conceito clássico de privacidade com a nova realidade de acesso e transferência corriqueira de dados pessoais das pessoas.

Dito de outro modo, as novas dinâmicas estimuladas pelas tecnologias transformaram as noções de privacidade, influenciando a própria concepção de identidade das pessoas. Com efeito, "instaura-se um conjunto de novas inter-relações entre identidade pessoal e a privacidade, cujo movimento é, sobretudo, no seio da fruição e da explicação de dados pessoais."[174] Neste aspecto, Stefano Rodotà ressalta que tudo isso deriva de

---

168. RODOTÀ, Stefano. *El derecho a tener derechos*. Trotta: Madrid, 2014. p. 305.
169. RODOTÀ, Stefano. *A vida na sociedade da vigilância*: a privacidade hoje. Trad. Danilo Doneda e Luciana Cabral Doneda. Rio de Janeiro: Renovar, 2008. p. 51.
170. LIMBERGER, Têmis. *Cibertransparência: informação pública em rede* – a virtualidade e suas repercussões na realidade. Porto Alegre: Livraria do Advogado, 2016. p. 63.
171. BOLESINA, Iuri. *Direito à extimidade*: as inter-relações entre identidade, ciberespaço e privacidade. Florianópolis: Empório do Direito, 2017. p. 133.
172. RODOTÀ, Stefano. *A vida na sociedade da vigilância*: a privacidade hoje. Trad. Danilo Doneda e Luciana Cabral Doneda. Rio de Janeiro: Renovar, 2008. p. 7.
173. LIMBERGER, Têmis. *O direito à intimidade na era da informática*: a necessidade de proteção dos dados pessoais. Porto Alegre: Livraria do Advogado, 2007. p. 119.
174. BOLESINA, Iuri. *Direito à extimidade*: as inter-relações entre identidade, ciberespaço e privacidade. Florianópolis: Empório do Direito, 2017. p. 127.

3 • O DEVER DE RESPEITO AOS DIREITOS DA PERSONALIDADE

um longo processo evolutivo experimentado pelo conceito de privacidade, partindo do direito de ser deixado em paz até o direito de controle sobre as informações pessoais, permitindo a autonomia da pessoa em construir sua própria esfera privada.[175]

Conforme supracitado, o autor italiano defende que a proteção dos dados se aproxima da proteção da personalidade e não da propriedade em si, afinal, "certas categorias de dados, especialmente os de natureza médica e genética, não podem ser utilizados para fins negociais"[176], sob pena de reverter a própria noção de dignidade, ou seja, o ser humano como um fim em si mesmo, jamais como um objeto no mercado.

Desse modo, segundo o autor, a definição de privacidade deve passar da ideia de sigilo e abstenção à necessidade de controle. Assim, os cidadãos adquirem o direito de exercer o controle direto sobre outras pessoas que, diante dos dados coletados, terão um crescente *plus-poder*. Nota-se, assim, que a autodeterminação é uma forma de defesa daqueles que têm os seus dados coletados, em uma nítida situação de vulnerabilidade[177], afinal dificilmente a pessoa é capaz de compreender o sentido que a coleta de informações pode assumir para fornecedoras com organizações complexas e com tecnologias avançadas de tratamento de dados, podendo escapar até mesmo destas empresas o grau de periculosidade do uso destes dados.[178]

Vislumbra-se assim, a emanação intimista da privacidade, como consequência do princípio da autodeterminação informativa, fato este evidenciado ao notar na Lei Geral de Proteção de Dados, em seu artigo 2º, inciso II, a garantia, ao titular dos dados, do livre desenvolvimento de sua personalidade, sendo dever do Estado propiciar, através de direitos positivos, a tutela favorável ao usuário comum, que é presumivelmente leigo.[179]

Isso significa permitir ao usuário/internauta não apenas o direito de aquietar-se ou de não se manifestar e reservar-se à sua própria privacidade, mas também o direito de controlar o grau de sua exposição aos incessantes fluxos informacionais – que têm potencial de assolá-lo e perturbá-lo. Neste ponto, o consentimento da pessoa ganha novas concepções e, acima disso, renovada interpretação prática e jurídica.[180]

---

175. RODOTÀ, Stefano. *A vida na sociedade da vigilância*: a privacidade hoje. Trad. Danilo Doneda e Luciana Cabral Doneda. Rio de Janeiro: Renovar, 2008. p. 17.

176. RODOTÀ, Stefano. *A vida na sociedade da vigilância*: a privacidade hoje. Trad. Danilo Doneda e Luciana Cabral Doneda. Rio de Janeiro: Renovar, 2008. p. 19.

177. Neste sentido, Fernando Martins destaca que: "A diferença entre sair ileso ou não nesta pós-industrialização digital e informacional liga-se ao grupo em que a pessoa está adstrita, pois alguns são bem formados e ativamente informados, enquanto outros não. Eis o nítido relacionamento da informação com a sociedade de risco." MARTINS, Fernando Rodrigues. Sociedade da informação e promoção à pessoa: empoderamento humano na concretude de novos direitos fundamentais. In: MARTINS, Fernando Rodrigues. *Direito privado e policontexturalidade*: fontes, fundamentos e emancipação. Rio de Janeiro: Lumen Juris, 2018. p. 409.

178. RODOTÀ, Stefano. *A vida na sociedade da vigilância*: a privacidade hoje. Trad. Danilo Doneda e Luciana Cabral Doneda. Rio de Janeiro: Renovar, 2008. p. 37.

179. Nesse sentido: "Mais do que garantir, artificialmente, diversos qualificadores para o consentimento, deve-se buscar, sobretudo, outras ferramentas regulatórias para equalizar a referência assimétrica do mercado informacional, redesenhando a sua dinâmica de poder. Esse é o maior desafio para se propiciar ao cidadão um melhor controle de seus dados – uma verdadeira autonomia para, com a pressão de ser prolixo, autodeterminar as informações pessoais." BIONI, Bruno Ricardo. *Proteção de dados pessoais*: a função e os limites do consentimento. Rio de Janeiro: Forense, 2019. p. 168.

180. BIONI, Bruno Ricardo. *Proteção de dados pessoais*: a função e os limites do consentimento. Rio de Janeiro: Forense, 2019. p. 138.

Evidentemente que, quando os dados privados do sujeito são utilizados, sem a devida autorização, em publicidades virtuais de consumo, perturbando o sossego da pessoa, estar-se-á diante de novos riscos capazes de gerar danos inclusive de cunho moral.[181]

A isso se soma o fenômeno que Antonio-Enrique Pérez Luño denomina de "metamorfose da intimidade", isto é, uma transformação no direito à intimidade que se expressa sob duplo cariz: do original direito a estar só (individualidade) para a perspectiva de pertencer a um contexto ou âmbito social e coletivo (coletividade), conglobando efeitos jurídicos que afetam direitos patrimoniais e existenciais.[182]

Sob essa ótica, muito além de ser a privacidade um direito de a pessoa não ser importunada em suas informações privadas ou sigilosas, há também a faceta positiva, como direito de a pessoa expor-se na medida em que sua autodeterminação existencial exija. Obviamente, desde que não haja interferência na vida de terceiros, tornar conhecidas questões privadas, atualmente, faz parte da própria noção de exercício da privacidade e, consequentemente, da própria autonomia privada.

Dessa maneira, no que se refere ao direito fundamental de privacidade o autor espanhol trabalha com uma concepção de intimidade que se materializa no isolamento ou 'ensimesmamento' sem, necessariamente, se tornar incompatível com suas projeções sociais. Para o autor, essa faceta da personalidade – o *intus* ou viés interno/solitário da intimidade – estaria conformado por ideias que, em momento, ulterior, poderiam ser exteriorizadas; de modo que o solipsismo não geraria plena realização da intimidade, sendo indispensável sua manifestação para que, a partir da convivência e da formação de relações sociais, se possa ter sua efetiva materialização.[183] Vale lembrar, neste sentido, que o ser humano necessita de convivência em sociedade, apoiando a sua sobrevivência na coexistência pacífica e respeitosa com outras pessoas.

A partir dessas ideias, é possível verificar que a intimidade possui uma esfera de defesa (negativa) que protege a pessoa de interferências desmensuradas promovidas por terceiros, isto é, "é o vetusto direito a não ser molestado, que hoje protege o cidadão de intromissões externas de outros indivíduos ou do poder público."[184] Por outro lado, possui a intimidade uma esfera também positiva, de promoção da própria autonomia da pessoa enquanto ser humano, "a qual autoriza seu titular de gozá-lo, bem como a

---

181. Conforme comenta Danilo Doneda: "A esta problemática 'clássica' da privacidade podemos acrescentar atualmente um outro elemento: o fato de sermos, perante diversas instâncias, representados – e julgados – através destes dados. Tal fato abre uma outra possibilidade de enfocar a questão, pela qual a privacidade faz ressoar uma série de outras questões referentes à nossa personalidade. Isso pode significar a perda de parte de nossa autonomia, de nossa individualidade e, por fim, de nossa liberdade. Nossos dados, estruturados de forma a significarem para determinado sujeito uma nossa representação virtual – ou um avatar –, podem ser examinados no julgamento de uma concessão de uma linha de crédito, de um plano de saúde, a obtenção de um emprego, a passagem livre pela alfândega de um país, além de tantas outras hipóteses." DONEDA, Danilo. *Da privacidade à proteção de dados pessoais*. Rio de Janeiro: Renovar, 2006. p. 2.

182. LIMBERGER, Têmis. *Cibertransparência*: informação pública em rede – a virtualidade e suas repercussões na realidade. Porto Alegre: Livraria do Advogado, 2016. p. 58.

183. PÉREZ-LUÑO, Antonio Enrique. *Derechos humanos, Estado de derecho y Constituición*. Madrid: Tecnos, 1995. p. 99 e 116.

184. LIMBERGER, Têmis. *O direito à intimidade na era da informática*: a necessidade de proteção dos dados pessoais. Porto Alegre: Livraria do advogado, 2007. p. 231.

exigência de determinadas prestações por parte dos outros, ambos com vistas ao livre e condigno desenvolvimento pessoal e a execução de um projeto existencial."[185]

Sendo assim, o simples fato de expor informações privadas na *Internet* não significa, por si só, abstenção da proteção da privacidade. Em outras palavras, a compreensão da dupla concepção da intimidade, conforme exposto, visa superar a ideia de que a intimidade que é levada à público, em especial de modo voluntário, perde o caráter protetivo, e sendo público, como público poderia ser utilizada. Evidentemente, na esfera de promoção, positiva ou ativa, a intimidade demanda tutela ampla, inclusive como forma de convivência livre em sociedade. Com efeito, segundo o autor, o conceito de intimidade é unitário, mas com textura aberta, plural, dinâmica e globalizadora.[186]

Dessa maneira, Antonio-Enrique Pérez Luño ressalta o problema da tendência paradoxal da socialização da intimidade, como se destaca nos programas televisivos denominados *reality shows*. Isso porque, neste tipo de situação, a intimidade se torna, em última análise, mera mercadoria no mercado de consumo, sendo avaliada de acordo com a lei da oferta e da demanda, contrariando as diretrizes de tutela dos direitos da personalidade.

Em razão disso, a metamorfose do direito à privacidade carrega consigo a problemática mercantilização da vida privada, afinal, da perspectiva do direito a estar só, a uma dimensão necessária à convivência social e coletiva, como nítido direito da personalidade, a privacidade se torna um bem, sob a ótica negocial, ganhando novos contornos patrimoniais na sociedade de consumo.[187] Diante disso, obviamente, considerando que o direito possui como epicentro jurídico a tutela da pessoa, a mercantilização da privacidade iria contra a própria concepção de promoção da dignidade humana.

Além do mais, partindo da relativização da privacidade na Sociedade da Informação, Manuel Castells expõe os riscos e perigos que a exposição exacerbada da privacidade feita na *Internet*, em redes sociais, em programas televisivos ou mesmo pelo próprio governo. Segundo o autor, na *Internet*, a privacidade não existe, uma vez que se vive o tempo todo sob vigilância. Em verdade, adverte o pensador que a Sociedade da Informação remete a um "panóptico eletrônico", em constante vigilância de todas as pessoas conectadas em rede, seja pelo Estado, sob a falsa alegação da necessidade de garantia de segurança, seja pelo mercado, que lucra com as publicidades personalizadas.[188]

---

185. BOLESINA, Iuri. *Direito à extimidade*: as inter-relações entre identidade, ciberespaço e privacidade. Florianópolis: Empório do Direito, 2017. p. 197.
186. PÉREZ-LUÑO, Antonio Enrique. *Los derechos humanos en la sociedad tecnologica*. Madrid: Universitas, 2012. p. 95.
187. LIMBERGER, Têmis. *Cibertransparência*: informação pública em rede – a virtualidade e suas repercussões na realidade. Porto Alegre: Livraria do Advogado, 2016. p. 61.
188. Neste sentido, Manuel Castells aduz que: "A maior parte da atividade econômica, social e política é de fato um híbrido de interação on-line e física. Em muitos casos, uma não pode existir sem a outra. Assim, viver num panóptico eletrônico equivale a ter metade de nossas vidas permanentemente exposta a monitoramento. [...] [...] Se esse sistema de vigilância e controle da internet se desenvolver plenamente, não poderemos fazer o que nos agrada. Talvez não tenhamos nenhuma liberdade, e nenhum lugar onde nos esconder." CASTELLS, Manuel. *A galáxia da internet*: reflexões sobre a internet, os negócios e a sociedade. Rio de Janeiro: Zahar, 2003. p. 148-149.

De maneira paralela, Zygmunt Bauman classifica o atual contexto como de "sociedade confessional", em que os microfones estariam revelando até mesmo as confissões, revelando os mais íntimos segredos. Segundo o autor, nos dias atuais não há mais que se falar em privacidade, posto que inexistente, mas sendo esse fato decorrente não das violações por terceiro, mas sim das próprias relativizações promovidas pelos titulares desse direito.[189] Neste mesmo sentido, afirma Christian Fuchs que as novas Instituições de Ciência e Tecnologia (ICTs) são a extensão do panóptico de Bentham, porque monitoram o tempo todo as atividades, gostos e preferências de quem está conectado em rede.[190]

Importante notar que, após o ataque terrorista nos Estados Unidos em 11 de setembro de 2001, essa vigilância eletrônica, em todos os âmbitos, foi intensificada. Assim, "os motivos de segurança interna e internacional, sobretudo após o 11 de setembro, induzem à adoção de instrumentos legislativos e de ações administrativas para acentuar os controles que reduzam os direitos na rede [...]".[191] Conforme se nota, essa vigilância se deu não somente de maneira intensiva como também extensiva, ampliando o monitoramento e controle das pessoas pautando em desculpas como o medo e o combate ao terror.[192]

Aliás, recentemente as mídias digitais publicaram reportagens mencionando que o país americano passou a exigir, para a aquisição de visto, o histórico de dados de redes sociais, evidenciando a amplificação do controle e a relativização da privacidade das pessoas, em especial referente à vida virtual.[193]

Em verdade, é possível notar que as práticas de vigilância constantemente estão calcadas em três justificações, quais sejam, i) a segurança, ii) a visibilidade e iii) a eficácia informacional. No que se refere à segurança, a vigilância se fundamenta no combate à violência de uma forma geral, conforme supracitado, na luta contra o medo provocado pelo "terrorismo". No que tange à visibilidade, a vigilância se pauta nas novas formas e interpretações entre o "ver" e "ser visto" no âmbito social, em especial na cibercultura. Por fim, no que se refere a eficácia informacional, a vigilância surge como justificativa para melhoria e maior efetividade no acesso e na prestação de bens e serviços, em especial no mercado de consumo.[194]

Assim, nota-se que o monitoramento das pessoas não se reduz ao enquadramento e fiscalização de comportamento, mas ao revés, ao induzimento de determinadas condutas especialmente relacionadas ao consumo, onde impera a lógica da classificação e da padronização.[195]

---

189. BAUMAN, Zygmunt. *Isto não é um diário*. Rio de Janeiro: Jorge Zahar, 2012. p. 228.
190. FUCHS, Christian. *Internet and society*: social theory in the information age. Londres: Routledge, 2008. p. 267.
191. RODOTÀ, Stefano. *A vida na sociedade da vigilância*: a privacidade hoje. Trad. Danilo Doneda e Luciana Cabral Doneda. Rio de Janeiro: Renovar, 2008. p. 37.
192. FUCHS, Christian. *Internet and society*: social theory in the information age. Londres: Routledge, 2008. p. 273.
193. REDAÇÃO. EUA vão exigir histórico das redes sociais para liberação de visto. *Veja*, São Paulo, 29 mar. 2019. Disponível em: https://veja.abril.com.br/economia/eua-vao-exigir-historico-das-redes-sociais-para-liberacao- -de-visto/. Acesso em: 18 out. 2019.
194. BRUNO, Fernanda. *Máquinas de ver, modos de ser: vigilância, tecnologia e subjetividade*. Porto Alegre: Sulina, 2013. p. 48.
195. RODOTÀ, Stefano. *A vida na sociedade da vigilância*: a privacidade hoje. Trad. Danilo Doneda e Luciana Cabral Doneda. Rio de Janeiro: Renovar, 2008. p. 113.

3 • O DEVER DE RESPEITO AOS DIREITOS DA PERSONALIDADE

Importante perceber que as pessoas, ao assistirem *reality shows* como o *big brother*, ou mesmo ao lerem *blogs*, assistirem outras pessoas por *webcams* ou *sexcams*, usando os dados dos próprios *smartphones* como referência, como a localização de conexão, por exemplo, se sentem bem com relação à própria vigilância. Consequentemente, a ideia de que o entretenimento virtual demanda relativização da privacidade adquire uma função ideológica, afinal, se a vigilância e o monitoramento virtual, pelo governo ou pelas empresas, é onipresente, as pessoas ficam menos inclinadas a questionarem de modo crítico esse tipo de prática[196], inclusive a contestarem as publicidades virtuais personalizadas que surgem no dia a dia, mesmo não sendo solicitadas.

Para além dessas abordagens, a privacidade ganha uma conceituação crítica sob a ótica de Helen Nissenbaum[197]. Segundo esta autora, no contexto atual, o trânsito de informações pessoais tem um valor social importantíssimo, que deve ser analisado de acordo com o contexto em que está inserido, revelando este, portanto, se o uso dos dados será apropriado ou não. Dito de outra maneira, a professora afirma que a privacidade, no atual contexto, deve ser conceituada como "integridade contextual", isto é, deve ser orientada de acordo com os contextos sociais.

Desta feita, a violação da privacidade, sob essa ótica, demanda a análise de diversos critérios, como o contexto social, os atores participantes, a finalidade, as formas de transmissão, dentre outros. A título de exemplo, o uso de dados sensíveis de um paciente pelo médico que o trata, como a informação referente aos medicamentos que o paciente consome frequentemente, não pode ser considerada violação à intimidade, uma vez que o contexto médico envolve questões sensíveis relacionadas à saúde do paciente.

Todavia, esse mesmo dado, ou seja, a informação dos hábitos de consumo de medicamentos, ao poder de uma empresa que comercializa planos de saúde, demonstraria uma nítida violação à intimidade do consumidor e, em última análise, um desrespeito à própria pessoa humana, enquanto ser dotado de dignidade. Afinal, as chances de o plano de saúde promover a discriminação por meio desse dado são evidentes, prejudicando o consumidor[198], por exemplo, com o aumento da mensalidade contratual.[199]

---

196. FUCHS, Christian. *Internet and society*: social theory in the information age. Londres: Routledge, 2008. p. 270.

197. NISSENBAUM, Helen. *Privacy in context*: technology, policy, and the integrity of social life. Stanford: Stanford University Press, 2010. p. 127.

198. Como forma de demonstrar o tamanho desse risco de descontextualização de dados sensíveis, cite-se o caso dos *smartwatchs*, isto é, relógios inteligentes. A empresa Apple, por exemplo, ao anunciar um modelo desse tipo de produto, faz as seguintes considerações: "Este relógio tem apps que ficam de olho no seu coração. Ele monitora rapidamente e notifica quando sua frequência cardíaca parece estar muito alta ou baixa. Avisa quando seu ouvido precisa de descanso. O novo *app* Ruído alerta quando os decibéis chegam a níveis que podem afetar sua audição. Fica motivado a se movimentar, exercitar e ficar em pé. Os círculos de Atividade acompanham seu progresso e motivam a passar menos tempo sentado, se movimentar mais e fazer exercícios diariamente. Você pode até desafiar amigos para uma competição." APPLE. *Apple watch series 5*: um relógio como você nunca viu. São Paulo. 2019. Disponível em: https://www.apple.com/br/apple-watch-series-5/. Acesso em: 12 dez. 2019. Evidentemente, todos esses dados sensíveis do consumidor, que utiliza esse tipo de relógio, se fugirem da finalidade para o qual foram coletados, podem colocar a pessoa em uma série de riscos de danos, em especial nas situações em que pode sofrer discriminação.

199. Neste ponto, Martin Lindstrom promove oportuna reflexão, segundo o qual: "Qual a causa daquele dor recorrente no estômago? E dos problemas para dormir? Preocupado com a depressão de um parente? O que você faz em alguma dessas situações? Acho que vai direito para a *Internet*, onde rapidamente digita os sintomas. Por causa disso, algumas redes de farmácias vêm monitorando os padrões de busca *online*. Imagine como são valiosos esses

Diante do exposto, é possível defender que na presente sociedade tornar público alguns dados pessoais, em especial os relacionados às redes sociais, é muitas vezes uma prática necessária até mesmo para a configuração de novas relações sociais, que sofreram fortes mutações com o uso da tecnologia. É dizer, novamente, que a existência de uma pessoa, hoje, pode até ser menorizada se não houver um correspondente virtual, em redes sociais, o qual necessariamente demanda dados pessoais, como fotos, descrições de perfil, profissão, data de nascimento etc.

Vale destacar que, segundo Iuri Bolesina, sob a ótica da flexibilização da privacidade, esta não pode ser reduzida ao mero narcisismo ou exibicionismo uma vez que encontra-se relacionada ao pertencimento social da pessoa, necessário à sua autoestima e à própria identidade humana. Por isso, afirma o autor, que, a exposição virtual, hoje, é "um elemento da personalidade humana".[200]

Dessa maneira, é possível notar que foram precisos os anúncios de George Orwell[201] e de Aldous Huxley[202] sobre o risco que a privacidade sofreria no futuro, sob a ótica de uma vigilância e um controle constante, por forças sociais como a do "Grande Irmão" orwelliano. Entretanto, analisando a sociedade atual, é possível perceber que a vigilância surge na maioria das vezes de maneira consentida e descentralizada, na figura do *Big Other*[203], em bolsos, bolsas e mochilas, que guardam *smartphones* constantemente conectados, os *little brothers*.[204]

Trata-se, dessa maneira, de "um modelo reticular e distribuído, onde muitos vigiam muitos ou onde muitos veem e são vistos de variadas formas."[205] Em verdade, hoje, a "teletela" prevista por Orwell, não se limita a expor imagens mantendo o telespectador no modo passivo, mas sim, por meio de uma tela conectada à *Internet*, permite que todos rastros digitais possam ser acessados por outros, sem que o titular tenha sequer conhecimento.[206]

É justamente em razão dessas mudanças que se nota uma verdadeira mutação na própria noção do direito de privacidade. Assim, se justifica a afirmação de que a privaci-

---

dados para as farmácias, que não só podem usá-los para mandar ofertas relativas aos problemas como também tomar conhecimento das preocupações com saúde mais recorrentes em determinada região ou grupo demográfico, podendo alterar o estoque ou a sinalização das lojas de acordo com essas informações." LINDSTROM, Martin. *Brandwashed*: o lado oculto do marketing. Controlamos o que compramos ou são as empresas que escolhem por nós? Rio de Janeiro: Alta Books, 2018. p. 264.

200. BOLESINA, Iuri. *Direito à extimidade*: as inter-relações entre identidade, ciberespaço e privacidade. Florianópolis: Empório do Direito, 2017. p. 12.

201. ORWELL, George. *1984*. São Paulo: Companhia das Letras, 2009.

202. HUXLEY, Aldous. *Admirável mundo novo*. São Paulo: Abril Cultural, 1982.

203. ZUBOFF, Shoshana *apud* FRAZÃO, Ana. Fundamentos da proteção dos dados pessoais: noções introdutórias para a compreensão da importância da Lei Geral da Proteção de Dados. In: FRAZÃO, Ana; TEPEDINO, Gustavo; OLIVA, Milena Donato (Coord.) *lei geral de proteção de dados pessoais e suas repercussões no direito brasileiro*. São Paulo: Thomson Reuters Brasil, 2019. p. 28.

204. SCHNEIER, Bruce *apud* FRAZÃO, Ana. Fundamentos da proteção dos dados pessoais: noções introdutórias para a compreensão da importância da lei geral da proteção de dados. In: FRAZÃO, Ana; TEPEDINO, Gustavo; OLIVA, Milena Donato (Coord.). *Lei geral de proteção de dados pessoais e suas repercussões no direito brasileiro*. São Paulo: Thomson Reuters Brasil, 2019. p. 28.

205. BRUNO, Fernanda. *Máquinas de ver, modos de ser*: vigilância, tecnologia e subjetividade. Porto Alegre: Sulina, 2013. p. 47.

206. FUCHS, Christian. *Internet and society*: social theory in the information age. Londres: Routledge, 2008. p. 269.

3 • O DEVER DE RESPEITO AOS DIREITOS DA PERSONALIDADE

dade por si só, no atual contexto, não comporta um conceito fechado ou unitário. Mais do que isso, para a compreensão do problema é preciso ter em mente que a interpretação da privacidade necessita de uma leitura plural e complexa, em verdadeiro movimento, em uma "força expansiva".[207]

Neste ponto, relevante o pensamento de Iuri Bolesina, ao tratar das mudanças da privacidade no ciberespaço sob a ótica da "extimidade". Segundo o autor, com base nas ideias e Serge Tisseron, é possível conceituar a ideia de extimidade como sendo "o desejo e o ato de revelar partes selecionadas da intimidade, em locais de sociabilidade e perante terceiros, a fim de, a partir das respostas do outro, autoconhecer-se e transformar-se em autoestima, intimidade e identidade".[208] Trata-se, assim, da busca por emancipação, autoconhecimento e autorrealização pessoal a partir da apresentação e percepção do outro, agora facilitada pelo uso da *Internet*. A lógica, segundo Serge Tisseron é "vejo e sou visto, logo existo".[209] Neste contexto, "nova obrigatoriedade impõe-se no dia a dia: conectar, comunicar, compartilhar, pesquisar e isolar-se".[210]

Isso porque no atual contexto, as mídias sociais, presentes no dia a dia das pessoas, tornam cotidianas as relações entre *Internet* e privacidade, de modo que essa exposição de intimidades pelas pessoas não pode ser considerada como uma publicização das informações, ou mesmo uma abstenção das tutelas necessárias à promoção da pessoa humana.

Neste sentido que a extimidade surgiria como direito, contextualizado a partir do ciberespaço e fundamentado na reinterpretação da privacidade, a partir do duplo viés da intimidade; na liberdade de expressão; na releitura da dicotomia público e privado e, por fim; na emancipação da identidade pessoal. De maneira geral, "é um problema que gira em torno da necessidade atual de as pessoas se tornarem visíveis para existir."[211]

A princípio, defende o autor que ao analisar o contexto da Sociedade da Informação, o comportamento das pessoas, no âmbito social, muitas vezes demanda que a ideia de intimidade murada e sacralizada, conforme interpretação clássica, seja superada por uma nova tendência de visibilidade impulsionada pelas novas tecnologias. Logo, a autodeterminação existencial, visando o livre desenvolvimento das pessoas, muitas vezes atravessa a fruição da intimidade como necessidade de manter sigilo para uma nova etapa, consagrada na exposição de determinadas informações para, voluntariamente, expor-se às pessoas.

---

207. DONEDA, Danilo. *Da privacidade à proteção de dados pessoais*. Rio de Janeiro: Renovar, 2006. p. 26.
208. BOLESINA, Iuri. *Direito à extimidade*: as inter-relações entre identidade, ciberespaço e privacidade. Florianópolis: Empório do Direito, 2017. p. 16.
209. TISSERON, Serge apud BOLESINA, Iuri. *Direito à extimidade*: as inter-relações entre identidade, ciberespaço e privacidade. Florianópolis: Empório do Direito, 2017. p. 190.
210. MARTINS, Fernando Rodrigues. Sociedade da informação e promoção à pessoa: empoderamento humano na concretude de novos direitos fundamentais. In: MARTINS, Fernando Rodrigues. *Direito privado e policontextualidade*: fontes, fundamentos e emancipação. Rio de Janeiro: Lumen Juris, 2018. p. 425.
211. NASCIMENTO, Valéria Ribas do. Direitos fundamentais da personalidade na era da sociedade da informação: transversalidade da tutela à privacidade. *Revista de Informação Legislativa: RIL*, Brasília, DF, v. 54, n. 213, p. 285, jan./mar. 2017. Disponível em: http://www12.senado.leg.br/ril/edicoes/54/213/ril_v54_n213_p265. Acesso em: 12 dez. 2019.

Sob este aspecto, a intimidade se liberta do caráter de viés interiorista, que impõe à pessoa um verdadeiro "dever de intimidade", como elemento patrimonial, passivo e defensivo.[212] A partir daí é possível notar que a intimidade não se presta somente para esconder e guardar aquilo que não se entende como público. Mais do que isso, a intimidade também possui um viés positivo, emancipador, enquanto elemento essencial para a autonomia existencial. Neste sentido, a intimidade "abarca igualmente aquilo que está asilado nos âmbitos da intimidade e que, por alguma razão, quer-se levar ao conhecimento do outro não íntimo, num âmbito social, sem, necessariamente, tornar pública tal questão."[213]

Daí porque, como assenta Bruno Bioni, "a pessoa se concretiza quando ela se relaciona (intersubjetividade), isto é, quando ela responde ou procura afirmar quem ela é em meio à comunidade."[214] Neste mesmo sentido, aduz Stefano Rodotà que muda-se "profundamente a função sociopolítica da privacidade, que se projeta bem além da esfera privada, tornando-se elemento constitutivo a cidadania do novo milênio."[215]

Como se não bastasse, é possível perceber também que a exposição da privacidade em rede encontra-se relacionada com a própria liberdade de expressão, uma vez que parte do pressuposto de que em uma sociedade democrática as pessoas são livres para expressarem, das mais variadas formas possíveis. É dizer, assim, que a exposição voluntária de informações pessoais também é uma forma de manifestação da liberdade, e carece das proteções tendentes à discriminação por questões políticas, sexuais, físicas, morais, culturais, geográficas ou religiosas, por exemplo. Daí fica notável a relação entre dois direitos fundamentais para a compreensão da "extimidade": a liberdade de expressão ("ex") e a intimidade ("timidade").[216]

Sendo assim, partindo da nova concepção de relações sociais surgidas a partir da expansão dos meios de comunicação, com destaque para a *Internet*, algumas informações que antes eram consideradas privadas são levadas ao conhecimento social, sem que, em razão disso, devam ser tratadas como se públicas fossem. Neste ponto, expõe Valéria Nascimento que é preciso reconhecer que as redes sociais se mantêm com a troca de informações de maneira instantânea, de modo que isso pode ter como consequência a

---

212. Neste ponto, expõe Iuri Bolesina que: "Para ilustrar, quando alguém expõe sua intimidade em uma rede social e acaba sofrendo prejuízos dada a interpretação que se faz disso (em razão de violências indiretas ou simbólicas socioculturalmente invisibilizadas pelo manto do 'noraml/natural'), ao procurar o Judiciário, a resposta será – não como exceção – que o 'dano' ocorreu por 'fato exclusivo da vítima' ou por 'autoviolação'. Em assim sendo, formata-se o 'dever de intimidade', sob o qual a pessoa é achatada por padrões e violências socialmente toleradas como 'normais' ou 'naturais'." BOLESINA, Iuri. *Direito à extimidade*: as inter-relações entre identidade, ciberespaço e privacidade. Florianópolis: Empório do Direito, 2017. p. 238.

213. BOLESINA, Iuri. *Direito à extimidade*: as inter-relações entre identidade, ciberespaço e privacidade. Florianópolis: Empório do Direito, 2017. p. 207.

214. BIONI, Bruno Ricardo. *Proteção de dados pessoais*: a função e os limites do consentimento. Forense: Rio de Janeiro, 2019. p. 83.

215. RODOTÀ, Stefano. *A vida na sociedade da vigilância*: a privacidade hoje. Trad. Danilo Doneda e Luciana Cabral Doneda. Rio de Janeiro: Renovar, 2008. p. 236.

216. BOLESINA, Iuri. *Direito à extimidade*: as inter-relações entre identidade, ciberespaço e privacidade. Florianópolis: Empório do Direito, 2017. p. 239.

3 • O DEVER DE RESPEITO AOS DIREITOS DA PERSONALIDADE

exposição das pessoas, inclusive alguns dos seus segredos. Por isso, é preciso repensar as formas de refundar a proteção da pessoa humana.[217]

A extimidade, portanto, enquadra-se como uma espécie de diálogo entre "privado" e "público", a exigir uma releitura não só da dicotomia público/privado como também das novas formas de tutela de pessoa, em sua vivência virtual. Daí porque defende-se uma nova dimensão e espaço de fruição da autonomia, "uma dimensão não secreta, mas não necessariamente pública, mas sim social (que conjuga público e privado)".[218]

Nota-se, assim, que a *Internet* "acabou com os binômios 'visível/invisível' e 'não visível/privado; dessa forma, transformou o espaço público-privado no que Dominique Cardon chama de cenário de um 'jogo de luz e sombras'"[219]. Dito de outra forma, há uma alternância entre alta e baixa visibilidade e exposição pelas pessoas, logo, a *Internet* forma um novo espaço, que não seria nem público nem privado, mas apenas mais ou menos visível.

Conforme se percebe, a extimidade "é a intimidade que se desenvolve naquela esfera híbrida de sociabilidade que abraça o público e o privado concomitantemente (o cotidiano-ordinário onde vive-se, ama-se, diverte-se, discute-se, trabalha-se)"[220], sendo a prova, no ciberespaço, da nítida mutação do binômio público-privado. Com efeito, o que se apresenta em rede não pode mais ser considerado íntimo, em sua pureza, mas nem por isso se torna público, e sim "êxtimo", ou seja, vai para social e não (necessariamente) para o público.

Desse modo, nota-se que no atual contexto, falar em exposição da privacidade na *Internet* é falar de dados, que são pessoais, mas não necessariamente públicos. Dessa forma, Iuri Bolesina expõe que o que o direito à extimidade irá abranger são as informações da intimidade, portanto pertencentes a autonomia do titular, mas que este optou por levar ao âmbito social, sem a intenção de torna-las públicas, ou seja, sem a possibilidade de uso por terceiros sem o devido consentimento esclarecido do titular.[221]

Com efeito, é notável a relação existente entre o direito à extimidade e a proteção de dados. Em verdade, aquele direito operacionaliza-se a partir deste, de modo que a proteção de dados é compreendida como uma espécie de garantia à extimidade, um instrumento capaz de promover a sua tutela. Consequentemente, o direito a extimidade garante às pessoas a possibilidade de expor-se, visando o cumprimento do seu próprio

---

217. NASCIMENTO, Valéria Ribas do. Direitos fundamentais da personalidade na era da sociedade da informação: transversalidade da tutela à privacidade. *Revista de Informação Legislativa: RIL*, Brasília, DF, v. 54, n. 213, p. 284, jan./mar. 2017. Disponível em: http://www12.senado.leg.br/ril/ edicoes/54/213/ril_v54_n213_p265. Acesso em: 12 dez. 2019.

218. BOLESINA, Iuri. *Direito à extimidade*: as inter-relações entre identidade, ciberespaço e privacidade. Florianópolis: Empório do Direito, 2017. p. 152.

219. NASCIMENTO, Valéria Ribas do. Direitos fundamentais da personalidade na era da sociedade da informação: transversalidade da tutela à privacidade. *Revista de Informação Legislativa: RIL*, Brasília, DF, v. 54, n. 213, p. 283, jan./mar. 2017. Disponível em: http://www12.senado.leg.br/ril/ edicoes/54/213/ril_v54_n213_p265. Acesso em: 12 dez. 2019.

220. BOLESINA, Iuri. *Direito à extimidade*: as inter-relações entre identidade, ciberespaço e privacidade. Florianópolis: Empório do Direito, 2017. p. 232.

221. BOLESINA, Iuri. *Direito à extimidade*: as inter-relações entre identidade, ciberespaço e privacidade. Florianópolis: Empório do Direito, 2017. p. 242.

projeto existencial, sem o receio de que, mediante alguma violação à sua dignidade, possa estar desamparada.

Vale ressaltar que a ideia do direito à extimidade em muito se aproxima da autodeterminação informativa desenvolvida por Antonio-Enrique Pérez Luño, que, em resumo, pode ser qualificada como o direito de informação, de acesso e de controle dos dados existentes na *Internet* e inerentes à pessoa. Dito de outra maneira, é a liberdade do indivíduo quanto a possibilidade de expor ou não determinadas informações a seu respeito, inclusive possibilitando a limitação dessa exposição frente a certas finalidades anteriormente esclarecidas.[222]

Neste ponto, alerta Anderson Schreiber que o futuro da privacidade depende de reflexões a respeito da exposição excessiva, principalmente quando influenciada pelas inovações tecnológicas. Tudo isso, conclui o autor, sempre ressaltando a necessidade de evitar a redução da pessoa humana a simples objeto da curiosidade alheia.[223] Logo, caso ocorra alguma restrição ao exercício da extimidade, é neste momento que a proteção de dados surge como necessária.[224] Afinal, "os dados pessoais não só se caracterizam como prolongamento da pessoa (subjetividade), mas, também, influenciam essa perspectiva relacional da pessoa (intersubjetividade)."[225]

Por todas as razões expostas, é possível afirmar que a proteção de dados pessoais tem como fundamento o direito à privacidade, entretanto, aquele deve ser considerado um direito autônomo. Dito de outra maneira, a proteção de dados ultrapassa o âmbito da privacidade, tendo em vista que se trata mais de um fenômeno coletivo, totalmente relacionado ao avanço tecnológico, inclusive servindo de base para o desenvolvimento da liberdade informática, ou autodeterminação informativa, exigindo uma tutela jurídica evidentemente específica.

Como se não bastasse, ao verificar a relação entre privacidade e vigilância, conforme exposto alhures, é ingenuidade não relacionar os direitos da personalidade sem notar o laço existente, nem sempre visível, que une a questão da privacidade, da vigilância e da proteção de dados pessoais. Consequentemente, Danilo Doneda destaca a importância de sustentar-se a ideia de metamorfose das estruturas clássicas, isto é, a ideia de que não houve uma ruptura com a ideia de privacidade classicamente construída, mas que "seu centro de gravidade tenha se reposicionado decisivamente

---

222. LIMBERGER, Têmis. Cibertransparência: informação pública em rede e o direito ao esquecimento. In: STRECK, Lenio Luiz; ROCHA, Leonel Severo; ENGELMANN, Wilson (Org.). *Constituição, sistemas sociais e hermenêutica.* Anuário do Programa de Pós-Graduação em Direito da Unisinos. Porto Alegre: Livraria do Advogado, 2017. p. 209.

223. SCHREIBER, Anderson. *Direitos da personalidade.* São Paulo: Atlas, 2014. p. 168.

224. Tal fato fica evidente ao se analisar a própria LGPD, que expressamente impõe a proteção dos dados pessoais mesmo se expostos pelo próprio titular, nos termos do art. 7, § 4°, *ipsis litteris:* "É dispensada a exigência do consentimento previsto no caput deste artigo para os dados tornados manifestamente públicos pelo titular, resguardados os direitos do titular e os princípios previstos nesta Lei." BRASIL. *Lei 13.709, de 14 de agosto de 2018.* Dispõe sobre a proteção de dados pessoais e altera a Lei 12.965, de 23 de abril de 2014 (Marco Civil da Internet). Disponível em: http://www.planalto.gov.br/ccivil_03/_ato2015-2018/2018/lei/L13709.htm. Acesso em: 20 jun. 2019.

225. BIONI, Bruno Ricardo. *Proteção de dados pessoais:* a função e os limites do consentimento. Forense: Rio de Janeiro, 2019. p. 84.

em função da multiplicidade de interesses envolvidos e da sua importância na tutela da pessoa humana."[226]

Neste aspecto, vale sempre lembrar que tanto a tutela da privacidade quanto da proteção de dados fundamentam-se na proteção da pessoa, em seu âmbito de dignidade. Sendo assim, a proteção de dados pessoais deve ser considerada um direito fundamental, da personalidade e, última análise, nas relações de consumo, um direito básico do consumidor, conforme já exposto.

Como se nota, há uma confluência entre a personalidade humana, a privacidade, os dados pessoais, a vida na sociedade de consumo e as tecnologias de comunicação em rede. Obviamente, as ameaças residem tanto no poder dos Estados quanto na capacidade das empresas privadas de poder coletar, processar, armazenar e usar os dados pessoais, para os mais diversos fins possíveis, seja com o intuito discriminatório, seja com o intuito de promover o assédio ao consumo. Assim, evidentemente há um deslocamento do comportamento negativo de a pessoa ser "deixada só" para a nova compreensão pautada na gestão e controle de dados pessoais.[227]

3.4 A PROTEÇÃO DOS DADOS PESSOAIS COMO DIREITO BÁSICO DO CONSUMIDOR

Ao descrever a sociedade contemporânea, é inevitável considerar a importância da informação no mundo de modo a exigir também do Direito o reconhecimento da sua função essencial de tutelar as pessoas frente a esse novo contexto informacional e, consequentemente, novo ambiente social.[228]

Isso porque, com a ampliação da capacidade de difusão de informações através da evolução dos meios de comunicação, ampliaram-se também, talvez na mesma medida, os riscos e os perigos a que as pessoas estão submetidas, consoante destacado pelas possibilidade advindas da vigilância eletrônica, seja pelo Estado, sejam pelas pessoas privadas, em especial pelas grandes empresas de tecnologia.[229] É dizer que, "como conclusão antecipada, sem receio de equívocos, compreender também esse

---

226. DONEDA, Danilo. *Da privacidade à proteção de dados pessoais*. Rio de Janeiro: Renovar, 2006, p.48.
227. RODOTÀ, Stefano. *A vida na sociedade da vigilância*: a privacidade hoje. Trad. Danilo Doneda e Luciana Cabral Doneda. Rio de Janeiro: Renovar, 2008. p. 93.
228. Ana Frazão destaca que a manchete da capa da revista *The Economist*, de junho de 2017, ao apontar os dados pessoais como recursos econômicos mais importantes do presente contexto, revela a necessidade de proteção dos dados pessoais. FRAZÃO, Ana. Fundamentos da proteção dos dados pessoais: noções introdutórias para a compreensão da importância da lei geral da proteção de dados. In: FRAZÃO, Ana; TEPEDINO, Gustavo; OLIVA, Milena Donato (Coord.). *Lei geral de proteção de dados pessoais e suas repercussões no direito brasileiro*. São Paulo: Thomson Reuters Brasil, 2019. p. 24.
229. Citando o pensamento de Marc Andreessen, Ana Frazão destaca que os gigantes da *Internet* estão dominando a economia mundial. E um dos principais riscos a respeito disso é o referente aos consumidores, tendo em vista que plataformas como o Facebook, Google, Amazon, Aliaba e Tencent usaram técnicas comuns às utilizadas em cassinos para promover o vício psicológico no consumo. FRAZÃO, Ana. Fundamentos da proteção dos dados pessoais: noções introdutórias para a compreensão da importância da lei geral da proteção de dados. In: FRAZÃO, Ana; TEPEDINO, Gustavo; OLIVA, Milena Donato (Coord.). *Lei geral de proteção de dados pessoais e suas repercussões no direito brasileiro*. São Paulo: Thomson Reuters Brasil, 2019. p. 45.

ambiente como *locus* de promoção da pessoa e não de aviltamento ou de rebaixamento de qualidade de vida."[230]

Assim, é possível notar que o conceito envolvendo a privacidade sofreu fortes mutações no decorrer do século XX, dando origem a outros direitos tão importantes quanto os já reconhecidos direitos fundamentais clássicos, como a liberdade e a igualdade. Em verdade, conforme já mencionado, para além do caráter negativo do direito à privacidade, emergiu-se a dimensão de proteção de dados, à medida em que o tratamento informatizado dos dados passou a revelar aspectos capazes de individualizar as pessoas pelo cruzamento de informações nitidamente privadas. Neste sentido, "se considerarmos o que aconteceu no último século, podermos descrever um processo de inexorável reinvenção da privacidade".[231]

Assim, nota-se que a partir do momento em que a tecnologia tornou possível o armazenamento e o processamento de dados pessoais, a proteção da privacidade associou-se à própria proteção de dados pessoais, de modo que, "nesse contexto, percebe-se alteração não apenas do conteúdo do direito à privacidade mas também do seu léxico, passando a ser denominada privacidade informacional, proteção de dados pessoais, autodeterminação informativa, entre outros".[232]

Diante disso, importante se faz demonstrar a análise de Stefano Rodotà, isto é, segundo o autor a diferenciação entre o direito da vida privada e a proteção de dados encontra-se principalmente no âmbito de tutela. Enquanto a vida privada reflete principalmente um aspecto de proteção individualista, no sentido de impedir a interferência, de maneira estática e negativa; a proteção de dados já se refere a regras sobre o mecanismo de processamento de dados, determinando a legitimidade para tomada de medidas, de modo dinâmico, por seguir os dados pessoais em seus movimentos.[233] Com efeito, prossegue o autor defendendo que a privacidade surge de um direito de ser deixado em paz, ou seja, não ser agredido em suas peculiaridades íntimas enquanto pessoa, para, no atual contexto, desenvolver-se ao direto de controle sobre as próprias informações e, além disso, a possibilidade de determinar como a esfera privada existencial deverá ser construída[234], conforme se defende na proteção dos dados pessoais.

Em verdade, nota-se que a proteção de dados pessoais surge mantendo um nexo de continuidade com o direito de privacidade, sendo deste oriundo, mas atualizando-se e promovendo características e tutelas próprias. Pode-se, assim dizer, que "a proteção de dados é uma das facetas do conceito maior de privacidade, e que brotou e floresceu

---

230. MARTINS, Fernando Rodrigues. Sociedade da informação e promoção à pessoa: empoderamento humano na concretude de novos direitos fundamentais. In: MARTINS, Fernando Rodrigues. *Direito privado e policontextualidade*: fontes, fundamentos e emancipação. Rio de Janeiro: Lumen Juris, 2018. p. 401.
231. RODOTÀ, Stefano. *A vida na sociedade da vigilância*: a privacidade hoje. Trad. Danilo Doneda e Luciana Cabral Doneda. Rio de Janeiro: Renovar, 2008. p. 15.
232. MENDES, Laura Schertel. *Privacidade, proteção de dados e defesa do consumidor*: linhas gerais de um novo direito fundamental. São Paulo: Saraiva, 2014. p. 32.
233. RODOTÀ, Stefano. *A vida na sociedade da vigilância*: a privacidade hoje. Trad. Danilo Doneda e Luciana Cabral Doneda. Rio de Janeiro: Renovar, 2008. p. 17.
234. RODOTÀ, Stefano. *A vida na sociedade da vigilância*: a privacidade hoje. Trad. Danilo Doneda e Luciana Cabral Doneda. Rio de Janeiro: Renovar, 2008. p. 17.

3 • O DEVER DE RESPEITO AOS DIREITOS DA PERSONALIDADE 109

por decorrência do desenvolvimento tecnológico ocorrido nas últimas décadas."[235] Em síntese, através da proteção de dados pessoais as garantias que antes se relacionavam com o direito à privacidade são tratadas de maneira mais específica, diante da manipulação de dados.[236] Relevante destacar que o direito de proteção de dados surge como instrumento de tutela não dos dados em si, mas sim da pessoa de onde advieram todas essas informações privadas, em especial diante dos consideráveis riscos que o tratamento de dados atualmente pode provocar.

A proteção de dados parte do pressuposto de que, atualmente, parte da personalidade da pessoa humana é constituída de dados, como mencionado na ideia de "corpo eletrônico", e é por isso que é possível defender que a proteção de dados pessoais é hoje uma nova espécie de direito da personalidade[237], capaz de auxiliar na garantia da dignidade, paridade, não discriminação e liberdade da pessoa humana[238], constituindo, também, nítido direito fundamental.[239]

No atual cenário social, a ideia de vida privada transmuda-se para a perspectiva do "pessoal", razão pela qual o direito tutelado não se refere essencialmente às informações privadas mas sim as pessoais.[240] Com razão, defende Stéfano Rodotà que se antes a lógica passava pelo ciclo "pessoa-informação-sigilo", atualmente trabalha-se com a perspectiva "pessoa-informação-circulação-controle-gestão"[241], inclusive permitindo uma releitura da ideia de "ser deixado em paz", agora no ambiente da *Internet*.

Daí porque se torna imprescindível a tutela da pessoa em sua integralidade, de modo que os dados pessoais são peças essenciais para que se assegure, no atual contexto, liberdade e igualdade efetivas. Neste sentido, cabe destacar que a LGPD, inspirada no Regulamento Geral europeu (GPDR), expressamente limitou sua aplicação, já nos artigos iniciais, a favor tão somente das pessoas naturais, demonstrando a diretriz humanista dessa proteção.[242]

---

235. MALDONADO, Viviane Nóbrega. Direitos dos titulares de dados. In: BLUM, Renato Opice; MALDONADO, Viviane Nóbrega (Coord.). Comentários ao GDPR: regulamento geral de proteção de dados da União Europeia. São Paulo: Thomson Reuters Brasil, 2018. p. 86-87.

236. DONEDA, Danilo. *Da privacidade à proteção de dados pessoais.* Rio de Janeiro: Renovar, 2006. p. 204.

237. Daí porque defende-se que a proteção de dados é um direito fundamental, que deriva da associação entre o direito fundamental à privacidade e direito ao livre desenvolvimento da personalidade, inclusive no âmbito virtual.

238. VAINZOF, Rony. Dados pessoais, tratamento e princípios. In: BLUM, Renato Opice; MALDONADO, Viviane Nóbrega (Coord.). Comentários ao GDPR: *regulamento geral de proteção de dados da União Europeia*. São Paulo: Thomson Reuters Brasil, 2018. p. 48.

239. Conforme já mencionado, destaca-se que em 2019 foi apresentada a Proposta de Emenda à Constituição 17, que visa elevar a arquitetura dos dados pessoais ao nível dos direitos fundamentais. Em verdade, a proposta visa alterar a Constituição Federal para incluir a proteção de dados pessoais entre os direitos e garantias fundamentais e para fixar a competência privativa da União para legislar sobre proteção e tratamento de dados pessoais. Importante mencionar que a proposta ainda está em tramitação no Congresso Nacional. BRASIL. Senado Federal. *PEC 17/2019.* Proposta de Emenda à Constituição. Disponível em: https://www.camara.leg.br/proposicoes Web/fichadetramitacao?idProposicao=2210757. Acesso em: 13 abr. 2020.

240. NASCIMENTO, Valéria Ribas do. Direitos fundamentais da personalidade na era da sociedade da informação: transversalidade da tutela à privacidade. *Revista de Informação Legislativa: RIL*, Brasília, DF, v. 54, n. 213, p. 272, jan./mar. 2017. Disponível em: http://www12.senado.leg.br/ril/edicoes/54/213/ril_v54_n213_p265. Acesso em: 13 abr. 2020.

241. RODOTÀ, Stefano. *A vida na sociedade da vigilância*: a privacidade hoje. Trad. Danilo Doneda e Luciana Cabral Doneda. Rio de Janeiro: Renovar, 2008. p. 93.

242. Consoante o artigo 1º (1) da GDPR, "O presente regulamento estabelece regras relativas à proteção das pessoas naturais no que diz respeito ao tratamento de dados pessoais e regras relativas à livre circulação de dados pessoais."

Assim, cumpre aqui destacar que, com a evolução tecnológica, a informação por si só passou a se desmaterializar, permitindo o seu processamento por computadores através do sistema binário de dígitos (1 e 0).[243] Daí porque, com o passar do tempo, foi possível digitalizar e facilitar o acesso e a transferência de diversas informações, inclusive as mais complexas. Como se não bastasse, o sistema binário permitiu, além da expansão quantitativa, uma mutação qualitativa, na medida em que a organização da informação se tornou muito mais precisa e de fácil acesso. É neste contexto que, conforme supracitado, advém a sociedade pautada essencialmente na informação.

Diante disso, torna-se necessário destacar que os termos "dados" e "informações", são frequentemente utilizados como sinônimos, inclusive como o foi até agora neste trabalho, pois ambas servem pera definir um fato da realidade. Entretanto, para melhor acerto metodológico, é preciso ressaltar que entre esses dois termos existem diferenças sutis que precisam ser apreciadas para melhor compreensão da temática de proteção de dados.

Em verdade, é possível dizer que o "dado" é o sistema bruto e primitivo da informação, isto é, um fato isolado, que por si só não desenvolve nenhum conhecimento, como uma espécie de "pré-informação".[244] Todavia, a partir do momento em que esses "dados" passam por tratamento, ou seja, são processados e devidamente organizados, tornando-se algo inteligível, se tornam verdadeiras "informações".

A informação, portanto, carrega consigo um sentido instrumental capaz de reduzir incertas e promover análises lógicas. Em resumo, dado é qualquer informação em potencial, enquanto a informação é composta por atos ou sinais que, depois de devidamente interpretados, são dotados de sentido.

Diante disso, ao se tratar de "banco de dados" é preciso compreender que há uma dinâmica de entrada (*input*) de dados, com o devido tratamento, para uma posterior saída (*output*) de informações relevantes.[245] Em outras palavras, o banco de dados se qualifica diante de uma lógica capaz de organizar um conjunto de informações esparsas, podendo ser administrado de maneira manual ou através da informática, em busca da produção de um conhecimento inteligível.

É neste ponto que, diante da informática e das novas tecnologias da informação, esse processamento de dados, com uma determinada finalidade lógica, se tornou automatizado, havendo uma notável guinada qualitativa no que se refere à disposição de

---

(tradução nossa). EUROPEAN UNION. *General Data Protection Regulation (GDPR)*. [S. l.], 2018 Disponível em: https://gdpr-info.eu/art-4-gdpr/. Acesso em: 01 nov. 2019. Neste mesmo sentido, dispõe o artigo 1º da LGPD, "Esta Lei dispõe sobre o tratamento de dados pessoais, inclusive nos meios digitais, por pessoa natural ou por pessoa jurídica de direito público ou privado, com o objetivo de proteger os direitos fundamentais de liberdade e de privacidade e o livre desenvolvimento da personalidade da pessoa natural." BRASIL. *Lei 13.709, de 14 de agosto de 2018*. Dispõe sobre a proteção de dados pessoais e altera a Lei 12.965, de 23 de abril de 2014 (Marco Civil da Internet). Disponível em: http://www.planalto.gov.br/ ccivil_03/_ato2015-2018/2018/lei/L13709.htm. Acesso em: 01 nov. 2019.

243. BIONI, Bruno Ricardo. *Proteção de dados pessoais*: a função e os limites do consentimento. Rio de Janeiro: Forense, 2019. p. 7.

244. DONEDA, Danilo. *Da privacidade à proteção de dados pessoais*. Rio de Janeiro: Renovar, 2006. p.152.

245. BIONI, Bruno Ricardo. *Proteção de dados pessoais*: a função e os limites do consentimento. Rio de Janeiro: Forense, 2019. p. 37.

informações. É dizer que foi a tecnologia da informação que permitiu, de maneira mais precisa e efetiva, que a informação dispersa tenha se transformando em informação organizada.[246] Em resumo, conforme expõe Bruno Bioni, o banco de dados precisa ser compreendido "atrelado à ideia de um sistema de informação, cuja dinâmica explicita, sequencialmente, um processo que se inicia pela coleta e estruturação de dados, perpassa a extração de uma informação que, por fim, agrega conhecimento."[247]

Diante disso, a importância dos bancos de dados se torna ainda mais evidente ao destacar que as informações decorrentes de seu processamento podem ser usadas para tomadas de decisões táticas e estratégicas. Dito de outra forma, após os dados estarem devidamente estruturados e organizados, o conhecimento produzido é capaz de sustentar tomadas de decisões, como por exemplo, através da técnica denominada "mineração de dados" ou "*data mining*".[248]

Não obstante, a evolução tecnológica se revela ainda mais efetiva diante do *Big Data*, que representa o êxtase desse processo de mineração de dados.[249] Atualmente, uma simples busca na *Internet*, ou mesmo uma conversa em redes sociais, já é capaz de produzir informações suficientes para serem utilizadas na promoção de publicidades virtuais de consumo, sendo estas direcionadas incansavelmente ao consumidor que teve os seus dados coletados virtualmente, promovendo um nítido assédio ao consumo.[250]

Neste ponto que o Direito apresenta a sua essencial participação, afinal, quanto mais a informação passa a ter utilidade na sociedade, em especial no mercado de consumo, maiores são as possibilidades de influir e induzir comportamentos, inclusive aqueles que expõe a pessoa ao risco ou mesmo ao dano efetivo. Atualmente, boa parte da liberdade das pessoas, principalmente quando se refere ao ambiente virtual, está submetida à estrutura de comunicação e informação.[251]

Vale lembrar que é necessário buscar o prudente equilíbrio axiológico entre a tecnologia (no sentido de aplicação do conhecimento científico visando a produção de produtos e serviços) e os novos direitos fundamentais, essenciais ao livre desen-

---

246. RODOTÀ, Stefano. *A vida na sociedade da vigilância*: a privacidade hoje. Trad. Danilo Doneda e Luciana Cabral Doneda. Rio de Janeiro: Renovar, 2008. p. 134.

247. BIONI, Bruno Ricardo. *Proteção de dados pessoais*: a função e os limites do consentimento. Rio de Janeiro: Forense, 2019. p. 37.

248. De maneira simplificada, o *data mining* "consiste na busca de correlações, recorrências, formas, tendências e padrões significativos a partir de quantidades muito grande de dados, com o auxílio de instrumentos estatísticos e matemáticos." DONEDA, Danilo. *Da privacidade à proteção de dados pessoais*. Rio de Janeiro: Renovar, 2006.

249. LINDSTROM, Martin. *Small data*: como poucas pistas indicam grandes tendências. Trad. Rodrigo Peixoto. 1. ed. Rio de Janeiro: HapperCollins Brasil, 2016. p. 34.

250. Segundo expõe Laura Mendes: "diversas são as técnicas que possibilitam a extração de valiosas informações a partir dos dados coletados, como a *Datawarehousing*, *Data Mining*, *Online Analytical Processing* (OLAP), Construção de Perfil (*Profiling*) e Sistema de Avaliação (*Scorring*)"MENDES, Laura Schertel. *Privacidade, proteção de dados e defesa do consumidor*: linhas gerais de um novo direito fundamental. São Paulo: Saraiva, 2014. p. 108.

251. Neste ponto, Ana Frazão, citando Nick Srnicek, destaca que o capitalismo do século XXI passou a ter como centro do mercado a captação e o uso de dados pessoais. FRAZÃO, Ana. Fundamentos da proteção dos dados pessoais: noções introdutórias para a compreensão da importância da Lei geral da proteção de dados. In: FRAZÃO, Ana; TEPEDINO, Gustavo; OLIVA, Milena Donato (Coord.). *Lei geral de proteção de dados pessoais e suas repercussões no direito brasileiro*. São Paulo: Thomson Reuters Brasil, 2019. p. 24.

volvimento das pessoas.[252] Com efeito, com apoio em Simson Garfinkel, tal busca de balanceamento se insere em um contexto em que a ampliação da tecnologia aparentemente reduz direitos fundamentais, como a privacidade, na mesma medida em que a proteção de direitos fundamentais conteria e reduziria o desenvolvimento das tecnologias da informação.[253]

Neste sentido, têm-se indícios de que o caminho mais seguro é aquele que indica a superação da dicotomia entre direitos fundamentais (com destaque para a privacidade) e tecnologia, para a concepção de que é possível uma harmonização desses dois valores. Daí porque é relevante a lembrança de que entre o desenvolvimento econômico e a preservação ambiental, dois ideais a princípio completamente antagônicos, já se assentou o desejado equilíbrio, evidenciando pelas noções de "desenvolvimento sustentável". Por analogia, parece prudente buscar, no ramo tecnológico, também esse ideal de "sustentabilidade tecnológica".[254]

Tudo isso porque, a partir do momento em que uma determinada informação passa a ter um vínculo objetivo com uma pessoa específica, seja por características ou por ações, como no caso do nome, data de nascimento ou profissão, maiores são as preocupações jurídicas. É que a partir desse conhecimento é possível traçar perfis pessoais sobre atos de consumo, manifestações, opiniões, ideologias partidárias, dentre outras, revelando aspectos privados da pessoa capazes de promover a indevida vigilância, conforme supracitado e, de maneira ainda mais abusiva, prever e induzir comportamentos, como aqueles direcionados ao consumo irrefletido.

Em verdade, a partir do momento em que as pessoas passam a ser cada vez mais avaliadas e classificadas de acordo com as informações que são coletadas a seu respeito, a proteção dessas informações extrapola a mera esfera da privacidade.[255] Isso porque, atualmente, toda essa utilização de informações pessoais figura como um componente primordial para determinar o grau de liberdade e de autonomia da pessoa, em especial nas relações de consumo.

---

252. MARTINS, Fernando Rodrigues. Sociedade da informação e promoção à pessoa: empoderamento humano na concretude de novos direitos fundamentais. In: MARTINS, Fernando Rodrigues. *Direito privado e policontextualidade*: fontes, fundamentos e emancipação. Rio de Janeiro: Lumen Juris, 2018. p. 402.

253. GARFINKEL, Simson *apud* MENDES, Laura Schertel. *Privacidade, proteção de dados e defesa do consumidor*: linhas gerais de um novo direito fundamental. São Paulo: Saraiva, 2014. p. 33.

254. Com efeito, importante a reflexão de Caio Lima, no que se refere às legislações de proteção de dados, pois segundo o autor: "Naturalmente, o foco é a proteção de direitos e garantias fundamentais do cidadão, com o objetivo de mitigar os riscos, em relação ao que pode ser levado a efeito, a partir da coleta e do futuro uso, compartilhamento, armazenamento, entre outros, desses dados. E isso tudo precisa ser pensado de forma a evitar que essa regulamentação não engesse novos modelos de negócios, em especial diante da nova sociedade da informação tecnológica em que vivemos [...] [...] e que cada vez mais se utilizam de dados pessoais como substrato da geração de valor para praticamente todos os tipos de empresas, desde as pequenas até as grandes corporações." LIMA, Caio César Carvalho. Objeto, aplicação material e aplicação territorial. BLUM, Renato Opice; MALDONADO, Viviane Nóbrega (Coord.). *Comentários ao GDPR*: regulamento geral de proteção de dados da União Europeia. São Paulo: Thomson Reuters Brasil, 2018. p. 24.

255. DONEDA, Danilo. Princípios e proteção de dados pessoais. In: LUCCA, Newton de; SIMÃO FILHO, Adalberto; LIMA, Cíntia Rosa Pereira de (Coord.). *Direito & internet III*: marco civil da internet. São Paulo: Quartier Latin, 2015. t. 1, p. 370.

3 • O DEVER DE RESPEITO AOS DIREITOS DA PERSONALIDADE

Dito de outro modo, aquele consumidor que não pode estimar em que medida os fornecedores tem conhecimento sobre seus próprios dados pessoais pode ter sua liberdade consideravelmente mitigada, principalmente quando começa a receber publicidades relacionadas aos seus desejos mais secretos, que só quem detém conhecimento pessoal íntimo do consumidor saberia.[256]

Por sua vez, surge a técnica capaz de elaborar o perfil de comportamento da pessoa a partir dos seus dados pessoais, técnica denominada como *profiling*. Com base nessa sistemática, os dados são tratados por diversos métodos a fim de se obter uma "metainformação", ou seja, através de um conjunto de comportamentos, hábitos, preferências e desejos, traçando-se um quadro com possíveis decisões futuras.[257] Essa técnica possibilita uma porção de aplicações, desde casos que envolvem a segurança de um país até o envio seletivo e direcionado de publicidades somente aos potenciais consumidores.

Sendo assim, o presente texto, visando demonstrar como a publicidade virtual deve respeitar os direitos básicos do consumidor, da personalidade e fundamentais, parte do pressuposto de que a proteção das informações pessoais deve ser amplamente respeitada, demonstrando ainda maior repulsa às práticas publicitárias irrefreáveis, em especial as práticas de *marketing* que se aproveitam de dados pessoais de maneira indevida.

Isso porque a supracitada dinâmica de mineração de dados possibilita que uma porção de dados referentes às pessoas sejam gerenciados com o intuito de promover publicidades específicas e personalizadas, e na maioria das vezes não solicitadas, que acabam importunando a pessoa e induzindo-a a comportamentos logicamente indesejados. Consequentemente, fora a perturbação de sossego, esse tipo de prática dá indícios de se enquadrar como abusiva quanto ao devido respeito à liberdade do consumidor e mesmo infringindo princípios de proteção de dados, como o da finalidade específica.

Daí porque é possível reconhecer a proteção de dados pessoais como um dos mais relevantes direitos básicos reconhecidos ao consumidor atualmente, e conforme supracitado, orienta-se no sentido dos direitos da personalidade, fundamentais e humanos.[258] Afinal, em uma sociedade da informação, onde dados pessoais dos consumidores são tratados de maneira cada vez mais intensos, por meio de tecnologias cada vez mais avançadas, é preciso também ampliar a tutela da personalidade do consumidor. Afinal,

---

256. Cita-se aqui o problema do acesso por empresas das *webcams* e câmeras de *smartphones* com a finalidade de registrar padrões de comportamento do consumidor. Darren Bridger identifica esse processo como codificação de ação facial (*facial action coding – FAC*) segundo o qual as câmeras dos aparelhos são usadas para captar a atividade muscular facial do consumidor, que serve como base para a inferência das sete emoções básicas que ele está vivenciando enquanto promove seus atos de consumo virtuais. BRIDGER, Darren. *Neuromarketing*: como a neurociência aliada ao design pode aumentar o engajamento e a influência sobre os consumidores. São Paulo: Autêntica Business, 2018. p. 30.

257. DONEDA, Danilo. *Da privacidade à proteção de dados pessoais*. Rio de Janeiro: Renovar, 2006. p.173.

258. O surgimento da necessidade de tutela dos dados pessoais com o desenvolvimento tecnológico propiciou a ascensão dessa proteção ao patamar de direitos fundamentais, conforme determina o próprio Regulamento Geral de Proteção de Dados da União Europeia (GDPR). MALDONADO, Viviane Nóbrega. Direitos dos titulares de dados. In: BLUM, Renato Opice; MALDONADO, Viviane Nóbrega (Coord.). *Comentários ao GDPR*: regulamento geral de proteção de dados da União Europeia. São Paulo: Thomson Reuters Brasil, 2018. p. 87.

"a proteção dos dados pessoais é instrumental para que a pessoa possa livremente desenvolver sua personalidade."[259]

Em razão disso, nota-se que a concretização da proteção do consumidor no atual contexto somente pode ser atingida com o reconhecimento de um direito básico do consumidor à proteção de dados pessoais, envolvendo uma dupla dimensão, qual seja, a de tutela da personalidade do consumidor contra os riscos inerentes à coleta, processamento, utilização e circulação dos dados pessoais (legitimidade do tratamento de dados pessoais) e, também, através do empoderamento do consumidor no sentido de controlar o fluxo de seus dados na sociedade (autodeterminação informativa do consumidor).[260]

Neste sentido, cabe mencionar a proposta do Projeto de Lei 3.514/15, que pretende atualizar as disposições do CDC para dispor sobre o comércio eletrônico, inclusive tratando de maneira específica a proteção de dados pessoais como direito básico do consumidor. Segundo a proposta legislativa[261]:

Art.6º São direitos básicos do consumidor:

XI – a privacidade e a segurança das informações e dados pessoais prestados ou coletados, por qualquer meio, inclusive o eletrônico, assim como o acesso gratuito do consumidor a estes e a suas fontes;

Mais do que nunca, é preciso ser reconhecida a necessária integridade humana nas diferentes posições jurídicas que a pessoa assume durante a vida, inclusive dentro do contexto da sociedade de consumo e do mundo virtual, posto que "o processo descritivo deve ser passível de diferenciadas conclusões considerando a funcionalidade investigativa fragmentada, em outras palavras: policentexturalidade."[262]

Desse modo, visando melhor acerto metodológico, a proteção de dados será inicialmente exposta diante da evolução geracional das leis que surgiram com este intuito, para logo em seguida demonstrar a importância da regulação de dados pessoais na Europa e, adiante, expor como o Brasil, por meio especialmente da LGPD, trabalha com a temática.

É, em síntese, o que estará adiante.

---

259. BIONI, Bruno Ricardo. *Proteção de dados pessoais*: a função e os limites do consentimento. Rio de Janeiro: Forense, 2019. p. 83.

260. MENDES, Laura Schertel. A *vulnerabilidade do consumidor quanto ao tratamento de dados pessoais*. In: MARQUES, Claudia Lima; GSELL, Beate. Novas tendências do direito do consumidor: rede Alemanha-Brasil de pesquisas em direito do consumidor. São Paulo: Ed. RT, 2015. *Ebook*.

261. BRASIL. Câmara dos Deputados. *Projeto de Lei PL 3514/2015*. Altera a Lei 8.078, de 11 de setembro de 1990 (Código de Defesa do Consumidor), para aperfeiçoar as disposições gerais do Capítulo I do Título I e dispor sobre o comércio eletrônico, e o art. 9º do Decreto-Lei 4.657, de 4 de setembro de 1942 (Lei de Introdução às Normas do Direito Brasileiro), para aperfeiçoar a disciplina dos contratos internacionais comerciais e de consumo e dispor sobre as obrigações extracontratuais. Disponível em: https://www.camara.leg.br/proposicoesWeb/fichadetramitacao?Id Proposicao=2052488. Acesso em: 19 dez. 2019.

262. MARTINS, Fernando Rodrigues. Sociedade da informação e promoção à pessoa: empoderamento humano na concretude de novos direitos fundamentais. In: MARTINS, Fernando Rodrigues. *Direito privado e policontexturalidade*: fontes, fundamentos e emancipação. Rio de Janeiro: Lumen Juris, 2018. p. 403.

3.4.1 Breve desenvolvimento histórico das Leis de Proteção de Dados Pessoais

Ao analisar a privacidade como expoente dos direitos da personalidade na era virtual, destacou-se que o século XX foi um período de verdadeira reinvenção da privacidade, posto que a partir deste período o seu caráter positivo trouxe-se consigo a nova dimensão de proteção de dados pessoais. Consoante supracitado, a mudança fica ainda mais clara a partir da segunda metade do século XX, posto que se passou a relacionar cada vez mais a privacidade com situações envolvendo informações armazenadas em bancos de dados.

Em verdade, tal fato pode se associar a dois fatores fundamentais no contexto dos Estados denominados pós-industriais, a saber, a burocratização, tanto do setor público quanto privado; e o desenvolvimento nunca antes visto das tecnologias da informação. Com efeito, esses dois fatores destacam o movimento de processamento de dados pessoais, visando finalidades administrativas, investigativas, empresariais, estatísticas, dentre outras, tanto por governos das mais variadas ideologias quanto por grandes empresas.[263] Tudo isso, obviamente, visando tomadas de decisões econômicas, políticas e sociais, evidenciando que quem tem acesso às informações tem controle do poder.

Com efeito, é possível destacar a *Internet*, uma vez que é o fenômeno tecnológico capaz de promover a transformação do conhecimento através da comunicação, sendo a precursora da Sociedade da Informação em razão do vetor setorial e transnacional que alcança. É dizer que a *Internet* e a informação são as bases da sociedade pós-industrial ou do conhecimento.[264]

Dessa maneira, é possível notar que a proteção de dados se alterou conforme também ocorreram, na sociedade, transformações econômicas e sociais em razão do desenvolvimento e da ampliação da utilização da tecnologia. Daí porque a análise do desenvolvimento histórico das leis de proteção de dados se mostra relevante não só para a adequada compreensão do fenômeno, mas também para evidenciar os problemas que são enfrentados sobre o tema ainda hoje. Afinal, é sempre bom lembrar que não é a tecnologia em si que é a causa dos riscos e perigos envolvendo as pessoas, mas sim o tratamento, especialmente jurídico, que são tomados com relação à tecnologia.

Desse modo, partindo da clássica exposição geracional promovida por Viktor Mayer-Schönberger, é possível notar as principais características que demonstram a evolução histórica das normas que visam regular a problemática dos dados pessoais.[265] Obviamente, "a proteção de dados na Europa foi concebida a partir da evolução de

---

263. MENDES, Laura Schertel. *Privacidade, proteção de dados e defesa do consumidor*: linhas gerais de um novo direito fundamental. São Paulo: Saraiva, 2014. p. 33.
264. MARTINS, Fernando Rodrigues. Sociedade da informação e promoção à pessoa: empoderamento humano na concretude de novos direitos fundamentais. In: MARTINS, Fernando Rodrigues. *Direito privado e policontextualidade*: fontes, fundamentos e emancipação. Rio de Janeiro: Lumen Juris, 2018. p. 406.
265. MAYER-SCHÖNBERGER, Viktor *apud* MENDES, Laura Schertel. *Privacidade, proteção de dados e defesa do consumidor*: linhas gerais de um novo direito fundamental. São Paulo: Saraiva, 2014. p. 37. Destaca que este autor também é citado por ampla doutrina, como o próprio Danilo Doneda, ao abordar a evolução histórica das leis de proteção de dados.

conceitos"[266], e em razão da sua influência em diversas legislações pelo mundo, imprescindível a compreensão dos conceitos básicos.

A princípio, na década de 70, considerada a primeira geração das normas de proteção de dados, que surgem visando a centralização dessas informações em um grande banco de dados, são previstas em um contexto de intensificação do tratamento de dados tanto pelos Estados quanto por empresas privadas. Como reação a esse tipo de prática, começam a surgir leis como a do Estado alemão de Hesse, em 1970; a Lei de Dados da Suécia, em 1973, o Estatuto de Proteção de Dados do Estado alemão de Rheinland-Pfalz, em 1974; e a Lei Federal de Proteção de Dados da Alemanha, em 1977.

Como se vê, toda essa problemática surge no contexto de desenvolvimento do Estado Social, que visando a promoção das políticas públicas necessárias para o cumprimento de suas finalidades, demandava maior conhecimento a respeito das características dos administrados. Aliás, até mesmo nos EUA surge a ideia de organização de um grande banco de dados, evidenciada pelo caso do *National Data Center*, isto é, um banco de dados que pretendia centralizar informações a respeito de "todos os cidadãos americanos em relação a data de nascimento, cidadania, registros escolares, serviço militar, registros de impostos, benefícios da previdência social, registro do espólio, e, eventualmente, registros criminais."[267] Todavia, em razão da grande reação negativa promovida pela população, notadamente com ideologia liberal, o *National Data Center* nunca foi efetivado.

Neste mesmo período, destaca-se o projeto SAFARI – *Système Automatisé pour les Fichiers Administratifs er le Répertoire des Individus*, implementado na França, que visava promover os dados pessoais dos franceses por meio de sistemas informatizados da administração pública.[268] Aqui também, assim como nos Estados Unidos, em razão da repercussão social negativa, não se implementou o projeto.

Nesta época, a reação da população diante da ampliação da coleta e do processamento de dados foi de temor, em razão dos poderes de controle que seriam transferidos a um sistema totalmente desumanizado, colocando em riscos direitos e liberdades fundamentais.

Dessa forma, a primeira geração de leis de proteção de dados tem como ponto em comum a normatização prévia e procedimental, isto é, prevendo exigências como a licença ou mesmo o registro em órgãos competentes antes do seu funcionamento. Consoante se nota, esse primeiro contexto de normatização focou muito mais no estabelecimento de procedimentos rígidos legais do que na proteção efetiva dos dados das pessoas. O objeto de regulação dessas leis, portanto, era o próprio banco de dados, sem muita preocupação com os direitos das pessoas.[269]

---

266. MALDONADO, Viviane Nóbrega. Direitos dos titulares de dados. In: BLUM, Renato Opice; MALDONADO, Viviane Nóbrega (Coord.). *Comentários ao GDPR*: regulamento geral de proteção de dados da União Europeia. São Paulo: Thomson Reuters Brasil, 2018. p. 87.

267. MENDES, Laura Schertel. *Privacidade, proteção de dados e defesa do consumidor*: linhas gerais de um novo direito fundamental. São Paulo: Saraiva, 2014. p. 39.

268. DONEDA, Danilo. *Da privacidade à proteção de dados pessoais*. Rio de Janeiro: Renovar, 200. p.190.

269. Neste sentido, aponta Danilo Doneda que: "A disciplina de proteção de dados pessoais foi, sem dúvida, incubada pelos impulsos tecnocráticos dentro da administração pública que seguiram o pós-guerra e que, na década de 1960, com a concorrência informática, inspiraram projetos como os do National Data Center ou o SAFARI. [...]

3 • O DEVER DE RESPEITO AOS DIREITOS DA PERSONALIDADE

Com o passar do tempo, a idealização de um banco de dados centralizado ruiu, afinal, o desenvolvimento tecnológico permitiu o surgimento do processamento de dados sendo feito de maneira descentralizadas. Assim, muito além da insatisfação social, a primeira geração de normas de proteção de dados viu-se inutilizada a partir do momento em que se proliferaram diversos bancos de dados, impossíveis de serem devidamente regulamentados de maneira prévia e com as exigências procedimentais e autorizações exigidas.

Surge, assim, espaço para o advento da segunda geração de normas de proteção de dados, buscando, enfim, trabalhar com a questão da privacidade das pessoas. Neste contexto, muito mais do que a preocupação com um procedimento rígido que devesse ser seguido na coleta e no processamento de dados, diante da difusão de vários bancos de dados, criados e gerenciados por Estados e por empresas privadas diversas, o foco torna-se a proteção das pessoas.

Um dos exemplos mais importantes de leis que surgiram neste contexto é a lei francesa de proteção de dados, de 1978. Essa norma, muito além de tratar especificadamente do fenômeno computacional, passou a ter como foco a proteção de dados como reflexo da privacidade, como uma verdadeira liberdade negativa, a ser exercida pelo próprio titular.[270]

Ainda assim, nota-se a ampliação de poderes conferidos a autoridades administrativas competentes para a tutela de dados, diante da insatisfação dos cidadãos que sofriam com o uso de dados por terceiros sem as devidas autorizações necessárias. Com efeito, a ideia de "privacidade informacional" passa a ter previsão nas constituições da Áustria, Espanha e Portugal e, neste mesmo contexto, destaca-se as leis da Dinamarca e da Noruega.

É importante ressaltar que é neste contexto que a controvérsia envolvendo o consentimento das pessoas começa a ganhar maior destaque. Em verdade, passou-se a notar que a disponibilização de dados não era tão livre quanto se parecia, afinal, caso a pessoa não aceitasse se submeter ao fornecimento dos dados podia sofrer exclusão social. Isso porque o fornecimento de dados começou efetivamente a relacionar-se, principalmente, com o acesso dos consumidores a determinados benefícios e comodidades do mercado de consumo, ou seja, o fornecimento de dados, a partir desse período, passa a ser uma conduta indispensável para a efetiva participação social.[271]

Adiante, na década de 80, surge a terceira geração de leis de proteção de dados, que tem como marco histórico a decisão do Tribunal Constitucional alemão, em 1983, que declarou a inconstitucionalidade de trechos da Lei do Censo, reconhecendo aos

---

[...] Os primeiros sistemas de proteção de dados pessoais preocupavam-se basicamente com o Estado, como administrador dos dados de seus cidadãos." DONEDA, Danilo. *Da privacidade à proteção de dados pessoais*. Rio de Janeiro: Renovar, 2006. p. 205-206.

270. DONEDA, Danilo. *Da privacidade à proteção de dados pessoais*. Rio de Janeiro: Renovar, 2006. p. 209.

271. Neste sentido, Viktor Mayer-Schönberger questiona: "A proteção de dados pessoais como liberdade individual pode proteger a liberdade do indivíduo. Ela pode oferecer ao indivíduo a possibilidade de não conceder informações a seu respeito que lhe são solicitadas. Mas qual será o custo que se tem a pagar por isso? É aceitável que a proteção de dados pessoais possa ser exercida somente por eremitas?" MAYER-SCHÖNBERGER, Viktor *apud* MENDES, Laura Schertel. *Privacidade, proteção de dados e defesa do* consumidor: linhas gerais de um novo direito fundamental. São Paulo: Saraiva, 2014. p. 41.

cidadãos alemães o direito à autodeterminação informativa. Sendo assim, o Tribunal alemão consagrou a ideia de que as pessoas devem possuir o controle do processamento de seus próprios dados, reconhecendo carga participativa maior dos indivíduos. Neste sentido, expõe Stefano Rodotà que, seguindo essa tendência, percebe-se que a relação entre os interesses dos indivíduos e as modalidades de circulação de informações ganha maior clareza, ampliando o princípio de consentimento a um direito à autodeterminação informativa, com valor constitucional.[272]

Após essa decisão do Tribunal alemão, foram promovidas emendas na lei da Áustria de 1986, na Lei Federal de Proteção de Dados Pessoais alemã, na lei da Noruega e regulação constitucional do tema na Holanda. Isso tudo porque o fornecimento de dados pessoais passou a levar em conta também o contexto no qual seria solicitado, ora compreendendo pela ausência de consentimento livre, em razão de eventuais condicionantes, ora sendo passível de ampla liberdade de decidir, revelando a necessidade de garantir a autonomia da pessoa frente aos dados de que é titular.

Além disso, neste contexto, diante de novas tecnologias, ampliaram-se também as formas de transmissão das informações, tornando os bancos de dados conectados em rede. Em razão disso, nota-se a dificuldade em localizar fisicamente onde eram feitos os tratamentos de dados, além de maior preocupação em acompanhar todo o processo, desde a coleta de dados até a devida utilização da informação por terceiros.[273]

Ocorre que, novamente, diante dos custos de se exercer o direito de autodeterminação, ou seja, diante da possibilidade de exclusão social ou mesmo da privação de acesso a determinados bens e serviços, as pessoas continuaram sem as devidas proteções. Assim, novamente reacende-se a discussão a respeito do consentimento, afinal, a partir do momento em que a pessoa havia consentido com o tratamento de dados, não haveria possibilidade de reclamar posteriormente. A autodeterminação informativa, assim, ficava limitada a uma minoria que decidia assumir tais custos.

Com base nisso que surge a quarta geração de leis, visando proteger de maneira mais efetiva às pessoas, em especial diante das novas tecnologias que surgiam, superando a concepção de que a proteção de dados poderia ser tutelada somente pela escolha ou consentimento individual.[274]

Com efeito, nota-se pontos fundamentais que identificam esse contexto normativo, como por exemplo, a facilitação do autocontrole sobre os dados pessoais, pelos próprios

---

272. RODOTÀ, Stefano. *A vida na sociedade da vigilância*: a privacidade hoje. Trad. Danilo Doneda e Luciana Cabral Doneda. Rio de Janeiro: Renovar, 2008. p. 45.

273. DONEDA, Danilo. *Da privacidade à proteção de dados pessoais*. Rio de Janeiro: Renovar, 2006. p. 211-212.

274. Neste ponto, destaca Stefano Rodotà que: "Há trinta anos, quando se estava no auge das discussões sobre os riscos para a privacidade e se avençavam as primeiras hipóteses legislativas sobre a proteção das informações pessoais, fazia-se referência a uma realidade tecnológica na qual os computadores que então estavam em operação, em cujo funcionamento se inspirava a leitura do problema na época, catastrófica ou não, equivaliam em sua potência de cálculo aos atuais computadores pessoais. Dessa constatação, não se pode tirar somente a conclusão, apressada, que se multiplicaram, para além do imaginável, os riscos então denunciados, quase como se os atuais usos dos computadores pessoais correspondessem perfeitamente àqueles daquelas grandes centrais de processamento de dados de então." RODOTÀ, Stefano. *A vida na sociedade da vigilância*: a privacidade hoje. Trad. Danilo Doneda e Luciana Cabral Doneda. Rio de Janeiro: Renovar, 2008. p. 43.

titulares e, além disso, a complementação das normas gerais de proteção de dados por normas setoriais, mais específicas, como as que envolvem saúde ou crédito ao consumo. Neste sentido, nesta geração, as normas buscam fortalecer a posição da pessoa frente aos institutos que promovem a coleta e o tratamento de dados, principalmente reconhecendo a vulnerabilidade dos titulares dos dados diante dos usos destes por terceiros.

Dessa maneira, surge a possibilidade de as pessoas promoverem reclamações individuais a respeito da violação às normas de proteção de dados pessoais, ampliando o direito à autodeterminação informativa. Não obstante, de maneira aparentemente contraditória, estabelece-se dados pessoais que, devido a sua relevância, são retirados da esfera de controle e de disponibilidade das pessoas. Surge, assim, a ideia de dados pessoais considerados sensíveis, como aqueles relacionados a questões genéticas, opção sexual, política ou religiosa, que por terem grande potencial de acarretar discriminações indevidas, receberam tutela jurídica mais aprofundada.

Dito de outra forma, cria-se a categoria específica de dados considerados sensíveis, os quais, caso sejam processados, possibilitam utilização discriminatória. O surgimento dessa categoria foi fruto de uma observação pragmática, "da diferença que apresentam o efeito do tratamento destes dados em relação aos demais."[275] Com efeito, o poder de "barganha" do titular com relação a este tipo de dados é reduzido, tendo em vista a busca por maior proteção da pessoa, em sua dignidade.

Todo esse paradigma, segundo Viktor Mayer-Schönberger, é refletido na Diretiva Europeia sobre proteção de dados pessoais de 1995.[276] E como se pode perceber, toda essa evolução histórica mencionada foi essencial para o desenvolvimento de legislações extremamente relevantes, como o Regulamento Geral sobre a Proteção de Dados (GPDR) 2016/679, criado em 2018, que revogou a Diretiva Europeia supracitada e serviu como base para o desenvolvimento, no Brasil, da Lei 13.709/2018, denominada Lei Geral de Proteção de Dados Pessoais.

Neste sentido, apesar das diversas regulações ajustadas ao contexto jurídico específico de cada país, é notável que existem alguns princípios comuns à proteção de dados pessoais, sendo possível pensar em um regime jurídico de proteção de dados, conforme Colin Bennett denominou de "tese da convergência".[277] Dito de outra forma, diante da busca por modelos jurídicos válidos e eficientes, a análise das gerações de leis de proteção de dados permite o agrupamento lógico de princípios, em um verdadeiro "núcleo comum"[278] que vai permitir a convergência das legislações que possuem a finalidade de tutela de dados.

Dessa maneira, aproximando as legislações que tratam sobre o tema em diversos países do mundo, pelo conteúdo e pela forma, é possível destacar que o princípio básico é o do controle, ou seja, a garantia de controle dos dados pessoais pelo próprio titular,

---

275. DONEDA, Danilo. *Da privacidade à proteção de dados pessoais*. Rio de Janeiro: Renovar, 2006. p. 161.
276. MAYER-SCHÖNBERGER, Viktor *apud* MENDES, Laura Schertel. *Privacidade, proteção de dados e defesa do consumidor*: linhas gerais de um novo direito fundamental. São Paulo: Saraiva, 2014. p. 44.
277. BENNETT, Colin *apud* MENDES, Laura Schertel. *Privacidade, proteção de dados e defesa do consumidor*: linhas gerais de um novo direito fundamental. São Paulo: Saraiva, 2014. p. 44.
278. DONEDA, Danilo. *Da privacidade à proteção de dados pessoais*. Rio de Janeiro: Renovar, 2006. p. 215.

conforme exposto diante da ideia de autodeterminação informativa. Essa autodeterminação, uma verdadeira expansão da autonomia privada, tem como base o consentimento do titular, que determinará os dados que poderão ser utilizados, desde que respeitados diversos princípios que serão adiante apresentados, como a transparência e a finalidade. Em verdade, o consentimento é um ponto específico dentro da proteção de dados que carrega consigo uma porção de debates polêmicos, demandando uma análise mais cautelosa.

Mesmo assim, é possível perceber que o controle sobre os dados é um ponto nevrálgico em quase todas as normas de proteção de dados, emergindo direitos subjetivos relacionados a esse controle, como o direito de acesso ou retificação, consoante já é possível no Brasil desde o advento do remédio constitucional de *habeas data*.

Com efeito, o panorama geral de proteção de dados é a previsão constitucional por meio de garantia constitucional instrumentalizando um direito fundamental e, além disso, a concretização deste direito por meio de uma lei geral sobre proteção de dados. Neste ponto, tratando do modelo de lei geral, destacando a figura da autoridade administrativa, Laura Mendes descreve que a importância de um modelo de lei geral. Isso porque, assim sendo, constrói-se uma arquitetura que busca consolidar a proteção de dados como um setor de políticas públicas, responsável pela implementação da legislação e da cultura da privacidade no país.[279]

Para criar uma ideia central de proteção de dados, Stefano Rodotà aponta alguns princípios que se sustentam desde as primeiras normas que trataram o tema. Segundo o autor, a proteção de dados deve se basear no i) princípio da correção, tanto na coleta quanto no tratamento das informações; ii) princípio da exatidão quanto aos dados coletados, bem como sua devida atualização; iii) princípio da finalidade, que deverá especificar qual será o uso, mantendo a permanente relação entre a finalidade e a utilização; iv) princípio do direito ao esquecimento, diante da necessidade de transformação em dados anônimos a partir do momento em que as informações não forem mais necessárias, v) princípio da publicidade, exigindo o registro público dos bancos de dados; vi) princípio do acesso individual, como direito de acesso aos dados pelo próprio titular e, por fim; vii) princípio da segurança, quanto à coletânea de dados.[280]

Seguindo esse mesmo raciocínio, ou seja, visando tratar os dados pessoais de maneira semelhante, na Europa, o GPDR tem como princípios i) a licitude, lealdade e transparência; ii) a limitação das finalidades; iii) a minimização dos dados e a limitação da conservação; iv) a exatidão, e a; v) a integridade e confidencialidade.[281]

Como se não bastasse, no Brasil, a LGPD, estabeleceu como princípios i) a finalidade; ii) a adequação, isto é compatibilidade do tratamento com as finalidades; iii)

---

279. MENDES, Laura Schertel. *Privacidade, proteção de dados e defesa do consumidor*: linhas gerais de um novo direito fundamental. São Paulo: Saraiva, 2014. p. 49.

280. RODOTÀ, Stefano. A vida na sociedade da vigilância: a privacidade hoje. Trad. Danilo Doneda e Luciana Cabral Doneda. Rio de Janeiro: Renovar, 2008. p. 59.

281. VAINZOF, Rony. Dados pessoais, tratamento e princípios. In: BLUM, Renato Opice; MALDONADO, Viviane Nóbrega (Coord.). *Comentários ao GDPR*: regulamento geral de proteção de dados da União Europeia. São Paulo: Thomson Reuters Brasil, 2018. p. 50-71.

3 • O DEVER DE RESPEITO AOS DIREITOS DA PERSONALIDADE

a necessidade, iv) o livre acesso; v) a qualidade dos dados, quanto a exatidão, clareza, relevância e atualização; vi) a transparência; vii) a segurança; viii) a prevenção; ix) a não discriminação e; x) a responsabilização e a prestação de contas.[282] Neste sentido, sustenta-se a norma geral em cinco eixos principais, quais sejam, "i) unidade e generalidade da aplicação da lei; ii) legitimação para o tratamento de dados (hipóteses autorizativas); princípios e direitos do titular; iv) obrigações dos agentes de tratamento de dados; v) responsabilização dos agentes."[283]

Diante do exposto, verificando a existência de um núcleo comum de proteção de dados, evidenciado pelos princípios que regem essa tutela, já é possível demonstrar como a proteção de dados é trabalhada no Brasil, permitindo, posteriormente, relacionar essa regulação com as práticas publicitárias.

3.4.2   A Lei Geral de Proteção de Dados Pessoais no Brasil

Conforme reiteradamente mencionado, independentemente da denominação dada para a sociedade contemporânea, todas elas perpassam por um denominador comum, qual seja, a informação[284], de modo que o Brasil também encontra-se inserido neste contexto. Assim, sustentada por uma economia cada vez mais globalizada, a informação tornou-se o elemento substancial e vital para as relações sociais, envolvendo perspectivas como o do comércio eletrônico, da circulação de obras digitais, dos direitos do autor, dentre outras.

Todavia, por questões metodológicas, a presente pesquisa, apesar de abarcar os direitos da informação, se delimitará ao estudo do vetor que cuida da proteção essenciais aos dados pessoais. Conforme se percebe, "dado pessoal é a moeda da economia contemporânea, mormente a digital."[285] Isso porque, ao se investigar as questões publicitárias, é imprescindível notar que os dados pessoais se tornaram um dos principais insumos da atividade econômica, em todos os ramos possíveis.

Desse modo, nota-se que o mercado desenvolveu modelos de negócios em que os fluxos de bases de dados é um dos elementos essenciais, inclusive para a ampliação dos lucros. Diante, portanto, do papel fundamental do tratamento de dados pessoais nas sociedades contemporâneas, o Direito passou a ter de lidar com esse fenômeno e com os seus efeitos. Consequentemente, a regulação jurídica dos dados, umbilicalmente

---

282. COTS, Márcio e OLIVEIRA, Ricardo. *Lei geral de proteção de dados pessoais comentada*. São Paulo: Thomsons Reuteres Brasil, 2018. p. 95-102.

283. MENDES, Laura Schertel; DONENDA, Danilo. Reflexões iniciais sobre a nova lei geral de proteção de dados. *Revista de Direito do Consumidor*. Ano 2018, v. 120, p. 471, nov./dez. 2018.

284. Defende Salete Boff que "A sociedade da informação (ou sociedade informacional, como prefere Castells), marca da atualidade, indica o atributo de forma específica de organização social na qual a geração, o processamento e a transmissão de informação se convertem nas fontes fundamentais da produtividade e do poder por conta das novas condições tecnológicas surgidas neste período histórico". BOFF, Salete Oro (coord.). *Proteção de dados e privacidade*: do direito às novas tecnologias na sociedade da informação. Lumen Juris: Rio de Janeiro, 2018. p. 9.

285. VAINZOF, Rony. Dados pessoais, tratamento e princípios. In: BLUM, Renato Opice; MALDONADO, Viviane Nóbrega (Coord.). *Comentários ao GDPR*: regulamento geral de proteção de dados da União Europeia. São Paulo: Thomson Reuters Brasil, 2018. p. 50-71.

relacionado à necessária garantia da privacidade, conforme supracitado, passou a ser tema de relevantes discussões jurídicas.

Talvez em razão disso que as maiores potências mundiais se esforçam, de maneira ativa, para o desenvolvimento de uma economia baseada em dados, afinal, é sempre oportuno lembrar que os dados são considerados o novo petróleo, ou seja, a nova fonte de riqueza no mercado.[286] Daí porque desponta a necessidade da devida regulamentação jurídica desse fenômeno, visando o equilíbrio entre os interesses econômicos e os sociais, inclusive, possibilitando o reconhecimento do Estado enquanto "porto seguro de investimentos, na medida em que se conseguirá ter clara dimensão sobre os limites do que é permitido ou proibido, quais são as responsabilidades e riscos, além das sanções [...]"[287], garantindo a necessária segurança jurídica exigida para fins de investimentos econômicos.

Desse modo, é notável que são enormes os desafios enfrentados pela proteção do direito à proteção de dados na Sociedade da Informação, em especial enquadrando o direito à privacidade como uma forma de impedir que o avanço tecnológico viole o direito da pessoa usufruir da navegação via *Internet* sem interferência alheia e, além disso, sem sofrer fortes pressões para o consumo desenfreado. Diante dessa dimensão, tornou-se discussão mundial a utilização de dados pessoais pelo mercado, demonstrando a importância da proteção dos dados pessoais enquanto fator necessário para a promoção da vida das pessoas.

De fato, sem desconsiderar as questões históricas, resumidamente abordadas, e as diversas normas existentes sobre o tema, que são por demais relevantes, por razões metodológicas, o presente trabalho irá destacar somente o chamado "General Data Protection Regulation (GDPR) 2016/67", traduzido como Regulamento Geral sobre a Proteção de Dados, elaborado na União Europeia, visando a proteção dos dados pessoais dos cidadãos europeus e no território da União Europeia.[288] Isso porque, sem dúvidas, essa legislação gerou fortes influências legislativas no mundo todo[289], afinal, estabeleceu que as empresas europeias ficariam impedidas de negociar com empresas de países que ainda não possuíam legislações de proteção de dados semelhantes ao GDPR. Aliás, esta era a situação vivenciada pelo Brasil à época.[290]

---

286. VAINZOF, Rony. Disposições preliminares. In: BLUM, Renato Opice; MALDONADO, Viviane Nóbrega (Coord.). *LGPD*: lei geral de proteção de dados comentada. São Paulo: Thomson Reuters Brasil, 2019. p. 40.

287. LIMA, Caio César Carvalho. Objeto, aplicação material e aplicação territorial. In: BLUM, Renato Opice; MALDONADO, Viviane Nóbrega (Coord.). *Comentários ao GDPR*: regulamento geral de proteção de dados da União Europeia. São Paulo: Thomson Reuters Brasil, 2018. p. 25.

288. Em verdade, a GDPR possui aplicação em favor dos cidadãos de toda a União Europeia, isto é, de seus 28 países membros, além de outros três países do Espaço Econômico Europeu, quais sejam, a Islândia, a Liechtenstein e a Noruega). Não obstante, o Regulamento também é aplicado aos estrangeiros, desde que em território da União Europeia.

289. "Por certo, a regulamentação sobre a proteção de dados pessoais é um tema extremamente importante no momento atual da Sociedade Digital. Visto que se presta justamente a regular a atividade de tratamento de dados pessoais, que acabaram se tornando verdadeira "moeda" na Internet, além de compor a avalição dos ativos de empresas digitas." PINHEIRO, Patrícia Peck. *Direito digital*. 6. ed. São Paulo: Saraiva, 2016. p. 483.

290. Conforme expõe Patrícia Pinheiro, a GDPR "passou a exigir que os demais países e empresas que buscassem manter relações comerciais com a EU também deveriam ter uma legislação de mesmo nível que o GDPR. Isso porque o Estado que não possuísse lei de mesmo nível passaria a poder sofrer algum tipo de barreira econômica

3 • O DEVER DE RESPEITO AOS DIREITOS DA PERSONALIDADE

Como paradigma central, o GDPR surgiu, de um lado, visando garantir o controle e a compreensão sobre o uso de dados pessoais pelo seu titular, consagrando o direito de autodeterminação informativa, sem impedir, do outro lado, o surgimento de novos modelos de negócio que se baseiam no uso de dados pessoais. Dito de outra maneira, o Regulamento nasce com a missão de tutelar direitos fundamentais sem, em contrapartida, impedir a evolução e o desenvolvimento de novas tecnologias que se aproveitam do uso de dados.

Neste ponto, segundo a própria disposição do preâmbulo do GDPR, um dos objetivos da norma é contribuir para que se realize um espaço amplo de liberdade, segurança e justiça, sem se descuidar da promoção de uma união econômica focada no progresso econômico e social, preservando o bem-estar das pessoas humanas. Daí porque se mostra relevante apontar que o GDPR não trata da proteção de qualquer tipo de dado ou informação, mas tão somente os pessoais. Neste ponto, é inevitável que este dado protegido esteja nitidamente vinculado a uma pessoa humana identificada ou identificável.[291]

Sendo assim, o Regulamento só tutela os dados pessoais, ou seja, aqueles que estejam intrinsicamente vinculados a uma pessoa, necessariamente natural, identificada ou identificável. Com efeito, não é qualquer dado ou informação que encontra amparo na norma, sendo excluídas, por exemplo, informações envolvendo pessoas jurídicas, como informações corporativas, dados estratégicos, balanços financeiros e contábeis etc.

Não obstante, o GDPR classifica esses dados pessoais, para melhor regulação, da seguinte maneira: i) dados pessoais diretos, sendo aqueles que diretamente identificam uma pessoa, como uma fotografia; ii) dados pessoais indiretos, sendo os que necessitam de dados adicionais para identificar uma pessoa, como a placa de um carro ou a geolocalização; iii) dados pessoais especiais, sendo aqueles que revelam questões sensíveis, nucleares da pessoa humana, como a origem racial ou étnica; iv) dados pessoais pseudonimizados, sendo aqueles dados que passam pelo procedimento de pseudonimização, deixando de ser vinculado ao titular; e v) dados anônimos, sendo aqueles que não são pessoais, a partir do momento em que são incapazes de identificar o real titular.[292]

Além disso, o GDPR tem, como escopo material, a aplicação frente a todas as atividades que promovem o tratamento de dados, seja por meio total ou parcialmente automatizado. Em decorrência disso, e considerando ainda a existência da bancos dados que não são completamente automatizados, a GDPR considerou "tecnologicamente

---

ou dificuldade de fazer negócios om os países da EU. Considerando o contexto econômico atual, esse é um luxo que a maioria das nações, especialmente as da América Latina, não poderia se dar." PINHEIRO, Patrícia Peck. *Proteção de dados pessoais*: comentários à lei n. 13.709/18 (LGPD). São Paulo: Saraiva Educação, 2018. p. 18.

291. Neste sentido, dispõe o regulamento, em seu artigo 4º (1) que: "Dados pessoais: qualquer informação relativa a uma pessoa natural identificada ou identificável ("titular dos dados"); uma pessoa natural identificável é aquela que pode ser identificada, direta ou indiretamente, em particular por referência a um identificador, como nome, número de identificação, dados de localização, identificador on-line ou a um ou mais fatores específicos de natureza física, fisiológica, identidade genética, mental, econômica, cultural ou social dessa pessoa natural." EUROPEAN UNION. *General Data Protection Regulation (GDPR)*. [S. l.], 2018 Disponível em: https://gdpr-info. eu/art-4-gdpr/. Acesso em: 01 nov. 2019.

292. VAINZOF, Rony. Dados pessoais, tratamento e princípios. In: BLUM, Renato Opice; MALDONADO, Viviane Nóbrega (Coord.). *Comentários ao GDPR*: regulamento geral de proteção de dados da União Europeia. São Paulo: Thomson Reuters Brasil, 2018. p. 47.

neutro" o tratamento de dados pessoais[293], uma vez que é aplicada inclusive ao tratamento promovido de forma manual, pelo uso de documentos em papel, por exemplo. Isso demonstra, portanto, a aplicação ampla do Regulamento no contexto informativo.

Superado esse enfrentamento inicial, nota-se que em decorrência de um verdadeiro "efeito dominó"[294] ocasionado pela GDPR europeia, foi promulgada no Brasil a Lei 13.709, em 14 de agosto de 2018, conhecida como Lei Geral de Proteção de Dados (LGPD)[295], visando a normatização do tratamento de dados, que até então era uma "terra sem lei"[296] no país.[297] Neste ponto, importante ressaltar que a LGPD se inspira no conceito de modelo europeu de proteção de dados.[298]

Não obstante as diversas leis esparsas que existiam anteriormente tratando sobre o tema, com destaque para a Lei 12.965/14, isto é, o Marco Civil da Internet (que foi inclusive alterado pela própria LGPD), não existia, ainda, no país, uma normatização adequada à tutela de dados pessoais, fato que poderia inclusive criar uma nova barreira econômica ao Brasil no que se refere às relações econômicas com empresas europeias, além de tantas outras já existentes, como a corrupção, a burocracia e a alta carga tributária.

Sendo assim, é importante destacar que a denominação "lei geral" não é por acaso, tendo em vista que a norma se aplica a operação de dados pessoais nas diversas relações jurídicas que sejam possíveis, isto é, das relações de consumo até as relações trabalhistas. Desse modo, nota-se que a LGPD possui aplicabilidade ampla, permitindo o diálogo de fontes com outras normas setoriais, que tratam também sobre o assunto.

Neste ponto, é oportuno lembrar que até a elaboração da LGPD o Brasil tratava as questões de dados pessoais em mais de 30 leis esparsas, como na Lei Geral de Telecomunicações, na Lei do Cadastro Positivo, na Lei do Acesso à Informação, no Marco Civil da Internet, dentre outras. Obviamente, com o início da vigência da LGPD, essas normas anteriores não serão consideradas revogadas, mas sim coexistirão de maneira harmônica, cabendo à Autoridade Nacional de Proteção de Dados e ao Poder Judiciário promover a devida resolução dos conflitos que surgirem, aplicando no caso concreto a

---

293. LIMA, Caio César Carvalho. Objeto, aplicação material e aplicação territorial. In: BLUM, Renato Opice; MALDONADO, Viviane Nóbrega (Coord.) *Comentários ao GDPR*: regulamento geral de proteção de dados da União Europeia. São Paulo: Thomson Reuters Brasil, 2018. p. 26.

294. PINHEIRO, Patrícia Peck. *Proteção de dados pessoais*: comentários à Lei n. 13.709/18 (LGPD). São Paulo: Saraiva Educação, 2018. p. 21.

295. Destaca Caio Lima a inspiração que o GDPR promoveu na LGPD brasileira, segundo o qual "as semelhanças entre ambas as legislações abrangem, desde o escopo material e territorial, conceitos, princípios, direitos, obrigações, [...] [...] formas que autorizam o tratamento de dados, transferência internacional, dentre outros." LIMA, Caio César Carvalho. Objeto, aplicação material e aplicação territorial. In: BLUM, Renato Opice; MALDONADO, Viviane Nóbrega (Coord.). *Comentários ao GDPR*: regulamento geral de proteção de dados da União Europeia. São Paulo: Thomson Reuters Brasil, 2018. p. 25.

296. COTS, Márcio; OLIVEIRA, Ricardo. *Lei geral de proteção de dados pessoais comentada*. Thomsons Reuteres Brasil: São Paulo, 2018. p. 22.

297. Não se desconhece que no final de outubro de 2019 foi apresentado o Projeto de Lei 5.762/19, propondo a alteração da LGPD, para prorrogar sua *vacatio legis* até 15 de agosto de 2022. Se o projeto for aprovado, o Brasil continuará por um grande período sem legislação específica vigente tratando sobre a proteção de dados.

298. MENDES, Laura Schertel; DONENDA, Danilo. Reflexões iniciais sobre a nova lei geral de proteção de dados. *Revista de Direito do Consumidor*, São Paulo, ano 2018, v. 120, p. 469, nov./dez. 2018.

3 • O DEVER DE RESPEITO AOS DIREITOS DA PERSONALIDADE

norma que melhor garantir os direitos das pessoas humanas atingidas.[299] Tal situação fica expressamente consolidada na norma[300], conforme se destaca: "Art. 64. Os direitos e princípios expressos nesta Lei não excluem outros previstos no ordenamento jurídico pátrio relacionados à matéria ou nos tratados internacionais em que a República Federativa do Brasil seja parte."[301]

Vale ressaltar que, de antemão, reconhecendo que a maioria dos casos que envolvem uso de dados pessoais também são relações de consumo, a LGPD deixou expressa a aplicação conjunta das normas de proteção ao consumidor, nos termos seguinte: "Art. 45. As hipóteses de violação do direito do titular no âmbito das relações de consumo permanecem sujeitas às regras de responsabilidade previstas na legislação pertinente."[302] Neste item, relevante lembrar que a tutela do consumidor, diante do paradigma tecnológico, deve ir além das normas específicas das relações de consumo, em imprescindível diálogo com outras legislações, como a lei de proteção de dados pessoais e a norma de defesa da concorrência, por exemplo.

O surgimento da LGPD, assim sendo, amplia a tutela dos direitos do consumidor prevista no CDC, tendo em vista que as normas previstas pela LGPD não excluem aquelas definidas pelo CDC. Isso porque, conforme supracitado, a incidência em comum dos artigos. 7º do CDC e 64 da LGPD evidencia que direitos dos titulares dos dados pessoais devem ser interpretados sob a ótica da complementariedade, sempre com vistas de garantir, na maior medida, a tutela da pessoa humana.

Assim, partindo de fato para a análise da LGPD, foi estabelecido, em seu artigo inaugural a tutela de direitos fundamentais, isto é, esta norma repete a proteção de direitos já previstos em mandamentos constitucionais, a saber, a liberdade, a privacidade e o livre desenvolvimento da personalidade humana.[303] Merece destaque a afirmação de Rafael Ferreira, segundo o qual "todos os estudos sobre a proteção dos dados pessoais levaram a concepção de um novo direito: a identidade informacional. Como qualquer

---

299. LIMA, Caio César Carvalho. Objeto, aplicação material e aplicação territorial. In: BLUM, Renato Opice; MALDONADO, Viviane Nóbrega (Coord.). *Comentários ao GDPR*: regulamento geral de proteção de dados da União Europeia. São Paulo: Thomson Reuters Brasil, 2018. p. 27.

300. "O desafio é particularmente importante, na medida em que as soluções clássicas de conflito de leis no tempo – seja relativa à especialidade de uma das normas, seja da derrogação da Lei mais antiga – não parecem ser adequadas ao presente caso. Uma solução para esse dilema reside na aplicação do diálogo de fontes, desenvolvido por Claudia Lima Marques na esteira dos ensinamentos de Erik Jayme." MENDES, Laura Schertel; DONENDA, Danilo. Reflexões iniciais sobre a nova lei geral de proteção de dados. *Revista de Direito do Consumidor*, São Paulo, ano 2018, v. 120, p. 476, nov./dez. 2018.

301. BRASIL. *Lei 13.709, de 14 de agosto de 2018*. Dispõe sobre a proteção de dados pessoais e altera a Lei 12.965, de 23 de abril de 2014 (Marco Civil da Internet). Disponível em: http://www.planalto.gov.br/ ccivil_03/_ato2015-2018/2018/lei/L13709.htm. Acesso em: 20 jun. 2019.

302. BRASIL. *Lei 13.709, de 14 de agosto de 2018*. Dispõe sobre a proteção de dados pessoais e altera a Lei 12.965, de 23 de abril de 2014 (Marco Civil da Internet). Disponível em: http://www.planalto.gov.br/ ccivil_03/_ato2015-2018/2018/lei/L13709.htm. Acesso em: 20 jun. 2019.

303. "Art. 1º Esta Lei dispõe sobre o tratamento de dados pessoais, inclusive nos meios digitais, por pessoa natural ou por pessoa jurídica de direito público ou privado, com o objetivo de proteger os direitos fundamentais de liberdade e de privacidade e o livre desenvolvimento da personalidade da pessoa natural". BRASIL. *Lei 13.709, de 14 de agosto de 2018*. Dispõe sobre a proteção de dados pessoais e altera a Lei 12.965, de 23 de abril de 2014 (Marco Civil da Internet). Disponível em: http://www.planalto.gov.br/ ccivil_03/_ato2015-2018/2018/lei/L13709.htm. Acesso em: 20 jun. 2019.

outro direito da personalidade, está sustentado pelo princípio da dignidade da pessoa humana".[304] Com efeito, ressalta-se novamente que a proteção dos dados pessoais das pessoas naturais é um direito fundamental garantido em diversas legislações, em vários países.[305]

Outro ponto que merece nova evidência no artigo 1º da lei é que a disposição normativa limitou sua proteção aos dados pessoais da pessoa natural, não estendendo a tutela às pessoas jurídicas. Assim, com notável caráter humanista, a legislação, visando não banalizar a proteção de dados, projetou-se à proteção das pessoas humanas, seres únicos e completos, totalmente suscetíveis às condições adequadas do ambiente[306] para que possam se desenvolver da melhor maneira possível.[307]

Além disso, ressalta-se que, seguindo os avanços da GPDR que serviram de inspiração, a LGPD é uma legislação técnica, reunindo uma série de itens de controle para assegurar o cumprimento das garantias previstas. Neste sentido, a LGDP tem como base a liberdade, a proteção da privacidade e a transparência, se valendo de uma norma de redação principiológica, mas também com previsões técnicas definidas. Conforme aponta Patrícia Pinheiro, as leis de proteção de dados tem como ponto central a utilização de princípios e normatização de ordem técnica, que permitem implementar uma série de itens de controle e auferir de maneira auditável se o compromisso de governança dos dados pessoais está sendo efetivamente cumprido.[308]

Assim como o GDPR, a LGPD inicia sua previsão deixando expresso que tem o objetivo de proteger o titular de dados pessoais, consagrando o direito de autodeterminação informativa, juntamente com garantia da a privacidade e dos direitos humanos, do livre desenvolvimento da personalidade, da dignidade e do exercício da cidadania.[309] Entretanto, também consolidou que a norma não pretende impedir a liberdade de expressão, de informação, de comunicação e de opinião, o desenvolvimento econômico e tecnológico e a inovação, além de continuar promovendo a livre iniciativa e a livre concorrência, com base sempre no respeito pelas leis de defesa do consumidor. Neste contexto, vale sempre lembrar que "não existem direitos absolu-

---

304. FERREIRA, Rafael Freire. *Autodeterminação informativa e a privacidade na sociedade da informação*. 2. ed. Rio de Janeiro: Lumen Juris, 2018. p. 120.

305. Segundo defende Stefano Rodotà, "a proteção de dados constitui não apenas um direito fundamental entre outros: é o mais expressivo da condição humana contemporânea." RODOTÀ, Stefano. *A vida na sociedade da vigilância*: a privacidade hoje. Trad. Danilo Doneda e Luciana Cabral Doneda. Rio de Janeiro: Renovar, 2008. p. 21.

306. Afirma Martin Lindstrom que "As marcas que gostamos, que compramos e com as quais nos rodeamos (e agora você já sabe que defino qualquer coisa como 'marca', das músicas em nossa playlists aos nossos sapatos, lençóis, pastas de dentes e quadros) têm o profundo dom de revelar quem somos." LINDSTROM, Martin. *Small data*: como poucas pistas indicam grandes tendências. Trad. Rodrigo Peixoto. 1. ed. Rio de Janeiro: HapperCollins Brasil, 2016. p. 211.

307. COTS, Márcio; OLIVEIRA, Ricardo. *Lei geral de proteção de dados pessoais comentada*. São Paulo: Thomsons Reuteres Brasil, 2018. p. 54.

308. PINHEIRO, Patrícia Peck. *Proteção de dados pessoais*: comentários à lei n. 13.709/18 (LGPD). São Paulo: Saraiva Educação, 2018. p. 17.

309. A demonstração inicial do caráter protetivo da LGPD deixa evidente que há uma relação jurídica nitidamente desigual entre o titular de dados e os agentes de tratamento. COTS, Márcio e OLIVEIRA, Ricardo. *Lei geral de proteção de dados pessoais comentada*. São Paulo: Thomsons Reuteres Brasil, 2018. p. 59.

tos, mas qualquer limitação a direitos fundamentais deve ocorrer de forma moderada, necessária e proporcional."[310]

Daí porque se mostra relevante apontar que a LGPD também não trata da proteção de qualquer tipo de dado, se limitando a tutela dos dados pessoais. Neste ponto, a própria lei define, em seu artigo 5°, que considera dado pessoal a "informação relacionada a pessoa natural identificada ou identificável".[311] Isso porque, conforme reiteradamente mencionado, os dados pessoais, atualmente, tornaram-se uma das principais moedas de troca para se ter acesso a determinados bens, serviços ou benefícios[312], atraindo portanto novos cuidados necessários para a tutela da pessoa humana.

Com efeito, repita-se que não é qualquer dado que encontra amparo na norma, sendo excluídas, por exemplo, o tratamento de dados realizado por pessoa natural para fins exclusivamente particulares e não econômico. De maneira mais detalhada, o artigo 4 da lei expõe os dados que não estão abarcados pela legislação.[313]

Essa limitação se justifica pela necessidade de reduzir os impactos econômicos e sociais, "visto que há elevados custos na implementação das exigências trazidas pela legislação de proteção de dados pessoais."[314] Além disso, é preciso lembrar que "essa miríade de outros tipos de informações ou documentos encontram tutela em distintos diplomas legais, como a Lei de Propriedade Industrial, a Lei de Direitos Autorias e a Lei de Software"[315], mencionando alguns exemplos.

---

310. VAINZOF, Rony. Disposições preliminares. In: BLUM, Renato Opice; MALDONADO, Viviane Nóbrega (Coord.). LGPD: lei geral de proteção de dados comentada. São Paulo: Thomson Reuters Brasil, 2019. p. 22.

311. BRASIL. *Lei 13.709, de 14 de agosto de 2018*. Dispõe sobre a proteção de dados pessoais e altera a Lei 12.965, de 23 de abril de 2014 (Marco Civil da Internet). Disponível em: http:// www.planalto.gov.br/ ccivil_03/_ato2015-2018/2018/lei/L13709.htm. Acesso em: 20 jun. 2019.

312. PINHEIRO, Patrícia Peck. *Proteção de dados pessoais*: comentários à Lei n. 13.709/18 (LGPD). São Paulo: Saraiva Educação, 2018. p. 30.

313. Art. 4° Esta Lei não se aplica ao tratamento de dados pessoais:

I – realizado por pessoa natural para fins exclusivamente particulares e não econômicos;

II – realizado para fins exclusivamente:

a) jornalístico e artísticos; ou

b) acadêmicos, aplicando-se a esta hipótese os arts. 7° e 11 desta Lei;

III – realizado para fins exclusivos de:

a) segurança pública;

b) defesa nacional;

c) segurança do Estado; ou

d) atividades de investigação e repressão de infrações penais; ou

IV – provenientes de fora do território nacional e que não sejam objeto de comunicação, uso compartilhado de dados com agentes de tratamento brasileiros ou objeto de transferência internacional de dados com outro país que não o de proveniência, desde que o país de proveniência proporcione grau de proteção de dados pessoais adequado ao previsto nesta Lei. BRASIL. *Lei 13.709, de 14 de agosto de 2018*. Dispõe sobre a proteção de dados pessoais e altera a Lei 12.965, de 23 de abril de 2014 (Marco Civil da Internet). Disponível em: http://www.planalto.gov.br/ ccivil_03/_ato2015-2018/2018/lei/L13709.htm. Acesso em: 20 jun. 2019.

314. PINHEIRO, Patrícia Peck. *Proteção de dados pessoais*: comentários à lei n. 13.709/18 (LGPD). Saraiva Educação: São Paulo, 2018. p. 57.

315. VAINZOF, Rony. Disposições preliminares. In: BLUM, Renato Opice; MALDONADO, Viviane Nóbrega (Coord.). *LGPD*: lei geral de proteção de dados comentada. São Paulo: Thomson Reuters Brasil, 2019. p. 19.

Como se não bastasse, algumas terminologias e conceitos trazidos pela lei são inspirados nitidamente na GPDR. Neste sentido, tendo em vista que "a especificação dos termos utilizados no contexto dos dados pessoais é particularmente importante e visa resolver problemas de conceituação e até mesmo categorização que as informações coletadas sofriam"[316], importante mencionar o artigo 5, o qual define literalmente algumas expressões técnicas importantes para a compreensão da proteção de dados no Brasil.[317]

Destaca-se que a LGPD também tem como escopo material a aplicação frente as atividades que promovem o tratamento de dados, seja por meio total ou parcialmente automatizado. Assim como a GDPR, a LGPD considerou "tecnologicamente neutro" o tratamento de dados pessoais, ou seja, regula dados que são tratados de maneira *online* e *off-line*, diferentemente do Marco Civil da *Internet*, que é limitado ao tratamento realizado por meio da *Internet*.[318]

Dessa forma, para o presente trabalho, um dos pontos mais relevantes a serem destacados na LGPD é, conforme seu artigo 2º, inciso VII, que a "disciplina da proteção de dados pessoais tem como fundamento os direitos humanos, o livre desenvolvimento da personalidade, a dignidade e o exercício da cidadania pelas pessoas naturais."[319] Isso porque, conforme exaustivamente exposto, a LGPD cumpre uma função essencial no sistema jurídico de tutelar a nova projeção da personalidade do ser humano, que decorre do tratamento dos dados pessoais.[320]

Com essas reflexões a respeito da proteção de dados, destaca-se que muitas empresas têm realizado a coleta e o tratamento de informações armazenadas em bancos de dados pessoais para estimular o consumo por intermédio das mais diversas publicidades vir-

---

316. PINHEIRO, Patrícia Peck. *Proteção de dados pessoais*: comentários à lei n. 13.709/18 (LGPD). Saraiva Educação: São Paulo, 2018. p. 60.
317. Art. 5º Para os fins desta Lei, considera-se:
    [...] II – dado pessoal sensível: dado pessoal sobre origem racial ou étnica, convicção religiosa, opinião política, filiação a sindicato ou a organização de caráter religioso, filosófico ou político, dado referente à saúde ou à vida sexual, dado genético ou biométrico, quando vinculado a uma pessoa natural;
    III – dado anonimizado: dado relativo a titular que não possa ser identificado, considerando a utilização de meios técnicos razoáveis e disponíveis na ocasião de seu tratamento;
    IV – banco de dados: conjunto estruturado de dados pessoais, estabelecido em um ou em vários locais, em suporte eletrônico ou físico;
    V – titular: pessoa natural a quem se referem os dados pessoais que são objeto de tratamento. BRASIL. *Lei 13.709, de 14 de agosto de 2018*. Dispõe sobre a proteção de dados pessoais e altera a Lei 12.965, de 23 de abril de 2014 (Marco Civil da Internet). Disponível em: http://www.planalto.gov.br/ccivil_03/_ato2015-2018/2018/lei/L13709. htm. Acesso em: 20 jun. 2019.
318. COTS, Márcio; OLIVEIRA, Ricardo. *Lei geral de proteção de dados pessoais comentada*. São Paulo: Thomsons Reuteres Brasil, 2018. p. 78.
319. BRASIL. *Lei 13.709, de 14 de agosto de 2018*. Dispõe sobre a proteção de dados pessoais e altera a Lei 12.965, de 23 de abril de 2014 (Marco Civil da Internet). Disponível em: http://www. planalto.gov.br/ccivil_03/_ato2015-2018/2018/lei/L13709.htm. Acesso em: 20 jun. 2019.
320. Neste sentido, bem aponta Rony Vainzof, segundo o qual: "Estamos, afinal, tratando de informações de cunho íntimo e pessoal, cuja associação à personalidade de um indivíduo específico pode não apenas o identificar, como revelar muito a seu respeito, a ponto de impactar o seu próprio exercício de cidadania. Lembrando Philip Agre, controlar informação pessoal é controlar a identidade do seu próprio projeto de mundo. É a liberdade de que a construção da própria identidade não sofrerá coação de forma injusta." VAINZOF, Rony. Disposições preliminares. In: BLUM, Renato Opice; MALDONADO, Viviane Nóbrega (Coord.). *LGPD*: lei geral de proteção de dados comentada. São Paulo: Thomson Reuters Brasil, 2019. p. 51.

tuais. Aliás, estudos revelam que o *e-commerce* no Brasil acumula taxas de crescimento constantes e significativas, tendo faturado em 2016 cerca de R$44,4 bilhões, fortemente impulsionado pelos anúncios publicitários dirigidos, que induzem os usuários da rede ao consumo.[321]

Em razão disso, é importante destacar como a lei de proteção de dados deve servir como um verdadeiro filtro às publicidades virtuais, novamente, tendo em vista que os dados pessoais compõem parte da personalidade das pessoas. Para tanto, importante se faz compreender como as publicidades adquiriram maior vigor na sociedade de consumo, em especial por meio do uso de informações pessoais.

Em verdade, esse controle previsto pela LGPD é cada vez mais essencial no mercado de consumo, tendo em visa a presumida vulnerabilidade dos consumidores quanto aos poderes privados. Assim, a desigualdade informacional é tamanha que impede o consumidor de tomar decisões livres e informadas a respeito do fluxo de seus dados. Neste sentido, é importante destacar que a LGPD, ao proteger o tratamento de dados pessoais, "não reduz a autonomia do consumidor no controle de seus dados; ao contrário, trata-se de garantir a sua liberdade efetiva, a partir da verificação do respeito à boa-fé objetiva e às suas legítimas expectativas.[322]

Com base nisso, as publicidades virtuais também devem respeitar o uso de dados pessoais, sob pena de se tornarem abusivas e ilícitas, violando direitos essenciais às pessoas, em especial, a partir do momento que utilizam, sem o devido consentimento, informações pessoais para o direcionamento das mensagens publicitárias. Neste caso, tornam-se perturbadoras e indesejadas, retirando do consumidor um dos direitos mais essenciais no contexto da hiperinformação: o sossego!

---

321. BIONI, Bruno Ricardo. *Proteção de dados pessoais*: a função e os limites do consentimento. Forense: Rio de Janeiro, 2019. p. 18.

322. MENDES, Laura Schertel. A vulnerabilidade do consumidor quanto ao tratamento de dados pessoais. In: MARQUES, Claudia Lima; GSELL, Beate. *Novas tendências do direito do consumidor*: rede Alemanha-Brasil de pesquisas em direito do consumidor. São Paulo: Ed. RT, 2015. *Ebook*.

4
AS PUBLICIDADES IMPORTUNADORAS E O DANO DE ASSÉDIO DE CONSUMO

A facilidade e a ampliação da comunicação proporcionadas pelo desenvolvimento da tecnologia possibilitaram evidente expansão da economia, posto que esta superou fronteiras e limitações, ampliando sobremaneira a exposição de produtos e serviços no mercado.[1] Evidentemente, a economia contemporânea reduziu custos e facilitou a aproximação das partes contratantes frente as inúmeras ofertas e, além disso, diante da possibilidade de o próprio consumidor buscar, em rede, onde há a oferta de produtos e serviços de seu interesse. Ao considerar todos os subsistemas sociais modificados pela Sociedade da Informação, o econômico é o mais beneficiado, posto que o conhecimento tem capacidade de se transformar facilmente em substrato para a produção industrial[2] e, em última análise, em objeto de troca nas relações comerciais.

Em verdade, partindo do pressuposto de que a própria informação tornou-se produto oferecido amplamente no mercado virtual, a publicidade ganha destaque como instrumento estratégico do *marketing,* inclusive em relação retroalimentadora[3], afinal, é a forma mais barata e mais efetiva de comunicação comercial que se conhece.[4] Dito de outra maneira, no último século, o desenvolvimento da publicidade, com destaque para as virtuais, promovidas através da *Internet*[5], foi um dos fatores que mais contribui para a mudança paradigmática no mercado, transformando o sistema econômico em uma verdadeira economia virtualizada.[6]

Inevitável apontar a importância da publicidade, tendo em vista que amplia as possibilidades de as empresas difundirem seus produtos e serviços. Como se não bastasse, é papel também da publicidade auxiliar os consumidores a encontrarem os bens

---

1. LORENZETTI, Ricardo. *Comércio eletrônico*. São Paulo: Ed. RT, 2004. p. 354.
2. MARTINS, Fernando Rodrigues. Sociedade da Informação e proteção da pessoa. *Revista da Associação Nacional do Ministério Público do Consumidor*, Brasília, DF, v. 2, n. 2, p. 6, 2016.
3. PASQUALOTTO, Adalberto. *Os efeitos obrigacionais da publicidade no código de defesa do consumidor*. São Paulo: Ed. RT, 1997. p. 15.
4. Neste sentido, afirma Adalberto Pasqualotto que: "Na economia, [a publicidade] transformou-se simplesmente em mola-mestra, insuflando necessidades para depois supri-las com o oferecimento irresistível de produtos necessários. Ela é a moda. Movimenta as artes, o esporte. Influencia a moral dominante. Serve de divulgação do bem e do mal. E além de tudo, representa em si mesma uma milionária indústria mundial." PASQUALOTTO, Adalberto. *Os efeitos obrigacionais da publicidade no código de defesa do consumidor*. São Paulo: Ed. RT, 1997. p. 15.
5. Cláudio Torres aponta que "a *Internet* trouxe para o mundo dos negócios uma grande novidade: o acesso instantâneo às informações sobre produtos e serviços." TORRES, Cláudio. *A bíblia do marketing digital*: tudo o que você queria saber sobre marketing e publicidade na internet e não tinha a quem perguntar. São Paulo: Novatec, 2018. p. 22.
6. MARTINS, Fernando Rodrigues. Sociedade da Informação e proteção da pessoa. *Revista da Associação Nacional do Ministério Público do Consumidor*, Brasília, DF, v. 2, n. 2, p. 5, 2016.

que procuram, seja para satisfação das necessidades básicas, seja para a satisfação dos demais desejos íntimos. Afinal, o ser humano também precisa de bens que vão além das necessidades básicas primitivas, muitas vezes denominados supérfluos, como aqueles relacionados à diversão, ao lazer, aos prazeres, à distração etc.[7]

Dessa forma, a publicidade é hoje um instrumento necessário para o desenvolvimento econômico e social, levando em consideração que dificilmente um fornecedor consegue conquistar seu público-alvo, ou mesmo manter seus clientes cativos, sem investir na divulgação da sua atividade.

Em razão disso, é preciso destacar que, apesar do caráter persuasivo inerente à própria noção de publicidade, esta prática negocial trouxe transformações econômicas extremamente significativas para o mercado. Afinal, no mercado de consumo, competir é anunciar[8], fazendo essa prática parte do processo de livre mercado e de livre concorrência. Conforme aponta Antonio Benjamin, "em um ponto, entretanto, críticos e defensores do *marketing* concordam: na sua ausência, os produtos e serviços dificilmente seriam os que temos a nossa disposição, ou, mesmo que fossem, não teriam as características que apresentam."[9]

Todavia, é preciso bastante cautela quando se trata das questões jurídicas envolvendo a publicidade, pois assim como qualquer fato social, a publicidade, se totalmente desregulada, sob o argumento da liberdade de expressão e do livre mercado, pode produzir ilicitudes patentes e, em último caso, gerar danos significativos nas pessoas expostas às práticas de mercado. Afinal, liberdade ilimitada não é direito![10]

Vale lembrar, inclusive, que sob a ótica constitucional, o mercado é bem fundamental da coletividade considerada, tendo projeção difusa e, por isso, regulado por leis de ordem pública, de modo que "o direito se impõe como sistema de limites."[11] Assim, é preciso refletir a respeito do tratamento jurídico dado a publicidade no Brasil, em especial, diante da Lei de Proteção de Dados brasileira, indicando a necessária hermenêutica promocional da pessoa humana.

Dito de outra forma, é preciso reconhecer que a publicidade deriva da livre iniciativa econômica e da livre concorrência, contudo, afirma-se igualmente a legalidade da imposição de limites publicitários, em especial diante da necessidade de preservar a autonomia dos consumidores que a recebem e, não obstante, outros direitos básicos, como a própria integridade psíquica, representada pelo direito ao sossego, como faceta negativa do direito de proteção de dados.

---

7. MALTEZ, Rafael Tocantins. *Direito do consumidor e publicidade*: análise jurídica e extrajurídica da publicidade subliminar. Curitiba: Juruá, 2011. p. 160.

8. DIAS, Lucia Ancona Lopez de Magalhães. *Publicidade e direito*. São Paulo: Ed. RT, 2010. p. 36.

9. BENJAMIN, Antonio Herman Vasconcellos. O controle jurídico da publicidade. *Revista de Direito do Consumidor*, São Paulo, n. 9, p. 25-57, jan./mar. 1994.

10. BENJAMIN, Antonio Herman Vasconcellos. O controle jurídico da publicidade. *Revista de Direito do Consumidor*, São Paulo, n. 9, p. 25-57, jan./mar. 1994.

11. MARTINS, Fernando Rodrigues; FERREIRA, Keila Pacheco. Da idade média à idade mídia: a publicidade persuasiva digital na virada linguística do direito. In: PASQUALOTTO, Adalberto (Org.). *Publicidade e proteção da infância*. Porto Alegre: Livraria do Advogado, 2018. v. 2, p. 80.

4 • AS PUBLICIDADES IMPORTUNADORAS E O DANO DE ASSÉDIO DE CONSUMO — 133

Isso porque a publicidade encontra-se relacionada a atividade de estimular o consumo de bens e serviços, para suprir necessidades básicas ou vontades supérfluas, bem como promover instituições, conceitos ou ideias. Entretanto, isso não permite abusos, que instigam e assediam ao consumo patológico, por meio da manipulação, enganação, abusividade, despertar de desejos excessivos e, além disso, por meio da importunação, visando principalmente promover o consumo irrefletido, a partir do uso de dados pessoais.

Dessa maneira, como sugere a doutrina, ao analisar a questão da publicidade, é preciso evidenciar o reconhecimento do direito a receber informação publicitária adequada[12], sem o indesejado assédio de consumo. Neste sentido, um ponto importante ao direito do consumidor se refere à necessidade de compatibilizar os direitos fundamentais e a livre-iniciativa econômica. Evidentemente, é um grande desafio, em especial, a partir do momento em que a proliferação da concorrência entre as fornecedoras enseja a busca por novos mecanismos de captação de consumidores que, por vezes, afrontam os direitos fundamentais.[13]

Assim, é relevante apontar, desde já, que a definição em si de publicidade é um exercício tormentoso, afinal, não porque se trata de um conceito de difícil alcance, mas sim porque a sua dimensão e o seu enquadramento social e jurídico não são unânimes.[14] Entretanto, o CDC regula de maneira expressa a publicidade, trazendo diversas consequências jurídicas, no âmbito administrativo, cível e penal, especialmente levando em consideração às consequências decorrentes das práticas de *marketing* promovidas de maneira ilícita.

Com rigor, nota-se que a prática publicitária é um dos temas que apresenta grandes riscos para o consumidor. Isso porque há a dificuldade de harmonizar, de um lado, o desejo de sedução e a necessidade de informação adequada, com outro, inerente ao respeito às regras e valores que sustentam o sistema jurídico. Além disso, é necessário que a publicidade se fundamente na ideia de convivência social, inspirando o consumo saudável, mas não o consumismo.[15]

Assim, visando partir para as devidas considerações finais, o texto apresentará o tratamento jurídico conferido à publicidade de consumo no Brasil, através da análise dos dispositivos do CDC a respeito do assunto, tanto no que se refere aos requisitos para que a publicidade seja considerada lícita, quanto pela qualificação das publicidades ilícitas, sejam enganosas, sejam abusivas.

Logo em seguida, serão expostos os problemas jurídicos relacionados às novas tecnologias, levando em consideração o recorrente uso de dados pessoais para a promoção de publicidades, em especial àquelas indesejadas. Neste ponto, desta-

---

12. FARIAS, Edilsom. *Liberdade de expressão e comunicação*. Teoria e proteção constitucional. São Paulo: RT, 2004. p. 179.
13. RUARO, Regina Linden. O direito fundamental à proteção de dados pessoais do consumidor e o livre mercado. *Revista de Direito do Consumidor*, São Paulo, ano 2018, v. 118, p. 196, jul./ago. 2018
14. FEDERIGHI, Suzana Maria Catta Preta. *Publicidade abusiva*. Incitação à violência. São Paulo: Juarez de Oliveira, 1999. p. 64.
15. BENJAMIN, Antonio Herman Vasconcellos. O controle jurídico da publicidade. *Revista de Direito do Consumidor*, São Paulo, n. 9, p. 25-57, jan./mar. 1994.

que para o necessário respeito que a prática publicitária terá que assumir a partir da vigência da LGPD, sem deixar de citar novamente as alterações propostas nos Projetos de Lei 3.514/15 e 3.515/15, que visam atualizar o CDC para maior tutela dos consumidores.

Assim, será apresentada a mutação na estrutura das novas publicidades de consumo, que se baseiam cada vez mais em técnicas de *neuromarketing,* associadas ao uso de dados pessoais, para garantir maior efetividade às mensagens e, consequentemente, induzir de forma mais intensa as pessoas ao consumo. Evidentemente, quanto mais persuasivas se tornam as publicidades, diante de técnicas envolvendo comunicações hipnóticas e subliminares, por exemplo, maiores são os riscos a que os consumidores estão expostos.

Com isso, ficará evidente a forma com que muitas publicidades, extrapolando as finalidades e a exposição razoável da mensagem publicitária, se tornam abusivas, molestando as pessoas e interferindo incisivamente na saúde psíquica dos consumidores. E é deste ponto que será possível extrair a necessidade de se reconhecer, como forma de garantir a tutela integral da pessoa humana, que a integridade psíquica, representada pelo sossego, deve ser garantida na atual sociedade de consumo, frente às publicidades indesejadas.

E como forma de instrumentalizar essa tutela do sossego, na medida de não ser importunado por publicidades, será necessário destacar a importância da responsabilidade civil, em especial amparada pelas novas disposições legais que orientam o uso de dados pessoais. A publicidade, se fundamentando em hábitos, desejos e comportamentos de consumo previamente elaborados por técnicas de processamento de dados, são capazes de causar danos às pessoas, de importância tão grande quanto o já reconhecido desvio produtivo do consumidor, que aponta a responsabilidade civil pela indevida violação do tempo e pelo desvio de competências do consumidor.[16]

Daí porque será possível demonstrar, inclusive com respaldo nos projetos de lei que visam atualizar o CDC, em especial no que se refere ao superendividamento, como o assédio de consumo pode ser considerado um dano. Isso porque, a partir do uso de dados pessoais de forma indiscriminada e fora das finalidades devidas, para fins de *marketing,* nota-se a violação de um dos direitos mais relevantes em uma sociedade estimulada constantemente pela hiperinformação, qual seja, o incondicional sossego.

Assim, será possível chegar às conclusões finais de que, no atual contexto, a integridade psíquica do consumidor é colocada em risco diante das publicidades de consumo, agora personalizadas e direcionadas, e cada vez mais onipresentes, infiltradas de maneira sorrateira no "corpo eletrônico" das pessoas. A exposição desses pontos elencados, portanto, é a meta deste último capítulo.

---

16. O desvio produtivo caracteriza-se pela necessidade de o consumidor desperdiçar o seu tempo e desviar as suas competências para tentar resolver um problema criado pelo fornecedor, a um custo de oportunidade indesejado, de natureza irrecuperável, diante de uma situação de mau atendimento pelo fornecedor. DESSAUNE, Marcos. *Desvio produtivo do consumidor*: o prejuízo do tempo desperdiçado. São Paulo: RT, 2017. p. 88.

4.1 A REGULAMENTAÇÃO DA PUBLICIDADE NO CDC

Na sociedade de consumo, pode ser considerada publicidade toda informação que visa, em última análise, criar no público a vontade e a necessidade de consumir, mesmo que de maneira indireta.[17] De antemão, extrai-se do Código Brasileiro de Autorregulamentação, em seu artigo 8º, que são publicidades todas as "atividades destinadas a estimular o consumo de bens e serviços, bem como promover instituições, conceitos ou ideias." Todavia, vale lembrar que o Conselho de Autorregulamentação Publicitária (CONAR) somente controla eticamente as publicidades no mercado, posto que é um órgão meramente autorregulador.

Juridicamente é o CDC que sistematiza a publicidade no trato comercial.[18] E apesar deste código ser a principal norma que regula a oferta no mercado de consumo, não há nele um conceito explícito acerca da publicidade, mantendo-o na órbita do conceito jurídico indeterminado.[19] Segundo o CDC, em seu artigo 30, configura oferta toda informação ou publicidade, veiculada por qualquer meio de comunicação, que oferece produtos ou serviços, obrigando o fornecedor que a fizer veicular ou dela se utilizar e integrando o contrato que vier a ser celebrado.[20]

Com efeito, segundo o código, a oferta seria o gênero, composto por "informação" e por "publicidade". De maneira mais específica, toda publicidade veicula, de certa forma, informação, não sendo, porém, a recíproca verdadeira, afinal, a informação é um conceito mais amplo. Para melhor compreensão, ilustra a doutrina que o preço dado por um feirante "de boca", por exemplo, configura informação suficientemente precisa para vincular o fornecedor, sendo regulado pelo CDC como oferta, sem se enquadrar, entretanto, nos termos do artigo 30, como publicidade.[21]

Antonio Benjamin, um dos coautores do CDC, destaca que a definição legal de publicidade, fortemente inspirada na lei belga de consumo, consiste em toda "informação ou comunicação difundida com o fim direto ou indireto de promover, junto aos consumidores, a aquisição de um produto ou a utilização de um serviço, qualquer que

---

17. Não se desconhece que o termo *marketing* é conceituado como conjunto de atividades integradas de planejamento para provocar o aumento da demanda, investigar as necessidades e instigar os desejos de consumo. Neste sentido, a publicidade seria também somente uma das formas de comunicação envolvidas no processo de *marketing*, assim como o é a venda pessoal e a promoção de vendas. Não obstante, para fins didáticos, o presente trabalho utilizará os dois termos como sinônimos, até porque o CDC não diferenciou a publicidade do *marketing*, tendo em vista que abarcou todas as informações com o intuito lucrativo no conceito de "oferta", nos termos do artigo 30 do CDC.

18. Observa-se que o regramento jurídico da publicidade segue uma série de normas, dependendo da especificidade do produto ou serviço, gerando limitações determinadas. Cita-se como exemplo o Estatuto da Advocacia ou mesmo as normas do Conselho Federal de Medicina, que impõe restrições à divulgação dos serviços dos setores que regulam.

19. O conceito jurídico indeterminado pode ser compreendido como conceito cujo termo tem significado intencionalmente vago e aberto, ou seja, se conceitua como palavra utilizada na norma com significado vago e impreciso. MARTINS-COSTA, Judith; BRANCO, Gerson Luiz Carlos. *Diretrizes teóricas do novo código civil brasileiro*. São Paulo: Saraiva, 2002. p. 119.

20. BRASIL. *Lei 8.078, de 11 de setembro de 1990*. [Código de Defesa do Consumidor]. Dispõe sobre a proteção do consumidor e dá outras providências. Disponível em: http://www.planalto.gov.br/ccivil_03/leis/l8078.htm. Acesso em: 19 dez. 2019.

21. GARCIA, Leonardo. *Código de defesa do consumidor comentado*. São Paulo: Juspodivm, 2019. p. 325.

seja o local ou meio de comunicação utilizado".[22] Neste sentido, aduz o autor que ficam excluídas do CDC as propagandas política, tratadas em lei eleitoral, e as governamentais, posto que não possuem finalidade de promover o consumo.

Dessa maneira, a doutrina diferencia os conceitos de propaganda enquanto meio de difusão de ideias, de publicidade, enquanto instrumento de incitação ao consumo.[23] Afinal, o CDC só se aplica às publicidades, tendo em vista que o seu elemento caracterizador é a finalidade de instigar ao consumo.[24]

De uma maneira geral, segundo o CDC, a publicidade será relevante em diversos aspectos, ou seja, desde a oferta, na preservação dos deveres anexos de conduta, até no que se refere ao controle de licitude da prática, sendo considerada ilícita a publicidade praticada de forma dissimulada, clandestina ou subliminar e, ainda assim, quando enganosa ou abusiva. Em resumo, a publicidade pelo CDC é tratada como um fato social de consumo, que deve ser analisada juridicamente não pela sua gênese (se uma fase da contração, um negócio jurídico ou um ato jurídico unilateral), mas sim pelos efeitos que produz.[25]

Dessa maneira, ganham destaque os princípios da vulnerabilidade e da boa-fé objetiva, principalmente no que se refere à proteção da confiança despertada. O regime jurídico das publicidades de consumo parte da exigência do "pensar refletido no outro que recebe a informação, naqueles cujos desejos e impulsos de consumo são despertados"[26], sempre prezando pelo respeito aos direitos fundamentais da pessoa humana.

Vale ainda destacar que, o CDC, atento ao contexto da sociedade de consumo, em que as relações são despersonalizadas e a publicidade é veiculada simultaneamente a milhões de destinatários, previu a proteção dada à parte vulnerável para além da relação de consumo individual, afinal, todas as pessoas, indistintamente, são afetadas pela publicidade.[27] Umas mais, outras menos, mas ninguém escapa ao seu poder, pois "dificilmente poderá um consumidor, no plano de sua individualidade solitária, proteger-se dos efeitos e dos abusos da publicidade, a não ser que se exile deste mundo."[28]

---

22. BENJAMIN, Antonio Herman V; MARQUES, Claudia Lima Marques; MIRAGEM, Bruno. *Comentários ao código de defesa do consumidor*. 3. ed. São Paulo: Thomson Reuters Brasil, 2019. E-book.

23. PASQUALOTTO, Adalberto. *Os efeitos obrigacionais da publicidade no código de defesa do consumidor*. São Paulo: Ed. RT, 1997. p. 26.

24. Em resumo, aponta Antonio Benjamin que: "Como relembram os autores, o vocábulo publicidade deriva do latim *publicus*, tornar público, publicar de forma geral, vulgarizar, divulgar, e teria sua utilização com o atual aspecto comercial generalizada no início do século XIX, também como forma de distinção para a então existente propaganda nazifascista, política ou governamental. Captando a atenção do público consumidor, informando ou persuadindo, divulgando, promovendo o produto ou serviço e estimulando ao consumo, certo é que a publicidade tem clara feição e finalidade comercial: é ato negocial de um profissional consciente no mercado de consumo massificado." BENJAMIN, Antonio Herman V; MARQUES, Claudia Lima Marques; MIRAGEM, Bruno. *Comentários ao código de defesa do consumidor*. 3. ed. São Paulo: Thomson Reuters Brasil, 2019. E-book.

25. PASQUALOTTO, Adalberto. *Os efeitos obrigacionais da publicidade no código de defesa do consumidor*. São Paulo: Ed. RT, 1997. p. 182.

26. MARQUES, Claudia Lima. *Contratos no código de defesa do consumidor: o novo regime das relações contratuais*. São Paulo: Thomson Reuters Brasil, 2019. E-book.

27. Contribui para esse pensamento Martins Lindstrom, afirmando que "[...] no atual mundo dominado pelo *marketing* e pela publicidade, é impossível escapar delas". LINDSTROM, Martin. *Brandwashed*: o lado oculto do marketing. Controlamos o que compramos ou são as empresas que escolhem por nós? Rio de Janeiro: Alta Books, 2018. p. 17.

28. BENJAMIN, Antonio Herman Vasconcellos. O controle jurídico da publicidade. *Revista de Direito do Consumidor*, São Paulo, n. 9, p. 25-57, jan./mar. 1994.

4 • AS PUBLICIDADES IMPORTUNADORAS E O DANO DE ASSÉDIO DE CONSUMO — 137

Daí porque o código promoveu a tutela também de todas as pessoas expostas às práticas de mercado, isto é, equiparou aos consumidores todas as pessoas, determináveis ou não, expostas às publicidades, nos termos do seu artigo 29, na figura do consumidor potencial e abstrato. Neste sentido, destaca Claudia Marques que em um país com tantas diferenças como o Brasil, seja nos aspectos sociais, culturais e principalmente econômicas, é imprescindível o reconhecimento de que a publicidade atinge a todos, mesmo aqueles excluídos do consumo ou mesmo aos quais a publicidades não foi dirigida. Por isso, aduz a autora, "em belíssima visão de plenitude do consumidor equiparado como sujeito de direitos (em potencial), como pessoa, mais do que como *homo economicus* ou ser razoável, estabeleceu uma visão de consumidor digno.[29]

Conforme se nota, a preocupação do CDC, neste dispositivo, é de evitar o dano, principalmente a partir do momento em que considerada a responsabilidade para além da dicotomia contratual e extracontratual. Dito de outro modo, o CDC parte da teoria da qualidade, como fonte unitária da responsabilidade do fornecedor[30], e considera a publicidade como um fato social de consumo, uma conduta social típica, na expressão de Karl Larenz, ampliando as possibilidades de regulação e, consequentemente, de proteção do consumidor.[31]

Superado esse enfretamento inicial, cabe destacar que o CDC destinou especialmente três artigos para regulamentar a publicidade, estabelecendo no artigo 36 os princípios que qualificam a publicidade como lícita, no artigo 37 as publicidades enganosas e abusivas e, por fim, no artigo 38, o ônus da prova de veracidade do conteúdo publicitário.

Assim, a regulamentação da publicidade promovida pelo CDC, nos termos do artigo 36, parte de dois princípios básicos, a saber, i) a identificação e ii) a veracidade. Dessa maneira, toda publicidade precisa ser fácil e rapidamente identificada como tal, além de ter de corresponder à realidade todos os fatos ou dados que são na informação prometidos, envolvendo três elementos básicos, a saber, o emissor (fornecedor), o canal e o receptor (consumidor).

Para o presente estudo, ganha destaque o princípio da identificação, razão pela qual serão expostas questões mais aprofundadas relacionadas a ele. Dessa maneira, segundo consta no artigo 36, a publicidade deve ser veiculada de tal forma que o consumidor, fácil e imediatamente, a identifique como tal.

---

29. MARQUES, Claudia Lima. *Contratos no código de defesa do consumidor*: o novo regime das relações contratuais. São Paulo: Thomson Reuters Brasil, 2019. E-book.
30. BENJAMIN, Antonio Herman V; MARQUES, Claudia Lima Marques; MIRAGEM, Bruno. *Comentários ao código de defesa do consumidor*. 3. ed. São Paulo: Thomson Reuters Brasil, 2019. *E-book*.
31. Desse modo, conforme expõe Adalberto Pasqualotto: "[...] essa tutela mostra-se compatível com a especificidade publicitária. Faz parte do planejamento de marketing a elaboração de mensagens apropriadas a um público predeterminado, definido por métodos estatísticos e investigativos, como as pesquisas de mercado. Elege-se um alvo (target), e a publicidade atua em função dele, buscando produzir efeitos específicos de incitação à finalidade almejada pelo anunciante. A mensagem publicitária não é aleatória, é finalística. Ela expõe o público à sua atuação teleguiada. A lei intervém e presta um antepara. Se a mensagem é deletéria, é possível estancar os seus efeitos." PASQUALOTO, Adalberto. *Os efeitos obrigacionais da publicidade no código de defesa do consumidor*. São Paulo: Ed. RT, 1997. p. 15.

A preocupação desse dispositivo se encontra no caráter persuasivo da oferta publicitária, que se aproveita de conteúdos com apelo emotivo, cômico, dramático e irônico, no intuito de promover a venda, expondo o consumidor a uma situação de vulnerabilidade ainda mais agravada. A publicidade, portanto, se transforma na "ciência da persuasão"[32], isto é, sendo uma mensagem predominantemente persuasiva, deve ser identificada imediatamente, possibilitando ao destinatário que se previna e resista aos argumentos – ou ceda, se quiser. Dessa forma, a norma permite que a publicidade promova a persuasão honesta, transparente e declarada, rechaçando a indevida clandestinidade.[33]

Conforme se nota, ao exigir que a publicidade seja fácil e imediatamente identificada como tal, o CDC evita que o consumidor seja pego de surpresa, por uma mensagem que ingenuamente acharia não ter o cunho de, no final do informe, oferecer um produto ou serviço. Afinal, o consumidor, ao ser instigado ao consumo, deve agir de maneira consciente, livre e racional, sem que a vontade seja eivada de qualquer tipo de vício, tendo em vista que é essencial "tornar o consumidor consciente de que ele é o destinatário de uma mensagem patrocinada por um fornecedor, no intuito de lhe vender algum produto ou serviço."[34]

Evidentemente, a identificação da publicidade como tal retira parte da credibilidade da mensagem que está sendo passada, razão pela qual as fornecedoras recorrentemente buscam formas de violar esse princípio. A partir do momento em que a publicidade é mascarada, ou seja, descumpre o princípio da identificação, passa a contrariar as disposições do CDC e consequentemente se torna ilícita, tendo em vista que o CDC é declaradamente lei de ordem pública.

Neste ponto, vale lembrar que quanto mais oculta for a publicidade mais rigoroso deve ser o seu controle.[35] Isso porque, a publicidade não identificada, terá uma eficácia de persuasão muito mais intensa, levando em consideração que o consumidor estará despreparado para compreender a intenção de venda inerente a mensagem.[36]

Dessa forma, sob o prisma da expressão da livre iniciativa, a publicidade pode ser considerada i) linguagem, enquanto forma complexa de comunicação; ii) estratégia

---

32. Conforma aponta Antonio Benjamin, a publicidade "[...]se transforma em ciência da persuasão. Ciência que busca auxílio em outras ciências, disciplinas, teorias e modelos, como a psicologia, a sociologia, a antropologia, as ciências do comportamento, a estatística, a teoria das probabilidades, os modelos experimentais e os de simulação por computador." BENJAMIN, Antonio Herman Vasconcellos. O controle jurídico da publicidade. *Revista de Direito do Consumidor*, São Paulo, n. 9, p. 25-57, jan./mar. 1994.
33. PASQUALOTTO, Adalberto. *Os efeitos obrigacionais da publicidade no código de defesa do consumidor.* São Paulo: Ed. RT, 1997. p. 84.
34. MARQUES, Claudia Lima. *Contratos no código de defesa do consumidor:* o novo regime das relações contratuais. São Paulo: Thomson Reuters Brasil, 2019. *E-book.*
35. CLARK, Eric. *The want makers.* The world of advertising: how they make you buy. London: Endeavour Media, 2017. Ebook.
36. Estudos revelam que pessoas com maior conhecimento sobre a persuasão dessas mensagens publicitárias são menos influenciadas por elas, o que pode subsequentemente impedi-las de se envolverem em compras compulsivas. MIKOŁAJCZAK-DEGRAUWE, Kalina; BRENGMAN, Malaika. The influence of advertising on compulsive buying: the role of persuasion knowledge. *Journal of Behavioral Addictions,* [*S. l.*], v. 3, n. 1, p. 65-73, 2014. Disponível em: https://www.ncbi. nlm.nih.gov/ pmc/articles/PMC4117277/. Acesso em: 24 jan. 2020.

4 • AS PUBLICIDADES IMPORTUNADORAS E O DANO DE ASSÉDIO DE CONSUMO

argumentativa, se valendo da persuasão e da alienação como modelo instigação ao consumo e iii) discurso, enquanto consubstanciada na "fala do poder".[37]

E é por isso que é possível notar que a base para o princípio da identificação encontra-se na ideia de que o fornecedor, como emissor da mensagem, busca a persuasão ao consumo, por meio de argumentos lógicos e especialmente por meio da sedução. Neste ponto, destaca-se que "a sedução não configura um ato desleal, mas merece repressão aquela cujo interesse é ocultar significados para manipular o receptor da mensagem. Em conclusão, o ato comunicativo deve ser realizado da forma mais transparente possível."[38] Aqui, vale lembrar que os anúncios publicitários já foram inclusive chamados de "pílulas subliminares", que vão homeopaticamente persuadindo o consumidor.[39]

Sendo assim, a identificação é um princípio essencial para a prática publicitária, afinal, a ocultação deve ser coibida por visar provocar um comportamento de consumo voluntário, mas evidentemente não livre, pois viciado em sua origem. Dessa forma, a doutrina destaca espécies de publicidades ilícitas pela violação da identificação, com destaque para a publicidade i) dissimulada; ii) clandestina e iii) subliminar.

A publicidade é considerada dissimulada quando é apresentada disfarçada de reportagem, de alguma forma, no contexto redacional da mensagem. Nestas situações, a oferta publicitária aparenta ser uma notícia objetivamente narrada e imparcialmente redigida, como se a divulgação tivesse o interesse de prestar informações ao público, quando, em verdade, ostenta o interesse comercial de influenciar o enaltecimento de uma marca ou a venda de um determinado produto ou serviço que patrocinou a veiculação.

No ambiente da *Internet*, a publicidade dissimulada ganha importância nos publieditoriais, também chamados de informes-publicitários, isto é, em postagens feitas em *blogs* mas que são financiadas por uma determinada empresa, para que o autor fale bem do produto ou serviço analisado.

Além disso, é considerada ilícita também a publicidade clandestina. Essa prática consiste na implementação de produtos ou serviços específicos em roteiros de vídeos, programas, filmes, teatros, por exemplo, sem evidenciar o anúncio publicitário, na figura do "vendedor silencioso"[40]. A publicidade clandestina ocorre quando o consumidor não consegue perceber que a associação do produto ou serviço à narrativa da mensagem é intencional, visando a promoção do consumo, sendo também conhecida como camuflada ou simulada.[41]

---

37. MARTINS, Fernando Rodrigues; FERREIRA, Keila Pacheco. Da idade média à idade mídia: a publicidade persuasiva digital na virada linguística do direito. In: PASQUALOTTO, Adalberto (Org.). *Publicidade e proteção da infância*. Porto Alegre: Livraria do Advogado, 2018. v. 2, p. 81.

38. DEL MASSO, Fabiano. *Direito do consumidor e publicidade clandestina*: uma análise jurídica da linguagem publicitária. Rio de Janeiro: Elsevier, 2009. p. 86-87.

39. CALAZANS, Flávio Mário de Alcântara. *Propaganda subliminar multimídia*. São Paulo: Summus, 2006. p. 24.

40. SILVEIRA, Reynaldo Andrade da. *Práticas mercantis no direito do consumidor*. Curitiba: Juruá, 2004. p. 126.

41. DEL MASSO, Fabiano. *Direito do consumidor e publicidade clandestina*: uma análise jurídica da linguagem publicitária. Rio de Janeiro: Elsevier, 2009. p. 88.

A clandestinidade é geralmente associada à prática do *merchandising*[42], isto é, a inserção da publicidade no cenário de um filme, novela, vídeo, programa televisivo, ou mesmo nas narrativas de entretenimento, como no diálogo entre dois personagens ou na exposição, mesmo que por breves instantes, do produto no cenário da imagem veiculada.[43]

Vale destacar que pesquisas indicam que as publicidades têm o seu potencial aproveitado de forma mais efetiva ao serem apresentadas durante as programações normais e não no denominado momento de intervalo comercial. Isso porque, conforme se nota, durante a programação, burlam-se os mecanismos de defesa conscientes do consumidor.[44]

Neste ponto, é inegável que as novas técnicas de *marketing* desenvolvidas pelo mercado publicitário vêm recorrentemente criando outras formas de divulgação de produtos e serviços e, além disso, de implementação da necessidade de consumir, especialmente visando burlar tal obrigação legal de identificação, como ocorre, evidentemente, nos vídeos postados na *Internet* denominados *"unboxing"*, notadamente os direcionados ao público infantil[45], sabidamente hipervulnerável.[46] Não obstante, a mesma problemática é identificada na atuação dos denominados "influenciadores digitais", que dissimulam as publicidades na atividade que exercem.[47]

---

42. Não se desconhece que existem diversos autores que contestam essa definição de *merchandising*. Para essa corrente, o *merchandising* estaria relacionado à técnica que visa efetuar a apresentação destacada dos produtos no ponto de venda, sem necessariamente se comportar de maneira clandestina. MALTEZ, Rafael Tocantins. *Direito do consumidor e publicidade*: análise jurídica e extrajurídica da publicidade subliminar. Curitiba: Juruá, 2011. p. 80. Em contrapartida, nota-se que a maioria dos autores que defendem que a prática do *merchandising* não se relaciona necessariamente com a clandestinidade são estudiosos da área de *marketing*.

43. Em resumo: "Pela técnica do *merchandising*, hoje comum em novelas de televisão, nos filmes e mesmo nas peças teatrais, um produto aparece na tela e é utilizado ou consumido pelos atores em meio à ação teatral, de forma a sugerir ao consumidor uma identificação do produto com aquele personagem, história, classe social ou determinada conduta social. O aparecimento do produto não é gratuito, nem fortuito – ao contrário, existe um vínculo contratual entre o fornecedor e o responsável pelo evento cultural, sendo que o fornecedor oferece uma contraprestação pelo espaço de divulgação para o seu produto." MARQUES, Claudia Lima. *Contratos no código de defesa do consumidor*: o novo regime das relações contratuais. São Paulo: Thomson Reuters Brasil, 2019. E-book.

44. CALAZANS, Flávio Mário de Alcântara. *Propaganda subliminar multimídia*. São Paulo: Summus, 2006. p.60.

45. Destaca-se que o site Youtube foi recentemente multado nos Estados Unidos pela utilização indevida de dados pessoais de crianças para o direcionamento de publicidades. Tal situação provocou inclusive a alteração, pela própria empresa, das diretrizes para postagem de vídeos para crianças. KLEINA, Nilton. *YouTube inicia mudança de diretrizes em vídeos para crianças*. [S. l.], 6 jan. 2019. Disponível em: https://www.tecmundo.com.br/redes-sociais/149007-youtube-inicia-mudanca-diretrizes-videos-criancas.htm. Acesso em: 08 jan. 2019.

46. Segundo Renata Kretzmann: "[...] o *unboxing* é um tipo de vídeo que mostra a abertura de uma embalagem, a retirada de um produto de sua caixa. Os vídeos são produzidos de modo a transmitir o elemento surpresa no momento da revelação do conteúdo da caixa. Mesmo que previamente planejado, busca-se mostrar a emoção verdadeira da pessoa ao desempacotar algo que ganhou ou comprou. Os vídeos que mostram o momento em que os produtos são desembrulhados são muito assistidos. Segundo dados do Google, por exemplo, 53% das mulheres que assistem a vídeos de *unboxing* são influenciadas pelas demonstrações dos produtos. Em virtude do grande interesse por esse formato, os anunciantes aproveitam para vender seus produtos." KRETZMANN, Renata Pozzi. O princípio da identificação da publicidade e a abusividade da publicidade dirigida às crianças no Youtube. In: PASQUALOTTO, Adalberto (Org.). *Publicidade e proteção da infância*. Porto Alegre: Livraria do Advogado, 2018. v. 2, p. 139.

47. BARBOSA, Caio César do Nascimento; BRITTO, Priscila Alves de; SILVA, Michael César. Publicidade Ilícita e Influenciadores Digitais: Novas Tendências da Responsabilidade Civil. *Revista IBERC*, Minas Gerais, v. 2, n. 2, p. 01-21, mai.-ago./2019.

4 • AS PUBLICIDADES IMPORTUNADORAS E O DANO DE ASSÉDIO DE CONSUMO   **141**

Dessa maneira, através da publicidade clandestina o "inimigo" se faz passar por "amigo" ou mesmo por pessoa neutra, tendo em vista que o publicitário se coloca como um despretensioso agente informativo, dissimulando o fato de estar vinculado aos interesses lucrativos do anunciante.

Além disso, vale sempre lembrar que a publicidade visa incitar as pessoas ao consumo sendo, necessariamente, tendenciosa, porque unilateral.[48] Qualifica-se, assim, como um "monólogo", de ouvintes mudos e condicionados[49], exigindo do Direito, portanto, maior proteção ao vulnerável que é destinatário dessas mensagens. Daí porque a publicidade, seja clandestina, dissimulada ou subliminar, deve ser considerada ilícita, uma vez que invisível e não identificável pelo consumidor. Isso não somente pela exigência legal do princípio da identificação, mas também pela capacidade de induzir o consumidor em erro, possuindo alta carga de enganosidade.[50]

Destaca-se que o uso das publicidades disfarçadas não é inerente ao atual contexto, no ambiente da *Internet*, como notado nos mencionados vídeos de *unboxing*. Flávio Calazans destaca o uso desse tipo de mensagem na veiculação de mensagens disfarçadas nas histórias em quadrinho do personagem Popeye, já nos anos 20. Conforme aponta o autor, o marinheiro Popeye, no desenho fortalecido imediatamente diante do consumo de espinafre, ajudou o governo americano a acelerar o consumo da supersafra de espinafre, problema vivenciado pelo governo na época.[51]

No Brasil, menciona-se o uso do *merchandising*, de maneira notável, pela Rede Globo, ao inserir, em trechos das novelas, produtos e serviços como se fossem situações cotidianas dos personagens, isto é, não a mensagem publicitária ostensiva, mas sim a exposição dos bens de maneira perfeitamente harmônica com o contexto apresentado pela novela.[52] Neste contexto, a paisagem torna o anúncio um fundo despercebido, de modo que "o *merchandising* é uma atividade claramente ilegal que recheia, a contragosto do telespectador e das autoridades fiscalizadoras dos audiovisuais, toda a programação com publicidade".[53]

Ademais, viola também o princípio da identificação a publicidade subliminar, consistente na mensagem capaz de provocar reações e percepções no consumidor sem que ele tenha consciência, tendo em vista que "o vocábulo 'subliminar' origina-se do latim (*sub limen*, sob limite), e significa abaixo do limiar da consciência."[54] Conforme

---

48. Afirma Antonio Benjmin que "diretamente, não tem o consumidor qualquer controle sobre a publicidade. O anunciante, sua agência e o veículo são os grandes "senhores" do fenômeno publicitário. É ela um fenômeno unilateral, parcial e subjetivo. Uma tal constatação tem que ter, necessariamente, repercussões no regime jurídico de controle da publicidade eventualmente adotado." BENJAMIN, Antonio Herman Vasconcellos. O controle jurídico da publicidade. *Revista de Direito do Consumidor*, São Paulo, n. 9, p. 25-57, jan./mar. 1994.

49. MARTINS, Fernando Rodrigues; FERREIRA, Keila Pacheco. Da idade média à idade mídia: a publicidade persuasiva digital na virada linguística do direito. In: PASQUALOTTO, Adalberto (Org.). *Publicidade e proteção da infância*. Porto Alegre: Livraria do Advogado, 2018. v. 2, p. 91.

50. MALTEZ, Rafael Tocantins. *Direito do consumidor e publicidade*: análise jurídica e extrajurídica da publicidade subliminar. Curitiba: Juruá, 2011. p. 184.

51. CALAZANS, Flávio Mário de Alcântara. *Propaganda subliminar multimídia*. São Paulo: Summus, 2006. p.197.

52. RAMOS, Roberto. *Grã-finos na Globo*: cultura e merchandising nas novelas. Petrópolis: Vozes, 1991.

53. CALAZANS, Flávio Mário de Alcântara. *Propaganda subliminar multimídia*. São Paulo: Summus, 2006. p. 202.

54. MALTEZ, Rafael Tocantins. *Direito do consumidor e* publicidade: análise jurídica e extrajurídica da publicidade subliminar. Curitiba: Juruá, 2011. p. 195.

aponta Leonard Mlodinow, a importância da compreensão do funcionamento do pensamento subliminar reside no fato de as verdadeiras razões que baseiam os juízos, sentimentos e atitudes não serem racionalmente controladas, tendo em vista que "nosso cérebro compreende uma coleção de módulos que funcionam em paralelo, como interações complexas, a maioria das quais operando fora da consciência."[55]

No que se refere à publicidade subliminar, um dos casos mais comentados é o do "experimento vicarista"[56], conhecido como primeiro feito que comprovaria a eficácia das publicidades subliminares. Neste experimento, a empresa de Jim Vicary, denominada *Subiminal Projection Company* teria utilizado um aparelho denominado taquicoscópio, isto é, uma espécie de projetor de slides, projetando a cada cinco segundo no cinema, durante a apresentação de um filme, a frase "Beba Coca-Cola", na velocidade de 1/3.000 de segundos cada vez. Dessa experiência, que é um marco para o estudo das publicidades subliminares, alega o empresário que houve um aumento de 57,7% das vendas do refrigerante durante o intervalo do cinema.[57]

Entretanto, apesar da recorrente menção a esse experimento como precursor no estudo das publicidades subliminares, Flávio Calazans apresenta breve história da percepção subliminar, indicando que as primeiras análises desse fato remontam aos escritos de Demócrito, 400 a. C.[58] Diante de todo o desenrolar histórico, conclui o autor que os estímulos subliminares são apresentados de maneira análoga às sugestões pós--hipnóticas e às neuroses compulsivas, tendo as aplicações mais recentes nos *softwares* de computadores.[59]

Daí porque as publicidades disfarçadas e dissimuladas, no sentido subliminar mesmo, se aplicam as mais diversas tecnologias, desde jornais e *outdoors,* até a televisão e a *Internet.* Dessa forma, conclui Flávio Calazans que, quanto maior a quantidade de informação enviada no menor intervalo de tempo, por um mecanismo de defesa psíquica, o excedente de informação ficará subliminar, no fenômeno denominado "efeito McLuhan".[60] Por isso, destaca-se desde já que "a mensagem subliminar não é propriamente comunicação; é manipulação".[61]

Na publicidade, esse fenômeno é utilizado pela repetição excessiva de imperativos de consumo (como o mencionado "beba Coca Cola" da experiência de Jim Vicary), instigando comportamentos de decisão ou escolha pelo consumidor, com o mesmo reforço de condicionamento desenvolvimento pelas publicidades institucionais.

---

55. MLODINOW, Leonard. *Subliminar:* como o inconsciente influencia nossas vidas. Rio de Janeiro, Zahar, 2013. p.29-30.
56. Segundo Flácio Calazans, a expressão pode ser compreendida como uma metáfora humorística com o termo "vigarista". CALAZANS, Flávio Mário de Alcântara. *Propaganda subliminar multimídia.* São Paulo: Summus, 2006. p. 2.
57. CALAZANS, Flávio Mário de Alcântara. *Propaganda subliminar multimídia.* São Paulo: Summus, 2006. p. 32.
58. CALAZANS, Flávio Mário de Alcântara. *Propaganda subliminar multimídia.* São Paulo: Summus, 2006. p. 24.
59. Cite-se como exemplo o programa denominado *silent idea,* que propõe ser um verdadeiro gerador de mensagens subliminares para fins de desenvolvimento pessoal. CODELINES. *SilentIdea 4.0.* São Paulo, 2019. Disponível em: http://www.silentidea.com.br/SilentIdea/silentidea2.shtml. Acesso em: 25 nov. 2019.
60. CALAZANS, Flávio Mário de Alcântara. *Propaganda subliminar multimídia.* São Paulo: Summus, 2006. p. 244.
61. PASQUALOTTO, Adalberto. *Os efeitos obrigacionais da publicidade no código de defesa do consumidor.* São Paulo: Ed. RT, 1997. p. 91.

4 • AS PUBLICIDADES IMPORTUNADORAS E O DANO DE ASSÉDIO DE CONSUMO **143**

Assim, às vezes esse tipo de publicidade não convida diretamente o consumidor a adquirir um produto ou serviço, mas, pela repetição, mantém impregnada a mensagem no subconsciente da pessoa.[62] Com efeito, quando o consumidor encontra-se no momento de compra, o registro publicitário gravado no subconsciente desperta, como se a escolha fosse efetivamente espontânea, quando, em última análise, foi uma decisão moldada pelos anúncios influenciadores.[63]

Destaca-se que existem diversas críticas a respeito da comprovação ou não da efetividade das denominadas mensagens subliminares. Entretanto, juridicamente, tal debate perde força ao notar que, na maioria das vezes, as publicidades subliminares são geralmente também clandestinas, na figura do supracitado *merchandising*, tornando a prática indiscutivelmente ilícita.

Neste ponto, destaca-se o julgado do STJ de 2016, que confirmou a ilicitude da publicidade de cigarro[64] veiculada com mensagens subliminares e de maneira clandestina, direcionada ao público infantil[65], conforme noticiado no portal do Ministério Público do Distrito Federal e Territórios (MPDFT).[66] Segundo Rafael Maltez, esse foi o primeiro caso no Brasil em que uma publicidade foi retirada do ar, desde a decisão em primeiro grau, em razão do uso de mensagem subliminar, comprovada por laudo técnico.[67]

Dessa forma, é oportuno mencionar a existência de Projetos de Lei que se preocupam com a regulação da publicidade, em especial levando em consideração práticas de mercado que ampliam a vulnerabilidade do consumidor por meio das publicidades subliminares, que ganham ainda maior destaque no cenário informático[68]. Neste ponto,

---

62. MALTEZ, Rafael Tocantins. *Direito do consumidor e publicidade*: análise jurídica e extrajurídica da publicidade subliminar. Curitiba: Juruá, 2011. p. 199.

63. Conforme aponta Leonard Mlodinow: "Estudos recentes de mapeamento do cérebro começam a lançar uma luz sobre como o cérebro cria esses vieses inconscientes. Mostram que, ao acessar dados emocionais relevantes, nosso cérebro, de modo automático, inclui nossos desejos, sonhos e vontades. Nossas computações internas, que acreditamos ser objetivas, não são as operações que uma máquina isenta realizaria, pois estão implicitamente coloridas pelo que somos e pelo que estamos buscando." MLODINOW, Leonard. *Subliminar*: como o inconsciente influencia nossas vidas. Rio de Janeiro, Zahar, 2013. p. 234.

64. Atualmente, especialmente nos termos do art. 3 da Lei 9.294/96, é proibida a publicidade de cigarros, cigarrilhas, charutos, cachimbos ou qualquer outro produto fumígeno, derivado ou não do tabaco, com exceção apenas da exposição dos referidos produtos nos locais de vendas, desde que acompanhada das denominadas cláusulas de advertência. BRASIL. *Lei 9.294, de 15 de julho de 1996*. Dispõe sobre as restrições ao uso e à propaganda de produtos fumígeros, bebidas alcoólicas, medicamentos, terapias e defensivos agrícolas, nos termos do § 4° do art. 220 da Constituição Federal. Disponível em: http://www.planalto.gov.br/ccivil_03/leis/l9294.htm. Acesso em: 30 nov. 2019.

65. A publicidade intitulada "Artista plástico II" foi veiculada em 2000, época que ainda era permitida a publicidade de cigarro na televisão no horário compreendido entre 21 e 6 horas. Publicidade Free – Plástico II. Direção: Daniela Thomas e Carol Jabor. [S. l.]: Movieart Produções1, 2000. (42 min). Disponível em: https://youtu.be/uvd-gx3ZoLo. Acesso em: 30 nov. 2019.

66. BRASIL. Ministério Público do Distrito Federal e Territórios (MPDFT). *Por iniciativa do MPDFT, STJ julga publicidade de cigarros abusiva e enganosa*. Brasília, DF, 2016. Disponível em: http://www.mpdft.mp.br/portal/index.php/comunicacao-menu/noticias/noticias-2016/noticias-2016-lista/8482-por-iniciativa-do-mpdft-stj-julga--publicidade-de-cigarros-abusiva-e-enganosa. Acesso em: 30 nov. 2019.

67. MALTEZ, Rafael Tocantins. *Direito do consumidor e publicidade*: análise jurídica e extrajurídica da publicidade subliminar. Curitiba: Juruá, 2011. p. 358.

68. Lembrando que os estímulos subliminares geralmente são apresentados de maneira análoga às sugestões pós-hipnóticas e às neuroses compulsivas, tendo as aplicações mais recentes nos *softwares* de computadores, conforme já mencionado.

destaca-se o Projeto de Lei 4.068/08, apensado do Projeto de Lei 4.825/09, que pretendia proibir expressamente a veiculação de publicidades subliminares, acrescentando ao CDC os artigos 37-A e 69-A. Entretanto, esses dois projetos foram arquivados em 2012, existindo, ainda, o Projeto de Lei originalmente número como 1.840/11, mas que passou a tramitar como Projeto de Lei 2.442/2019, que visa proibir o uso de mensagens subliminares pelas emissoras de rádio e de televisão.[69]

Superado a qualificação de ilicitude pela violação do princípio da identificação, é relevante também mencionar que o CDC, expressamente, proíbe as publicidades enganosas e abusivas.[70]

Destaca-se que a ilicitude da publicidade enganosa ou da abusiva promove efeitos administrativos, civis e penais ao infrator. E apesar de ser evidente que esse fato demonstra nitidamente a forte reprimenda jurídica ao comportamento publicitário ilícito, para o propósito do presente trabalho, somente as consequências civis serão abordadas. Neste sentido, "a publicidade é um meio lícito de promover, de estimular o consumo de bens e serviços, mas deve pautar-se pelos princípios básicos que guiam as relações entre fornecedores e consumidores, especialmente o da boa-fé."[71]

Vale lembrar que, conforme pontua Adalberto Pasqualotto, o texto original do CDC incluía um parágrafo único no artigo 37, que previa expressamente que, quando o fornecedor utilizasse publicidade enganosa ou abusiva, o consumidor poderia pleitear indenização pelos danos sofridos. Com efeito, apesar de ter esse dispositivo sofrido veto, por uma interpretação sistêmica, a indenização decorrente das publicidades ilícitas pode ser obtida através das previsões próprias da responsabilidade civil de consumo.[72]

Assim, no que se refere a prática enganosa, o código trabalha com um significado finalístico, ou seja, parte-se da potencialidade lesiva da atividade publicitária, de aferição objetiva, inerente à capacidade de indução do consumidor ao erro. Neste sentido, "a ilicitude existe ainda que não haja intenção de enganar".[73] Com efeito, o elemento nu-

---

69. Ressalta-se que até julho de 2020, o projeto encontrava-se aguardando Parecer do Relator na Comissão de Ciência e Tecnologia, Comunicação e Informática (CCTCI), logo após o Parecer favorável da Comissão de Defesa do Consumidor.

70. Art. 37. É proibida toda publicidade enganosa ou abusiva.

    § 1º É enganosa qualquer modalidade de informação ou comunicação de caráter publicitário, inteira ou parcialmente falsa, ou, por qualquer outro modo, mesmo por omissão, capaz de induzir em erro o consumidor a respeito da natureza, características, qualidade, quantidade, propriedades, origem, preço e quaisquer outros dados sobre produtos e serviços.

    § 2º É abusiva, dentre outras a publicidade discriminatória de qualquer natureza, a que incite à violência, explore o medo ou a superstição, se aproveite da deficiência de julgamento e experiência da criança, desrespeita valores ambientais, ou que seja capaz de induzir o consumidor a se comportar de forma prejudicial ou perigosa à sua saúde ou segurança. BRASIL. Lei 8.078, de 11 de setembro de 1990. Dispõe sobre a proteção do consumidor e dá outras providências. Disponível em: http://www.planalto.gov.br/ccivil_03/leis/l8078.htm. Acesso em: 30 nov. 2019.

71. MARQUES, Claudia Lima. *Contratos no código de defesa do consumidor*: o novo regime das relações contratuais. São Paulo: Thomson Reuters Brasil, 2019. E-book.

72. PASQUALOTTO, Adalberto. *Os efeitos obrigacionais da publicidade no código de defesa do consumidor*. São Paulo: Ed. RT, 1997. p. 116.

73. PASQUALOTTO, Adalberto. *Os efeitos obrigacionais da publicidade no código de defesa do consumidor*. São Paulo: Ed. RT, 1997. p. 121.

4 • AS PUBLICIDADES IMPORTUNADORAS E O DANO DE ASSÉDIO DE CONSUMO   145

clear dessa espécie de ilicitude é a capacidade de induzir o consumidor em erro, gerando escolhas equivocadas e viciadas em sua vontade originária. A publicidade enganosa, portanto, expressa nítida violação aos deveres anexos da boa-fé objetiva, tais como o dever de informação, lealdade, honestidade e transparência.

Já para a publicidade abusiva, a compreensão é um pouco mais complexa. Isso porque têm-se indícios de que, partindo da publicidade como um contato social, a abusividade só pode ser compreendida através de um dever geral de abstenção de certas práticas. Daí porque, apesar de o CDC indicar formas de abusividade, como a discriminatória e a violenta, o rol legal é meramente exemplificativo[74], configurando abusividade sempre que a vulnerabilidade do consumidor e os valores sociais forem nitidamente desrespeitados.[75]

Isso posto, abusividade trata-se de um conceito jurídico indeterminado, que vai demandar a análise do caso concreto para verificar a sua ocorrência ou não. Ademais, oportuno mencionar que, mesmo que a mensagem publicitária seja verdadeira, a abusividade não será permitida.[76] Em resumo, a publicidade será considerada abusiva sempre que se portar de maneira antiética, ferindo a vulnerabilidade do consumidor e os valores sociais básicos da sociedade como um todo.[77]

Neste ponto, é inegável que a constante publicidade virtual importunadora, que molesta as pessoas, especialmente por meio do uso de dados pessoais, e em última análise, impede que aqueles que possuem uma vida virtual possam promover o seu dia a dia de maneira livre e sossegada, devem ser consideradas abusivas. Isso porque, além da importunação, essas publicidades assediam ao consumo, levando ao ato muitas vezes irracional, que instiga o consumo irrefletido e, consequentemente, viola importantes valores sociais, como a solidariedade. Vale lembrar, novamente, que o superendividamento é um problema social relacionado a essa instigação do consumismo.

Oportuno o alerta de Zygmunt Bauman, sobre o típico comportamento dos consumidores, que agem de acordo com as promessas de que o consumo satisfará os seus desejos. Assim, "o preço que o potencial consumidor em busca de satisfação está preparado para pagar pelas mercadorias em oferta dependerá da credibilidade dessa promessa e da intensidade desses desejos."[78]

---

74. Destaca Rafael Maltez que "por meio da expressão 'dentre outras' fica claro que o rol é exemplificativo (*numerus clausus*). Nem poderia ser outra forma, pois os valores sociais variam conforme a época e local. Vê-se, pois, que uma lei moderna e dinâmica, como a Lei 8.078/90, não poderia e não deixou de considerar esse caráter de mudança e evolução da sociedade. Atento, o legislador também vislumbrou que acontecimentos da vida são muito mais ricos, do que a sua imaginação e que podem ser utilizadas práticas abusivas não pensadas no momento ao qual a lei foi elaborada." MALTEZ, Rafael Tocantins. *Direito do consumidor e publicidade*: análise jurídica e extrajurídica da publicidade subliminar. Curitiba: Juruá, 2011. p. 190.

75. PASQUALOTTO, Adalberto. *Os efeitos obrigacionais da publicidade no código de defesa do consumidor*. São Paulo: Ed. RT, 1997. p. 145.

76. NERY JÚNIOR, Nelson. Os princípios gerais do código brasileiro de defesa do consumidos. *Revista de Direito do Consumidor*, São Paulo, n. 3, p. 69, set./dez. 1992.

77. MARQUES, Claudia Lima. *Contratos no código de defesa do consumidor*: o novo regime das relações contratuais. São Paulo: Thomson Reuters Brasil, 2019. E-book.

78. BAUMAN, Zygmunt. *Vida para o consumo*: a transformação das pessoas em mercadorias. Trad. Carlos Alberto Medeiros. Rio de Janeiro: Jorge Zahar, 2008. p. 19.

Conforme se nota, diante de dados pessoais ou pior, diante de informações sensíveis do consumidor, as mensagens publicitárias ganham força e tornam-se abusivas, dado que, na maioria das vezes, não são solicitadas e muito menos autorizadas pelas pessoas[79], violando a finalidade da captação de dados pessoais e retirando o devido sossego do consumidor que não autorizou o seu uso. Em verdade, o excesso de informação e as práticas intrusivas, naturais no recorrente *marketing* digital, são capazes de interferir no livre desenvolvimento da pessoa e, em última análise, impossibilitar a liberdade daquele que acessa o mundo virtual, lesando, consequentemente, direitos fundamentais.[80]

Desse modo, é notável que são enormes os desafios enfrentados pela proteção do consumidor na Sociedade da Informação, em especial enquadrando o direito à proteção de dados como uma forma de impedir que o avanço tecnológico viole o direito da pessoa usufruir da navegação via *Internet* sem interferência alheia e, além disso, sem sofrer fortes pressões para o consumo desenfreado.

Vale ressaltar que as diversas formas de publicidade virtuais, até mesmo aquelas que se alimentam de dados pessoais ou mesmo dados sensíveis das pessoas, são detectáveis e tratáveis pelas normas pátrias, tendo como destaque a proteção garantida pelo CDC que, por se compor como norma principiológica, é suficientemente flexível e abrangente, garantindo aplicabilidade plena e imediata sobre as novas modalidades de publicidade oriundas das práticas virtuais.

Todavia, é inegável que a LGPD também representa instrumento jurídico relevante para a proteção do consumidor, exposto às práticas publicitárias de mercado, principalmente as práticas virtuais. Afinal, "se o meio virtual, a rede da *Internet* e a globalização aumentam a liberdade teórica dos consumidores, a prática os limita, e a solução só pode ser a regulamentação pelo direito."[81]

4.2 A PROTEÇÃO DE DADOS PESSOAIS FRENTE ÀS PUBLICIDADES VIRTUAIS

A relação entre o uso de dados pessoais e as publicidades de consumo surge de maneira mais evidente a partir da crise da produção em massa, que vem acompanhada da economia especializada, de produção flexível. Neste sentido, nota-se que o mercado passa a não promover mais em grande escala a produção em massa, de produtos idênticos, mas sim identificar as demandas específicas dos consumidores, promovendo a diversificação e a especialização da produção.

Desse modo, a partir do momento em que os consumidores já tinham os produtos que eram oferecidos no mercado de massas, gerando uma verdadeira estagnação, as empresas passaram a assumir comportamentos ativos no mercado, no sentido de criar

---

79. MORATO, Antonio Carlos. Mensagens eletrônicas não solicitadas como prática abusiva no mercado de consumo. *DOUTRINAS essenciais do direito do consumidor*. São Paulo: Ed. RT, 2011. v. 3.

80. LIMBERGER, Têmis. Direito e informática: o desafio de proteger os direitos do cidadão. In: SARLET, Ingo Wolfgang (Org.) *Direitos fundamentais, Informática e comunicação*: algumas aproximações. Porto Alegre: Livraria do Advogado, 2007. p. 195.

81. MARQUES, Claudia Lima. *Contratos no código de defesa do consumidor*: o novo regime das relações contratuais. São Paulo: Thomson Reuters Brasil, 2019. *E-book*.

necessidades e, consequentemente, novos mercados. Ademais, surgem investimentos consideráveis nas práticas de especialização e de diferenciação, ou seja, as empresas passaram a produzir produtos e serviços personalizados e exclusivos, visando não só cativar os consumidores como também criar novas necessidades.[82]

Nasce assim um modelo econômico sustentado pela personificação e flexibilização da produção, voltada para consumidores específicos. Esse novo mercado faz emergir a "economia da informação pessoal", ou "economia de massa customizada" ou mesmo "economia de produção flexível", termos que surgem para denominar esse contexto mercadológico.[83] Em resumo, desenvolve-se o modelo econômico flexível, singularizado e especializado, capaz de produzir os serviços e produtos de acordo com o nicho de mercado específico.

Conforme se nota, diferentemente da produção padronizada, característica do contexto industrial de massa, o mercado de economia flexível demanda fortes investimentos na diferenciação e personalização dos produtos e serviços. Afinal, só assim seria possível o fortalecimento competitivo e, consequentemente, o aumento dos lucros.[84] Dessa forma, foi preciso alterar as próprias concepções de *marketing*, afinal, a publicidade de massas, baseada na exposição de uma grande gama de produtos e serviços à maior quantidade de consumidores possíveis, perdeu a sua sustentação.[85]

A partir do momento em que a produção de produtos e serviços se flexibiliza, de acordo com os anseios dos consumidores, tornou-se imprescindível personalizar também as ferramentas publicitárias, especialmente capazes de atingir o público efetivamente interessado no consumo, isto é, o verdadeiro nicho de mercado. Daí porque se pode

---

82. Destaca Bruno Miragem que: "Observa-se no mercado de consumo a transição entre a economia de produção em massa, mediante oferta de produtos de consumo massificados, que deu origem e sentido à noção de sociedade de consumo, a partir do final da Segunda Grande Guerra (1945), para uma economia da especialização flexível, marcada por diferentes características em relação ao modelo que o precede, deslocando a competição exclusivamente baseada em preços pela especialização do produto, pelo qual os fornecedores buscam a diferenciação de seus produtos e serviços em relação a seus concorrentes, frente aos consumidores." MIRAGEM, Bruno. A lei geral de proteção de dados (Lei 13.709/2018) e o direito do consumidor. *Revista dos Tribunais*, Brasília, DF, v. 1009, nov. 2019.

83. Assim como Laura Mendes, o presente trabalho optou por utilizar essas expressões como sinônimas, ou seja, denominações diversas, mas que servem para expressar um mesmo contexto econômico. MENDES, Laura Schertel. *Privacidade, proteção de dados e defesa do* consumidor: linhas gerais de um novo direito fundamental. São Paulo: Saraiva, 2014. p. 86.

84. Neste contexto, surge a interação entre os consumidores e o mercado, na figura do *prosumer*. O prossumidor seria uma mistura dos papéis de consumidor e produtor, nos moldes do "faça-você-mesmo", surgindo da venda do estojo de exame de gravidez, exame este que poderia ser feito pela própria mulher. Vale destacar que Alvin Toffler tem uma visão crítica desse contexto, segundo o qual: "O que está em jogo atualmente é mais do que o capitalismo ou o socialismo, mais do que energia, comida, população, capital, matéria-prima ou empregos; o que está em jogo é o papel do mercado em nossas vidas e o futuro da própria civilização. Isto, em seu âmago, é do que trata o advento do prossumidor." TOFFLER, Alvin. *A terceira onda*. Trad. João Távora. 8. ed. Rio de Janeiro: Record, 1980. p. 288.

85. Neste ponto, Bruno Bioni destaca que: "[...] o modelo organizacional das empresas em rede, permitiu uma flexibilização no processo de produção, a ponto de sincronizar a projeção do bem de consumo instantaneamente às reações do mercado consumidor. Esse sujeito final da cadeia passou a participar mais ativamente durante todo o ciclo de vida de um bem de consumo. Houve fusão dos atos de consumidor (consumption) e de produzir (production) na figura do prosumer." BIONI, Bruno Ricardo. *Proteção de dados pessoais*: a função e os limites do consentimento. Rio de Janeiro: Forense, 2019. p. 48.

falar que "a publicidade exercitada na *mass media* ganhou novo ambiente para ampla divulgação: o mundo digital."[86]

Em razão disso, diante da produção feita de maneira personalizada e singularizada, tornou-se necessária à coleta de informações a respeito dos interesses dos potenciais consumidores. Em verdade, é neste contexto que os comportamentos e hábitos de consumo começam a despertar maior importância dentro do próprio mercado. Afinal, para a oferta de produtos e serviços específicos, seria preciso ter o conhecimento dos reais interesses do denominado público alvo, razão pela qual despontam sobremaneira as publicidades qualificadas e direcionadas.[87]

E conforme exaustivamente mencionado, o desenvolvimento das tecnologias de comunicação e informação, aliado ao contexto de advento de sociedades cada vez mais capacitadas para promoverem a vigilância das pessoas, possibilitou não só maior coleta de informações e dados pessoais a respeito dos consumidores, como também a promoção de bancos de dados com essas informações devidamente organizadas. Assim, é possível afirmar que "a economia movida a dados e o capitalismo da vigilância são as duas faces da mesma moeda".[88]

Daí porque a crescente utilização da tecnologia da informação para criação de novas formas de publicidade foi capaz também de promover o surgimento de novos produtos e serviços. Com efeito, é evidente que a sociedade de consumo, em última análise, "incentiva as transformações tecnológicas, uma vez que favorece a concorrência e eficiência dos agentes econômicos para oferecer mais e melhores produtos e serviços, estimulando a inovação que promova a qualidade."[89] Não há como negar, portanto, que a evolução tecnológica "tornou possível a existência de novos produtos e serviços que aumentam, sem praticamente nenhum custo, a eficiência de nossas vidas como consumidores."[90]

Além disso, conforme exposto anteriormente, é nítida a ampliação do consumo na Sociedade da Informação, "na medida em que a economia passa a exigir, para o seu complexo funcionamento, uma quantidade enorme de dados pessoais, possíveis de serem armazenados, processados e transmitidos por meio da tecnologia da informação."[91] Dessa maneira, o tratamento de dados pessoais dos consumidores, pelas fornecedoras, surge como um requisito essencial para a própria sobrevivência das empresas no mer-

---

86. MARTINS, Fernando Rodrigues; FERREIRA, Keila Pacheco. Da idade média à idade mídia: a publicidade persuasiva digital na virada linguística do direito. In: PASQUALOTTO, Adalberto (Org.). *Publicidade e proteção da infância*. Porto Alegre: Livraria do Advogado, 2018. v. 2, p. 98.

87. Neste sentido, "criou-se um planejamento individualizado por meio do qual o cliente é tratado individualmente, mediante um relacionamento estreito e interativo, em que ele mesmo define as especificações do produto ou serviço que melhor atendam às suas necessidades". PRATES, Cristina Cantú. *Publicidade na internet*: consequências jurídicas. Curitiba: Juruá, 2015. p. 43.

88. FRAZÃO, Ana. Fundamentos da proteção dos dados pessoais: noções introdutórias para a compreensão da importância da lei geral da proteção de dados. In: FRAZÃO, Ana; TEPEDINO, Gustavo; OLIVA, Milena Donato (Coord.). *Lei geral de proteção de dados pessoais e suas repercussões no direito brasileiro*. São Paulo: Thomson Reuters Brasil, 2019. p. 28.

89. MIRAGEM, Bruno. *Curso de direito do consumidor*. 8. ed. São Paulo: Thomson Reuters Brasil, 2019. *E-book*.

90. KLAUS, Schwab. *A quarta revolução industrial*. São Paulo: Edipro, 2016. p. 20.

91. MENDES, Laura Schertel. A *vulnerabilidade do consumidor quanto ao tratamento de dados pessoais*. In: MARQUES, Claudia Lima; GSELL, Beate. *Novas tendências do direito do consumidor*: rede Alemanha-Brasil de pesquisas em direito do consumidor. São Paulo: Ed. RT, 2015. *Ebook*.

4 • AS PUBLICIDADES IMPORTUNADORAS E O DANO DE ASSÉDIO DE CONSUMO

cado, tendo em vista que se tornou cada vez mais importante não só a diferenciação e personalização dos produtos e serviços como também, por meio do tratamento de dados, a diminuição de riscos e a maior eficiência das vendas por meio da direta interação com o consumidor.

Neste sentido, destaque para a utilização da *Internet* com o intuito mercadológico, sob diferentes modelos de custeio e remuneração. Aqui, como notável exemplo, ressalta-se o oferecimento de serviços aparentemente gratuitos, como sites de busca, de mensagens instantâneas (como o *whatsapp*), e de redes sociais[92], que se sustentam com remuneração indireta, a partir dos dados pessoais coletados, capazes de, após o devido tratamento, indicarem um genuíno interesse dos consumidores em potencial.

A *Internet*, portanto, passa a se qualificar como um novo "espaço-mercado"[93], onde a coleta de dados pessoais e a publicidade sustentam boa parte dos serviços oferecidos aparentemente sem custos ao consumidor. Neste sentido, destaca Luís Chaves que é evidente que o motor de funcionamento da maioria das páginas e aplicativos gratuitos oferecidos na *Internet* é a publicidade comportamental, por meio de anúncios que se relacionam com hábitos e preferências de navegação do usuário.[94]

Assim, consoante se percebe, essa economia da informação pessoal, fortemente customizada, exige que as empresas detenham o conhecimento a respeito das informações pessoais de seus consumidores, para que individualize a produção e, além disso, capacite a fidelização do nicho de consumo. Novamente, ganham destaque as novas modalidades publicitárias virtuais, que surgem a partir da utilização, na prática de *marketing*, dos dados pessoais de determinado público alvo. Isso porque "a oferta de volumes menores de produtos especializados, altamente qualificados e segmentados permite a manutenção de alto grau de lucratividade e estabilidade comercial."[95]

Evidentemente, o mercado do consumo se adapta a essa nova realidade de coleta, armazenamento e tratamento de dados pessoais, afinal, a quantidade de informações a respeito dos consumidores, seus comportamentos, desejos e hábitos de consumo, tornam-se essenciais para o crescimento econômico. Neste ponto, "percebe-se, assim, que a informação se transformou em insumo da produção, possuindo um papel tão importante quanto a força de trabalho e o capital."[96]

Conforme já mencionado, dentro da lógica da Sociedade da Informação, também caracterizada pelo consumo como fundamento básico, as publicidades

---

92. Vale destacar que as redes sociais, por se inserirem dentro dessa nova metodologia publicitária, que utiliza massivamente dados pessoais, já foi reconhecida como relação jurídica de consumo, conforme REsp. 1.349.961-MG.

93. MARQUES, Claudia Lima. *Contratos no código de defesa do consumidor*: o novo regime das relações contratuais. São Paulo: Ed. RT, 2014. p. 128.

94. CHAVES, Luís Fernando Prado. Responsável pelo tratamento, subcontratante e DPO. In: BLUM, Renato Opice; MALDONADO, Viviane Nóbrega (Coord.). *Comentários ao GDPR*: regulamento geral de proteção de dados da União Europeia. São Paulo: Thomson Reuters Brasil, 2018. p. 122.

95. MENDES, Laura Schertel. *Privacidade, proteção de dados e defesa do consumidor*: linhas gerais de um novo direito fundamental. São Paulo: Saraiva, 2014. p. 90.

96. MENDES, Laura Schertel. *Privacidade, proteção de dados e defesa do consumidor*: linhas gerais de um novo direito fundamental. São Paulo: Saraiva, 2014. p. 91.

ganham maior destaque, afinal, são elas que induzem as pessoas a sentirem desejos insaciáveis de consumo, tornando a insatisfação uma permanente no mercado e, consequentemente, a principal fonte de rendimentos das companhias de comércio eletrônico.[97] Vale lembrar que a publicidade já foi definida como a "arte de criar a necessidade do inútil".[98]

Com base nisso, é oportuno dizer que, o desenvolvimento da publicidade é um dos fenômenos que trouxe maiores consequências para o surgimento e desenvolvimento da sociedade de consumo, inclusive no que se refere às transformações econômicas mais relevantes dos últimos anos. Neste ponto, aponta Jean Baudrillard que "a publicidade revela-se talvez como o mais notável meio de comunicação de massas da nossa época."[99]

E é em razão disso que se nota que as empresas se aproveitam dos dados pessoais e, pior, dos dados sensíveis das pessoas, para conseguirem um dos recursos mais escassos na sociedade atual: a atenção real dos consumidores. Dessa forma, os fornecedores buscam, da melhor maneira possível, aproveitarem o tempo em que o consumidor não está consciente para o preencher com publicidades direcionadas e dirigidas, influenciando decisões, no que já se convencionou denominar de "mercado da atenção".[100] Assim, para o pagamento dos serviços supostamente gratuitos, o consumidor oferece os seus dados e, como se não bastasse, sua atenção às publicidades ali veiculadas.

Em verdade, diante do contexto de grandes fluxos de informação, onde as pessoas são expostas a uma quantidade nunca antes vista de informações, todos os dias, o tempo todo, a publicidade se transforma em uma verdadeira arte, que se adapta constantemente visando instigar os desejos e as necessidades de consumir. Neste ponto, têm-se pistas de que o anúncio publicitário se qualifica para cumprir as tarefas de chamar a atenção, despertar o interesse, estimular o desejo, criar convicção e induzir à aquisição.[101] Consequentemente, conforme expõe Claudia Marques, a publicidade virtual carrega consigo uma nova espécie de pressão, isto é, não a pressão natural de um vendedor enquanto negocia, mas o fato de a oferta estar onipresente, atemporalmente, todos os dias da semana, em qualquer contexto social, no trabalho ou nas férias, bastando que o consumidor esteja conectado à *Internet* para ser pressionado a consumir.[102]

Dessa maneira, considerando que a *Internet* permitiu que os internautas estejam conectados o tempo todo, inclusive expondo a sua privacidade, abriu-se espaço aos fornecedores para que ofereçam as publicidades diretamente à casa (se não à mente)

---

97. CASTELLS, Manuel. *A galáxia da internet:* reflexões sobre a internet, os negócios e a sociedade. Rio de Janeiro: Zahar, 2003. p. 143.
98. KOTLER, Philip. *Marketing para o século XXI:* como criar, conquistar e dominar mercados. São Paulo: Futura, 1999. p.23.
99. BAUDRILLARD, Jean. *A sociedade de consumo.* Portugal: Edições 70, 2008. p. 131.
100. WU, Tim. *The attention merchants:* the epic scramble to get inside our heads. New York: Vintage, 2017.
101. VERSTERGAARD, Torben; SCHRODER. Kim. *A linguagem da propaganda.* São Paulo: Martins Fontes, 2000. p. 47.
102. MARQUES, Claudia Lima. *Contratos no código de defesa do consumidor:* o novo regime das relações contratuais. São Paulo: Ed. RT, 2014. p. 126.

do consumidor.[103] Nota-se, assim, o surgimento de novas tecnologias de *marketing* agressivo, o que possibilita que a publicidade seja onipresente. Consoante se percebe, "o consumidor de hoje, em vez de depender somente do cavalo e dos utensílios domésticos básicos de ontem, submete-se, passivamente, a uma certa explosão tecnológica, acompanhada da explosão do *marketing*." [104]

Essa nova realidade apresenta particularidades, tendo em vista que a publicidade incessante cria expectativas e comportamentos orientados ao consumo, se tornando irresistíveis. Logo, a tecnologia agregada às publicidades aumenta a vulnerabilidade dos consumidores,[105] ampliando também os riscos à violação da personalidade dessas pessoas.[106] Afinal, "o que se verifica é o desejo do consumidor possuir um determinado produto porque nele vê representada sua própria identidade." [107]

Daí porque, ressalta Laura Mendes, embora os riscos do tratamento de dados pessoais sejam notáveis nos vários setores da sociedade, destacam-se os desafios desse fenômeno nas relações de consumo, uma vez que, sendo o consumidor presumidamente vulnerável, este possui grande dificuldade de controlar o fluxo dos seus dados pessoais, bem como de adotar medidas de autoproteção contra os riscos do tratamento dessas informações.[108]

Como se não bastasse, visando a coleta de dados pessoais, as empresas se apropriam das novas ferramentas de vigilância eletrônica, capazes de identificar diversas informações importantes dos consumidores. Neste sentido, se antigamente a vigilância se relacionava com a ideia de controle, pelo Estado, como apregoado na figura do "Big Brother orwelliano", atualmente, a vigilância tornou-se algo trivial na sociedade, posto que as empresas a realizam, o tempo todo, para análises comportamentais e ajustamentos de práticas comerciais[109], no denominado "capitalismo da vigilância"[110], diferentemente da liberdade utópica imaginada no ambiente da Internet.[111]

---

103. LORENZETTI, Ricardo. *Comércio eletrônico*. São Paulo: Ed. RT, 2004. p. 48.
104. BENJAMIN, Antonio Herman Vasconcellos. O controle jurídico da publicidade. *Revista de Direito do Consumidor*, São Paulo, n. 9, p. 25-57, jan./mar. 1994.
105. LORENZETTI, Ricardo. *Comércio eletrônico*. São Paulo: Ed. RT, 2004. p. 365.
106. MENDES, Laura Schertel. A vulnerabilidade do consumidor quanto ao tratamento de dados pessoais. In: MARQUES, Claudia Lima; GSELL, Beate. *Novas tendências do direito do consumidor*: rede Alemanha-Brasil de pesquisas em direito do consumidor. São Paulo: Ed. RT, 2015. *Ebook.*
107. PRATES, Cristina Cantú. *Publicidade na internet*: consequências jurídicas. Curitiba: Juruá, 2015. p. 42.
108. Por essa razão, destaca a autora que: "[...] muitas vezes, esse conhecimento da empresa advém da coleta de dados do consumidor, sem sequer que ele saiba dessa coleta ou dê o seu consentimento para tanto. A vulnerabilidade do consumidor nesse processo de coleta e tratamento de dados pessoais é tão patente que se cunhou a expressão "consumidor de vidro" para denotar a sua extrema fragilidade e exposição no mercado de consumo, diante de inúmeras empresas que tomam decisões e influenciam as suas chances de vida, a partir das informações pessoais armazenadas em bancos de dados." MENDES, Laura Schertel. A vulnerabilidade do consumidor quanto ao tratamento de dados pessoais. In: MARQUES, Claudia Lima; GSELL, Beate. *Novas tendências do direito do consumidor*: rede Alemanha-Brasil de pesquisas em direito do consumidor. São Paulo: Ed. RT, 2015. *Ebook.*
109. MENDES, Laura Schertel. A vulnerabilidade do consumidor quanto ao tratamento de dados pessoais. In: MARQUES, Claudia Lima; GSELL, Beate. *Novas tendências do direito do consumidor*: rede Alemanha-Brasil de pesquisas em direito do consumidor. São Paulo: Ed. RT, 2015. *Ebook.*
110. LÔBO, Paulo. Direito à privacidade e sua autolimitação. In: EHRHARDT JÚNIOR, Marcos; LOBO, Fabíola Albuquerque (Coord.). *Privacidade e sua compreensão no direito brasileiro*. Belo Horizonte: Fórum, 2019. p. 24.
111. Neste ponto, Stefano Rodotà alerta que: "[...]a hipótese de liberdade infinita e anárquica garantida pela internet entre em conflito com outra realidade que está diante de nossos olhos. Câmeras de vídeo para vigilância, a impla-

Neste sentido também, Christian Fuchs aponta que, na área de consumo, as empresas utilizam da vigilância eletrônica para conhecerem as preferências dos consumidores capazes de mirá-los com publicidades *online* personalizadas. E essas corporações fazem isso de maneira aparentemente legal, a partir do consentimento do titular, no momento da celebração do contrato eletrônico, de que suas preferências serão acessadas para fins de perfil publicitário; ou, de maneira ilegal, enviando *spam* ou *spyware* capazes de registrar o comportamento *online*.[112]

Como consequência desse tipo de prática, surge o problema da classificação dos consumidores em categorias de acordo com os dados pessoais coletados, capazes de afetar significativamente a liberdade e a autonomia das pessoas.[113] Isso porque há evidente diminuição da autonomia do consumidor a partir do momento em que é fortemente dissecado pelos seus comportamentos e hábitos de consumo, que compõe seu histórico, além do perigo de ser discriminado no mercado, a partir do conhecimento prévio pelas empresas de informações como a renda, os hábitos, os gastos frequentes, as responsabilidades etc.

Cite-se como exemplo do avanço tecnológico e, ao mesmo tempo, dos riscos de vigilância, na investigação das expressões faciais do consumidor enquanto este realiza compras *online*. Neste sentido, Darren Bridge aponta que existem *neurosoftwares* capazes de interpretar as reações das pessoas de acordo com a *webcam*. Segundo o autor, os olhares dos consumidores são rastreados, de modo a buscar informações sobre os locais da tela que mais chamaram atenção, ou mesmo as emoções vivenciadas no ato da compra. Segundo o autor, "o software até pode medir os batimentos cardíacos e detectar flutuações minúsculas na cor da pele do rosto, imperceptíveis para olhos humanos."[114]

Destaca-se que esse problema já foi enfrentado pela justiça brasileira, no caso envolvendo as publicidades na Linha 4 (Amarela) do metrô de São Paulo. Na ocasião, a empresa Via Quatro instalou câmeras escondidas em telas que exibiam publicidades e registravam a reação dos passageiros. Em razão disso, o Instituto Brasileiro de Defesa do Consumidor (Idec) ingressou com ação civil pública, requerendo a retirada das câmeras.[115]

---

cável coleta dos rastros deixados pelo uso do cartão de crédito ou durante a navegação na internet, a produção e venda de perfis pessoais cada vez mais analíticos, as possibilidades de interconexão entre os mais diversos bancos de dados indicam a expansão progressiva de uma sociedade do controle, da vigilância e da classificação. Ao lado dos arquivos tradicionais, como aqueles das forças policiais, assumem importância crescente um sem-número de "arquivos", principalmente aqueles ligados ao consumo." RODOTÀ, Stefano. *A vida na sociedade da vigilância*: a privacidade hoje. Trad. Danilo Doneda e Luciana Cabral Doneda. Rio de Janeiro: Renovar, 2008. p. 146.

112. FUCHS, Christian. Internet and society: social theory in the information age. Londres: Routledge, 2008. p. 273.

113. Neste sentido, destaca Ana Frazão que "se os cidadãos não conseguem saber nem mesmo os dados que são coletados, têm dificuldades ainda maiores para compreender as inúmeras destinações que a eles pode ser dada e a extensão do impacto destas em suas vidas." FRAZÃO, Ana. Fundamentos da proteção dos dados pessoais: noções introdutórias para a compreensão da importância da lei geral da proteção de dados. In: FRAZÃO, Ana; TEPEDINO, Gustavo; OLIVA, Milena Donato (Coord.) *Lei geral de proteção de dados pessoais e suas repercussões no direito brasileiro*. São Paulo: Thomson Reuters Brasil, 2019. p.26.

114. BRIDGER, Darren. *Neuromarketing*: como a neurociência aliada ao design pode aumentar o engajamento e a influência sobre os consumidores. São Paulo: Autêntica Business, 2018, p.19.

115. INSTITUTO BRASILEIRO DE DEFESA DO CONSUMIDOR. *Justiça impede uso de câmera que coleta dados faciais em metrô em SP*. São Paulo, 18 set 2019. Disponível em: https://idec. org.br/noticia/justica-impede-uso-de-camera-que-coleta-dados-faciais-do-metro-em-sp Acesso em: 08 dez. 2019.

4 • AS PUBLICIDADES IMPORTUNADORAS E O DANO DE ASSÉDIO DE CONSUMO | 153

Surge, então, uma nova espécie de assédio de consumo, conforme destaca Christian Fuchs, com base na vigilância eletrônica econômica, que reúne informações sobre o comportamento dos consumidores com o apoio de sistemas eletrônico. Com essas informações, os consumidores são ameaçados pela violência do mercado, que quer forçá-los a comprar.[116]

Com efeito, neste contexto de vigilância e de assédio de consumo, importante aprofundar os dois momentos de tratamento de dados pessoais dos consumidores que mais interessam para a promoção de publicidades, tendo em vista que estas práticas sofrem fortes limitações pela LGPD. Afinal, "hoje, dados e métricas (índices) oferecem informações cruciais em tempo quase real sobre as necessidades e comportamentos dos clientes que dirigem as decisões de *marketing* e vendas."[117]

Logo, sem desconhecer os diversos momentos no âmbito de tratamento de dados pessoais, para fins didáticos e com o intuito de manter a íntegra relação com o tema, optou-se por estudar dois momentos específicos, quais sejam, a coleta e o processamento.

A princípio, a coleta, considerada como primeira fase do tratamento de dados, consiste na obtenção de informações pessoais do consumidor para a formação de um banco de dados. Essa coleta nem sempre ocorre às escondidas, sendo que em muitas situações o próprio consumidor disponibiliza seus dados aos fornecedores. Neste sentido, Laura Mendes aponta que as principais fontes de coleta são i) as transações comerciais, com destaque para os chamados "cartões fidelidade"; ii) os censos e registros públicos; iii) as pesquisas de mercado; iv) os sorteios e concursos; v) a comercialização e cessão de dados; e vi) as tecnologias de controle da *Internet*, como os *cookies*[118] e *spywares*.[119]

Ressalta-se que independentemente da forma com que foram coletados, caso os dados pessoais sejam utilizados para fins de publicidade sem o consentimento do titular, há nítida violação do princípio da finalidade, tornando a prática ilegal nos termos da LGPD. Neste ponto, têm-se indícios de que, sob a ótica da LGPD, o regime de coleta de informações dos usuários deve se adequar ao sistema *opt in*, isto é, fica dependendo do consentimento prévio expresso e declarado do consumidor, tendo em vista as finalidades corretamente apontadas. Neste sentido, é preciso "inverter a coleta massiva para posterior avaliação do uso dos dados pessoais para a coleta e o armazenamento mínimo."[120]

---

116. FUCHS, Christian. *Internet and society*: social theory in the information age. Londres: Routledge, 2008. p. 267.

117. KLAUS, Schwab. *A quarta revolução industrial*. São Paulo: Edipro, 2016. p. 59.

118. "Os *cookies* são fichários de dados gerados através das instruções que os servidores *web* enviam aos programas navegadores e que são guardados num diretório específico do computador do usuário. É um instrumento para a obtenção de dados sobre os hábitos de consumo, frequências de visita a uma seção determinada, tipo de notícias a suprir." LORENZETTI, Ricardo Luis. *Informática, cyberlaw, e-commerce*. In: DE LUCCA, Newton de; FILHO, Adalberto Simão (Coord.). *Direito e internet*: aspectos jurídicos relevantes. Bauru: Edipro, 2001. p. 490.

119. O *spyware* "é um tipo de software que tem o objetivo de monitorar atividades de um sistema e enviar as informações coletadas para terceiros, podendo comprometer a privacidade do usuário e a segurança do computador. Algumas de suas funções são, por exemplo, o monitoramento de URLs acessadas enquanto o usuário navega na internet e captura de senhas bancárias e números de cartões de crédito." MENDES, Laura Schertel. *Privacidade, proteção de dados e defesa do consumidor*: linhas gerais de um novo direito fundamental. São Paulo: Saraiva, 2014. p. 104.

120. VAINZOF, Rony. Dados pessoais, tratamento e princípios. In: BLUM, Renato Opice; MALDONADO, Viviane Nóbrega (Coord.). *Comentários ao GDPR*: regulamento geral de proteção de dados da União Europeia. São Paulo: Thomson Reuters Brasil, 2018. p. 80.

Adiante, uma vez coletados, a segunda etapa do tratamento de dados pessoais é a denominada de processamento, principalmente por meio de tecnologias modernas de aprimoramento da informação. Dessa forma, após formado o banco de dados com informações coletadas dos consumidores, as empresas promovem o tratamento destes dados, a fim de buscar informações que darão base para conhecer os hábitos e comportamentos de consumo.

Assim, conforme já exposto, várias são as técnicas capazes de oferecer tendências e padrões significativos a partir de dados, com o auxílio de instrumentos estatísticos e matemáticos. Não obstante, vale aqui destacar duas técnicas que recorrentemente são utilizadas para posterior promoção de publicidades, a saber, a mineração de dados (*data mining*) e a construção do perfil (*profiling*).

Quanto à mineração de dados (*data mining*), trata-se do processo em que, por meio de tecnologias de informação e comunicação (TIC), fundadas em combinação de dados e estatísticas, dados de compreensão complexa são transformados em informações inteligíveis às empresas, tornando essas informações pessoais úteis e valiosas. Em resumo, a mineração de dados consiste na exploração de "uma base de dados (mina) usando algoritmos (ferramenta) adequados para obter conhecimento (minerais preciosos)."[121]

Por meio da mineração de dados, as fornecedoras são capazes de identificar padrões significativos de informações, isto é, partindo do banco de dados coletados, estabelece-se classificações lógicas de pessoas e bens, para uma determinada finalidade predefinida, a partir da busca por padrões. Neste aspecto, "o *Big Data* representa o êxtase desse processo"[122] pois permitiu que estes dados pudessem ser analisados em volumes imensos, em toda a sua extensão, permitindo inferir, inclusive, na probabilidade de acontecimentos futuros.[123]

Neste ponto, destaca-se que a mineração de dados é um dos fundamentos para a análise preditiva, ou seja, o uso de comportamentos padrões capazes de dar previsão de certos acontecimentos e ações futuras.[124] À título de exemplo, em 2014 o *Facebook* revelou ter encontrado um padrão de comportamentos do usuário da rede capaz de demonstrar que a pessoa posteriormente iniciaria um relacionamento sério.[125] A pesquisa da rede social revelou que cerca de 3 meses antes da revelação pública do namoro os usuários intensificam suas interações na rede social, como por meio de comentários, curtidas,

---

121. CASTRO de, Leandro Nunes; FERRARI, Daniel Gomes. *Introdução à mineração de dados*: conceitos básicos, algoritmos e aplicações. São Paulo: Saraiva, 2016. p. 4.
122. BIONI, Bruno Ricardo. *Proteção de dados pessoais*: a função e os limites do consentimento. Rio de Janeiro: Forense, 2019. p. 39.
123. Neste ponto, destaca que: "Os riscos e oportunidades do aproveitamento do grande volume de dados (*big data*) para a tomada de decisão são significativos [...] [...] As preocupações dos cidadãos, no que diz respeito à privacidade e ao estabelecimento da responsabilidade comercial e nas estruturas legais, irão exigir ajustes na forma de pensar, bem como orientações para o uso e prevenção do perfil individual (profiling) e consequência imprevistas. KLAUS, Schwab. *A quarta revolução industrial*. São Paulo: Edipro, 2016. p. 137.
124. SIEGEL, Eric. *Análise preditiva*: o poder de prever quem vai clicar, comprar, mentir ou morrer. Rio de Janeiro: Alta Books, 2017
125. DIUK, Carlos. *The formation of love*. facebook data science. [S. l.], 14 fev. 2014. Disponível em: https://www.facebook.com/notes/facebook-data-science/the-formation-of-love/10152064609253859 Acesso em: 08 nov. 2019.

compartilhamento de fotos e vídeos e, além disso, por "cutucadas". Assim, percebeu a rede social que próximo da data da exposição do relacionamento sério mais estreitas se tornavam as interações virtuais.[126]

Com efeito, importante mencionar que essa análise preditiva, ou seja, a possibilidade de identificar padrões e operar a previsão de comportamentos futuros é uma verdadeira "mina de ouro" para o ramo publicitário.[127] Daí porque o *Big Data* revolucionou não só o mercado, mas principalmente a indústria publicitária[128], "criando-se mais do que um rico retrato do consumidor em potencial. A figura translúcida do consumidor de vidro agora perpassa seus passos futuros."[129]

Um dos grandes problemas dessa técnica, conforme exposto na ideia de Roger Clarke, sobre a *persona digital*, é o tratamento discriminatório das pessoas, sem considerar o perigo de a mineração transformar dados a princípio inofensivos em dados sensíveis.[130] Cite-se, por exemplo, o histórico de compras do cartão de crédito do consumidor, que pode revelar quais são os medicamentos adquiridos pela pessoa.

Partindo daí, e indo além da mineração de dados, outra técnica comum no mercado de consumo é a construção de perfil, denominada *profiling*.[131] Esse perfil criado é uma espécie de "avatar" que representa o consumidor a partir da reunião de diversos dados

---

126. Neste mesmo sentido, aponta Bruno Bioni que a empresa também foi capaz de prever quando haveria o rompimento do relacionamento sério, com base nos posts dos usuários. BIONI, Bruno Ricardo. *Proteção de dados pessoais*: a função e os limites do consentimento. Rio de Janeiro: Forense, 2019. p. 43.

127. Neste ponto, importante mencionar reportagem em mídia digital, entrevistando o professor Martin Hilbert, segundo o qual: "pesquisadores da Universidade de Cambridge, no Reino Unido, fizeram testes de personalidade com pessoas que franquearam acesso a suas páginas pessoais no Facebook, e estimaram, com ajuda de um algoritmo de computador, com quantas curtidas é possível detectar sua personalidade. Com 100 curtidas poderiam prever sua personalidade com acuidade e até outras coisas: sua orientação sexual, origem étnica, opinião religiosa e política, nível de inteligência, se usa substâncias que causam vício ou se tem pais separados. E os pesquisadores detectaram que com 150 curtidas o algoritmo podia prever sua personalidade melhor que seu companheiro. Com 250 curtidas, o algoritmo tem elementos para conhecer sua personalidade melhor do que você." LISSARDY, Gerardo. "'Despreparada para a era digital, a democracia está sendo destruída', afirma guru do 'big data'. *BBC Mundo*, [S. l.], 9 abr. 2017. Disponível em: https://www.bbc.com/portuguese/geral-39535650. Acesso em: 12 dez. 2019.

128. Neste ponto, aponta Lindstron Martin que: "O *data mining*, eufemisticamente chamado pelo setor de marketing de 'descoberta do conhecimento' ou 'insights do consumidor', é um negócio global de rápido crescimento, que se dedica à captura e à análise do comportamento do consumidor. O objetivo é classifica, resumir e uniformizar os dados de modo que possam ser usados para nos convencer (e de vez em quando, nos manipular) a comprar determinados produtos. [...] [...] O objetivo dos insights do consumidor é buscar motivações e critérios que levem o consumidor a comprar." LINDSTROM, Martin. *Brandwashed*: o lado oculto do marketing. Controlamos o que compramos ou são as empresas que escolhem por nós? Rio de Janeiro: Alta Books, 2018. p. 240.

129. BIONI, Bruno Ricardo. *Proteção de dados pessoais*: a função e os limites do consentimento. Rio de Janeiro: Forense, 2019. p. 43.

130. MENDES, Laura Schertel. *Privacidade, proteção de dados e defesa do consumidor*: linhas gerais de um novo direito fundamental. São Paulo: Saraiva, 2014. p. 52.

131. Nesta mesma situação, destaca-se a importância do princípio da finalidade, exigido na LGPD, de forma que é preciso que o consumidor "compreenda se, por quem e para que fins os seus dados são coletados, como em casos de *marketing* digital [...] [...] O titular também deverá ser informado da construção de perfil (*profiling*) e de suas respectivas consequências, além da ciência da eventual obrigatoriedade de fornecimento dos dados pessoais e das consequências no caso de recusa" VAINZOF, Rony. Dados pessoais, tratamento e princípios. In: BLUM, Renato Opice; MALDONADO, Viviane Nóbrega (Coord.). *Comentários ao GDPR*: regulamento geral de proteção de dados da União Europeia. São Paulo: Thomson Reuters Brasil, 2018. p. 54.

pessoais, como os relacionado às preferências, costumes, hábitos de consumo, classe social, *hobbys* etc.

A criação do perfil tem a finalidade de construir uma representação fiel e confiável do consumidor, capaz de gerar previsibilidades quanto aos seus comportamentos de consumo, isto é, uma verdadeira "biografia digital".[132] Assim, a caracterização do perfil tem como finalidade determinar o que é relevante dentro de um contexto, por exemplo, quais são os consumidores que podem se interessar por um determinado produto.

Dessa maneira, nota-se que o *profiling* permite uma redução considerável de riscos aos fornecedores, uma vez que indicam quem são os potenciais consumidores. Em verdade, é uma técnica que pode ser definida como uma nova maneira de conhecimento que permite tornar acessíveis padrões a princípio invisíveis ao reconhecimento humano.[133]

A demonstração real dessa técnica é narrada no conhecido caso americano da empresa *Target*[134], em que a fornecedora, por meio da mineração de dados pessoais das consumidoras inseridas em seu banco de dados, tornou-se capaz de descobrir quais clientes estão grávidas, antes mesmo das próprias mulheres, para, então, enviar a elas ofertas de produtos direcionados para gestantes e para bebês. Em verdade, esse caso se tornou emblemático em razão de um americano, ao notar as publicidades de roupas de bebê e berço direcionadas a sua filha pela empresa *Target*, entrou em contato com a loja para tirar satisfações, uma vez que a garota era jovem e ainda estava na escola. Mais tarde o pai descobriu que a filha, de fato, estava grávida.

Com isso, esse episódio revelou que a empresa possui um sistema que, por meio de cruzamento de dados pessoais das consumidoras inseridas em um banco de dados, é capaz de descobrir quais clientes estão grávidas, as vezes mesmo antes das futuras mães, para, então, enviar a elas ofertas de produtos para gestantes e bebês.[135]

Desse modo, um dos grandes riscos apontados quanto à elaboração do *profiling* se refere à possibilidade de manipulação da vontade e da autonomia da pessoa. Isso porque a partir do momento em que as empresas possuem um histórico com informações pessoais do consumidor, com nítida violação da sua esfera privada, é possível a manipulação da vontade, direcionando-a aos pontos fracos daquela pessoa, conforme o seu perfil traçado.[136]

---

132. SOLOVE, Daniel J. *The digital person*: technology and privacy in the information age. New York: University Press, 2006. p. 44.

133. BOFF, Salete Oro (Coord.). *Proteção de dados e privacidade*: do direito às novas tecnologias na sociedade da informação. Rio de Janeiro: Lumen Juris, 2018. p. 162.

134. Bruno Bioni chega a mencionar que "um dos exemplos mais citados para ilustrar o *Big Data* é o da ação por parte da varejista americana Target para identificar consumidora grávidas". BIONI, Bruno Ricardo. *Proteção de dados pessoais*: a função e os limites do consentimento. Rio de Janeiro: Forense, 2019. p. 42.

135. AGOSTINI, Renata. *A nova indústria da espionagem explora o consumo. Revista Exame*, São Paulo, 28 abr. 2012. Disponível em: https://exame.abril.com.br/revista-exame/a-nova-industria-da-espionagem/. Acesso em: 13 nov. 2019.

136. Neste ponto, destaca Stefano Rodotà que: "Assim se torna possível não só um controle mais direto do comportamento dos usuários, como também a identificação precisa e atualizada de certos hábitos, inclinações, interesses, preferências. Daí decorre a possibilidade de uma série de usos secundário dos dados, na forma de "perfis" relacionados aos indivíduos, famílias, grupos. Trata-se de uma nova "mercadoria" cujo comércio pode determinar os tradicionais riscos para a privacidade: mas pode, sobretudo, modificar as relações entre fornecedores e

4 • AS PUBLICIDADES IMPORTUNADORAS E O DANO DE ASSÉDIO DE CONSUMO

Cria-se, assim, uma "bolha", com o "filtro invisível"[137], de modo que os conteúdos e informações que o consumidor recebe nas publicidades estão relacionados aos interesses e hábitos inferidos através dos seus próprios dados pessoais, sem que o consumidor ao menos tenha conhecimento a respeito do procedimental por trás disso.

A LGPD trata do *perfil comportamental* em seu artigo 12, § 2º e em seu artigo 20, no sentido de projetar o foco de interesse ajustado a cada pessoa, deixando claro que se trabalha com o procedimento pelo qual a mineração de dados fornecidos pelo usuário ou mesmo os gostos representados no ciberespaço são capazes de possibilitar a análise preditiva.[138]

Isso porque há nebulosidade quanto aos algoritmos empregados para a criação desses perfis comportamentais, e as grandes empresas que os empregam não revelam exatamente o modo como procedem. São as chamadas caixas-pretas (*blackboxes*)[139], que podem causar danos variados não apenas quando incorrerem em equívocos estatísticos ou de análise preditiva, mas também quando implicarem envio massivo de informações.

A jurisprudência já se debruçou sobre o tema, tendo o Superior Tribunal de Justiça, como paradigma o Recurso Especial 1.457.199/RS.[140] Na ocasião, averiguou-se os riscos do *score* de crédito praticado pelas instituições financeiras, levando a doutrina[141] a concluir que seus efeitos para a delimitação de perfis sem qualquer "filtro ético, nas mãos do controlador e operador do tratamento de dados, podem levar a situações extremamente deletérias ao corpo eletrônico."[142]

Assim, a pessoa fica presa a essa "bolha", impedida de ter contato com informações diferentes e ocasionais aos seus interesses demonstrados no *profiling* elaborado.[143]

---

consumidores de bens e serviços, reduzindo a autonomia destes últimos de tal forma que pode chegar a incidir sobre o modelo global de organização social e econômica." RODOTÀ, Stefano. *A vida na sociedade da vigilância*: a privacidade hoje. Trad. Danilo Doneda e Luciana Cabral Doneda. Rio de Janeiro: Renovar, 2008. p. 62.

137. PARISER, Eli. *O filtro invisível*: o que a internet está escondendo de você. Rio de Janeiro: Zahar, 2012. *Ebook*.

138. COLOMBO, Cristiano; FACCHINI NETO, Eugênio. "Corpo elettronico" como vítima em matéria de tratamento de dados pessoais: responsabilidade civil por danos à luz da lei de proteção de dados brasileira e dano estético no mundo digital. In: CELLA, José Renato Graziero; BOFF, Salete Oro; OLIVEIRA, Júlia Francieli Neves de. *Direito, governança e novas tecnologias II*. Florianópolis: CONPEDI, 2018. p. 49.

139. PASQUALE, Frank. *The black box society*: the secret algorithms that control money and information. Cambridge: Harvard University Press, 2015. p. 4.

140. BRASIL. Superior Tribunal de Justiça (2. Seção). *Recurso especial 1.457.199 – RS (2014/0126130-2)*. Recorrente: Câmara de Dirigentes Lojistas de Porto Alegre CDL e outros. Recorrido: Ministério Público do Estado do Rio Grande do Sul. Interessado: Companhia Zaffari Boubon e Emerson de Carlo Denardi Samuel. Relator: Ministro Paulo de Tarso Sanseverino. Brasília, DF, julgado de novembro de 2014. Disponível em: https://bdjur.stj.jus.br/jspui/bitstream/2011/114173/REsp1457199.pdf. Acesso em: 19 dez. 2019.

141. Com efeito: "A falta de transparência dos sistemas de avaliação de risco é um dos principais problemas enfrentados não apenas por consumidores, mas também por reguladores e advogados. A obscuridade de diversos sistemas de avaliação de risco ensejaram a equiparação do *scoring* a uma "*blackbox*", dado que os processos pelos quais o histórico de crédito é convertido em um índice objetivo de risco são completamente intransparentes para um observador externo." MENDES, Laura Schertel. *Privacidade, proteção de dados e defesa do consumidor*: linhas gerais de um novo direito fundamental. São Paulo: Saraiva, 2014. p. 56.

142. COLOMBO, Cristiano; FACCHINI NETO, Eugênio. "Corpo elettronico" como vítima em matéria de tratamento de dados pessoais: responsabilidade civil por danos à luz da lei de proteção de dados brasileira e dano estético no mundo digital. In: CELLA, José Renato Graziero; BOFF, Salete Oro; OLIVEIRA, Júlia Francieli Neves de. *Direito, governança e novas tecnologias II*. Florianópolis: CONPEDI, 2018. p. 55.

143. Neste sentido, aponta David Sumpter que: "Interagimos com algoritmos desde o instante em que abrimos nosso computador ou ligamos nosso telefone. O Google está usando as escolhas de outras pessoas e o número de links

Como se não bastasse, Eli Pariser chega a afirmar que "os algoritmos que orquestram a nossa publicidade estão começando a orquestrar nossa vida".[144] Neste mesmo sentido, Stefano Rodotà aduz que "o *data mining*, a incessante pesquisa de informações sobre o comportamento de qualquer pessoa, gera uma produção contínua de 'perfis' individuais, familiares, territoriais, de grupos. Conforme se nota, a vigilância não conhece fronteiras."[145]

Pelo exposto, fica cada vez mais nítida a utilização das tecnologias de comunicação e informação no âmbito das publicidades, expondo os consumidores a novas espécies de riscos, ameaças e danos. Diante disso, destaca-se, mais uma vez, a necessidade de se promover a tutela tanto do corpo físico quanto do "corpo eletrônico" dos consumidores, em especial por meio da inegável relação entre o direito à integridade psicofísica e à proteção de dados pessoais. Com efeito, infere-se que "essa dupla tutela tornou-se, na atualidade, condição de possibilidade para o livre desenvolvimento da personalidade e para a cidadania."[146]

Afinal, os dados pessoais expõem traços da personalidade e "revelam comportamentos e preferências, permitindo até traçar um perfil psicológico dos indivíduos. Dessa maneira pode-se detectar hábitos de consumo, que têm grande importância para a propaganda e o comércio."[147] Em razão disso, a publicidade não pode se comportar de maneira abusiva, ainda mais quando utilizar de maneira ilegal os dados pessoais.[148]

Posto isso, conclui-se que há um dever constitucional de proteção das pessoas, em especial em situação de consumo, impedindo que os dados pessoais sejam utilizados para promover publicidades importunadoras capazes de perturbar o sossego das pessoas. Neste sentido, tanto o CDC quanto a LGPD promovem um processo de evolução, uma vez que sustentam a integral tutela da pessoa nas relações de consumo, protegendo tanto a incolumidade econômica quanto a integridade e a personalidade.

A LGPD, em especial, orienta-se na proteção da privacidade das pessoas e também tutela a liberdade pessoal, tanto no âmbito das relações contratuais como, de maneira

---

entre páginas para decidir quais resultados de busca nos mostrar. O Facebook usa as recomendações de nossos amigos para decidir as notícias que vemos. Reddit nos permite "votar positivamente" e "votar negativamente" em fofocas sobre celebridades. LinkedIn nos sugere pessoas que devemos conhecer no mundo profissional. Netflix e Spotify escrutinam nossas preferências cinematográficas e musicais para nos fazer sugestões." SUMPTER, David. *Dominados pelos números*: do Facebook e Google às fakenews, os algoritmos que controlam nossa vida. Rio de Janeiro; Bertrand Brasil, 2019. p. 113.

144. PARISER, Eli. *O filtro invisível*: o que a internet está escondendo de você. Rio de Janeiro: Zahar, 2012. *Ebook*.
145. RODOTÀ, Stefano. *A vida na sociedade da vigilância*: a privacidade hoje. Trad. Danilo Doneda e Luciana Cabral Doneda. Rio de Janeiro: Renovar, 2008. p. 9.
146. BOLESINA, Iuri. *Direito à extimidade*: as inter-relações entre identidade, ciberespaço e privacidade. Florianópolis: Empório do Direito, 2017. p. 130.
147. LIMBERGER, Têmis. Direito e informática: o desafio de proteger os direitos do cidadão. In: SARLET, Ingo Wolfgang (Org.). *Direitos fundamentais, Informática e comunicação*: algumas aproximações. Porto Alegre: Livraria do Advogado, 2007. p. 215.
148. Conforme expõe Paulo Lôbo: "O gosto pessoal, a intimidade, as amizades, as preferências artísticas, literárias, sociais, gastronômicas, sexuais, as doenças porventura existentes, medicamentos tomados, lugares frequentados, as pessoas com quem se conversa e sai, até o lixo produzido, interessam exclusivamente a cada indivíduo, devendo ficar fora da curiosidade, intromissão ou interferência de terceiros." LÔBO, Paulo. Direito à privacidade e sua autolimitação. In: EHRHARDT JÚNIOR, Marcos; LOBO, Fabíola Albuquerque (Coord.). *Privacidade e sua compreensão no direito brasileiro*. Belo Horizonte: Fórum, 2019. p. 19.

mais ampla, no exercício dos direitos fundamentais em geral.[149] Daí porque "é preciso circunscrever a coleta de informações ao mínimo indispensável de modo a garantir a maior liberdade possível"[150], sempre acompanhada da devida transparência.[151] Neste ponto, Stefano Rodotà defende de forma coerente que é preciso o "reconhecimento da personalidade e da não redução da pessoa à mercadoria, do respeito ao outro, da igualdade, da solidariedade, e da não interferência nas escolhas de vida, da possibilidade de agir livremente [...]"[152]

Assim, verifica-se que o CDC, por ser norma de caráter principiológico, diacrônica e sincronicamente, permite a hermenêutica promocional capaz de construir soluções para os novos conflitos causados pela tecnologia da informação, mesmo tendo sido promulgada nos anos 90. Nota-se, portanto, que a capacidade do CDC de se ajustar as novas demandas e solucionar os novos conflitos é fundamental para a efetivação da proteção da personalidade do consumidor, agora sob os novos riscos advindos do tratamento de dados pessoais.

Não obstante, por meio do diálogo de fontes entre o CDC e a LGPD, é indiscutível que as publicidades virtuais de consumo precisam se adequar não só ao regulamento jurídico até então já estabelecido, mas também às novas disposições de respeito integridade da pessoa humana. Em outras palavras, a publicidade precisa encontrar novos limites, por meio de controles exigidos, por exemplo, pela responsabilidade civil, sempre tendo a promoção da pessoa humana como fundamento.

Para tanto, é importante notar como as técnicas de publicidade se adequaram ao novo contexto social, com uso dos meios virtuais de comunicação, utilizando mecanismos cada vez mais relacionados às fragilidades do consumidor, para assediar ao consumo, por meio de mensagens importunadoras.[153] Sendo assim, demonstrar a necessidade de garantia do sossego, como projeção negativa da proteção de dados, demanda o apontamento das técnicas virtuais utilizadas pela publicidade para promover o assédio de consumo.

---

149. MIRAGEM, Bruno. A lei geral de proteção de dados (lei 13.709/2018) e o direito do consumidor. Ed. RT, Brasília, DF, v. 1009, nov. 2019.

150. RODOTÀ, Stefano. *A vida na sociedade da vigilância*: a privacidade hoje. Trad. Danilo Doneda e Luciana Cabral Doneda. Rio de Janeiro: Renovar, 2008. p. 10.

151. Neste ponto, importante destacar que, nas disposição do GDPR, Rony Vainzof aponta que: "[...] quando houver decisões automatizadas, incluindo *profiling*, especialmente para analisar ou prever aspectos relacionados com o desempenho profissional, a sua situação econômica, saúde, preferências pessoais interesses, confiabilidade, comportamento, localização ou deslocamentos do titular, o *controller* deverá prestar informações relativas à lógica subjacente, bem como acerca das consequências previstas de tal tratamento para o titular de dados." VAINZOF, Rony. Dados pessoais, tratamento e princípios. In: BLUM, Renato Opice; MALDONADO, Viviane Nóbrega (Coord.). *Comentários ao GDPR*: regulamento geral de proteção de dados da União Europeia. São Paulo: Thomson Reuters Brasil, 2018. p. 80.

152. RODOTÀ, Stefano. *A vida na sociedade da vigilância*: a privacidade hoje. Trad. Danilo Doneda e Luciana Cabral Doneda. Rio de Janeiro: Renovar, 2008. p. 237.

153. À título de exemplo, do modo com quem os dados pessoais potencializam as publicidades importunadoras, Martin Lindstrom aponta que: "Se você tem muitas compras na categoria 'viagens aéreas', provavelmente logo receberá uma oferta de serviços relacionados a turismo, ou um cartão de crédito que oferece descontos em uma rede de hotéis." LINDSTROM, Martin. *Brandwashed*: o lado oculto do marketing. Controlamos o que compramos ou são as empresas que escolhem por nós? Rio de Janeiro: Alta Books, 2018. p. 247.

4.3 TÉCNICAS DE PUBLICIDADE VIRTUAIS IMPORTUNADORAS

Inegavelmente que o desenvolvimento de técnicas publicitárias teve como forte influência o advento da televisão.[154] Entretanto, com o crescimento do uso da *Internet*, como novo ambiente de comunicação e de mercado[155], alterou-se fortemente conceitos básicos do *marketing*, sempre com o intuito de potencializar as mensagens mercadológicas.[156] Daí porque fala-se em uma mudança da publicidade tradicional à digital, por meio do *marketing* 4.0[157], de modo que a *Internet* é hoje considerada uma verdadeira ferramenta de *marketing*.[158] Inegavelmente, o desenvolvimento da *Internet*, como ambiente do mercado, trouxe nova realidade aos anúncios publicitários, a saber, o mundo virtual.[159]

Neste ponto, importante mencionar a empresa Google, que atualmente serve como modelo de gerenciamento, desenvolvimento e inovação de produtos e serviços. É impossível conhecer a *Internet* e desconhecer o Google. Neste sentido, afirma Cláudia Torres que "o Google cresceu muito e se tornou líder em alguns segmentos por um único e importante motivo: a empresa conseguiu criar uma fórmula inovadora e simples de ganhar dinheiro"[160], podendo esse modelo de negócios ser resumido a uma ideia central: a publicidade online.

Tudo isso vai de encontro ao crescimento do número de usuários da *Internet*, em especial pelo uso de aparelhos móveis (*smartphones*[161]), que promove o surgimento do *mobilemarketing*, isto é, o *marketing* que tem como fonte de mensagem os celulares[162]. Somado as isso, as mídias digitais revelam que, no Brasil, o número de idosos[163] e pessoas

---

154. MCLUHAN, Marshall. *Os meios de comunicação como extensões do homem*. São Paulo: Cultrix, 2007. p. 256.
155. "A Internet surge antes de tudo como um *shopping center* eletrônico." BARBER, Benjamin R. *Consumido*. Rio de Janeiro: Record, 2009. p. 349.
156. Afirma Cláudio Torres que: "Hoje [...] [...] ou você entende o que está acontecendo ou é devorado pelo mercado. Entender a internet e o ambiente digital não é mais uma questão de opção. Não [...] [...] é possível fazer *marketing* sem a internet." TORRES, Cláudio. *A bíblia do marketing digital*: tudo o que você queria saber sobre marketing e publicidade na internet e não tinha a quem perguntar. São Paulo: Novatec, 2018. p. 65.
157. KOTLER, Philip. *Marketing 4.0*: do tradicional ao digital. Rio de Janeiro: Sextante, 2017. p. 12.
158. PRATES, Cristina Cantú. *Publicidade na internet*: consequências jurídicas. Curitiba: Juruá, 2015. p. 32.
159. Afirma Cristina Prates que "um dos principais fatores que propiciaram o enorme avança tecnológico é a invenção da tecnologia digital, em contrapartida com a tecnologia analógica. PRATES, Cristina Cantú. *Publicidade na internet*: consequências jurídicas. Curitiba: Juruá, 2015. p. 32.
160. TORRES, Cláudio. *A bíblia do marketing digital*: tudo o que você queria saber sobre marketing e publicidade na internet e não tinha a quem perguntar. São Paulo: Novatec, 2018. p. 311.
161. Aduz Darren Bridger que: "quando as pessoas passam a comprar em smartphones, elas acabam gastando mais e com mais frequência, talvez simplesmente porque agora têm mais oportunidades de comprar. Os smartphones permitem comprar em qualquer lugar, aumentando a conveniência." BRIDGER, Darren. *Neuromarketing*: como a neurociência aliada ao design pode aumentar o engajamento e a influência sobre os consumidores. São Paulo: Autêntica Business, 2018. p. 201.
162. "As apps, ou aplicações móveis, invadem nossa vida, e muitas das coisas que fazíamos no computador, como usar o Facebook, ler as notícias ou consultar o e-mail, passam a ser feitas prioritariamente no nosso celular." TORRES, Cláudio. *A bíblia do marketing digital*: tudo o que você queria saber sobre marketing e publicidade na internet e não tinha a quem perguntar. São Paulo: Novatec, 2018. p. 23.
163. SILVEIRA, Daniel. Brasil ganha 10 milhões de internautas em 1 ano, aponta IBGE. *G1 Economia*, Rio de Janeiro, 20 dez. 2018. Disponível em: https://g1.globo.com/economia/tecnologia/noticia/2018/12/20/numero-de-internautas-cresce-em-cerca-de-10-milhoes-em-um-ano-no-brasil-aponta-ibge.ghtml. Acesso em: 03 dez. 2019.

mais pobres (classes D e E)[164] acessando a rede também têm ganhado destaque. Isso revela, evidentemente, a necessidade de maior cautela, tendo em vista as condições de hipervulnerabilidade destes sujeitos.[165]

Assim, desde já é preciso ter em mente que, se as novas técnicas utilizadas na publicidade se adequarem às disposições do sistema jurídico brasileiro, não há que se falar em ilicitude, dentro da ideia de liberdade da atividade econômica. Todavia, o problema surge a partir do momento em que as técnicas de *marketing* surgem violando os preceitos normativos, como os de proteção do consumidor. Isso porque, muitas vezes, conforme já mencionado, a tecnologia, atrelada às questões de mercado, sob a lógica da análise econômica, se desenvolve independente e distante do Direito, o que não pode, e por certo, não deve ocorrer.

O desenvolvimento de novas técnicas publicitárias se baseia no fato de que a *Internet* oferece amplas possibilidades de trabalho com sons, imagens e sensações, se aproximando da própria realidade. Isso oferece considerável impacto aos internautas, principalmente tornando a prática de *marketing* cada vez mais próxima dos estudos envolvendo a neurociência[166], como, por exemplo, no que se refere às razões pelos desejos, necessidades e comportamentos humanos, no caso, direcionadas às motivações do consumidor.[167]

Tudo isso se soma a crescente demanda de consumo pela rede. Daí porque as publicidades foram se adaptando às necessidades de mercado, incrementando não só a exposição de produtos e serviços, mas também a aproximação entre consumidores e fornecedores, no denominado engajamento.

Soma-se a isso o fato de a publicidade virtual ser carregada de inúmeras vantagens, afinal, tem custo baixo, é onipresente e, além disso, possui a imensa capacidade de atingir inúmeros consumidores, sem limites territoriais. Como se não bastasse, ainda se aproveita de dados pessoais dos consumidores, capazes de direcionar e aumentar a efetividade do anúncio publicitário. Neste sentido, Lindstron Martin afirma que sociedade atual se

---

164. LAVADO, Thiago. Uso da internet no Brasil cresce, e 70% da população está conectada. *G1 Economia*, Rio de Janeiro, 28 ago. 2019. Disponível em: https://g1.globo.com/economia/ tecnologia/noticia/2019/08/28/uso-da--internet-no-brasil-cresce-e-70percent-da-populacao-esta-conectada.ghtml Acesso em: 03 dez. 2019.

165. Essa vulnerabilidade é destacada por Yuval Harari, segundo o qual "se quisermos evitar a concentração de toda a riqueza e de todo o poder nas mãos de uma pequena elite, a chave é regulamentar a propriedade dos dados." HARARI, Yuval Noah. *21 lições para o século 21*. São Paulo: Companhia das Letras, 2018. p. 107.

166. "A tendência do momento na área do *marketing* é a utilização da neurociência para descobrir o que realmente pensamos e sentimos em relação aos produtos e quais são as formas de divulgar cada um deles. Por esse motivo, o *marketing* tende a ser cada vez mais eficiente, invisível e sinestésico. SILVA, Ana Beatriz Barbosa. *Mentes consumistas: do consumismo à compulsão por compras*. São Paulo: Globo, 2014. p. 141.

167. Martin Lindstrom destaca que: "Graças às novas tecnologias e às sofisticadas ferramentas disponíveis, além de pesquisas nas áreas e comportamento do consumidor, de psicologia cognitiva e neurociência, as empresas sabem muito mais sobre o que motiva os consumidores. Elas vasculham nossa mente em busca de medos, sonhos, vulnerabilidades e desejos mais profundos. Exploram o rastro digital que deixamos cada vez que usamos o programa de fidelidade de uma farmácia, pagamos algo no cartão de crédito ou pesquisamos um produto na *Internet*. Em seguida, esses dados são usados para bombardear com ofertas 'sob medidas' para nosso perfil psicológico. [...] [...] Mais do que nunca na história, as empresas identificam o que inspira, assusta, acalma e seduz os consumidores." LINDSTROM, Martin. *Brandwashed*: o lado oculto do marketing. Controlamos o que compramos ou são as empresas que escolhem por nós? Rio de Janeiro: Alta Books, 2018. p. 23

qualifica como "sociedade pós-privacidade", em que empresas de *marketing* gravam, armazenam, compilam e analisam as informações compartilhada, além das que não são compartilhadas, para enganar, manipular e seduzir e, finalmente, fazer o consumidor comprar mais coisas.[168]

Dessa forma, nota-se que o uso da *Internet*, como ambiente para o mercado, gera economia na divulgação de produtos e serviços além de ampliar e otimizar o alcance das mensagens, dado que a publicidade vai se tornando segmentada e direcionada aos consumidores predefinidos. Assim, é inegável as diversas vantagens ao fornecedor, como por exemplo, o grande potencial de destinatários e o baixo custo de publicação.[169]

Neste sentido, a publicidade na *Internet* e o *e-commerce* é repensado pela presença de novos instrumentos de *marketing*, como o uso de recursos audiovisuais, mensagens convidativas, interatividade, animações, contratação de influenciadores digitais, além de outros. Reconhece-se uma infinitude de técnicas virtuais de promoção de mensagens publicitárias, como, por exemplo, o *micro-site*[170], o *banner*[171], o *pop up*[172], os *links* patrocinados[173], o *email marketing*[174], o *adverlog*[175], o *Search Engine Marketing*[176], o *podcasting*[177] e os *spams*. Em resumo, é a utilização de tecnologias digitais como ferramenta

---

168. LINDSTROM, Martin. *Brandwashed*: o lado oculto do marketing. Controlamos o que compramos ou são as empresas que escolhem por nós? Rio de Janeiro: Alta Books, 2018. p. 273.

169. Conforme aponta Jean Erenberg, diversos são os benefícios do uso da *Internet* na divulgação de produtos e serviços, como por exemplo a: "[...] velocidade (um e-mail circunda o globo terrestre em poucos instantes), impacto (milhões de mensagens podem ser rapidamente encaminhadas a todos os cantos do planeta de forma automática), economia (os custos de criação, produção e remessa do e-mail são infinitamente mais baixos que os de outras mídias, permitindo a experimentação de novas ideias e um maior retorno sobre os investimentos de marketing), flexibilidade (uma mensagem que não tenha gerado retorno pode ser substituída em poucos minutos), facilidade de manutenção e atualização da base de dados (mediante a coleta de novos, atuais e mais apurados dados sobre o consumidor e suas preferências), interatividade e manutenção do contato com o cliente (mantendo-se aceso o relacionamento da empresa com este), recursos tecnológicos (a cada dia novos recursos são incorporados às mensagens, como multimídia) e relativa eficiência (altíssima quando as mensagens são autorizadas, adequadas e de real interesse do consumidor." ERENBERG, Jean Jacques. *Publicidade patológica na internet à luz da legislação brasileira*. São Paulo: Juarez de Oliveira, 2003. p. 47 e 87.

170. São pequenos sites de marcas que se transversa em links dentro de sites de conteúdo. LIMEIRA, Tânia Vidigal. *E-marketing na internet com casos brasileiros*. São Paulo: Saraiva, 2003. p.166-186.

171. É o tipo de publicidade feita por meio de espécies de cartazes virtuais inseridos em algum lugar da página, como uma espécie de *outdoor* virtual. LIMEIRA, Tânia Vidigal. *E-marketing na internet com casos brasileiros*. São Paulo: Saraiva, 2003. p. 166-186.

172. É uma pequena janela que se abre automaticamente assim que o internauta visualiza determinada página na *Internet*. LIMEIRA, Tânia Vidigal. *E-marketing na internet com casos brasileiros*. São Paulo: Saraiva, 2003. p. 166-186.

173. Promove-se por meio da associação entre uma marca e um site, visando oferecer o conteúdo da página ao patrocinador, divulgando ao consumidor como se tivesse mero cunho informativo. LIMEIRA, Tânia Vidigal. *E-marketing na internet com casos brasileiros*. São Paulo: Saraiva, 2003. p. 166-186.

174. Consiste no envio de mala direta através de e-mails. LIMEIRA, Tânia Vidigal. *E-marketing na internet com casos brasileiros*. São Paulo: Saraiva, 2003. p. 166-186.

175. Promove-se por meio de uma espécie de diário eletrônico, usado para elogiar um produto ou serviço. LIMA, Eduardo Weis Martins de. *Proteção do consumidor brasileiro no comércio eletrônico internacional*. São Paulo: Atlas, 2008. p. 58.

176. É uma ferramenta paga para promover anúncios diretamente nos mecanismos de buscas, como o Google e o Yahoo. LIMA, Eduardo Weis Martins de. *Proteção do consumidor brasileiro no comércio eletrônico internacional*. São Paulo: Atlas, 2008. p. 58.

177. São arquivos de som, onde empresas patrocinam de maneira velada os produtores de conteúdo. LIMA, Eduardo Weis Martins de. *Proteção do consumidor brasileiro no comércio eletrônico internacional*. São Paulo: Atlas, 2008. p. 58.

4 • AS PUBLICIDADES IMPORTUNADORAS E O DANO DE ASSÉDIO DE CONSUMO 163

de *marketing* envolvendo comunicação[178], de modo que, junto às novas tecnologias surgem também novos riscos de danos.

No presente trabalho, para fins de correção metodológica, será aprofundado o estudo do *spam*, posto que além de se difundir com velocidade extrema, encontra-se em conflito com o ordenamento jurídico, por se qualificar como prática abusiva.[179]

Vale destacar que, para o presente trabalho, o *spam* não se limita unicamente à mensagem enviada por correio eletrônico, isto é, parte-se da ideia de que essa prática perturbadora deve ser considerada também a partir de outras vertentes, de modo que se pode qualificar como *spam* qualquer tipo de publicidade não solicitada e importunadora enviada por meio de tecnologias de informação e comunicação[180], como por meio de computadores, *smartphones*, *smartwatch*, através de e-mail[181], *short message service* (mensagem *sms*), ligações telefônicas, notificações em aplicativos etc.[182] Inegavelmente, a questão deve ser tratada com vistas à imposição de limites aos abusos da publicidade virtual, que além de assediar indevidamente ao consumo, é perturbadora de sossego.[183]

---

178. Cláudio Torres expõe que "Quando você ouve falar de *marketing* digital, publicidade online, *web marketing, mobile marketing, inboud marketing,* ou quaisquer outras composições criativas que se possa fazer dessas palavras, estamos falando em utilizar efetivamente as tecnologias digitais como uma ferramenta de *marketing*, envolvendo comunicação, publicidade, propaganda e todo o arsenal de estratégias e conceitos já conhecidos na teoria do *marketing.*" TORRES, Cláudio. *A bíblia do marketing digital*: tudo o que você queria saber sobre marketing e publicidade na internet e não tinha a quem perguntar. São Paulo: Novatec, 2018. p. 65.

179. Destaca-se que o *spam* é tema frequente no Congresso Nacional. Em junho de 2019, foi aprovado o parecer do Projeto de Lei 757/2003, que conta com outros 12 projetos de lei apensados, visando a proibição das prestadoras dos serviços móvel celular e móvel pessoal de utilizarem o serviço de mensagem para a veiculação de propaganda comercial. Na relatoria do projeto mencionado, o Deputado Vinicius Carvalho destaca que: "as mensagens e contatos comerciais em comento não são, normalmente, solicitados pelos usuários-consumidores, sendo uma prática comercial abusiva e invasora da privacidade a que tem direito todo cidadão em nosso regime jurídico, pois, mesmo pagando por um serviço, o consumidor é obrigado a receber uma série de contatos comerciais indesejados por intermédio desse mesmo serviço pago e que terminam por perturbar sua tranquilidade e obrigá-lo a, no mínimo, perder tempo com o descarte de todo o 'lixo' recebido." MARTINEZ, José Carlos. *PL 757/2003 Inteiro teor projeto de lei*. Proíbe as prestadoras dos serviços móvel celular e móvel pessoal de utilizarem o serviço de mensagem para a veiculação de propaganda comercial. Disponível em: https://www.camara.leg.br/proposicoesWeb/fichade tramitacao?idProposicao=111567. Acesso em: 05 dez. 2019.

180. Afinal, "a expansão da tecnologia digital transformou a internet em um meio de comunicação onde se conectam milhões de pessoas por meio de suas aplicações móveis, notebooks, smartTVs ou computadores." TORRES, Cláudio. *A bíblia do marketing digital*: tudo o que você queria saber sobre marketing e publicidade na internet e não tinha a quem perguntar. São Paulo: Novatec, 2018. p. 27.

181. O e-mail tem perdido cada vez mais o espaço e mesmo a importância, surgindo novas formas de comunicação virtual que englobam mensagens instantâneas, vídeos, imagens e sons.

182. Neste ponto, não se desconhece que diversas associações formaram o Grupo Brasil Antispam, elaborando, em meados de novembro de 2003, o denominado "Código de Ética Anti-Spam" com orientações para melhores práticas de uso de mensagens eletrônicas. E neste documento, expressamente, só se considera como *spams* as mensagens eletrônicas que não possam ser consideradas nem marketing eletrônico, nem newsletter, nos termos do seu artigo 3º, contrariando o conceito utilizado pelo presente trabalho. BRASILANTISPAM. *Código de ética antispam e melhores práticas de uso de mensagens eletrônicas*. [S. l.], 2019. Disponível em: http://www.brasilantis-pam. com.br/main/codigo.htm. Acesso em: 04 dez. 2019.

183. Neste ponto, Claudia Marques se manifesta que: "O Direito comparado tem demonstrado a preocupação estatal e paraestatal em reduzir a agressividade e a quantidade deste *sideeffect* do comércio eletrônico, seja com a proibição do spam, seja com a responsabilização dos fornecedores, seja com a elaboração de listas negativas de consumidores que não desejam receber estas mensagens comerciais de marketing dos negociantes eletrônicos. O Direito brasileiro ainda não regulou este fenômeno." MARQUES, Claudia Lima. *Confiança no comércio eletrônico e a proteção do consumidor*. São Paulo: Ed. RT, 2004. p. 118.

Conforme se visualiza, o problema surge a partir do momento em que essas publicidades virtuais são ofertadas excessivamente, em especial nos aparelhos celulares.[184] Isso porque, hoje, esses aparelhos acompanham as pessoas praticamente o tempo todo, as vezes se confundindo com o próprio corpo físico[185], a ponto de a medicina já reconhecer a fobia derivada da ausência de contato com o celular: a nomofobia.[186] Afinal, "quando perdemos nossos celulares, é como se perdêssemos parte de nossa identidade, pois muito do que é nosso lá está: fotos, vídeos, contatos, e-mails, compromissos."[187]

Em razão disso, a *Internet* permite a ampliação do espaço do *marketing* de intromissão, isto é, o uso de ofertas publicitárias direcionadas e excessivas, a ponto de serem sempre lembradas pelo consumidor, mesmo que de maneira negativa. Essa prática está frequentemente relacionada às redes sociais[188] e se difere do *marketing* de permissão, que é aquele promovido pela televisão[189], por exemplo, em um momento próprio (chamados intervalos comerciais), com a divulgação de produtos e serviços de maneira abstrata, sem direcionamento ao consumidor específico.[190]

---

184. Darren Bridger destaca que: "com mais de 2 bilhões de pessoas com *smartphones*, a *Internet* móvel é o maior mercado consumidor da história da humanidade. [...] [...] O fato de estarem quase sempre à mão significa que são vistas com mais frequência e em mais lugares do que qualquer outra tela." BRIDGER, Darren. *Neuromarketing*: como a neurociência aliada ao design pode aumentar o engajamento e a influência sobre os consumidores. São Paulo: Autêntica Business, 2018. p. 202.

185. Tudo isso em um contexto em que "a internet se transformou no canal prioritário de comunicação e relacionamento dos indivíduos, e, com a evolução dos dispositivos móveis, permitiu estender esse fenômeno para as ruas. Hoje, todos estamos conectados e nos relacionando 24 horas por dia, em qualquer lugar." TORRES, Cláudio. *A bíblia do marketing digital*: tudo o que você queria saber sobre marketing e publicidade na internet e não tinha a quem perguntar. São Paulo: Novatec, 2018. p. 38.

186. O termo nomofobia originou da expressão em inglês *no-mobile* que significa sem telefone celular, unida à palavra fobia, que decorre do grego *fobos*, que significa medo intenso, resultando na fobia de ficar sem o aparelho celular. Geralmente o termo é utilizado para designar o desconforto ou incomodo decorrente de ficar desconectado (off-line) ou mesmo de pensar em ficar incomunicável. In: KING Anna Lucia Spear, NARDI, Antonio Egídio, CARDOSO, Adriana (Org.). *Nomofobia*: dependência do computador, internet, redes sociais? dependência do telefone celular? impacto das novas no cotidiano dos indivíduos. Rio de Janeiro: Atheneu, 2014.

187. FARIAS, Cristiano Chaves de; NETTO, Felipe Peixoto Braga; ROSENVALD, Nelson. *Novo tratado de responsabilidade civil*. São Paulo: Saraiva Educação, 2019. p. 929.

188. Thiago Sombra destaca que: "A ideia subjacente a essa prática de mercado com dados pessoais comportamentais envolve o recebimento esperado de sinais (estímulo) para que haja consistência com a ação desejada. A configuração de aplicativos e o desenho gráfico de plataformas digitais são construídos exatamente com o escopo de proporcionar o recebimento de sinais esperados para ensejar a adoção de ações desejadas. O maior exemplo desse fenômeno advém da publicidade on-line praticada por redes sociais, que conseguem direcionar anúncios a partir da criação de incentivos para a troca de experiências com usuários." SOMBRA. Thiago Luís Santos. *Fundamentos da regulação da privacidade e proteção de dados pessoais*. São Paulo: Thomson Reuters Brasil, 2019. *Ebook*.

189. Darren Bridger destaca que "no passado, as imagens criadas pelos *designers* e artistas eram consumidas em silêncio, seja pelos frequentadores de galerias de arte ou espectadores de televisão, seja pelos leitores de periódicos e livros. Agora, observadores comunicam reações. No entanto [...] [...] a manifestação, em grande parte, não é da menta consciente do observador, mas sim uma expressão da mente inconsciente." BRIDGER, Darren. *Neuromarketing*: como a neurociência aliada ao design pode aumentar o engajamento e a influência sobre os consumidores. São Paulo: Autêntica Business, 2018. p. 19.

190. Ressalta Cláudio Torres que "a comunicação em massa, a partir da televisão aberta, trouxe a ideia de que vale a pena fazer propaganda para todo mundo. Entretanto, a *Internet* e a segmentação cada vez maior da audiência criam um novo paradigma, no qual não podemos mais criar e veicular publicidade sem antes segmentar o público-alvo. TORRES, Cláudio. *A bíblia do marketing digital*: tudo o que você queria saber sobre marketing e publicidade na internet e não tinha a quem perguntar. São Paulo: Novatec, 2018. p. 254.

4 • AS PUBLICIDADES IMPORTUNADORAS E O DANO DE ASSÉDIO DE CONSUMO

165

Assim, o objetivo do trabalho, por ora, é apresentar as principais características e os problemas envolvidos às publicidades virtuais importunadoras para, posteriormente, discorrer sobre o assédio de consumo e, consequentemente, a sua influência na perturbação do sossego do consumidor, até se chegar ao apontamento de uma hermenêutica promocional capaz de proteger o internauta-consumidor dessas práticas de mercado.

Por isso, antes de adentrar ao estudo do *spam* de maneira mais específica, em que pese não se tratar de uma técnica propriamente dita de publicidade, é oportuno mencionar o uso das tecnologias de controle da *Internet*, em especial os *cookies*. Afinal, "a utilidade dos *cookies* para a publicidade no meio eletrônico reside na salutar importância do estudo do comportamento do cliente como estratégia de planejamento empresarial." [191]

A utilização de *cookies* certamente é a forma mais tradicional de captura de dados pessoais sem o conhecimento e consentimento do consumidor. De forma resumida, os cookies surgem desde o momento de acesso à *Internet*, tendo em vista que ao abrir páginas eletrônicas, automaticamente são armazenados *softwares* no aparelho do internauta, capazes de monitorar toda a navegação. [192] Esses pequenos programas atuam como rastreadores, com a finalidade de colher o histórico dos comportamentos do consumidor em rede, como por exemplo, as palavras digitadas em campos de pesquisa.

Dessa maneira, os dados armazenados, por meio do rastro que o consumidor vai deixando ao navegar na *Internet* (o *clickstream*) [193], são utilizados na criação de perfis de consumo, visando personalizar as publicidades virtuais, com base nos interesses, preferências e comportamento registrados. [194] Assim, aponta a doutrina que os cookies são "programas de dados gerados com o objetivo principal de identificar o usuário, rastrear e obter dados úteis a seu respeito, especialmente seus hábitos de navegação de consumo." [195]

Em verdade, o uso do monitoramento permite ao fornecedor saber, dentre outras informações relevantes, se o consumidor é novo ou está retornando no acesso à página

---

191. PRATES, Cristina Cantú. *Publicidade na internet*: consequências jurídicas. Curitiba: Juruá, 2015. p.159.
192. PRATES, Cristina Cantú. *Publicidade na internet*: consequências jurídicas. Curitiba: Juruá, 2015. p.159.
193. No que se refere a algumas consequências da atividade dos *cookies*, Fabíola Santos destaca que possuem a função de: "(i) avisar o "fornecedor" que um consumidor específico retornou ao site para uma busca; (ii) automaticamente customizar a tela com as preferências daquele consumidor identificado ou até mesmo para sua última compra, que não pode ser concluída, por exemplo, pois a conexão "caiu", visto que com o cookie, se o cliente quiser continuar a compra no ponto em que parou estes "lembrarão" o que possuía em seu "carrinho", tornando desnecessário que o consumidor reinicie o processo; (iii) conservar a identificação do consumidor e própria senha quando transportado para outra página; (iv) manter a lista das páginas visitadas pelo consumidor em determinado dia e hora, ou seja, possuem todo o histórico de visitas virtuais do consumidor." SANTOS, Fabíola Meira de Almeida. *O marketing digital e a proteção do consumidor*. 2009. f. 83-84. Dissertação (Mestrado em Direito) – Pontifícia Universidade Católica de São Paulo, São Paulo, 2009.
194. Afirma Cláudio Torres que "a maioria das apps, porém, contém um conjunto de funções ocultas ao usuário, ou comunicadas em letras pequenas. É o chamado *tracking* [...] [...] O *traking* coleta informações de uso da app e as envia para servidores que armazenam seu histórico de uso a fim de serem usadas depois pela empresa." TORRES, Cláudio. *A bíblia do marketing digital*: tudo o que você queria saber sobre marketing e publicidade na internet e não tinha a quem perguntar. São Paulo: Novatec, 2018. p. 46.
195. MARTINS, Guilherme Magalhães. *Responsabilidade civil por acidente de consumo na internet*. São Paulo: Ed. RT, 2008. p. 228.

virtual, qual foi o tempo de acesso, os períodos de acesso mais comum, além da origem geográfica do internauta.[196] Obviamente, todas as informações são utilizadas posteriormente para promover o convencimento do ato de consumo.[197]

Conforme se nota, surgem polêmicas questões envolvendo a proteção de dados, que é evidentemente violada a partir do momento em que as empresas, por meio dos *cookies,* promovem a vigilância do usuário em rede.[198] Além disso, outra questão ilícita relacionada a essa prática é utilização dos perfis dos usuários para a promoção de publicidades de produtos e serviços não solicitados, os *spams*.

Assim, tendo como base as regras contidas no CDC e, ainda mais, as previsões contidas na LGPD, não se admite que os *cookies* sejam utilizados automaticamente em desfavor dos consumidores, coletando informações e alimentando banco de dados, sem a necessária informação das finalidades e sem exigida a permissão do consumidor, na figura do consentimento esclarecido.

Como se não bastasse, muitas vezes o uso de *cookies* atinge dados sensíveis do consumidor, como conta bancária, senhas, número de cartão de crédito etc. Além do mais, na maioria das vezes essas informações, de maneira obscura, são utilizadas posteriormente para promoção de publicidades direcionadas e, mais grave, não solicitadas.

A partir desse momento, surge a figura do *spam*. O *spam* pode ser conceituado como técnica de publicidade virtual consistente no envio de anúncios publicitários de forma não solicitada pelo consumidor. O surgimento do termo é apontado como derivado do nome de uma empresa norte-americana que produz uma famosa carne enlatada e que em um seriado de comédia britânico, denominado de Monty Python, era servido em todas as refeições do cardápio.[199]

Em razão da forma com que era apresentado no seriado[200], o *spam* ficou conhecido como uma referência a uma coisa chata que é direcionada ao consumidor sem meios de

---

196. TORRES, Cláudio. *A bíblia do marketing digital*: tudo o que você queria saber sobre marketing e publicidade na internet e não tinha a quem perguntar. São Paulo: Novatec, 2018. p. 279.
197. Conforme aponta Lindstron Martin: "Como já é de conhecimento global, as empresas hoje dispõem de técnicas sofisticadas que permitem seguir de perto cada passo do consumidor. É provável que uma drogaria, e outro qualquer lugar onde você faça compras, saiba mais sobre seus desejos, necessidades, sonhos e hábitos do que você. E pode apostar que utiliza essas informações para ganhar dinheiro de maneira que as pessoas sequer imaginam existir." LINDSTROM, Martin. *Brandwashed*: o lado oculto do marketing. Controlamos o que compramos ou são as empresas que escolhem por nós? Rio de Janeiro: Alta Books, 2018. p. 239.
198. Ampliando ainda mais o problema, Cláudio Torres ensina que "como os *cookies* podem ser desabilitados pelo usuário, uma alternativa é o chamado registro ou *login*. O usuário se cadastra no site, criando um usuário e uma senha de acesso. Quando retorna, faz seu *login*, ou seja, se registra novamente no site, digitando o usuário e a senha. Assim, o site pode controlar quem está acessando e obter informações detalhadas sobre o comportamento e as preferências do usuário." TORRES, Cláudio. *A bíblia do marketing digital*: tudo o que você queria saber sobre marketing e publicidade na internet e não tinha a quem perguntar. São Paulo: Novatec, 2018. p. 279.
199. Ainda hoje esse tipo de enlatado é comercializado, conforme se nota no site da empresa. HORMEL FOODS CORPORATION. *Spam*. Austin, 2019. Disponível em: https://www.spam.com/ Acesso em: 04 dez. 2019.
200. Segundo expõe Anderson Schreiber "A designação tem origem em famosa cena do grupo de comediantes ingleses Monty Python, que satirizava um produto enlatado norte-americano, chamado Spam, nome que consistia na aglutinação de Spiced. Ham (presunto temperado). Na cena, uma garçonete lia o cardápio a um casal de clientes, repetindo incessantemente a palavra Spam, já que todos os pratos ofertados consistiam em variações do mesmo produto. A cada menção à palavra, um coral viking cantava "Spam, Spam, Spam, Spam... lovely Spam! Wonderfull Spam" O coro acabava por tomar inteiramente incompreensível o diálogo. Os internautas viram aí notável seme-

defesa.[201] Neste mesmo sentido, Jean Erenberg aponta que o *spam* "seria algo que ninguém em seu juízo normal suporta, mas é inevitável engolir. Por isso a comunidade de internautas passou a utilizar a expressão como sinônimo de publicidade não solicitada que chega aos montes às caixas postais."[202]

Em verdade, o termo passou efetivamente a se relacionar às publicidades eletrônicas quando dois advogados, Canter e Siegel, usaram o *e-mail* para divulgar anúncios dos serviços advocatícios que prestavam.[203] A partir daí o termo passou a ser relacionado aos anúncios que eram enviados de forma maciça e repetidamente, sempre de maneira indesejada e não solicitada.

Partindo disso, pode-se considerar *spam* todas as mensagens enviadas, de maneira não solicitada ou sem o devido consentimento esclarecido e prévio do consumidor, normalmente com a finalidade de divulgar produtos ou serviços de consumo. Logo, "tal figura é considerada a modalidade de publicidade telemática mais invasiva e eficaz, de longa data condenada pela Netiqueta."[204] Consequentemente, "pode concluir-se, sem dúvida alguma, que o chamado *spam* constitui uma invasão da privacidade".[205]

Vale destacar novamente que, para o presente estudo, deve ser considerado *spam* qualquer tipo de publicidade não solicitada ou não autorizada, e importunadora, enviada por meio de tecnologias de informação e comunicação[206], como por meio de computadores, *smartphones, smartwatch*, através de e-mail[207], *short message service* (mensagem *sms*), ligações telefônicas, notificações em aplicativos etc.[208]

Aqui, interessante destacar que já se verificou o envio de mensagens publicitárias até mesmo dentro de comunicações inseridas em jogos eletrônicos, como no jogo *World of Warcraft*. Aponta Cristina Prates que "um jogador relata que seu personagem havia

---

lhança com o efeito gerado pela publicidade indesejada que abarrota as caixas postais eletrônicas, dificultando a identificação de mensagens relevantes." SCHREIBER, Anderson. *Direitos da personalidade*. São Paulo: Atlas, 2014. p. 165.

201. PRATES, Cristina Cantú. *Publicidade na internet*: consequências jurídicas. Curitiba: Juruá, 2015. p.165.
202. ERENBERG, Jean Jacques. *Publicidade patológica na internet à luz da legislação brasileira*. São Paulo: Juarez de Oliveira, 2003. p. 58.
203. PRATES, Cristina Cantú. *Publicidade na internet*: consequências jurídicas. Curitiba: Juruá, 2015. p.165.
204. MARTINS, Guilherme Magalhães. *Responsabilidade civil por acidente de consumo na internet*. São Paulo: Ed. RT, 2008. p. 208-209.
205. LORENZETTI, Ricardo Luiz. Informática, cyberlaw, e-commerce. In: LUCCA, Newton de; SIMÃO FILHO, Adalberto (Coord.). *Direito & internet*: aspectos jurídicos relevantes. São Paulo: Quartier Latin, 2005. p. 491.
206. Afinal, "a expansão da tecnologia digital transformou a internet em um meio de comunicação onde se conectam milhões de pessoas por meio de suas aplicações móveis, notebooks, smartTVs ou computadores." TORRES, Cláudio. *A bíblia do marketing digital*: tudo o que você queria saber sobre marketing e publicidade na internet e não tinha a quem perguntar. São Paulo: Novatec, 2018. p. 27.
207. O e-mail tem perdido cada vez mais o espaço e mesmo a importância, surgindo novas formas de comunicação virtual que englobam mensagens instantâneas, vídeos, imagens e sons.
208. Neste ponto, não se desconhece que diversas associações formaram o Grupo Brasil Antispam, elaborando, em meados de novembro de 2003, o denominado "Código de Ética Anti-Spam" com orientações para melhores práticas de uso de mensagens eletrônicas. E neste documento, expressamente, só se considera como *spams* as mensagens eletrônicas que não possam ser consideradas nem marketing eletrônico, nem newsletter, nos termos do seu artigo 3º, contrariando o conceito utilizado pelo presente trabalho. BRASILANTISPAM. *Código de ética antispam e melhores práticas de uso de mensagens eletrônicas*. [S. l.], 2019. Disponível em: http://www. brasilantispam. com.br/main/codigo.htm. Acesso em: 04 dez. 2019.

recebido *spam* pelo sistema de correios de jogos."[209] Dessa maneira, a tutela integral da pessoa, inclusive em seu corpo eletrônico, demanda também a ampliação do próprio conceito de *spam*.[210]

Em verdade, destaca-se novamente que para fins do presente trabalho, o direito ao sossego do consumidor extrapola a situação do *spam*, tendo em vista que é possível a perturbação ou importunação mesmo quando o consumidor espontaneamente consente com o envio de mensagens publicitárias, especialmente em situações em que o aceite não é acompanhado dos devidos esclarecimentos sobre o uso dos dados pessoais. Assim, a prática também se torna ilícita a partir do momento em que as publicidades são fornecidas de maneira tão excessiva ou em horários e datas tão inadequadas que se desprendem do propósito original[211], passando a importunar de maneira indevida o consumidor.[212]

Nota-se que o problema das mensagens publicitárias importunadoras e não solicitadas não pode ser resumido ao argumento de que se resolve pela simples exclusão ou desconsideração[213], conforme já manifestou o Superior Tribunal de Justiça (STJ) quando foi questionado sobre o tema.[214] Isso porque, no sistema jurídico brasileiro, a utilização de publicidade invasiva concretiza violação da privacidade e ato ilícito, além de constituir prática abusiva à luz das disposições do CDC[215] e da proteção de dados

---

209. PRATES, Cristina Cantú. *Publicidade na internet*: consequências jurídicas. Curitiba: Juruá, 2015. p.165.

210. Diferentemente do que ocorrem com os videogames tradicionais, os jogos *online* criam notáveis comunidades de relacionamento entre os jogadores. Aqui, novamente, vale mencionar o jogo *Second Life*, que cria um verdadeiro mundo virtual.

211. Não obstante atualmente existirem técnicas para bloqueio de *spams*, como os presentes em diversos antivírus, o fato é que muitas vezes esses bloqueios não são capazes de identificar mensagem como abusiva e acabam por falhar na seleção. Em outros casos, o filtro age de forma tão refinada que acaba por impedir o acesso do internauta a mensagens que não se qualificavam como *spam*. Nota-se, portanto, que o problema extrapola o simples bloqueio de mensagens.

212. Ademais, dentre as diversas razões para o repúdio às mensagens não solicitadas Fabíola Santos descreve o fato de: "[...] o internauta ter que despender tempo, tanto para o recebimento da mensagem quanto para a sua exclusão, sem falar em eventuais prejuízos de ordem econômica que podem causar, tais como (i) quando o espaço da caixa de e-mails se torna insuficiente devido ao número de spams recebidos, o usuário corre o risco de não receber mensagens lícitas, solicitadas e esperadas, (ii) multiplicação do tempo de conexão, (iii) dificuldades nos sistemas operacionais dos provedores, acarretando diminuição da qualidade dos serviços, (iv) desvio de atenção e sentimento de irritação e incômodo com tanto lixo eletrônico e mensagens inúteis e invasivas no correio eletrônico." SANTOS, Fabíola Meira de Almeida. *O marketing digital e a proteção do consumidor*. 2009. f. 91. Dissertação (Mestrado em Direito) – Pontifícia Universidade Católica de São Paulo, São Paulo, 2009.

213. Vale destacar que, diferentemente dos outros meios de publicidade, o *spam* traz uma peculiaridade atípica, afinal, o consumidor que o recebe é levado obrigatoriamente a utilizar o seu tempo para abrir, ler e excluir a mensagem indesejadas. Assim, para escapar dessa prática de mercado, o consumidor, além de tudo, precisa desviar o seu tempo.

214. BRASIL. Superior Tribunal de Justiça (4. Turma). *Recurso especial 844.736/DF*. Recorrente: Gerson Alves de Oliveira Júnior: Recorrido: WB Restaurante Ltda. Relator Ministro Luís Felipe Salomão. Relator. p/ Acórdão Ministro Honildo Amaral de Mello Castro. Brasília, DF, julg em: 27 de outubro de 2009. Disponível em: https://stj.jusbrasil. com.br/jurisprudencia/16827894/recurso-especial-resp-844736-df-2006-0094695-7/inteiro=-teor16827895-?ref-juris-tabs. Acesso em: 19 dez. 2019.

215. Cristina Prates ainda destaca o custo que é imposto ao consumidor pela prática do *spam,* afinal, "como instrumento de propaganda em massa, causa enorme prejuízo ao consumidor, que paga a conta da remessa indevida de e-mails." PRATES, Cristina Cantú. *Publicidade na internet:* consequências jurídicas. Curitiba: Juruá, 2015. p. 173. Essa mesma autora, citando Amaro Silva Neto, aponta que: "O *spammer* está cônscio de que, além dos aborrecimentos decorrentes de sua ação no campo anímico, também há transferência dos custos de sua operação publicitária aos destinatários de suas mensagens. Interessam-lhe apenas os lucros daquele empreendimento que

pessoais, sob a ótica do direito ao sossego, garantindo às pessoas a prerrogativa de não serem importunadas.[216]

O problema das publicidades importunadoras e não solicitadas se agrava ainda mais, no sentido de produzir danos, a partir do momento em que as novas tecnologias de informação e comunicação exploram cada vez mais as percepções do cérebro, isto é, avançam ainda mais nos limites, fronteiras e limiares do processamento das informações publicitárias no cérebro dos consumidores.[217]

Isso porque enquanto o Direito se esforça na criação de instrumentos que minimizem as diversas vulnerabilidades do consumidor, coibindo práticas abusivas, invasivas, antiéticas e desleais, de um modo geral, em contrapartida, o mercado, em outra dimensão, tende a atuar no sentido oposto, estudando a mente e todas as contingências das pessoas visando aumentar o poder de persuasão das publicidades e, consequentemente, o aumento dos lucros.[218]

Com escopo, considerando o assédio de consumo pelas publicidades importunadoras, há que se destacar a ocorrência de nítida prática abusiva e, a partir da ocorrência do dano, gera a obrigação de indenizar.[219] Neste mesmo sentido, Guilherme Cassi e Antônio Carlos Efing defendem que o *spam* configura indesejado assédio de consumo, promovendo dano em razão também da violação da privacidade. Isso porque, além de trazer potenciais perigos, essa prática atenta contra a privacidade das pessoas, as quais, no atual contexto, tem o direito de não quererem ser importunadas por publicidades. A partir dessas premissas, além do direito de obter informações sobre os objetos de consumo, o consumidor também possui o direito à não informação, isto é, de ser protegido quanto aos indevidos assédios de consumo.[220]

Conforme mencionado, as empresas fornecedoras utilizam de artifícios permitidos pelos estudos de *neuromarketing*, acrescidos de técnicas virtuais de publicidade, para assediar os consumidores, somente com uma finalidade: lucrar. Daí porque, ao notar o

---

nada lhe custou. Quer bônus, mas rejeita os ônus. SILVA NETO, Amaro Moraes apud PRATES, Cristina Cantú. *Publicidade na internet:* consequências jurídicas. Curitiba: Juruá, 2015. p. 174.

216. Neste ponto, Jean Erenberg destaca que: "O uso do correio eletrônico para veiculação de mensagem de natureza comercial proporciona, hoje, um verdadeiro festival de aberrações que mistura erros canhestros (de gramática, de digitação, de editoração, de marketing, jurídicos), ilícitos civis e criminais (oferta de produtos e serviços ilegais no país) e principalmente lesões ao consumidor (publicidade enganosa e abusiva, spamming, falsas mensagens pessoais." ERENBERG, Jean Jacques. Publicidade patológica na internet à luz da legislação brasileira. São Paulo: Juarez de Oliveira, 2003. p. 48.

217. CALAZANS, Flávio Mário de Alcântara. *Propaganda subliminar multimídia.* São Paulo: Summus, 2006. p. 147.

218. VERBICARO, Dennis; RODRIGUES, Lays; ATAÍDES, Camille. Desvendando a vulnerabilidade comportamental do consumidor: uma análise jurídico-psicológica do assédio de consumo. *Revista de Direito do Consumidor:* RDC, São Paulo, v.119, p. 349 – 384, set./out. 2018.

219. Neste ponto, Antônio Santos verifica a ocorrência do dano moral em razão do incômodo causado ao consumidor, isto é: "Quando a repetição de e-mails é permanente, o destinatário não mais estará diante do mal-estar trivial insuscetível de causar dano moral, mas de inquietação que caracteriza o dano. Afinal, é ilícita a atividade de quem, sem o consentimento do destinatário, efetua lista contendo dados pessoais, para remeter diariamente os não desejados spams. A continuidade e a frequência deixam de ser mero enfado, simples incômodo que o internauta deve suportar, e passa a ter aquela grandeza suficiente para gerar perturbação anímica. O dano moral é patente." SANTOS, Antônio Jeová. *Dano moral na internet.* São Paulo: Método, 2001. p. 159.

220. CASSI, Guilherme Helfenberger Galino; EFING, Antônio Carlos. Spam na internet sob a ótica do código de defesa do consumidor. *Revista de Direito do Consumidor:* RDC, São Paulo, v. 15, p. 73-92, abr./jun. 2018.

presente cenário social, é inegável que as publicidades importunadoras, especialmente no âmbito virtual, são capazes de promover danos aos consumidores, de modo que é possível afirmar que o assédio de consumo, na ótica da tutela de consumidor, deve se qualificar como um dano.

4.4 A CONCREÇÃO DO DIREITO AO SOSSEGO: O DANO DE ASSÉDIO DE CONSUMO

Acompanhando a evolução tecnológica, a publicidade já foi comparada às práticas de guerra psicológica[221], de modo que se desenvolveram no sentido de afetar a saúde mental dos destinatários, abalando subliminarmente a moral das pessoas, empregando publicidades de maneira orquestrada para atingir o ponto fraco do ser humano: a emoção.[222] Neste aspecto, é importante destacar, conforme Fernando Martins aponta, que a *Internet* não é só um novo ambiente social, mas também um novo espaço que promove danos às pessoas, afinal, "tal espaço não só é viciante como mitigador do descanso do ser humano (um ansioso da informação)".[223]

Em verdade, muitas vezes a *Internet* encoraja a navegação impaciente, em razão de quantidade de informações disponíveis, de modo que "tanta são as escolhas disponíveis *online* e tão pequeno o esforço envolvido em clicar de um site para o outro, que somos mais impacientes e rápidos ao comprar em lojas virtuais do que em lojas físicas."[224] Assim, conforme expõe também Ricardo Lorenzetti, é importante examinar uma outra faceta da *Internet*, enquanto instrumento muitas vezes lesivo à liberdade das pessoas.[225]

Daí porque pode-se afirmar que as tecnologias estão afetando não só o comportamento das pessoas mas também a própria condição humana. No ciberespaço, onde as pessoas ficam constantemente conectadas aos seus dispositivos, via *Internet*, diante da quantidade de possibilidades, em multitarefas simultâneas, aliadas a uma explosão de anúncios publicitários, surgem, repaginadas, as velhas questões de ansiedade, frustração e depressão.[226] Marshall Mcluhan, já nos anos 70, alertava que "uma extensão

---

221. RIES, Al; TROUT, Jack. *Marketing de guerra*. Edição histórica 20 anos. São Paulo: Mbooks, 2006.
222. CALAZANS, Flávio Mário de Alcântara. *Propaganda subliminar multimídia*. São Paulo: Summus, 2006. p. 219.
223. MARTINS, Fernando Rodrigues. Sociedade da informação e promoção à pessoa: empoderamento humano na concretude de novos direitos fundamentais. In: MARTINS, Fernando Rodrigues. *Direito privado e policontextualidade*: fontes, fundamentos e emancipação. Rio de Janeiro: Lumen Juris, 2018. p. 425.
224. BRIDGER, Darren. *Neuromarketing*: como a neurociência aliada ao design pode aumentar o engajamento e a influência sobre os consumidores. São Paulo: Autêntica Business, 2018. p. 114.
225. Neste sentido, afirma o autor que: "O "cibernauta" padrão balbucia, joga, simula e não assume riscos. Estamos distantes do "super-homem" de Nietzsche; ao revés dá-se o surgimento de um "netcitizen", que é um navegador feliz mas socialmente cada vez mais isolado e sem capacidade crítica. A realidade mostra que assistimos um processo de regulação heterônoma das condutas, mediante a publicidade indutiva, a criação de modelos culturais, incentivo a determinadas condutas, que vai criando regras comuns. Esta homogeneidade do indivíduo médio leva ao padrão de gostos e preferências, o que desencadeia um processo lesivo da liberdade. Como descreve Huxley este mundo é "feliz" porquanto ninguém é consciente do controle social e os sujeitos tomam decisões induzidas pelos outros, mas crendo firmemente que são suas próprias decisões." LORENZETTI, Ricardo. *Comércio eletrônico*. São Paulo: Ed. RT, 2004. p. 45.
226. TURKLE, Sherry. *Alone together*: why we expect more from technology and less from each other. New York: Basic Books, 2011. p. 19.

4 • AS PUBLICIDADES IMPORTUNADORAS E O DANO DE ASSÉDIO DE CONSUMO   **171**

tecnológica de nossos corpos, projetada para aliviar o *stress* físico pode produzir um *stress* psíquico muito mais grave."[227]

É indiscutível que "as experiências virtuais e até mesmo às fantasiosas como jogos, filmes e seriados afetam a pessoa, transformando de alguma maneira a sua percepção, interpretação e o seu contexto emocional e intelectual."[228] Nota-se, portanto, que essa mesma transformação é constantemente promovida pelas publicidades, em especial às virtuais, que aliciam nos consumidores incontroláveis desejos de consumo.[229]

Evidentemente, quanto mais tempo as pessoas passam utilizando os aparelhos eletrônicos conectados à *Internet*, com destaque para os *smarthphones*, mais superficiais se tornam as capacidades cognitivas, em razão da limitação da concentração. Neste sentido, a rede da *Internet* foi projetada intencionalmente para ser um sistema de interrupção, isto é, direcionada a dividir a atenção. Isso porque essas interrupções frequentes dispersam os pensamentos do destinatário, enfraquecendo a memória e deixando-os tensos e ansiosos.[230]

Em verdade, os usuários da *Internet* são impacientes dado a quantidade de informações fornecidas. No mundo virtual, as informações atingem números extraordinários, de modo que o consumidor, atingido por um turbilhão de mensagens, imagens e ofertas, tornou-se um observador efêmero, saltitante e rasante.[231] Com efeito, "pesquisas mostram que as pessoas não leem em profundidade textos *online*; sobrevoam, relanceiam e prosseguem, sem mergulhar e se aprofundar."[232]

Isso se explica pela expansão multiplicativa e dinâmica de informações e, posteriormente, de conhecimentos que foram permitidas pela evolução das tecnologias de informação e comunicação. Como consequência, os diversos campos da ciência sofrem com uma explosão de conhecimentos, gerando modificações extremamente rápidas no mundo de uma forma geral.[233] E a consequência desse tipo sociedade se revela pelas do-

---

227. MCLUHAN, Marshall. *Os meios de comunicação como extensões do homem*. São Paulo: Cultrix, 2007. p. 87.
228. BOLESINA, Iuri. *Direito à extimidade*: as inter-relações entre identidade, ciberespaço e privacidade. Florianópolis: Empório do Direito, 2017. p.132.
229. Darren Brifger destaca, como forma de induzir ao consumo, a utilização de atalhos mentais envolvendo o afeto e as emoções. Segundo o autor: heurística são atalhos mentais que usamos para tomar decisões. [...] [...] A heurística do afeto se refere a situações em que as pessoas tomam decisões usando o atalho mental de como se sentem, mesmo que, em termos estritos, o processo talvez seja irracional. [...] [...] A simples criação do sentimento positivo pode ser suficiente para influenciar a escolha." BRIDGER, Darren. *Neuromarketing*: como a neurociência aliada ao design pode aumentar o engajamento e a influência sobre os consumidores. São Paulo: Autêntica Business, 2018. p. 143.
230. KLAUS, Schwab. *A quarta revolução industrial*. São Paulo: Edipro, 2016. p. 104.
231. Neste ponto, preciosas são as lições de Robert Cialdini, segundo o qual: "a agitação da vida diária moderna exige que tenhamos atalhos confiáveis, regras práticas seguras para lidar com ela. Essas coisas não são mais luxo: são necessidades que devem se tornar cada vez mais vitais à medida que o ritmo se acelera. CIALDINI, Robert B. *As armas da persuasão*. Rio de Janeiro: Sextante, 2012. p. 270.
232. BRIDGER, Darren. *Neuromarketing*: como a neurociência aliada ao design pode aumentar o engajamento e a influência sobre os consumidores. São Paulo: Autêntica Business, 2018. p. 17.
233. Neste sentido, Robert Cialdini reflete que: "[...] viajamos mais e com mais rapidez; mudamos com mais frequência para residências novas, que são construídas e demolidas em menos tempo; conhecemos mais pessoas e temos relacionamentos mais curtos com elas; nos supermercados, nos shopping centers etc., deparamos com uma variedade de opções de estilos e produtos que eram desconhecidos no ano passado e talvez estejam obsoletas ou esquecidas ano que vem. Novidade, transitoriedade, diversidade e aceleração são reconhecidos como termos-chave para descrever a vida civilizada. Essa avalanche de informações e escolhas é possibilitada pelo crescente desenvolvimento tecnológico." CIALDINI, Robert B. As armas da persuasão. Rio de Janeiro: Sextante, 2012. p. 267.

enças mentais que surgem com grande expressão no atual contexto, afinal, "com tantos estímulos visuais disponíveis, não admira que terapeutas e psicólogos relatem aumento na ocorrência de sintomas de transtornos do tipo déficit de atenção com hiperatividade (TDAH)."[234] Desenvolve-se assim uma sociedade em que a atenção é dispersa, em uma verdadeira "sociedade do cansaço"[235], proporcionando caminho seguro para a promoção de publicidade requintadas.

Evidentemente, o excesso de publicidades, no contexto de hiperinformação, em velocidade incontrolável permitida pelo ambiente da *Internet*, com anúncios onipresentes, de maneira indesejada, é causa que inevitavelmente promove danos nas pessoas expostas a essas práticas de mercado.[236] Claudia Marques alerta que, no atual contexto, o excesso de publicidades é tão intenso a ponto de causar real ansiedade e perturbação emocional ("distress").[237]

Assim, as pessoas se tornam ansiosas por estímulos informativos, necessitando de novas e carregadas informações, que são expostas juntamente com as publicidades direcionadas, tornando os anúncios ainda mais efetivos. Neste sentido, é possível notar que a riqueza e o excesso de informações criam a pobreza e a falta de atenção.[238] Conforme aponta Flávio Calazans, a atual sociedade encontra-se saturada de informação e, para defender da overdose, ou da sobrecarga, a mente humana adaptou-se, passando a atuar cada vez menos consciente.[239] Isso faz com que a capacidade humana natural de processar informações esteja descompassada com a abundância de ofertas, mudanças, escolhas e desafios da vida contemporânea. Conforme aponta Lindstron Martin: "[...] empresas desonestas tentam criar dependência (tanto física quanto psicológica) de seus produtos, além do empenho de alguns sites em reprogramar nosso cérebro e nos transformar em compradores compulsivos."[240]

---

234. BRIDGER, Darren. *Neuromarketing*: como a neurociência aliada ao design pode aumentar o engajamento e a influência sobre os consumidores. São Paulo: Autêntica Business, 2018. p. 17.

235. Aponta Byung-Chul Han que "em épocas de superabundância, o problema volta-se mais para a rejeição e expulsão. A comunicação generalizada e a superinformação ameaçam todas as forças humanas de defesa. [...] Há muito tempo entrou uma [...] [...] sociedade de academias *fitness*, prédios de escritórios, bancos, aeroportos, *shopping centers* e laboratórios de genética. A sociedade do século XXI não é mais uma sociedade disciplinar, mas uma sociedade de desempenho. [...] O poder ilimitado é o verbo modal positivo da sociedade de desempenho. O plural coletivo da afirmação *yes, we can* expressa precisamente o caráter de positividade da sociedade de desempenho. No lugar de proibição, mandamento ou lei, entram projeto, iniciativa e motivação. A sociedade disciplinar ainda está dominada pelo *não*. Sua negatividade gera loucos e delinquentes. A sociedade do desempenho, ao contrário, produz depressivos e fracassados." HAN, Byung-Chul. *Sociedade do cansaço*. Petrópolis: Vozes, 2017. p. 15-25.

236. "SFI (Síndrome de Fadiga da Informação), o cansaço da informação, é a enfermidade psíquica que é causada por um excesso de informação. Os afligidos reclamam do estupor crescente das capacidades analíticas, de déficits de atenção, de inquietude generalizada ou de incapacidade de tomar responsabilidades. [...] Hoje todos são vítimas da SFI. A razão disso é que todos somos confrontados com quantias rapidamente crescente de informação." HAN, Byung-Chul. *No enxame*: perspectivas do digital. Petrópolis: Vozes, 2018. p. 104-105.

237. MARQUES, Claudia Lima. *Contratos no código de defesa do consumidor*: o novo regime das relações contratuais. São Paulo: Thomson Reuters Brasil, 2019. E-book.

238. KLAUS, Schwab. *A quarta revolução industrial*. São Paulo: Edipro, 2016. p. 104.

239. CALAZANS, Flávio Mário de Alcântara. *Propaganda subliminar multimídia*. São Paulo: Summus, 2006. p. 47.

240. LINDSTROM, Martin. *Brandwashed*: o lado oculto do marketing. Controlamos o que compramos ou são as empresas que escolhem por nós? Rio de Janeiro: Alta Books, 2018. p. 24.

4 • AS PUBLICIDADES IMPORTUNADORAS E O DANO DE ASSÉDIO DE CONSUMO **173**

Em razão disso, os consumidores agem cada vez mais com comportamento animal e instintivo, utilizando os atalhos mentais do chamado *sistema 1*. Isso porque, segundo diversos estudos de psicologia, conforme aponta Daniel Kahneman, a mente pode ser compreendida através do seu funcionamento sob a ótica de dois sistemas, o 1 e o 2.[241] Em resumo, o sistema 1 consiste no funcionamento do cérebro de forma automática e rápida, com pouco esforço e pouca percepção de controle voluntário. Em contrapartida, o sistema 2 opera nas atividades mentais laboriosas, que requisitam raciocínio e cálculos complexos, muitas vezes associados a escolhas racionais e concentradas.[242] Diante disso, inserido no contexto de Sociedade da Informação, com excesso de mensagens espargidas nos meios de comunicação, não há nada de errado em as pessoas utilizarem de atalhos da atenção limitada com base em reações automáticas, conforme reiteradamente a psicologia demonstra, através da função do sistema 1.

Todavia, "o problemas surge quando faz com que as pistas normalmente confiáveis nos aconselhem de maneira inadequada, levando-nos a ações errôneas e decisões equivocadas."[243] Isso pode ocorrer pelo comportamento ardil de operadores do mercado, que utilizam de técnicas de persuasão para tirar vantagem da natureza humana de buscar reações automáticas em atalhos mentais.[244] Afinal, novas tecnologias surgem e por meio delas advêm novas técnicas de publicidades, inclusive subliminares em todos os sentidos, sempre visando a ampliação do lucro no mercado. Evidentemente, o Direito e a respectiva hermenêutica jurídica devem acompanhar os fatos para enquadrar qualquer prática publicitária que vicie a vontade do consumidor e que cause dano como práticas abusivas.

Daí surge a importância de se destacar o *neuromarketing*[245] como estratégica mercadológica capaz de colocar em risco a integridade psíquica do consumidor, em especial a partir do momento em que essa estratégia atrela-se às práticas publicitárias virtuais importunadoras.[246] Aqui, "o publicitário, auxiliado por psicólogos, psiquiatras,

---

241. Alguns autores vão denominar esses tipos de funcionalidades da mente como pensamento intuitivo e automático e pensamento reflexivo e racional, respectivamente. SUNSTEIN, Cass R.; THALER, Richard H. *Nudge*: como tomar melhores decisões sobre saúde, dinheiro e felicidade. Rio de Janeiro: Objetiva, 2019. p. 29.

242. Assim, explica o autor que: "Quando pensamos em nós mesmos, nos identificamos com o sistema 2, o eu consciente, raciocinador, que tem crenças, faz escolhas e decide o que pensar e o que fazer a respeito de algo. Embora o sistema 2 acredita estar onde a ação acontece, é o automático sistema 1 o herói deste livro. Descrevo o sistema 1 como originado sem esforço as impressões e sensações que são as principais fontes das crenças explícitas e escolhas deliberadas do sistema 2. As operações automáticas do sistema 1 geram padrões de ideias surpreendentemente complexos, mas apenas o sistema 2, mais lento, pode construir pensamentos em séries ordenadas de passos. Também descrevo circunstâncias em que o sistema 2 assume o controle, dominando os irrefreáveis impulsos e associações do sistema 1." KAHNEMAN, Daniel. *Rápido e devagar*: duas formas de pensar. Rio de Janeiro: Objetiva, 2012. p. 29.

243. CIALDINI, Robert B. *As armas da persuasão*. Rio de Janeiro: Sextante, 2012. p. 269.

244. CIALDINI, Robert B. *As armas da persuasão*. Rio de Janeiro: Sextante, 2012. p. 269.

245. Darren Bridger conceitua o *neuromarketing* como o desenvolvimento da publicidade envolvendo ideias dos campos da psicologia social, estética, neurociência, *neurodesign*, psicologia evolucionista, economia comportamental, teste de pesquisa de mercado, inteligência artificial e análise de imagem por computador. BRIDGER, Darren. *Neuromarketing*: como a neurociência aliada ao design pode aumentar o engajamento e a influência sobre os consumidores. São Paulo: Autêntica Business, 2018. p. 17.

246. Cita-se, por exemplo, a utilização do *data mining* como forma de promoção publicitária. Neste sentido, Martin Lindstrom afirma que: "graças às empresas de *data mining* (ou Big Brothers, como gosto de chama-las), todas as vezes que pesquisamos no Google, escrevemos na página do Facebook de um amigo, usamos o cartão de crédito, baixamos uma música do iTunes, procuramos um endereço pelo celular ou fazemos compras no mercadinho perto

antropólogos e sociólogos, aproveita a condição da natureza humana para impingir-lhe cada vez mais 'desejos de consumo'."[247] Afinal, por meio do *neuromarketing,* aliado às ferramentas que a publicidade virtual oferece, o assédio de consumo se concretiza como um dano ao consumidor.[248]

Sob essa ótica, a *Internet* é considerada o maior experimento psicológico do mercado[249], isto é, um mercado em que "todos os dias, milhões de *designs,* fotos e imagens são lançados e testados com base em milhões de reações comportamentais: cliques."[250] Em verdade, surge como ambiente em que as publicidades são direcionadas à busca da atenção do consumidor, principalmente com base nos ensinamentos transdisciplinares, como da psicologia comportamental[251], que reforçam as lições do denominado *neuromarketing*[252] e, além disso, do direcionamento e da manipulação permitidas pelo processamento de dados pessoais.[253] Neste sentido, "todo esse conhecimento, associado

---

de casa, um coletor de dados invisível está nos espionando. O sistema se incumbe de registrar todas as informações e detalhá-las, analisa-las e vende-las a lojas e empresas de *marketing.*" LINDSTROM, Martin. *Brandwashed*: o lado oculto do marketing. Controlamos o que compramos ou são as empresas que escolhem por nós? Rio de Janeiro: Alta Books, 2018. p. 240.

247. MALTEZ, Rafael Tocantins. *Direito do consumidor e publicidade*: análise jurídica e extrajurídica da publicidade subliminar. Curitiba: Juruá, 2011. p. 161.

248. Ana Beatriz Silva, ao trabalhar com a compulsão por compras, destaca que se trata de uma patologia inerente a atual sociedade de consumo, que instiga as pessoas a consumirem em demasia, oferecendo a utópica felicidade. Em razão disso, segundo a autora, gera nas pessoas pensamentos intrusivos e repetitivos relacionas à necessidade de consumir. Assim, "esse estado interno de desespero é vivenciado com níveis imensuráveis de ansiedade e de angústia e recebe o nome de fissura. E a presença dela é a condição essencial para que o diagnóstico de compulsão por compras seja realizado. O estado de fissura, sem tratamento inadequado, só encontra alívio no ato de comprar." SILVA, Ana Beatriz Barbosa. *Mentes consumistas*: do consumismo à compulsão por compras. São Paulo: Globo, 2014. p.47.

249. O *marketing digital,* como centro da *Internet,* tem como base o comportamento humano, em suas intenções, desejos e necessidades. Assim, "quando falamos em *marketing digital* estamos falando sobre pessoas, suas histórias e desejos. Estamos falando sobre relacionamentos e necessidades a serem atendidas. Assim a visão que mais se aproxima da realidade é a baseada no comportamento do consumidor [...]. TORRES, Cláudio. *A bíblia do marketing digital*: tudo o que você queria saber sobre marketing e publicidade na internet e não tinha a quem perguntar. São Paulo: Novatec, 2018. p. 103.

250. BRIDGER, Darren. *Neuromarketing*: como a neurociência aliada ao design pode aumentar o engajamento e a influência sobre os consumidores. São Paulo: Autêntica Business, 2018. p. 21.

251. Neste ponto é importante mencionar a abordagem utilizada por Cass Sunstein e Richard Thaler, segundo o qual a ciência da escolha, como área emergente, tem demonstrado que a racionalidade dos julgamentos e decisões humanas são menores do que se imagina. Neste sentido, os autores mencionam a importância, nas decisões das pessoas, dos *nudge,* isto é, pequeno empurrão, capaz de induzir gentilmente a pessoa a tomar determinado comportamento. Assim, as opções oferecidas no mercado de consumo não são neutras, sendo fortemente influenciáveis. Nas palavras dos autores: "em suma, segundo nosso ponto de vista, as pessoas são influenciadas por *nudges.* Suas escolhas, mesmo as mais importantes são influenciadas de formas imprevisíveis em um enquadramento econômico padrão." SUNSTEIN, Cass R.; THALER, Richard H. *Nudge*: como tomar melhores decisões sobre saúde, dinheiro e felicidade. Rio de Janeiro: Objetiva, 2019. p. 49.

252. Visualizando o desenvolvimento do *neuromarketing,* aduz que: "prevejo que, em breve, um número cada vez maior de empresas (pelo menos as que puderem arcar com os custos) trocará seus lápis por toucas de TEE. A pesquisa de mercado tradicional [...] [...] desempenhará gradualmente um papel cada vez menor e o *neuromarketing* ficará mais barato, fácil e acessível do que nunca para as empresas. E, por sua vez, se tornará ainda mais popular e difundido." LINDSTROM, Martin. *A lógico do consumo*: verdades e mentiras sobre porque compramos. Rio de Janeiro: HarperCollins Brasil, 2016. p. 152.

253. FRAZÃO, Ana. Fundamentos da proteção dos dados pessoais: noções introdutórias para a compreensão da importância da lei geral da proteção de dados. In: FRAZÃO, Ana; TEPEDINO, Gustavo; OLIVA, Milena Donato (Coord.). *Lei geral de proteção de dados pessoais e suas repercussões no direito brasileiro.* São Paulo: Thomson Reuters Brasil, 2019. p. 44.

4 • AS PUBLICIDADES IMPORTUNADORAS E O DANO DE ASSÉDIO DE CONSUMO — 175

ao poder da comunicação, hoje também embasado nos estudos da biologia, neurociência e psicologia, pode ser facilmente utilizado para manipular pessoas." [254]

De acordo com Darren Bridger, o *neuromarketing* pode ser descrito segundo alguns princípios, quais sejam: i) fluência de processamento, de modo que as imagens virtuais devem ser o mais simples e compreensíveis possíveis; ii) acuidade com as primeiras impressões, tendo em vista que os julgamentos instintivos são rápidos e importantes na publicidade; iii) o destaque visual das mensagens publicitárias; iv) indutores emocionais não conscientes, com o intuito de criar efeitos emocionais que induzem o consumidor à contratação; e, por fim v) economia comportamental, consistente na investigação da idiossincrasia da influência do inconsciente na tomada de decisões de consumo. [255]

Ocorre que, diante da quantidade crescente de mensagens publicitárias, a propensão dos consumidores é agirem de maneira irracional. Isso porque, quando a pessoa se vê diante de situações complexas, com excesso de informações, a tendência é de se recorrer para reações inconscientes, pelos atalhos concedidos pelo sistema 1. Essas reações inconscientes são promovidas por meio de espécies de atalhos mentais que o cérebro desenvolveu, capazes de "reagir com rapidez em situações de incerteza." [256]

Neste sentido, Robert Cialdini aduz que construímos um ambiente tão complexo, tão acelerado, e tão sobrecarregado de informações, nas relações via *Internet*, que precisamos reagir, cada vez mais, assim como animais que há milênios transcendemos. [257] Assim, o autor aduz que o comportamento automático predomina grande parte das ações humanas no atual contexto, seja porque é a forma mais eficiente de comportamento, seja porque é simplesmente necessário. Afinal, processar todas as informações e fazer as escolhas disponíveis "se tornou como tentar beber água numa mangueira de incêndio a toda pressão. Estamos sedentos, mas só podemos beber se conseguirmos filtrar o jato incessante. Os filtros estão no cérebro." [258] Com efeito, "para viver no ambiente complexo e dinâmico dos dias de hoje, precisamos de atalhos." [259]

Dessa maneira, conforme exposto, o problema jurídico surge a partir do momento em que aproveitadores, visando o lucro, utilizam dessas técnicas que envolve compor-

---

254. A potencialidade dos algoritmos é destacada por Ana Frazão, segundo a qual: "não é novidade que algoritmos hoje podem decidir quem terá crédito e a que taxa de juros, quem será contratado para trabalhar em determinada empresa, qual a probabilidade de reincidência de determinado criminoso, quem deve ser atropelado em determinadas situações, entre inúmeras outras circunstâncias." FRAZÃO, Ana. Fundamentos da proteção dos dados pessoais: noções introdutórias para a compreensão da importância da lei geral da proteção de dados. In: FRAZÃO, Ana; TEPEDINO, Gustavo; OLIVA, Milena Donato (Coord.). *Lei geral de proteção de dados pessoais e suas repercussões no direito brasileiro*. São Paulo: Thomson Reuters Brasil, 2019. p. 33.

255. BRIDGER, Darren. *Neuromarketing*: como a neurociência aliada ao design pode aumentar o engajamento e a influência sobre os consumidores. São Paulo: Autêntica Business, 2018. p. 31-32.

256. BRIDGER, Darren. *Neuromarketing*: como a neurociência aliada ao design pode aumentar o engajamento e a influência sobre os consumidores. São Paulo: Autêntica Business, 2018. p. 27.

257. CIALDINI, Robert B. *Influence*: science and pratice. New York: HarperCollins, 1993. p. 275.

258. BRIDGER, Darren. *Neuromarketing*: como a neurociência aliada ao design pode aumentar o engajamento e a influência sobre os consumidores. São Paulo: Autêntica Business, 2018. p. 27.

259. Expressando de maneira mais detalhada, o autor aponta que: [...] às vezes as questões podem ser tão complicadas, o tempo tão exíguo, as perturbações tão invasivas, a agitação emocional tão forte ou a fadiga mental tão profunda que não temos condições cognitivas de agir de forma racional. Seja o assunto importante ou não, sentimos a necessidade de tomar um atalho." CIALDINI, Robert B. *As armas da persuasão*. Rio de Janeiro: Sextante, 2012. p. 18.

tamentos intuitivos para impulsionar nas pessoas o consumo impensado. [260] Afinal, "a verdadeira traição, e o que não podemos tolerar, é qualquer tentativa de obterem lucro de maneira que ameaça a confiabilidade de nossos atalhos."[261]

Neste ponto, Fernando Martins afirma que as publicidades, no contexto informacional, tornam-se ainda mais persuasivas, com caráter sentimental e com apelo às inovações e provocações de desejos, que influenciam o imaginário dos consumidores, vulneráveis, "criando modelos de inclusão de natureza supérflua e quer verdadeiramente seduzem às noções de beleza, moda, sucesso, liderança, empreendedorismo, conquistas e visibilidade social".[262]

Isso porque, conforme expõe Robert Cialdini, as mensagens publicitárias se utilizam de princípios básicos sobre o comportamento humano que podem induzir a pessoa a tomar decisões, podendo ser usados como verdadeiras armas. Com efeito, expõe o autor como princípios i) a reciprocidade, segundo o qual as pessoas se sentem no dever de retribuição; ii) o compromisso e coerência, que vão impulsionar comportamentos posteriores; iii) a aprovação social; iv) q afeição, tendo como amparo as reações emocionais provocadas; v) a autoridade, diante de um senso de obediência e respeito aos apresentados como *experts* no assunto; e, por fim, vi) a escassez, de modo que as decisões se tornam valiosas quando as opções ficam menos disponíveis. [263]

Seguindo essa mesma linha de raciocínio, Jeff Walker descreve a denominada "fórmula de lançamento", que se baseia em estudos sobre o comportamento o humano para induzir consumidores a aquisição de produtos e serviços oferecidos *online*.[264] No Brasil, o empresário Érico Rocha oferece treinamentos com essa mesma denominação, utilizando os chamados "gatilhos mentais" mas que, em última análise, são releituras dos princípios de persuasão supracitados.[265] Segundo o empresário, gatilhos mentais são técnicas oriundas dos estudos de psicologia que induzem o consumidor a agir de maneira subconsciente, instigado pelo pensamento intuitivo, sem questionar as compras de maneira lógico e racional. Tal fato pode ser constatado no próprio sítio eletrônico do empresário, onde há a explicação da utilização, por exemplo, do gatilho mental da reciprocidade e da autoridade.[266]

---

260. Neste mesmo sentido, Daniel Kahneman aponta que: "Uma empresa inescrupulosa que redige contratos que os clientes costumam assinar sem ler possui considerável margem de manobra legal para ocultar informação importante à vista de todos. [...] [...] Um mundo em que empresas competem oferendo produtos melhores é preferível a um em que a vencedora é a empresa mais bem-sucedida em ofuscar." KAHNEMAN, Daniel. *Rápido e devagar: duas formas de pensar*. Rio de Janeiro: Objetiva, 2012. p. 517.

261. CIALDINI, Robert B. *As armas da persuasão*. Rio de Janeiro: Sextante, 2012. p. 270.

262. MARTINS, Fernando Rodrigues; FERREIRA, Keila Pacheco. Da idade média à idade mídia: a publicidade persuasiva digital na virada linguística do direito. In: PASQUALOTTO, Adalberto (Org.). *Publicidade e proteção da infância*. Porto Alegre: Livraria do Advogado, 2018. v. 2, p. 96.

263. CIALDINI, Robert B. As armas da persuasão. Rio de Janeiro: Sextante, 2012.

264. WALKER, Jeff. *A fórmula do lançamento*: estratégias secretas para vender online, criar um negócio de sucesso e viver a vida dos seus sonhos. Rio de Janeiro: Best Business, 2019.

265. FERREIRA, Gustavo. *Gatilhos mentais*: o guia completo com estratégias de negócios e comunicação provadas para você aplicar. São Paulo: DVS Editora, 2019.

266. ROCHA, Erico. *Como utilizar o gatilho mental da emoção*. Brasília, DF, 22 set. 2017. Disponível em: https://www.ericorocha.com.br/como-utilizar-o-gatilho-mental-da-emocao/. Acesso em: 20 jun. 2019.

4 • AS PUBLICIDADES IMPORTUNADORAS E O DANO DE ASSÉDIO DE CONSUMO   177

Daí porque o uso desses princípios de persuasão nas publicidades virtuais de consumo torna as pessoas mais suscetíveis e vulneráveis ao consumo, muitas vezes irracional. Desse modo, as publicidades baseadas em fórmulas de *neuromarketing* geralmente são apresentadas de maneira dissimulada e disfarçada, ferindo um dos direitos fundamentais mais essenciais à civilização ocidental: a liberdade.[267]

Diante disso, é necessário garantir que a vontade do consumidor seja liberta das pressões e dos desejos impostos maliciosamente pelas publicidades e por outros métodos agressivos de oferta. Esses métodos de venda mudaram e estão "cada vez mais agressivos, emocionais e apelativos, os desejos do consumidor aprimoraram-se e o consumismo não é mais um fato isolado"[268], de modo que está cada vez mais difícil atingir a vontade realmente consentida, racional e refletida. No atual contexto, abandonou-se a noção de comunidade (*idade média*) e se abraça às relações efêmeras, hedonistas, de consumo e virtuais (*idade mídia*).[269]

Em razão disso, é preciso que o sistema jurídico esteja atento aos danos provocados pelas novas práticas virtuais de consumo, afinal, "a pressão contínua é a de criar anúncios cada vez mais à imagem dos motivos e desejos do público."[270] Daí porque os anúncios não são endereçados ao consumo consciente, aumentando a potencialidade de risco das publicidades virtuais. Neste sentido, aduz Darren Bridger que as pessoas, ao utilizarem a *Internet*, sendo alvo de diversos anúncios publicitários, não estão muito dispostas a pensarem de forma consciente.[271]

Dessa maneira, a cada dia, com o desenvolvimento dos métodos de comunicação, as práticas publicitárias se tornam como pílulas subliminares para o subconsciente, com o fito de exercer um feitiço hipnótico, nos moldes do que Marshall Mcluhan, já nos anos 70, alertava, isto é, que a publicidade leva "o princípio do ruído até ao nível da persuasão – bem de acordo, aliás, com os processos de lavagem cerebral".[272] É neste sentido também que Martin Lindstrom denomina a prática de *brandwashing*, isto é, a "lavagem cerebral promovida pela força das marcas"[273] diante das novas ferramentas de *marketing*. E tudo isso preenche as condições para uma forma fundamental de poder, a saber, a habilidade de moldar a mente humana.[274]

---

267. Flávio Calazans afirmar que "[...] uma população exposta a subliminares, teleguiada, que se veste, se comporta, consome produtos, serviços, crenças, religiões, ideologias, e vota levada por sugestões externas, subliminares, não pode ser considerada uma forma de vida inteligente, adaptada, autônoma. CALAZANS, Flávio Mário de Alcântara. *Propaganda subliminar multimídia.* São Paulo: Summus, 2006. p. 238.
268. MARQUES, Claudia Lima. *Contratos no código de defesa do consumidor:* o novo regime das relações contratuais. São Paulo: Ed. RT, 2014. p. 181.
269. MARTINS, Fernando Rodrigues; FERREIRA, Keila Pacheco. Da idade média à idade mídia: a publicidade persuasiva digital na virada linguística do direito. In: PASQUALOTTO, Adalberto (Org.). *Publicidade e proteção da infância.* Porto Alegre: Livraria do Advogado, 2018. v. 2, p. 99.
270. MCLUHAN, Marshall. *Os meios de comunicação como extensões do homem.* São Paulo: Cultrix, 2007. p. 255.
271. BRIDGER, Darren. *Neuromarketing:* como a neurociência aliada ao design pode aumentar o engajamento e a influência sobre os consumidores. São Paulo: Autêntica Business, 2018. p. 65.
272. MCLUHAN, Marshall. *Os meios de comunicação como extensões do homem.* São Paulo: Cultrix, 2007. p. 256.
273. LINDSTROM, Martin. *Brandwashed:* o lado oculto do marketing. Controlamos o que compramos ou são as empresas que escolhem por nós? Rio de Janeiro: Alta Books, 2018. p. 22.
274. CASTELLS, Manuel. *O poder da comunicação.* São Paulo: Paz e Terra, 2016. p. 23.

Daí porque, conforme amplamente exposto, as novas tecnologias de informação e comunicação avançam em detrimento do Direito, em compasso bem mais veloz do que o sistema jurídico é capaz de impedir.[275] Inegavelmente, os desejos de consumo são ampliados e provocados pela publicidade que generalizam informações e estimulam as compras, de modo que não possuir o objeto de desejo promove reações furtivas e, consequentemente, pensamentos e sentimentos doentios e incontroláveis. Isso porque, muitas vezes, a reação é o atalho irracional provocado pela vulnerabilidade, resultando no consumo extrapolado, essencial para gerar o indesejado (super)endividamento.[276]

Com base nisso, é possível considerar que o *neuromarketing* e as técnicas virtuais de publicidade, pautadas especialmente em dados pessoais, vão promover o indesejado assédio de consumo. A sociedade está cada vez mais movida pelo consumo, "que, por ter alcançado um nível outrora inimaginável, desencadeou um novo *status quo* evidenciado por um crescente assédio do qual todos se tornaram vítimas"[277], trazendo como consequência mais uma vez o agravamento da vulnerabilidade do consumidor. Daí porque muitas das chamadas técnicas publicitárias confiam em seu sucesso devido, justamente, à vulnerabilidade a que reduzem o consumidor.

Logo, o prática de assédio de consumo é aquela agressiva, que pressiona o consumidor de forma a influenciar, paralisar ou impor sua decisão de consumo, explorando emoções, medos, confiança em relação a terceiros, abusando da posição de *expert* do fornecedor e das circunstâncias especiais do consumidor, como a idade e a condição social.[278] Da mesma forma, pode caracterizar assédio de consumo o modo pelo qual se exerce a atividade publicitária, como ocorre, cada vez com maior frequência nas publicidades realizadas por *telemarketing* ou no envio não autorizado de e-mails ou mensagens em celulares.[279] Nestes casos, a quantidade, frequência ou modo de abor-

---

275. Em razão disso, conforme expõe Claudia Marques, a publicidade virtual carrega consigo a necessidade de revisitar os direitos fundamentais, isto é: "O combate às pressões (Zwang) e ao abuso são concretizações novas do respeito à dignidade da pessoa humana e manutenção da liberdade de ambos, fornecedor e consumidor, em uma sociedade pós-industrial, que necessita essencialmente de direitos com efeitos distributivos." MARQUES, Claudia Lima. *Contratos no código de defesa do consumidor*: o novo regime das relações contratuais. São Paulo: Ed. RT, 2014. p. 180.

276. CARVALHO, Diógenes Faria de. *Consumo e (super)endividamento*: vulnerabilidade e escolhas intertemporais. Goiânia: Espaço Acadêmico, 2017. p. 29.

277. VERBICARO, Dennis; RODRIGUES, Lays; ATAÍDES, Camille. Desvendando a vulnerabilidade comportamental do consumidor: uma análise jurídico-psicológica do assédio de consumo. *Revista de Direito do Consumidor*: RDC, São Paulo, v.119, p. 349 – 384, set./out. 2018.

278. MARQUES, Claudia Lima. *Contratos no código de defesa do consumidor*: o novo regime das relações contratuais. São Paulo: Thomson Reuters Brasil, 2019. E-book.

279. Também tratando desse fenômeno, aponta a doutrina que: "O assédio de consumo coloca o consumidor em uma situação em que se vê constrangido, persuadido e pressionado a adquirir os bens considerados desejáveis e "necessários" no momento, que, por sua vez, subitamente tornam-se ultrapassados e são substituídos por outros, num ciclo vicioso de consumo, impossível de ser acompanhado nem mesmo pelo consumidor mais diligente, gerando consequências psicológicas (ansiedade, frustração e, numa escala ais grave, depressão) e econômicas (comprometimento financeiro e superendividamento). É nesse descompasso entre o que se deseja, o que se impõe e o que se pode adquirir que o assédio de consumo se instala e coloca o consumidor em uma situação de vulnerabilidade extremada." VERBICARO, Dennis; RODRIGUES, Lays; ATAÍDES, Camille. Desvendando a vulnerabilidade comportamental do consumidor: uma análise jurídico-psicológica do assédio de consumo. *Revista de Direito do Consumidor*: RDC, São Paulo, p. 349-384, v. 119, set./out. 2018.

dagem evidenciam a deslealdade e a violação da boa-fé objetiva, que caracterizam a prática como abusiva.[280]

Assim, é oportuno notar que existem consumidores em situação de vulnerabilidade agravada no que se refere aos assédios de consumo. Não obstante, esse mesmo raciocínio se aplica às ferramentas de *neuromarketing*, que muitas vezes se aproveitam de vulnerabilidades especiais como a das crianças e dos idosos. Neste sentido, Robert Cialdini destacando o princípio de coerência e compromisso como ferramenta forte de persuasão, aponta que os idosos são mais suscetíveis à manipulação. Segundo o autor, a "prova disso é um estudo notável da Associação Americana de Aposentados preocupada com a incidência crescente (e o triste sucesso) de fraudes telefônicas contras seus membros de mais de 50 anos."[281]

No Brasil, é fato notório que os principais abusos praticados em desfavor dos idosos são efetuados pelas instituições financeiras[282], como ocorrem com o oferecimento de diversos serviços na modalidade "consignado", como empréstimos e cartões de créditos.[283] Essa é, inclusive, uma das razões para que o CDC considere pratica abusiva aquela que prevalece da fraqueza ou ignorância do consumidor, tendo em vista sua idade, nos termos do artigo 39, inciso IV.[284]

Neste sentido, visando ampliar e adequar as ferramentas de promoção e tutela do consumidor, os Projetos de Lei 3.514/15 e 3.515/15 trazem atualizações do CDC, inclusive quanto às publicidades ilícitas, dispondo que o assédio de consumo deve ser reconhecido como um dano. Neste ponto, Claudia Marques aponta que a atualização do CDC se baseia na figura europeia do "assédio de consumo", levando em consideração a pressão exercida sobre as pessoas para o consumo irrefletido, especialmente às pessoas idosas.[285]

---

280. MIRAGEM, Bruno. O ilícito e o abusivo: propostas para uma interpretação sistemática das práticas abusivas nos 25 anos. *Revista de Direito do Consumidor*: RDC, São Paulo, v. 104, p. 99-127, mar./abr. 2016.

281. CIALDINI, Robert B. *As armas da persuasão*. Rio de Janeiro: Sextante, 2012. p. 20.

282. À título de exemplo, cite-se relevante caso anunciado pelas mídias digitais. TAKAR, Téo. Bancos são condenados a pagar R$ 10 mi por prática abusiva em consignado. *Economia Uol*, [S. l.], 24 nov. 2017. Disponível em: https://economia.uol.com.br/noticias/redacao/2017/11/24/condenacao-cobranca-emprestimos-consignados-servidores-publicos-bancos-rj.htm. Acesso em: 12 dez. 2019.

283. Neste ponto, destaca-se recente nota técnica do Ministério da Justiça e Segurança Pública averiguando denúncias de que instituições financeiras, mediante vazamento de dados dos aposentados e pensionistas vinculados ao Instituto Nacional do Seguro Social – INSS, estão realizando abordagens telefônicas de forma abusiva para que consumidores idosos adquiram serviços e produtos na modalidade consignada. Segundo a denúncia apresentada, referida prática está levando os idosos a situação de superendividamento. BRASIL. Ministério da Justiça e Segurança Pública. *Nota Técnica 243/2019/CSA-SENACON/CGCTSA/DPDC/SENACON/MJ. Processo 08012.001478/2019-48*. Representantes: Instituto Defesa Coletiva e Instituto Brasileiro de Defesa do Consumidor (Idec). Representado: Banco BMG S.A. Brasília, DF, 12 ago. 2019. Disponível em: https://www.justica.gov.br/seus-direitos/consumidor/notas-tecnicas/anexos/nota-tecnica-243.pdf. Acesso em: 12 dez. 2019.

284. É vedado ao fornecedor de produtos ou serviços, dentre outras práticas abusivas. [...] [...] IV – prevalecer-se da fraqueza ou ignorância do consumidor, tendo em vista sua idade, saúde, conhecimento ou condição social, para impingir-lhe seus produtos ou serviços. BRASIL. *Lei 8.078, de 11 de setembro de 1990*. [Código de Defesa do Consumidor]. Dispõe sobre a proteção do consumidor e dá outras providências. Disponível em: http://www.planalto.gov.br/ccivil_03/ leis/l8078.htm. Acesso em: 19 dez. 2019.

285. MARQUES, Claudia Lima. *Contratos no código de defesa do consumidor*: o novo regime das relações contratuais. São Paulo: Thomson Reuters Brasil, 2019. *E-book*.

Isso porque, conforme expõe Claudia Marques, técnicas agressivas de oferta por crédito consignado ou com semelhante retirada direta das contas e pensões dos aposentados, têm levado muitos desses consumidores idosos, hipervulneráveis, ao superendividamento. Por isso, a atualização do CDC pretende regular melhor a publicidade do crédito, protegendo de forma especial, do assédio de consumo[286], os consumidores idosos, analfabetos e crianças.[287]

No relatório-geral da atualização do CDC, estas normas são destacadas como parte de um reforço na dimensão ético-inclusiva e solidarista do CDC, por meio de da imposição de "limites à publicidade de crédito, práticas comerciais e ao assédio de consumo em geral, protegendo em especial consumidores idosos, jovens, crianças e analfabetos, mantendo e expandindo as listas de práticas e cláusulas abusivas."[288]

Dessa forma, nota-se que o assédio de consumo não pode se limitar as situações em que é direcionado especificamente aos consumidores idosos ou às crianças, ocorrendo assédio também sempre que a pessoa for importunada de maneira agressiva, por exemplo, pela publicidade direcionada por dados pessoais ilegalmente utilizados.

No direito comparado, a Diretiva 2005/29368 proíbe práticas enganosas e práticas agressivas, aí incluindo o assédio de consumo, chamado na Itália e Espanha de "acoso de consumo" ou pressão de consumo.[289] Nesse sentido, é importante destacar o acréscimo do inciso XI ao artigo 6.º do CDC proposto no Projeto de Lei 3.514/15[290], incluindo a proteção de dados pessoais e consolidando como direito básico do consumidor: "XI – a autodeterminação, a privacidade e a segurança das informações e dados pessoais prestados ou coletados, por qualquer meio, inclusive o eletrônico."

---

286. Destaca-se que essa ideia já estava presente no Anteprojeto de Lei Geral de defesa do Consumidor do Estado do Rio Grande do Sul, segundo o qual configuraria prática abusiva assediar o consumidor para aquisição de produtos ou serviços, aproveitando-se de sua situação de vulnerabilidade. MARQUES, Claudia Lima; MIRAGEM, Bruno; MOESCH, Teresa Cristina. Comentários ao anteprojeto de lei geral de defesa do consumidor do Estado do Rio Grande do Sul, da OAB/RS. *Revista de Direito do Consumidor: RDC*, São Paulo, v. 90, p. 399-406, nov./dez. 2013.

287. Neste sentido, destaca a autora: "Nos Projetos de Lei do Senado Federal que visam a atualização do CDC, a Comissão de Juristas, coordenada pelo e. Min. Antonio Herman Benjamin, introduziu no direito brasileiro a figura do combate ao assédio de consumo, nominando estratégias assediosas de *marketing* muito agressivas e de marketing focado em grupos de consumidores, targeting, muitas vezes nos mais vulneráveis do mercado, idosos e analfabetos. A Diretiva europeia sobre práticas comerciais abusivas, Diretiva 2005/29/CE, em seu art. 8.º, utiliza como termo geral, o de prática agressiva, aí incluídas como espécies o assédio (harassment), a coerção (coercion), o uso de força física (physical force) e influência indevida (undue influence). A opção do legislador brasileiro foi de considerar assédio de consumo o gênero para todas as práticas comerciais agressivas que limitam a liberdade de escolha do consumidor." MARQUES, Claudia Lima. *Contratos no código de defesa do consumidor*: o novo regime das relações contratuais. São Paulo: Thomson Reuters Brasil, 2019. E-book.

288. BENJAMIN, Antonio Herman; MARQUES, Claudia Lima. Extrato do relatório-geral da comissão de juristas do Senado Federal para atualização do código de defesa do consumidor. *Revista de Direito do Consumidor*: RDC, São Paulo, v. 92, p. 303-306, mar./abr. 2014.

289. MARQUES, Claudia Lima. *Contratos no código de defesa do consumidor*: o novo regime das relações contratuais. São Paulo: Thomson Reuters Brasil, 2019. E-book.

290. BRASIL. Câmara dos Deputados. *Projeto de lei PL 3514/2015*. Altera a Lei 8.078, de 11 de setembro de 1990 (Código de Defesa do Consumidor), para aperfeiçoar as disposições gerais do Capítulo I do Título I e dispor sobre o comércio eletrônico, e o art. 9º do Decreto-Lei 4.657, de 4 de setembro de 1942 (Lei de Introdução às Normas do Direito Brasileiro), para aperfeiçoar a disciplina dos contratos internacionais comerciais e de consumo e dispor sobre as obrigações extracontratuais. Disponível em: https://www.camara.leg.br/proposicoesWeb/fichadetramitacao?Id Proposicao=2052488. Acesso em: 19 dez. 2019.

4 • AS PUBLICIDADES IMPORTUNADORAS E O DANO DE ASSÉDIO DE CONSUMO **181**

Logo em seguida, propõe o Projeto supracitado o acréscimo do Inciso XII, que prevê expressamente o assédio de consumo como prática abusiva, isto é, "XII – a liberdade de escolha, em especial frente a novas tecnologias e redes de dados, vedada qualquer forma de discriminação e assédio de consumo." [291] Como se não bastasse, o assédio de consumo também é contemplado pelo Projeto ao vedar o envio de mensagem eletrônica não solicitada, segundo a proposta legislativa:

> Art. 45-F. É vedado enviar mensagem eletrônica não solicitada a destinatário que:
>
> I – não possua relação de consumo anterior com o fornecedor e não tenha manifestado consentimento prévio em recebê-la;
>
> II – esteja inscrito em cadastro de bloqueio de oferta;
>
> III – tenha manifestado diretamente ao fornecedor a opção de não recebê-la.
>
> [...] § 4º Para os fins desta seção, entende-se por mensagem eletrônica não solicitada a relacionada a oferta ou publicidade de produto ou serviço e enviada por correio eletrônico ou meio similar.

Já no Projeto de Lei 3.515/15, há a previsão de acrescer ao CDC o Art. 54-C[292], nos seguintes termos:

> Art. 54-C. É vedado, expressa ou implicitamente, na oferta de crédito ao consumidor, publicitária ou não:
>
> [...] IV assediar ou pressionar o consumidor para contratar o fornecimento de produto, serviço ou crédito, inclusive a distância, por meio eletrônico ou por telefone, principalmente se se tratar de consumidor idoso, analfabeto, doente ou em estado de vulnerabilidade agravada ou se a contratação envolver prêmio.

Diante disso, é possível afirmar que os Projetos de Lei que visam atualizar o CDC corroboram para o entendimento defendido no presente texto. Afinal, defender que o assédio de consumo se qualifica como um dano é notar que o consumidor possui o direito básico de não ser molestado e perturbado com a finalidade única de ser induzido ao consumo. Dessa forma, é importante destacar que a figura do assédio de consumo poderá ser expressamente introduzida no direito brasileiro após a aprovação dos projetos de Atualização do CDC supracitados, corroborando com a necessidade de reconhecimento também de um direito ao sossego, como projeção negativa da proteção de dados pessoais.

Todavia, a contemplação desse direito já encontra sustentação hermenêutica no sistema pátrio, tendo em vista que suas bases principiológicas estão amparadas no CDC, em especial nos arts. 39 e 42, sendo espécie das práticas abusivas.[293] Isso porque, conforme

---

291. BRASIL. Câmara dos Deputados. *Projeto de lei PL 3514/2015*. Altera a Lei 8.078, de 11 de setembro de 1990 (Código de Defesa do Consumidor), para aperfeiçoar as disposições gerais do Capítulo I do Título I e dispor sobre o comércio eletrônico, e o art. 9º do Decreto-Lei 4.657, de 4 de setembro de 1942 (Lei de Introdução às Normas do Direito Brasileiro), para aperfeiçoar a disciplina dos contratos internacionais comerciais e de consumo e dispor sobre as obrigações extracontratuais. Disponível em: https://www.camara.leg.br/proposicoesWeb/fichadetramitacao?i dProposicao =2052488. Acesso em: 19 dez. 2019.

292. BRASIL. Câmara dos Deputados. *Projeto de lei PL 3515/2015*. Altera a Lei 8.078, de 11 de setembro de 1990 (Código de Defesa do Consumidor), e o art. 96 da Lei 10.741, de 1º de outubro de 2003 (Estatuto do Idoso), para aperfeiçoar a disciplina do crédito ao consumidor e dispor sobre a prevenção e o tratamento do superendividamento. Disponível em: https://www.camara.leg.br/proposicoesWeb/fichadetramitacao?idProposicao=2052490. Acesso em: 19 dez. 2019.

293. MIRAGEM, Bruno. O ilícito e o abusivo: propostas para uma interpretação sistemática das práticas abusivas nos 25 anos. *Revista de Direito do Consumidor*: RDC, São Paulo, v.104, p. 99-127, mar./abr. 2016.

aponta Anderson Schreiber, o dano pode ser conceituado como a "lesão a um interesse juridicamente tutelado".[294] Dessa forma, expõe o autor que essa definição se concentra no interesse lesado, como a saúde, a privacidade ou mesmo a integridade psíquica, e não nas consequências econômicas ou emocionais da lesão, como a dor, o sofrimento ou a tristeza.

Isso porque, diferentemente do dano patrimonial, que pode ser aferido pela teoria da diferença, ou seja, por um critério matemático, capaz de demonstrar a consequência econômica da lesão, os danos extrapatrimoniais, do qual o assédio de consumo faz parte, repercutem de forma completamente diferente sobre cada pessoa, estando ausente, portanto, um critério objetivo de aferição. Dessa forma, mostra-se adequada a definição do dano como lesão a um interesse juridicamente tutelado, afinal, impulsiona a interpretação quanto à existência ou não do dano sobre o objeto da lesão, qual seja, o interesse da vítima.

Essa reflexão justifica a inadequação de critérios que avaliam a consequência do evento danoso ou o estado de espírito da vítima, como recorrentemente mencionado pela jurisprudência, como a dor, a angústia ou o sofrimento. Afinal, partindo desse raciocínio, a pessoa masoquista, insensível ou aquele que padece de hipoalgesia não seriam protegidos pela compensação do dano moral. Por óbvio, "a dor não representa elemento ontológico do dano moral, mas puro reflexo consequencialístico, que pode se manifestar ou não, sem que isto elimine o fato da lesão a um interesse extrapatrimonial"[295]

Logo, a apreciação quanto a ocorrência ou não de dano extrapatrimonial deve se pautar na análise da existência de violação ao interesse tutelado, sendo suficiente o evento danoso para a necessária responsabilização civil. Evidentemente, a efetiva lesão ao interesse juridicamente tutelado é verificada a partir do momento em que o bem, objeto do interesse protegido, é concretamente afetado. Daí porque, ao verificar-se a fundamentação jurídica da tutela do sossego, o assédio de consumo surge como evento que efetivamente afeta esse bem jurídico tutelado, configurando o dano de assédio de consumo.

Neste ponto, é importante mencionar que o presente trabalho alinha-se à ideia de que a demonstração do dano extrapatrimonial demanda a ponderação de interesses. Desse modo, só haverá dano quando a conduta, afetando interesse juridicamente tutelado, não seja razoável ou tolerada, tendo como base os interesses contrapostos. Como se não bastasse, essa ponderação de interesses, no direito civil, já é exercida por institutos como o abuso de direito e a boa-fé objetiva, conforme supracitado.

Com efeito, o dano extrapatrimonial deve ir além de uma definição em definitivo, na lesão a um interesse juridicamente tutelado em abstrato. Isso porque o caminho mais seguro demanda a comparação entre o interesse tutelado e o interesse lesivo, à luz das circunstâncias fáticas, para fim de definir a lesão a um interesse concretamente merecedor de tutela.[296]

---

294. SCHREIBER, Anderson. *Novos paradigmas da responsabilidade civil*: da erosão dos filtros da reparação à diluição dos danos. São Paulo: Atlas, 2012. p. 107.

295. SCHREIBER, Anderson. *Novos paradigmas da responsabilidade civil*: da erosão dos filtros da reparação à diluição dos danos. São Paulo: Atlas, 2012. p. 131.

296. SCHREIBER, Anderson. *Novos paradigmas da responsabilidade civil*: da erosão dos filtros da reparação à diluição dos danos. São Paulo: Atlas, 2012. p. 191.

4 • AS PUBLICIDADES IMPORTUNADORAS E O DANO DE ASSÉDIO DE CONSUMO · **183**

Sendo assim, por mais que a publicidade, conforme já mencionado, tenha sustentação no valor fundamental da livre iniciativa econômica, no sistema jurídico brasileiro, fundado na tutela da dignidade humana, o sossego surge como interesse jurídico que deve ter prevalência nesse embate. Neste ponto, há sempre de se lembrar um necessário critério geral de ponderação no sistema jurídico pátrio, qual seja: a prevalência de interesses existenciais sobre os interesses patrimoniais.

Daí é possível notar que a concreção do direito ao sossego pressupõe o reconhecimento do assédio de consumo como um dano, afinal, é inegável que a perturbação ou a importunação indevida praticada pelas publicidades virtuais, alimentadas por dados pessoais, configura lesão ao interesse jurídico tutelado e, consequentemente, dano à pessoa em sua integridade humana.

Ressalta-se que a própria noção de dano, evidentemente, sofre fortes mutações ao se considerar as alterações dos perfis sociais em dadas sociedades, de modo que, em um sistema jurídico que enquadra a pessoa como epicentro jurídico, como o brasileiro, é possível notar a progressiva valorização da dimensão existencial nas relações jurídicas.[297] Como base nisso, é preciso destacar que o dano de assédio de consumo se qualifica como dano extrapatrimonial, mais especificadamente na figura do dano moral puro, tendo em vista ser fato desabonador que prejudica o cotidiano saudável da vítima, notadamente pela impacto psíquico que causa. Enquadra-se, portanto, em dano moral, a situação em que a pessoa é perturbada indevidamente, como o ocorre no desvio produtivo do consumidor, em que a pessoa perde o tempo de vida para solucionar problemas de consumo de responsabilidade tão somente do fornecedor.

Em resumo, é possível perceber que o dano aqui analisado se funda na lesão da pessoa à liberdade de atuar de forma plena na realização de sua esfera individual, comprometendo, em última análise, a sua qualidade digna de vida. Desse modo, é possível enquadrar o assédio de consumo como uma espécie de dano extrapatrimonial, que vai além do prejuízo material ou pecuniário.[298] Neste mesmo sentido, Marcos Dessaune aponta que toda pessoa tem direito de não ser molestada por quem quer que seja, em qualquer aspecto da vida, seja físico, psíquico ou social. Isso porque o ser humano tem o direito viver da melhor forma que quiser, sem a interferência nociva da ninguém, isto é, de forma autônoma. Conforme se nota, "essa é a agenda do ser humano: caminhar com tranquilidade, no ambiente em que sua vida se manifesta rumo ao seu projeto de vida."[299]

---

297. PERLINGIERI, Pietro *O direito civil na legalidade constitucional*. Rio de Janeiro: Renovar, 1999. p. 760.

298. Aponta também a doutrina que: "O assédio de consumo é caracterizado pela prática de condutas agressivas, que afetam diretamente a liberdade de escolha do consumidor e, em situações mais graves e continuadas, seus próprios projetos de vida, atentando contra sua esfera psíquica, que, em meio a tantas estratégias manipuladoras, é subjugado e levado a ceder às pressões do mercado. O que assusta é a velocidade com que esse fenômeno vem se sofisticando, já que, diante da reiteração de tais práticas, o consumidor acaba por assimilá-las como algo natural e, por conseguinte, aceitável. Desse modo, a vulnerabilidade típica das relações consumeristas deve ser ressignificada à luz dessa nova realidade, sendo compreendida também em seu sentido comportamental e não apenas econômico." VERBICARO, Dennis; RODRIGUES, Lays; ATAÍDES, Camille. Desvendando a vulnerabilidade comportamental do consumidor: uma análise jurídico-psicológica do assédio de consumo. *Revista de Direito do Consumidor*: RDC, São Paulo, v. 119, p. 349-384, set./out. 2018.

299. DESSAUNE, Marcos. *Desvio Produtivo do consumidor*: o prejuízo do tempo desperdiçado. São Paulo: RT, 2017. p. 140-141.

Em verdade, em especial com base no dever de boa-fé objetiva, é preciso exigir que os fornecedores respeitem a pessoa enquanto consumidora, que tem o direito de tomar decisões inteligentes, racionais, conscientes sobre os produtos e serviços que adquire, inclusive quanto aos motivos que levaram a esse consumo.

A rigor, a economia de mercado pressupõe que o consumidor esteja bem informado, uma vez sendo o parceiro ativo do fornecedor. Neste mesmo sentido, "não é menos certo que os abusos publicitários limitam, quando não destroçam, este papel fundamental de árbitro no mercado reservado ao consumidor", retirando do consumidor a própria autonomia necessária ao consumo consciente e saudável.[300] Daí porque pode-se falar que a publicidade detém um enorme poder.[301]

Ademais, a publicidade pode ser utilizada de forma contrária aos preceitos de tutela do consumidor, como ao oferecer especificamente às crianças, público hiper-vulnerável, alimentos e bebidas comprovadamente maléficos em publicidades de redes de *fast-food*.[302] Dessa forma, ao defender que o assédio de consumo se qualifica como um dano é também preciso reconhecer a necessária revisitação do direito de liberdade. Afinal, é esse direito que garante que o consumidor não seja importunado por várias técnicas de *marketing* que levam à ideia de que a pessoa, em suas fragilidades e desejos humanos, tem necessidade de consumir.

Além disso, garante ao consumidor a liberdade de buscar o produto ou serviço quando e onde quiser tão somente, sem ser invadido por inúmeras publicidades que os fornecedores, através das tecnologias, oferecem acreditando serem do interesse da pessoa, com base em dados ocultamente capturados e, não raro, de maneira desautorizada.[303]

Como se não bastasse, o reconhecimento também da liberdade de acesso ao mer-cado de consumo sem a necessidade de ter de fornecer dados pessoais irrelevantes para a finalização da negociação, e muito menos a obrigação de permitir que esses dados sejam utilizados posteriormente para fins de *marketing*. Afinal, o mercado que cerca o consumidor atualmente é altamente impessoal, com enormes redes de distribuição

---

300. BENJAMIN, Antonio Herman Vasconcellos. O controle jurídico da publicidade. *Revista de Direito do Consumidor*, São Paulo, n. 9, p. 25-57, jan./mar. 1994.

301. Conforme expõe Ricardo Lorenzetti: "Muito embora a publicidade seja uma atividade lícita, ela é utilizada como uma ferramenta para diminuir o discernimento do consumidor quando da formação do contrato, e para tanto faz uso de artifícios como sedução desmedida, publicidade indutiva, distorção da informação sobre produtos e serviços, incitação a superstições, desrespeito a valores morais, indução a um comportamento que vá contra os interesses e a segurança, condicionar a aquisição de um produto a outro." LORENZETTI, Ricardo. *Comércio eletrônico*. São Paulo: Ed. RT, 2004. p. 390.

302. Neste sentido, Rafael Maltez destaca que: "Existem fortes apelos, de todos os tipos, reforçados pela publicidade, para que se fume, se beba. Se não se bebe, a pessoa é considerada um anormal, um esquisito, um excluído, como a publicidade insiste em persuadir. A pressão imposta por ela é fenomenal. Após, sabe-se disso, esses produtos causam dependência, química e psicológica, bem como males à saúde ou risco à vida. O fornecedor não se preo-cupa. Quer auferir apenas lucro. Após, surge o problema de saúde e o fornecedor lava as mãos e argumenta que cada um é responsável por si." MALTEZ, Rafael Tocantins. *Direito do consumidor e publicidade*: análise jurídica e extrajurídica da publicidade subliminar. Curitiba: Juruá, 2011. p. 367.

303. Eduardo Magrani, ao tratar sobre a publicidade direcionada e indesejada, a qualifica também como abusiva, destacando que "é capaz de aumentar a assimetria de informação da na relação de consumo, potencializar a dis-criminação entre os consumidores, minimizar a capacidade de escolha livre e autônoma do consumidor, dentre outras consequências." MAGRANI, Eduardo. *Entre dados e robôs*: ética e privacidade na era da hiperconectividade. Porto Alegre: Arquipélago, 2019. p. 71.

e, além disso, alicerça-se "em técnicas de comercialização refinadas e de 'alta pressão', na forma de publicidade intensiva, por todos os veículos imagináveis, embalagens tentadoras (algumas até perfumadas!)"[304] Daí porque é válido lembrar que o sistema jurídico deve induzir comportamentos meritórios, notadamente os deveres positivos relacionados à boa-fé objetiva, evitando e mitigando a ocorrência de danos, ou mesmo reduzindo as suas consequências, visando a convivência social mais equilibrada e solidária possível.[305]

Desse modo, não há dúvidas de que o ambiente da *Internet* impõe novas modalidades de publicidades, virtuais e importunadoras, que irritam o sistema jurídico a reagir e fornecer respostas, em especial nas situações em que provoca danos, como o assédio ao consumo, mediante as ferramentas possíveis, dentre elas, a responsabilidade civil.[306]

4.5 UMA PROPOSTA DE MODELO OPERATIVO: A RESPONSABILIDADE CIVIL PELA PERTURBAÇÃO DE SOSSEGO

Ao analisar os danos que podem ser provocados pelas publicidades virtuais de consumo, é necessário uma revisão dos procedimentos jurídicos de tutela presentes no sistema jurídico. Trata-se, ao fim e ao cabo, de verdadeira reformulação de categorias jurídico-analíticas no ciberespaço, o que implica novos modais de consideração do contexto de propagação da informação.[307]

Daniel Solove analisa esse contexto invocando a expressão "acúmulo de informações"[308], pois, para o autor, a prática reiterada ou até incessante de determinadas atividades, sejam elas praticadas por particulares ou pelo Estado, tais como o registro, o uso, a análise, a combinação e, por vezes, a exposição de informações, podem acarretar verdadeira ameaça as pessoas.[309] Combine-se essa realidade ao poder computacional hodierno e às práticas publicitárias realizadas através de algoritmos e o resultado não pode ser outro senão a formatação de um campo propício a abusos e intrusões desne-

---

304. BENJAMIN, Antonio Herman Vasconcellos. O controle jurídico da publicidade. *Revista de Direito do Consumidor*, São Paulo, n. 9, p. 25-57, jan./mar. 1994.

305. FARIAS, Cristiano Chaves de; NETTO, Felipe Peixoto Braga; ROSENVALD, Nelson. *Novo tratado de responsabilidade civil*. São Paulo: Saraiva Educação, 2019. p. 36.

306. MARTINS, Fernando Rodrigues; FERREIRA, Keila Pacheco. Da idade média à idade mídia: a publicidade persuasiva digital na virada linguística do direito. In: PASQUALOTTO, Adalberto (Org.). *Publicidade e proteção da infância*. Porto Alegre: Livraria do Advogado, 2018. v. 2, p. 101.

307. Conforme salienta Lorenzetti: "Este espaço não tem características somente 'passivas', mas sim 'ativas', no sentido de que exerce influência sobre os demais sistemas. Produz um efeito de 'desterritorialização' e 'descentralização', porque não há uma relação centro-periferia, não conhece ordens e hierarquias e, sobretudo, não há uma autoridade central. Isso afeta categorias analíticas, como a original-cópia, leitor-autor, fornecedor-consumidor, porque se diz que, ao alterar o espaço, modificam-se os papéis, e o consumidor pode ser um fornecedor". LORENZETTI, Ricardo Luis. *Comércio eletrônico*. São Paulo: Ed. RT, 2004. p. 31.

308. O autor diz que: "[T]he profound proliferation of new information technologies during the twentieth century [...] made privacy erupt into a frontline issue around the world". SOLOVE, Daniel J. *Understanding privacy*. Cambridge: Harvard University Press, 2008. p. 4.

309. SOLOVE, Daniel. J. *Nothing to hide*: the false tradeoff between privacy and security. New Haven: Yale University Press, 2011. p. 5.

cessárias, capazes de causar o que equivaleria à perturbação ao sossego no plano físico, aqui transposta ao ciberespaço.[310]

Segundo Pierre Lévy, "a maior parte dos bancos de dados são antes espelhos do que memórias; espelhos o mais fiéis possível do estado atual de uma especialidade ou de um mercado".[311] Nesse cenário, torna-se desejável que as pessoas "entendam minimamente como funcionam as principais tecnologias para evitar a tomada de decisões equivocadas ou fortemente influenciadas".[312] Para tanto, necessária se fez a implementação de tutela jurídica especificamente voltada a tal fim.

Sabe-se que o domínio da informação em larga escala, o *Big Data*, pertence a um rol extremamente enxuto de grandes corporações que, efetivamente, dominam a *Internet*: são os 'impérios da comunicação' descritos por Tim Wu.[313] A dominação da *web* se dá através de práticas voltadas à cognição, ao mapeamento e ao processamento de respostas aos hábitos comerciais e ao controle dos impulsos e desejos humanos, em contraponto às necessidades manifestadas (sobre as quais disserta o já citado Abraham Maslow), gerando o que Siva Vaidhyanathan ilustrativamente denominou de 'Googlelização de tudo', se referindo ao domínio exercido pela *Google Inc.* sobre os usos da Internet, isto é, "em termos gerais, onde há tempos o Google se especializara em distribuir informações para saciar a curiosidade, agora ele o faz para facilitar o consumo".[314]

O mercado mudou e os consumidores, na figura dos *prossumidores,* são cada vez mais exigentes e apresentam novos comportamentos que mudam frequentemente a eficácia do *marketing* praticado na rede; os consumidores estão cada vez mais sofisticados, sensíveis, seletivos e céticos.[315]

Neste contexto, como visto, empresas recorrem a modernos recursos tecnológicos que viabilizem o exercício do chamado *marketing* segmentado. Em simples termos, trata-se de expediente a partir do qual as estratégias publicitárias são reorganizadas por mecanismos como *machine learning*[316] e algoritmos para que determinado anúncio seja

---

310. A potencialidade dos algoritmos é destacada por Ana Frazão, segundo a qual: "não é novidade que algoritmos hoje podem decidir quem terá crédito e a que taxa de juros, quem será contratado para trabalhar em determinada empresa, qual a probabilidade de reincidência de determinado criminoso, quem deve ser atropelado em determinadas situações, entre inúmeras outras circunstâncias." FRAZÃO, Ana. Fundamentos da proteção dos dados pessoais: noções introdutórias para a compreensão da importância da Lei Geral da Proteção de Dados. In: FRAZÃO, Ana; TEPEDINO, Gustavo; OLIVA, Milena Donato (Coord.). *Lei geral de proteção de dados pessoais e suas repercussões no direito brasileiro*. São Paulo: Thomson Reuters Brasil, 2019. p. 33.

311. LÉVY, Pierre. *As tecnologias da inteligência*: o futuro do pensamento na era da informática. São Paulo: Editora 34, 2010. p. 116.

312. NYBØ, Erik Fontenele. *O poder dos algoritmos*: como os algoritmos influenciam as decisões e a vida das pessoas, das empresas e das instituições na era digital. São Paulo: Enlaw, 2019. p. 154.

313. WU, Tim. *The master switch*: the rise and fall of information empires. Nova York: Vintage, 2010. p. 320-321.

314. VAIDHYANATHAN, Siva. *A googlelização de tudo (e por que devemos nos preocupar)*: a ameaça do controle total da informação por meio da maior e mais bem-sucedida empresa do mundo virtual. Trad. Jefferson Luiz Camargo. São Paulo: Cultrix, 2011. p. 219.

315. Rafael Sampaio salienta que "os recursos tecnológicos e produtivos são cada vez mais parecidos e possibilitam às empresas atingir padrões de qualidade semelhantes". SAMPAIO, Rafael. *Propaganda de A a Z*. Rio de Janeiro: Campus, 2003. p. 232-235.

316. As *machines learnings* são consideradas os novos meios de produção, uma vez que conseguem promover predições cada vez melhores e mais aperfeiçoadas com relação ao comportamento dos consumidores, visando incorporar mudanças ou novos produtos ou serviços lançados no mercado. FRAZÃO, Ana. Fundamentos da proteção dos

4 • AS PUBLICIDADES IMPORTUNADORAS E O DANO DE ASSÉDIO DE CONSUMO

apresentado ao consumidor que potencialmente tenha maior necessidade de consumir o produto ou serviço anunciado.[317]

Busca-se, a todo o tempo, vender a ideia de que o anunciante apresenta "perfil de confiabilidade, praticidade e qualidade, um dos motivos que fazem o consumidor investir em determinado produto".[318] Tudo é válido para "seduzir"[319] o consumidor à contratação.

E conforme mencionado, as tecnologias de informação e comunicação tem a capacidade de coletar toda espécie de informação relevante sobre um usuário, o que inclui seus dados pessoais, registros de navegação, cliques, tempo de permanência em páginas da Internet, reações (*likes*) a conteúdos distribuídos em mídias sociais, tudo condensado em relatórios (*logs*) que são processados e geram o chamado perfil (*profile*). Dessa maneira, passa a ser possível mapear os interesses desse usuário para destinar a ele anúncios e conteúdos moldados especificamente às suas preferências, o que pode levar em conta o período ou o horário do dia, sua geolocalização[320], o equipamento que está utilizando (se um computador ou *smartphone*, por exemplo), a conexão pela qual está acessando a *Internet*, além de inúmeros outros fatores.

A verdade inexorável dessa realidade é que as empresas que operam por meio de publicidades virtuais parecem onipresentes, pois é possível adquirir produtos e serviços a qualquer hora do dia ou da noite, a partir de qualquer local, bastando uma conexão à *Internet*, consagrando o *turboconsumismo*.[321] Como se não bastasse, tem-se a facilitação da pesquisa de preços, o baixo custo nas transações, que são processadas virtualmente (eliminando-se a necessidade do vendedor), a redução de custos com a pulverização de estoques entre cadeias de comércio etc.[322]

Além disso, toda e qualquer empresa, na *Internet*, passa a deter vasto rol de ferramentas que permitem rastrear interações, lançar, atualizar, otimizar e cancelar campanhas publicitárias com rapidez; pode-se, ainda, implementar interatividade para angariar engajamento. A despeito disso tudo, é preciso limitar o assédio irrefreável das fornecedoras que atuam com os dados pessoais para uso nas práticas de mercado ao direito fundamental à privacidade, cada vez mais relacionados à liberdade substancial, sob sua

---

dados pessoais: noções introdutórias para a compreensão da importância da lei geral da proteção de dados. In: FRAZÃO, Ana; TEPEDINO, Gustavo; OLIVA, Milena Donato (Coord.). *Lei geral de proteção de dados pessoais e suas repercussões no direito brasileiro*. São Paulo: Thomson Reuters Brasil, 2019, p.33.

317. LIMEIRA, Tânia Vidigal. *E-marketing na internet com casos brasileiros*. São Paulo: Saraiva, 2003. p. 9.

318. PRATES, Cristina Cantú. *Publicidade na Internet*: consequências jurídicas. Curitiba: Juruá, 2015. p. 42.

319. LIPOVETSKY, Gilles. Sedução, publicidade e pós-modernidade. In: MARTINS, Francisco Menezes; SILVA, Juremir Machado. *A genealogia do virtual*: comunicação, cultura e tecnologias do imaginário. Porto Alegre: Sulina, 2008. p. 35.

320. Nas figuras do *geoblocking* e *geopricing*, por exemplo. MORASSUTTI, Bruno Schimitt. Responsabilidade civil, discriminação ilícita e algoritmos computacionais: breve estudo sobre as práticas de geoblocking e geopricing. *Revista de Direito do Consumidor*, São Paulo, v. 124, ano 28, jul./ago. 2019.

321. "O que está em ação é um processo de organização de um universo hiperconsumista em fluxo estendido, funcionando ininterruptamente dia e noite, 365 dias por ano. Da mesma maneira que o capitalismo desregulamentado e globalizado se tornou 'turbocapitalismo', somos testemunhas da emergência de um 'turboconsumismo' estruturalmente liberto do enquadramento espaço-temporais tradicionais." LIPOVETSKY, Gilles. *A felicidade paradoxal*: ensaio sobre a sociedade do hiperconsumo. São Paulo: Companhia das Letras, 2007. p. 109.

322. ALBERTIN, Alberto Luiz. *Comércio eletrônico*: modelo, aspectos e contribuições de sua aplicação. 5. ed. São Paulo: Atlas, 2007. p. 113.

dimensão solipsista. A responsabilidade civil pela perturbação do sossego, portanto, mostra-se como caminho viável na concretização do direito ao sossego, instrumentaliza-do pela proibição da pessoa de ser importunada pelas publicidades virtuais de consumo, como viés negativo da proteção de dados pessoais.

Logo, em tempos de conclusão, para enfrentar a problemática proposta, é preciso destacar que Estado que se pauta por um sistema democrático de Direito tem como fundamento as funções que a própria Constituição Federal deve buscar, a saber, i) impor a responsabilidade como limite às liberdades; ii) tutelar a ordem pública; e iii) atingir ao bem comum da sociedade democrática.[323]

Partindo desse raciocínio, a publicidade, enquanto prática de mercado, está umbilicalmente ligada à livre iniciativa da atividade econômica, tendo em vista que o mercado mantém expressões e regras próprias, amoldando-se a publicidade como o "falar do mercado"[324], no intuito de promover o lucro mercantil.

Daí porque a atividade econômica possui capítulo específico na Constituição Federal, tendo como fim assegurar a todos existência digna, diante da limitação imposta por uma série de princípios legitimadores, como, por exemplo, a própria defesa do consumidor, vide artigo 170, inciso V. Assim, é preciso destacar que a publicidade se afasta da racionalidade essencial em contexto de promoção dos direitos humanos.[325]

Tendo isso em vista, vale lembrar que a tutela dos direitos fundamentais é uma das necessárias formas para impedir que o avanço tecnológico viole o direito das pessoas de usufruírem da navegação via *Internet* sem interferência alheia e, além disso, sem sofrer fortes pressões para o consumo desenfreado, violador de sossego e da vida substancialmente livre.

Em verdade, a concepção de que as práticas virtuais, dentro da lógica do livre mercado, podem subsistir sob a lógica da ampla liberdade, fraqueja-se frente ao sistema jurídico que se preocupa com o combate dos abusos e, consequentemente, com a prevenção dos danos que a pessoa humana pode sofrer em sua integridade, física ou psíquica, inclusive frente à nova dimensão virtual do ser humano.[326] Neste aspecto, ensina Maria Celina de Moraes que os direitos da personalidade devem ser entendidos como amplíssimos "direitos à saúde", como completo bem-estar psicofísico e social.[327]

---

323. NABAIS, José Casalta. *Por uma liberdade com responsabilidade*: estudos sobre direitos e deveres fundamentais. Coimbra: Coimbra Editora, 2007. p. 30.

324. BAUDRILLARD, Jean apud MARTINS, Fernando Rodrigues; FERREIRA, Keila Pacheco. Da idade média à idade mídia: a publicidade persuasiva digital na virada linguística do direito. In: PASQUALOTTO, Adalberto (Org.). *Publicidade e proteção da infância*. Porto Alegre: Livraria do Advogado, 2018. v. 2, p. 80.

325. Fernando Martins e Keila Ferreira apontam que: "[...] a liberdade do empresário deve ser concretizada proporcionalmente à luz das demais liberdades previstas na Constituição da República, tais como liberdades políticas, liberdades sociais, liberdades coletivas, liberdades ambulatoriais, porquanto se tratam de liberdades fundamentais, próprias da pessoa humana." MARTINS, Fernando Rodrigues; FERREIRA, Keila Pacheco. Da idade média à idade mídia: a publicidade persuasiva digital na virada linguística do direito. In: PASQUALOTTO, Adalberto (Org.). *Publicidade e proteção da infância*. Porto Alegre: Livraria do Advogado, 2018. v. 2, p. 94.

326. RODOTÀ, Stefano. *El derecho a tener derechos*. Madri: Trotta, 2014. p. 289.

327. MORAES, Maria Celina Bodin de. *Na medida da pessoa humana*: estudos de direito civil-constitucional. Rio de Janeiro: Renovar, 2016. p. 96.

4 • AS PUBLICIDADES IMPORTUNADORAS E O DANO DE ASSÉDIO DE CONSUMO **189**

E é justamente no tratamento mais efetivo do dano que a doutrina contemporânea vem demonstrando, por uma constelação de motivos que está o renovado olhar da responsabilidade civil, de modo que o dano passa a ser visto como cláusula geral da responsabilidade civil, em especial quando se trata de direitos fundamentais à pessoa humana. Tal análise se dá numa perspectiva dinâmica e concreta em face do interesse lesivo, e não mais na identificação do agente do ato ilícito, afastando-se do apego excessivo à demonstração de culpa. É o denominado "Direito de Danos".[328]

Como se não bastasse, vale destacar que o sistema jurídico deve ir além de simplesmente agir com a força compensatória, ou seja, é preciso transcender "a epiderme do dano, para alcançar o ilícito em si, seja para preveni-lo, remover os ganhos indevidamente dele derivados ou, em situações excepcionais, punir comportamentos exemplarmente negativos".[329] Daí se extrai as finalidades da responsabilidade civil, quais sejam, reparar ou compensar o dano, punir o ilícito e prevenir o risco.

Em resumo, a responsabilidade civil, em que pese suas diversas funções já consagradas, seja compensatória, punitiva ou preventiva, necessita sempre desempenhar o papel central de desestímulo a comportamentos antijurídicos e atividades que imponham riscos ou ameaças desnecessárias à coletividade, principalmente às pessoas humanas, baseando-se na hermenêutica humanista. É dizer que, no atual contexto, a responsabilidade representa conceito básico e essencial na relação entre ética e Direito, tendo em vista que é ela que objetiva e formaliza as ideias e a relação entre liberdades e limites.[330]

Exatamente em razão disso que a responsabilidade civil de consumo se destaca no ordenamento jurídico brasileiro, tendo em vista flexibilizar diversas exigências outrora existentes. Têm-se assim, na sistemática de consumo, em regra, a responsabilidade civil objetiva, isto é, prescindindo de culpa.[331] Não obstante, havendo mais de um causador do dano, todos os fornecedores respondem, de forma solidária.[332] Ainda assim, vale destacar, que a responsabilidade civil de consumo caminha mais no sentido de prevenir os danos (tutela preventiva), para além de esperar que ocorram para posterior reparação (tutela repressiva). Inclusive, a prevenção de danos é direito básico do consumidor, nos

---

328. "A expressão direito de danos deve ser utilizada preferencialmente quando nos referimos ao estado atual da Teoria Geral da Responsabilidade Civil. Isto porque [...] a noção de responsabilidade está atrelada a uma ideia moralizante e limitadora da autonomia individual, característica marcante do século XIX; enquanto a expressão direito de danos seria mais consentânea das funções hodiernas do estudo da obrigação de indenizar, pois se refere aos danos que devem ser indenizados." MULHOLLAND, Caitlin Sampaio. *A responsabilidade civil por presunção de causalidade*. Rio de Janeiro: GZ Editora, 2010. p. 13.

329. ROSENVALD, Nelson. *A responsabilidade civil pelo ilícito lucrativo*. Salvador: JusPodivm, 2019. p. 26.

330. FARIAS, Cristiano Chaves de; NETTO, Felipe Peixoto Braga; ROSENVALD, Nelson. *Novo tratado de responsabilidade civil*. São Paulo: Saraiva Educação, 2019. p. 34.

331. Veja-se, por exemplo, o artigo 14, segundo o qual: "o fornecedor de serviços responde, independentemente da existência de culpa, pela reparação dos danos causados aos consumidores por defeitos relativos à prestação dos serviços, bem como por informações insuficientes ou inadequadas sobre sua fruição e risco." BRASIL. *Lei 8.078, de 11 de setembro de 1990*. [Código de Defesa do Consumidor]. Dispõe sobre a proteção do consumidor e dá outras providências. Disponível em: http://www.planalto.gov.br/ccivil_03/leis/l8078.htm. Acesso em: 19 dez. 2019.

332. É o disposto no artigo 7º, parágrafo único: "tendo mais de um autor a ofensa, todos responderão solidariamente pela reparação dos danos previstos nas normas de consumo." BRASIL. *Lei 8.078, de 11 de setembro de 1990*. [Código de Defesa do Consumidor]. Dispõe sobre a proteção do consumidor e dá outras providências. Disponível em: http://www.planalto.gov.br/ ccivil_03/ leis/l8078.htm. Acesso em: 19 dez. 2019.

termos do artigo 6, inciso VI.[333] Tudo isso indica que a responsabilidade civil de consumo, apesar de reconhecer ampla liberdade aos fornecedores, impõe uma porção de limites, especialmente visando a tutela da parte mais fraca da relação.

As reflexões expostas revelam, portanto, que o direito ao sossego, inerente à ideia de a pessoa não ser importunada pelas publicidades virtuais de consumo, é uma necessidade social contemporânea, própria da Sociedade da Informação, exigindo do Direito, portanto, uma resposta capaz de tutelar as pessoas. Esse direito deve instrumentalizado a partir da responsabilidade civil, tendo em vista que é este um dos instrumentos jurídicos aptos a garantir a tutela dos direitos fundamentais frente às relações entre pessoas privadas, impondo limites e obrigações. É exatamente por isso que é possível afirmar que o direito ao sossego enquadra-se como uma releitura do "direito a ser deixado em paz", atrelado ao clássico direito de privacidade, agora, contextualizado às publicidades virtuais.

Isso porque, em que pese tenha o artigo 5º da Constituição Federal estabelecido diversos direitos fundamentais que devem ser protegidos inclusive nas relações entre particulares, como a intimidade e a vida privada[334], a Carta Magna não determinou as devidas garantias fundamentais capazes de instrumentalizar essas tutelas.

Vale lembrar que o reconhecimento e a previsão de um direito fundamental na Constituição não são suficientes para assegurar a devida efetividade, sendo, assim, necessários instrumentos jurídicos capazes de protegê-lo perante ameaças de violação. Assim, por meio de uma interpretação sistêmica do Direito, inclusive partindo das pistas extraídas do próprio artigo 5º, inciso X, o qual assegura o direito a indenização pelo dano material ou moral decorrente violação dos direitos supracitados, é possível defender que a responsabilidade civil, em verdade, visando a tutela da pessoa humana, pode fazer as vezes de verdadeira garantia fundamental.

Com base nisso, a privacidade, inclusive sob o viés de proteção de dados, enquanto direito fundamental, também qualificado como direito da personalidade e, não obstante, direito básico do consumidor, enquanto situação jurídica existencial, reclama ampla tutela e promoção, tanto no âmbito material quanto no âmbito processual, diante das lesões que mitigam a sua potência. Verifica-se, assim, amplo diálogo entre a tutela inibitória (conforme artigo 12, primeira parte, do CC/02) e a responsabilidade civil (consoante artigos 12, segunda parte, e 927 do CC/02), também ressaltada no Código de Processo Civil (consoante artigo 497, parágrafo único).

É oportuno lembrar que não apenas as condutas legalmente previstas como ilícitas geram responsabilidade civil, tendo em vista que práticas lícitas podem também obrigar à indenização, desde que exista expressa previsão legal, como nos termos do artigo 187

---

333. "São direitos básicos do consumidor a efetiva prevenção e reparação de danos patrimoniais e morais, individuais, coletivos e difusos." BRASIL. *Lei 8.078, de 11 de setembro de 1990*. [Código de Defesa do Consumidor]. Dispõe sobre a proteção do consumidor e dá outras providências. Disponível em: http://www.planalto.gov.br/ccivil_03/leis/l8078.htm. Acesso em: 19 dez. 2019.

334. Nos termos da Constituição Federal: "Art. 5º X – são invioláveis a intimidade, a vida privada, a honra e a imagem das pessoas, assegurado o direito a indenização pelo dano material ou moral decorrente de sua violação" BRASIL. [Constituição, 1988]. *Constituição da República Federativa do Brasil de 1988*. Disponível em: http://www.planalto.gov.br/ccivil_03/constituicao/ constituicao. htm. Acesso em: 24 jan. 2020.

do CC/02. A situação se torna ainda mais complexa no âmbito dos direitos da personalidade, onde agressões às vezes partem do exercício regular de um direito, exigindo juízo de ponderação entre os interesses conflitantes. É o que acontece no conflito entre livre iniciativa econômica e privacidade, por exemplo, afinal, "são condutas lícitas, mas que podem ser, à luz do caso concreto e do juízo de ponderação, consideradas ilícitas ou antijurídicas."[335]

Desse modo, é preciso priorizar a tutela da pessoa humana, por meio da limitação das práticas publicitárias, em desfavor da liberdade total e irrestrita nas práticas de divulgação de produtos e serviços no âmbito virtual. Afinal, a partir do momento em que o consumidor é insistentemente molestado por publicidades virtuais, sua liberdade e dignidade estão sendo violadas. [336]

Daí porque além das projeções contra o ilícito (inibição e remoção), a responsabilidade civil também promove a tutela preventiva, considerando a ameaça de lesão, que não deixa de ser dano pela turbação, sem desconsiderar a cominatória de cessação de lesão, obrigando o lesante a interromper o dano em execução.[337] Sempre destacando que a tutela preventiva não exclui a eventualidade de ocorrência de danos, pois a simples exposição a perigos ou riscos desproporcionais já configura turbação da paz do ofendido, caracterizando lesão a interesse jurídico tutelável, ou seja, dano extrapatrimonial.[338]

Assim, para além de traçar conceitos fechados e definitivos, sempre arriscados em um contexto de pós-modernidade, o texto objetiva levantar possibilidades a serem analisadas e repensadas no que se refere às publicidades virtuais, segundo o prisma de que o ser humano tem, em sua integridade, o fator psicofísico, de modo que o mundo virtual, de livre acesso, deve ser considerado um espaço público[339], onde haja a mais ampla liberdade, inclusive de não ser importunado enquanto conectado em rede.

Neste ponto, vale destacar que "por mais bela que possa ser a peça publicitária, por mais poética e edificante a mensagem que dela emane, sua finalidade última é uma só: estimular o desejo de consumir e, por consequência, obter a venda e conquistar o lucro"[340]. Em verdade, como bem aponta Suzana Federighi, a publicidade funciona como um "sedutor mecanismo de controle social, voltado para outro vetor – o do estímulo ao consumo – tão perigoso quanto sua mensagem paralela."[341]

---

335. NANNI, Giovanni Ettore (Coord.). *Comentários ao código civil*: direito privado contemporâneo. São Paulo: Saraiva Educação, 2019. p. 93.

336. BRITO, Dante Ponte de. Publicidade nas redes sociais e a violação à privacidade do consumidor. In: EHRHARDT JÚNIOR, Marcos; LOBO, Fabíola Albuquerque (Coord.). *Privacidade e sua compreensão no direito brasileiro*. Belo Horizonte: Fórum, 2019. p.63.

337. NANNI, Giovanni Ettore (Coord.). *Comentários ao código civil*: direito privado contemporâneo. São Paulo: Saraiva Educação, 2019. p. 94.

338. NANNI, Giovanni Ettore (Coord.). *Comentários ao código civil*: direito privado contemporâneo. São Paulo: Saraiva Educação, 2019. p. 94.

339. "Hoje, a *Internet* é eminentemente pública, aberta e interativa." ERENBERG, Jean Jaques. *Publicidade patológica na Internet à luz da legislação brasileira*. São Paulo: Editora Juarez de Oliveira, 2003. p. 12.

340. ERENBERG, Jean Jaques. *Publicidade patológica na internet à luz da legislação brasileira*. São Paulo: Editora Juarez de Oliveira, 2003. p.20.

341. FEDERIGHI, Suzana Maria Catta Preta. *Publicidade abusiva*. Incitação à violência. São Paulo: Juarez de Oliveira, 1999. p. 135.

A despeito disso tudo, é evidente que o assédio incontrolável das empresas nas práticas de mercado pode interferir na autonomia privada e nos direitos fundamentais das pessoas, em especial àqueles relacionados à liberdade e à efetiva privacidade, inclusive em âmbito virtual.

Parece pertinente, portanto, a metáfora do *habeas mente,* como garantia contra as publicidades virtuais que utilizam dados pessoais da pessoa conectada em rede, enquanto esta promove a sua vida virtual, para impor publicidades direcionadas e não solicitadas, assediando ao consumo e, consequentemente, perturbando o sossego dos consumidores. Isso porque essas informações pessoais, uma vez compreendidas em preferências, situações e opções da vida da pessoa, não podem ser utilizadas como forma de instigar o consumo desmedido, sob pena dessa prática se enquadrar como conduta empresarial abusiva e desmensurada, violadora de direitos fundamentais e transgressora da autonomia privada, necessária ao livre desenvolvimento da pessoa humana.

Assim, com essa garantia fundamental, pretende-se proteger o sossego daqueles que acessam a *Internet,* tutelando, consequentemente, o livre desenvolvimento da personalidade da pessoa, dado que o reconhecimento da dignidade humana necessita da efetiva tutela das potencialidades e liberdades físicas (corpo) e psíquicas (mente).[342] Afinal, "neste novo mundo a *data protection* cumpre a função de assegurar aquele 'habeas data' que os novos tempos exigem, tornando-o, desta forma, como ocorreu com o *habeas corpus,* um elemento indissociável da civilidade"[343] De maneira mais clara, expõe Stefano Rodotà a necessidade de uma nova garantia que supere a dicotomia existente entre o *habeas corpus,* que se relaciona ao corpo físico, e o *habeas data,* concebido como a extensão da garantia do corpo eletrônico. Assim, para o autor, estas garantias não tratam de objetos distintos, afinal, ambas visam tutelar a pessoa, em seus diversos aspectos, inclusive frente às tecnologias.[344]

Assim, a promessa oriunda desde a Magna Carta de 1215, no sentido de as pessoas não serem apriosionadas, representada à época pelo *habeas corpus,* no atual contexto, deve ser renovada e transferida do corpo físico ao corpo eletrônico, conforme a nova consideração da integridade da pessoa humana, rejeitando qualquer forma de reducionismo.[345] Pode-se, portanto, ir além da concepção outrora dada à metáfora do *habeas mente,* isto é, para além de ser considerada uma garantia contra *spams* que abordem dados sensíveis do usuário da rede[346] para uma nova garantia que proteja as pessoas de qualquer

---

342. Com efeito, visando integral tutela da pessoa humana, Stefano Rodotà aponta que: "Não colocaremos a mão sobre ti". Esta era a promessa da Magna Charta: respeitar o corpo na sua integridade: "Habeas corpus". Esta promessa sobrevive às mudanças tecnológicas. Todo tratamento de cada dado deve ser considerado como referente ao corpo em seu conjunto, a uma pessoa que deve ser respeita na sua integridade física e psíquica. Nasce uma nova concepção integral da pessoa, a cuja projeção no mundo corresponde ao pleno respeito de um corpo que hoje é, ao mesmo tempo, "físico" e "eletrônico". RODOTÀ, Stefano. *A vida na sociedade da vigilância:* a privacidade hoje. Trad. Danilo Doneda e Luciana Cabral Doneda. Rio de Janeiro: Renovar, 2008. p. 240.
343. RODOTÀ, Stefano. *A vida na sociedade da vigilância: a privacidade hoje.* Trad. Danilo Doneda e Luciana Cabral Doneda. Rio de Janeiro: Renovar, 2008. p. 240.
344. RODOTÀ, Stefano. *El derecho a tener derechos.* Trotta: Madrid, 2014. p. 292.
345. RODOTÀ, Stefano. *A vida na sociedade da vigilância: a privacidade hoje.* Trad. Danilo Doneda e Luciana Cabral Doneda. Rio de Janeiro: Renovar, 2008. p. 19.
346. MARTINS, Fernando Rodrigues. Sociedade da informação e proteção da pessoa. *Revista da Associação Nacional do Ministério Público do Consumidor,* Brasília, DF, v. 2, n. 2, p. 20, 2016.

4 • AS PUBLICIDADES IMPORTUNADORAS E O DANO DE ASSÉDIO DE CONSUMO **193**

prática publicitária virtual não solicitada, impulsionada a partir de dados pessoais, e que importune a pessoa em seu sossego, induzindo ao consumo irrefletido e impulsivo.

A importância do tema é evidenciada ao se notar que, quando se trata de publicidades direcionadas, que utilizam dados pessoais, as pessoas são inseridas em uma verdadeira situação de "bolha de filtros", de modo que as ofertas estão intimamente ligadas ao histórico de navegação, às preferências e aos hábitos virtuais dos consumidores, revelando que a construção do mundo digital insere as pessoas em novos riscos.[347]

Dessa maneira, é preciso lembrar que, no atual contexto, se consome muito além do que realmente é necessário, e esse insuflamento de necessidades fica à cargo da publicidade, afinal, é ela que produz necessidades artificiais e, logo em seguida, oferece a maneira de satisfazê-la, ofertando produtos ou serviços. Dessa maneira, a publicidade atua como "o elemento do sistema: novas necessidades = novos produtos = maior oferta = maior consumo".[348] É por isso que a responsabilidade civil deve decorrer dos efeitos do fato da prática publicitária, e, no caso da presente análise, decorrer da perturbação do sossego.

Sendo assim, analisando o comportamento das pessoas no ambiente virtual, é importante ressaltar que diversos estudos relacionam o uso constante da *Internet* e, em última análise, o uso excessivo das redes sociais, que se mantém através das publicidades, como causas para diversas doenças mentais[349], como a ansiedade e a depressão[350], sem desconsiderar o consumismo (compras compulsivas)[351].

Em verdade, dentro da lógica das redes sociais, manifestação nítida do *corpo eletrônico*, há a busca frenética em impressionar o outrem e a correr atrás de uma felicidade paradoxal[352] relacionada à exposição de viagens, bens de consumo ou experiências de

---

347. Conforme expõe Paulo Lôbo: "Estão difundidos arquivos gravados pelo servidor ou programas invasivos, sem o conhecimento do utilizados dos equipamentos e programas, os quais capturam e armazenam informações sobre os hábitos dos consumidores, que são comercializadas para utilização em mala direta enviadas aos usuários e acordo com suas preferências, ofertando produtos e serviços. Consequente recebimento indesejado de correspondências eletrônicas (spam) caracteriza ilícito, suscetível de responsabilidade civil." LÔBO, Paulo. *Direito à privacidade e sua autolimitação*. In: EHRHARDT JÚNIOR, Marcos; LOBO, Fabíola Albuquerque (Coord.). *Privacidade e sua compreensão no direito brasileiro*. Belo Horizonte: Fórum, 2019. p. 19.

348. PASQUALOTTO, Adalberto. *Os efeitos obrigacionais da publicidade no código de defesa do consumidor*. São Paulo: Ed. RT, 1997. p. 58.

349. A rede social "Instagram" foi classificada como a pior rede para a saúde mental dos jovens, segundo estudo elaborado pela Royal Society for Public Health (RSPH), a organização de saúde pública mais antiga do Reino Unido. ROYAL SOCIETY FOR PUBLIC HEALTH (RSPH). *Instagram ranked worst for young people's mental health younger people*. London, 19 May 2017. Disponível em: https://www.rsph.org.uk/about-us/news/instagram-ranked-worst-for-young-people-s-mental-health.html. Acesso em: 18 dez. 2019.

350. HUNT, Melissa G.; MARX, Rachel; COURTNEY Lipson; YOUNG, Jordyn. No more FOMO: limiting social media decreases loneliness and depression. *Journal of Social and Clinical Psychology*, [S. l.], v. 37, n. 10, p. 751-768, 2018. Disponível em: https://guilfordjournals.com/doi/10.1521/jscp.2018.37.10.751. Acesso em: 18 dez. 2019.

351. A compra compulsiva é definida pelos estudiosos da área de saúde como comportamento de compra crônico, excessivo e repetitivo, se manifestando como resposta primária a eventos ou sentimentos negativos, como por exemplo, o estresse ou a tristeza, ou impulsos descontrolados. Esse comportamento é de difícil cessação e resulta em consequências prejudiciais na qualidade de vida da pessoa, não apenas no âmbito econômico (por exemplo, dívidas), mas também psicológico (por exemplo, sofrimento emocional) e familiar (por exemplo, conflito conjugal). O'GUINN, Thomas; RONALD, Faber. Compulsive buying: a phenomenological exploration. *Journal of Consumer Research*. 1989, p. 16-147.

352. LIPOVETSKY, Gilles. *A felicidade paradoxal*: ensaio sobre a sociedade do hiperconsumo. São Paulo: Companhia das Letras, 2007.

realizações financeiras, na tentativa de diferenciação social a partir de símbolos de consumo. No mundo virtual, as pessoas se tornam ainda mais sensíveis a questões como *status* social, julgamento e competição, dentro de uma lógica em que a felicidade é a somatória de satisfação de necessidades, a maior parte de consumo.[353]

Assim, em última análise, as redes sociais virtuais, por encamparem as vicissitudes da vida real, geram nas pessoas novas necessidades de consumo, muito além das utilitaristas, ou seja, além daquelas que cumprem uma função real de promoção da vida da pessoa, fragilizando a autoestima e a própria capacidade racional do consumidor em fazer escolhas responsáveis e adequadas dentro de sua capacidade econômica, conforme notável no problema do superendividamento.[354]

Neste sentido, destacam Dennis Verbicaro e Antônio Silveira Júnior que "para piorar o sombrio diagnóstico, esse falseado padrão de felicidade nunca será alcançado, porquanto ilusório e insustentável psicológica (ansiedade, depressão) e economicamente (superendividamento)."[355] Segundo esses autores, tal situação fica ainda mais complexa ao seu verificar a relação entre redes sociais e publicidades virtuais direcionadas ao público jovem e infantil[356], uma vez que desenvolveu-se uma espécie de publicidade específica para o público infantil, mesmo que de forma subliminar, aproveitando-se de sua deficiência de julgamento e desenvolvimento intelectual incompleto.[357]

A análise do uso de redes sociais é relevante pois as publicidades que se utilizam de dados pessoais das pessoas nestes acessos se tornam mais efetivas e, em última análise, induzem as pessoas ao consumo irracional[358], gerando consequentemente ainda mais ansiedade ao consumidor que não consegue adquirir o produto ou serviço ofertado.

Em verdade, as redes sociais, aparentemente gratuitas, auferem desproporcionais lucros frente à prestação de serviços oferecidas, tendo em vista que se valem dos dados e informações inseridas pelos próprios usuários possibilitando o oferecimento de um

---

353. Vários pesquisadores do âmbito da saúde já observaram que a depressão está presente entre compradores compulsivos, isto é, o humor depressivo anterior foi associado ao comportamento de compras compulsivas posteriores. BROOK, Judith S. *et al.* Compra compulsiva: uso anterior de drogas ilícitas, compra por impulso, depressão e sintomas de TDAH em adultos. *Psychiatry Research,* [S. l.], v. 228, n. 3 p. 312-317, 2015. Disponível em: https://www.ncbi.nlm.nih.gov/pmc/articles/PMC4532632 /# R44. Acesso em: 24 jan. 2020.

354. BERTONCELLO, Karen. Rick Danilevics. *Superendividamento do consumidor:* mínimo existencial: casos concretos. São Paulo: Thomson Reuters Brasil, 2015. *E-book.*

355. SILVEIRA JÚNIOR, Antônio Morais da; VERBICARO, Dennis. *A tutela normativa da publicidade infantil na relação de consumo e seus desafios. Revista de Direito do Consumidor:* RDC, São Paulo, v. 26, n. 112, p. 206, jul./ago. 2017.

356. Sean Parker, o presidente fundador do Facebook, em entrevista concedida na internet, chegou a afirmar que "Só Deus sabe o que as redes socias estão fazendo com o cérebro dos nossos filhos". ALLEN, Mike. *Sean parker unloads on facebook:* "God only knows what it's doing to our children's brains. [S. l.], 9 nov. 2017. Disponível em: https://www.axios.com/sean-parker-unloads-on-facebook-god-only-knows-what-its-doing-to-our-childrens-brains--1513306792-f855e7b4-4e99-4d60-8d51-2775559c2671.html. Acesso em: 18 dez. 2019.

357. SILVEIRA JÚNIOR, Antônio Morais da; VERBICARO, Dennis. A tutela normativa da publicidade infantil na relação de consumo e seus desafios. *Revista de Direito do Consumidor: RDC,* São Paulo, v. 26, n. 112, p. 206, jul./ago. 2017.

358. Tristan Harris, cofundador do *Center for Humane Technology* descreve em seu site como a tecnologia *sequestra* a mente das pessoas, gerando como resultado o vício, o isolamento social, a indignação a desinformação e a polarização política. HARRIS, Tristan. *How technology hijacks people's minds-from a magician and google's design ethicist.* [S. l.], 3 jun. 2017. Disponível em: http://www.tristanharris.com/2016/05/how-technology-hijacks-peoples-minds%e2%80%8a-%e2%80%8afrom-a-magician-and-googles-design-ethicist/. Acesso em: 18 dez. 2019.

4 • AS PUBLICIDADES IMPORTUNADORAS E O DANO DE ASSÉDIO DE CONSUMO

amplo espaço para os negócios jurídicos virtuais, em especial a publicidade[359], que pode ser preciosamente direcionada aos internautas que representam maior potencial de consumo à oferta.

Daí porque a gratuidade é tão somente aparente, tendo em vista que toda a remuneração dessas redes socais se faz de maneira indireta, com amplos riscos à privacidade na vertente dos dados pessoais do consumidor. Como se não bastasse, as redes sociais tem uma característica marcante que é a busca pela captura dos desejos de consumo, além da criação de necessidades artificiais que fomentam a atividade publicitária, em uma verdadeira "economia do engano".[360]

E no que se refere às possibilidades de danos, as empresas de mídia virtual já foram comparadas, inclusive, à indústria do tabaco[361], que notadamente oferecem produtos que pela própria natureza provocam danos nos consumidores. Portanto, é possível notar a necessidade de responsabilização civil das empresas que se aproveitam da (hiper) vulnerabilidade do consumidor conectado para lhe impingir práticas de consumo não solicitadas, por meio do indevido assédio de consumo.

Sendo assim, a publicidade clássica, em jornais e revistas impressas ou na TV, por mais irritante e abusiva que fosse, possuía uma abordagem passageira. Hoje, no contexto das redes sociais, as ofertas são individualizadas e continuamente ajustadas por meio de algoritmos[362], bastando que o consumidor esteja conectado à *Internet*.[363]

Pelo exposto, é possível defender que o direito ao sossego se materializa na responsabilidade civil das empresas que se aproveitam dos dados pessoais e da vulnerabilidade do consumidor conectado para lhe impingir publicidades de consumo não solicitadas. Fora a violação do tempo que a pessoa gasta para eliminar as publicidades indesejadas que lhe são direcionadas, é evidente que a importunação de sossego também é capaz de

---

359. MARTINS, Fernando Rodrigues; FERREIRA, Keila Pacheco. Da idade média à idade mídia: a publicidade persuasiva digital na virada linguística do direito. In: PASQUALOTTO, Adalberto (Org.). *Publicidade e proteção da infância*. Porto Alegre: Livraria do Advogado, 2018. v. 2, p. 99.

360. BRITO, Dante Ponte de. Publicidade nas redes sociais e a violação à privacidade do consumidor. In: EHRHARDT JÚNIOR, Marcos; LOBO, Fabíola Albuquerque (Coord.). *Privacidade e sua compreensão no direito brasileiro*. Belo Horizonte: Fórum, 2019. p. 62.

361. MACBRIDE, Elizabeth. *Is social media the tobacco industry of the 21st Century?* [S.l.], 31 Dec. 2017. Disponível em: https://www.forbes.com/sites/elizabethmacbride/2017/12/31/is-social-media-the-tobacco-industry-of-the--21st-century/. Acesso em: 18 dez. 2019.

362. Conforme expõe Jaron Lanier: "Estamos sendo rastreados e avaliados constantemente, e recebendo o tempo todo um feedback artificial. Estamos sendo hipnotizados pouco a pouco por técnicos que não podemos ver, para propósitos que não conhecemos. [...] Os algoritmos se empanturram de dados sobre você a cada segundo. Em que tipos de link você clica? Quais são os vídeos que vê até o fim? Com que rapidez pula de uma coisa a outra? [...] O que você estava fazendo antes de decidir comprar ou não alguma coisa?" LANIER, Jaron. *Dez argumentos para você deletar agora suas redes sociais*. Trad. Bruno Casotti. Rio de Janeiro: Intrínseca, 2018. p. 14.

363. Catherine Price, em sua obra traça um plano para se livrar do uso excessivo dos celulares, de maneira crítica, aponta o seguinte: "você já se questionou por que todos os aplicativos de redes sociais são gratuitos? Não é porque seus criadores sejam movidos por um desejo filantrópico de ajudar o mundo a publicar selfies. É porque nós não somos os verdadeiros clientes, e as plataformas das redes sociais não são os verdadeiros produtos. Os clientes são os anunciantes. E o produto vendido é a nossa atenção. Pense nisto: quanto mais atenção dedicamos ao facebook, ao twiter, a um aplicativo de relacionamentos ou a qualquer outra rede social, maiores são as chances de um programa nos mostrar uma postagem patrocinada." PRICE, Catherine. *Celular*: como dar um tempo. O plano de 30 dias para se livrar da ansiedade e retomar a sua vida. Trad. Guilherme Miranda. São Paulo: Fontanar, 2018. p. 44.

196 PUBLICIDADE DIGITAL E PROTEÇÃO DE DADOS PESSOAIS • Arthur Pinheiro Basan

gerar outros danos aos usuários, em especial diante das técnicas agressivas de *marketing* que promovem o assédio de consumo.

Dessa forma, nota-se que a *Internet*, juntamente com as novas tecnologias, possibilita o surgimento de novas formas de publicidade que irritam o sistema jurídico a reagir e oferecer as respostas necessárias, especialmente quando existem ameaças ou danos aos direitos fundamentais, ganhando destaque a responsabilidade civil. Afinal, no atual contexto, estar-se diante de uma reconstrução da personalidade humana, de maneira integral, não se limitando ao corpo físico, mas também sendo estendida à tutela psíquica[364] e social, conforme prevê a própria Organização Mundial da Saúde[365], sem desconsiderar o aspecto virtual. Neste aspecto, ensina a Maria Celina de Moraes que a integridade psicofísica serve como base para diversos direitos da personalidade, como a vida, o nome, a honra, a privacidade e a identidade pessoal, sendo necessário garantir um amplíssimo "direito à saúde", compreendida como completo bem-estar psicofísico e social.[366]

Dessa maneira, a partir do momento em que a publicidade, notadamente a virtual, passa a agir de modo patológico, ao buscar o resultado financeiro lucrativo a qualquer custo, mesmo que para isso seja necessário violar direitos fundamentais das pessoas, o *habeas mente* se mostra uma garantia necessária, até porque, em última análise, a liberdade humana efetiva só atingirá o seu grau máximo quando as pessoas não estiverem submetidas a qualquer tipo de necessidade, principalmente se esta for dolosamente criada pelo mercado de consumo. Portanto, o direito ao sossego, como faceta negativa da proteção de dados pessoais, deve ser instrumentalizado pela responsabilidade civil.

Afinal, no atual contexto, conforme já ressaltado, a existência real pode ser até menosprezada se não tiver lugar na *internet*, revelando-se, portanto, a nova dimensão do ser humano, que exige medidas jurídicas diferentes, que ampliem o âmbito dos direitos fundamentais da pessoa, inclusive no que se refere ao ambiente virtual, evitando a ocorrência de danos decorrentes do exercício de atividades financeiras importunadoras e patológicas.[367]

A título de exemplo, empresas já foram condenadas no Brasil por ligações excessivas, decorrentes do uso de dados pessoais, com ofertas desmensuradas de produtos ou serviços não solicitados, gerando, consequentemente, dano por perturbação de sossego. Neste ponto, a jurisprudência do Tribunal de Justiça de São Paulo já reconheceu

---

364. Vale destacar que o sistema jurídico brasileiro já destacou a necessária tutela da integridade psíquica ao proibir a prática de violência psicológica doméstica e familiar contra a mulher, conforme consta no artigo 7º, II, da Lei 11.340/06. BRASIL. *Lei 11.340, de 07 de agosto de 2006*. [Lei Maria da Penha]. Cria mecanismos para coibir a violência doméstica e familiar contra a mulher, nos termos do § 8º do art. 226 da Constituição Federal, da Convenção sobre a Eliminação de Todas as Formas de Discriminação contra as Mulheres e da Convenção Interamericana para Prevenir, Punir e Erradicar a Violência contra a Mulher; dispõe sobre a criação dos Juizados de Violência Doméstica e Familiar contra a Mulher; altera o Código de Processo Penal, o Código Penal e a Lei de Execução Penal; e dá outras providências. Disponível em: http://www.planalto.gov.br/ccivil_03/_ato2004-2006/2006/lei/l11340.htm. Acesso em: 19 dez. 2019.

365. RODOTÀ, Stefano. *El derecho a tener derechos*. Madrid: Trotta, 2014. p. 292.

366. MORAES, Maria Celina Bodin de. *Na medida da pessoa humana*: estudos de direito civil-constitucional. Rio de Janeiro: Renovar, 2016. p. 96

367. ERENBERG, Jean Jaques. *Publicidade patológica na Internet à luz da legislação brasileira*, p. 12.

4 • AS PUBLICIDADES IMPORTUNADORAS E O DANO DE ASSÉDIO DE CONSUMO **197**

a obrigação da empresa Vivo ao pagamento indenizatório pela perturbação de sossego do consumidor por impor a ele diversas ligações telefônicas publicitárias indesejadas. Segundo consta dos autos, o autor chegou a receber mais de 20 (vinte) ligações telefônicas por dia, que insistiam na oferta de serviços indesejados.[368]

Em outra oportunidade, o Tribunal de Justiça paulista confirmou o Auto de infração aplicado pelo PROCON estadual em razão de a empresa ter realizado ligações telefônicas de *telemarketing* para consumidores que já estavam inscritos há mais de 30 (trinta) dias no cadastro para o bloqueio do recebimento de ligações de telemarketing, fundamentando na infringência aos artigos 5º, da Lei Estadual 13.226/2008; 3º, § 1º, do Decreto Estadual 53.921/2008; e artigo 39, caput, do CDC.[369]

No ato decisório, a Desembargadora Heloísa Martins Mimessi afirmou que o dano ou prejuízo causado à coletividade consiste simplesmente no desencadeamento da prática irregular atentatória a seus direitos, condizente na insistência em promover publicidades importunadoras. No caso, a realização de ligações telefônicas de *telemarketing* para números de linhas telefônicas de consumidores que estavam inscritos há mais de 30 dias no cadastro para o bloqueio do recebimento de ligações foi classificada como prática abusiva, principalmente tendo-se em conta a vulnerabilidade do consumidor e a não observância de boa conduta por parte da empresa, ao impor sua superioridade e sua vontade de maneira ilícita, respeitando o sossego do consumidor, que já havia manifestado a intenção de não receber as ligações.

---

368. SÃO PAULO. Tribunal de Justiça do Estado de São Paulo (22. Câmara de Direito Privado). *Apelação cível 1020418-43.2017.8.26.0196*. Requerente: Nilton Alexandre Andreoli. Requerido: Claro S/A. Relator Desembargador Roberto Mac Cracken. São Paulo, julg. 27 mar. 2019. Disponível em: https://esaj.tjsp.jus.br/cpopg/show.do?processo.codigo= 5G0006DL80000& processo.foro=196&processo.numero=1020418=43-2017.8.26.0196.&uuidCaptcha-sajcaptcha_ fd9dbb48e6154c72bd32eb25fa4534d2. Acesso em: 17 dez. 2019.

369. PROCESSUAL CIVIL. Pedidos de liminar para suspensão da exigibilidade da multa impugnada e suspensão do efeito suspensivo atribuído ao recurso recebido. Pedidos prejudicados, quer à vista do decreto de improcedência da ação que se mantém, quer pela preclusão temporal do direito de se insurgir contra a decisão que recebeu a apelação e respectivos efeitos. PROCESSUAL CIVIL. Liminar concedida em incidente autônomo para aceitar seguro-garantia e autorizar emissão de certidão positiva de débitos com efeitos de negativa. Revogação da medida no julgamento da apelação, em razão da manutenção da sentença de improcedência (art. 309, III, do NCPC). PROCESSUAL CIVIL. NULIDADE. Sentença que não examinou arguição de inconstitucionalidade de decreto. Efeito translativo do recurso, por se tratar de matéria de ordem pública, que autoriza conhecimento direto no juízo a quem. Sanção aplicada com base nos arts. 56, I e 57 do CDC, por infração prevista na Lei 13.226/2008 e no DE 53.921/2008. Arguição incabível. Lei 13.226/2008, ademais, que não disciplinou tema relativo à propaganda comercial e telecomunicações, em que é privativa da União a competência para legislar, conforme art. 22 da CF. Diploma que veiculou tema concernente a direito do consumidor. Incidência do art. 24, V e VIII e parágrafos, da CF. ADMINISTRATIVO. Auto de infração. PROCON. Realização de ligações telefônicas de telemarketing para consumidores que estavam inscritos há mais de 30 dias no cadastro para o bloqueio do recebimento de ligações de telemarketing. Infringência aos arts. 5º, da Lei Estadual 13.226/2008; 3º, § 1º, do Decreto Estadual 53.921/2008; e art. 39, caput, do Código de Defesa do Consumidor. Prática abusiva. Infração ao CDC configurada. Aplicação de penalidade na forma dos arts. 56, I, e 57, da Lei 8.078/1990 e da Portaria Normativa 26/06 do PROCON. Legalidade dos critérios objetivos fixados pela Portaria Normativa 26/06. Ação julgada improcedente. Sentença confirmada. Recurso não provido, com revogação de liminar concedida em incidente autônomo de tutela cautelar de urgência incidental. SÃO PAULO. Tribunal de Justiça. (5. Câmara de Direito Público). *Apelação cível 1013073-72.2014.8.26.0053*. Requerente: Banco BMG S/A. Requerido: PROCON – Fundação de Proteção e Defesa do Consumidor. Relatora: Desembargadora Heloísa Martins Mimessi. São Paulo, julgamento em 19 de setembro de 2016. Disponível em: https://esaj.tjsp.jus.br/cpopg/show.do? processo.codigo=1H0006H9V0000&processo. foro=53&processo.numero=1013073-72.2014.8.26. 0053&uuid Captcha= sajcaptcha_a3b6f7f7b2564790802a-afd1a1f902dc

Indo nesta mesma direção, isto é, indicando a necessidade de garantir o sossego das pessoas expostas às práticas de mercado, a ANATEL fixou no início do mês de junho de 2019 o prazo máximo de 30 (trinta) dias para que as empresas de telefonia criassem uma lista nacional e única de consumidores que não querem receber chamadas de *telemarketing* visando o oferecimento de serviços de telefonia, TV por assinatura e internet. Essa lista criada ficou popularmente conhecida como "lista de não perturbe". Aliás, após a implantação desta lista, os bancos que trabalham com o crédito consignado buscaram participação no site mencionado, para permitir que os consumidores promovam também o bloqueio de ligações indesejadas relacionadas à oferta de Empréstimo Consignado e Cartão de Crédito Consignado.[370]

Além destes casos, importante ressaltar o destaque dado pelas mídias ao julgado da 13ª Vara Cível de São Paulo, que, aplicando de maneira inovadora expressamente a LGPD tão logo a lei iniciou a sua vigência, entendeu procedente o pedido de um consumidor à condenação da empresa Cyrela, fornecedora do ramo imobiliário, tendo como fundamento, dentre outras leis, a LGPD.[371] De maneira resumida, a decisão entendeu que o consumidor, que comprou um apartamento da empresa Cyrela, sofreu danos ao receber ligações indesejadas de instituições financeiras e empresas de decoração, que ofereciam serviços e produtos relacionados à aquisição do imóvel residencial. Isso porque, pelo que consta nos autos, diversas empresas que possuíam parceria com a fornecedora Cyrela obtiveram os dados pessoais do consumidor, de maneira ilegal, para que pudessem oferecer serviços e produtos relacionados à aquisição do apartamento, como móveis planejados. Neste ponto, inegável a ocorrência do assédio de consumo.

No ato decisório, a magistrada descreveu que o compartilhamento de dados do consumidor, com empresas estranhas à relação contratual, violou dispositivos da LGPD, além de outros direitos, como a privacidade e a autodeterminação informativa, gerando o dever de indenizar. Como se nota, de acordo com o julgado, as atividades econômicas que coletam e compartilham, de maneira ilegal, os dados pessoais dos consumidores, para a promoção de ofertas indesejadas, exigem uma releitura do clássico "direito de ser deixado em paz", justificando o reconhecimento do direito ao sossego das pessoas expostas a essas práticas de mercado.

Mesmo assim, as publicidades importunadoras, como o *spam,* que representam boa parte do tráfego mundial de mensagens, provocando desperdício de dinheiro[372] e, acima de tudo isso, violando a privacidade, o tempo e o sossego das pessoas, permanecem ocorrendo na sociedade brasileira, sem que o Direito ainda tenha dado resposta efetiva para esse tipo de comportamento mercadológico abusivo.

---

370. AGÊNCIA NACIONAL DE TELECOMUNICAÇÕES (ANATEL). *Não me perturbe telemarketing telecomunicações e bancos consignado.* Brasília, DF, 2020. Disponível em: https://www.naome perturbe. com.br/. Acesso em: 03 jan. 2020.

371. Processo Digital 1080233-94.2019.8.26.0100. Disponível em: https://www.conjur.com.br/dl/compartilhar-dados-consumidor-terceiros.pdf Acesso em 20 out. 2020.

372. LIMBERGER, Têmis. Direito e informática: o desafio de proteger os direitos do cidadão. In: SARLET, Ingo Wolfgang (Org.). *Direitos fundamentais, informática e comunicação:* algumas aproximações. Porto Alegre: Livraria do Advogado, 2007. p. 195.

Neste ponto, a teoria do desvio produtivo do consumidor também é uma das respostas da doutrina a esse tipo de ingerência na esfera moral dos usuários da *Internet*, envolvendo valores como o trabalho, o lazer, o descanso e o convívio pessoal.[373] Mas a sociedade de massas muitas vezes traz como efeito o fato de o tempo perdido pelo outro ser menosprezado, considerado um aborrecimento que deve ser tolerado. Certamente não é isso. O tempo, assim como o sossego, é tema de suma importância para a pessoa humana, o seu dano é juridicamente valorável e economicamente quantificável, afinal, o tempo do consumidor compõe o dano ressarcível nas relações jurídicas de consumo, assim como os danos psicológicos e os contratempos (plenamente evitáveis) de nossa sociedade atual.[374]

Assim, apesar de destacado que a perturbação do sossego, sob a ótica das práticas abusivas, é causa apta a gerar responsabilidade civil, ainda não há jurisprudência uníssona com relação a esse tipo de situação indenizatória. Em virtude disso, é oportuno descontruir a falácia de que o consumidor, ao ser assediado e importunado por publicidades virtuais de consumo, como por meio de *spams*, pode simplesmente ignorá-las ou deleta-los de seu *e-mail*, sem que ao fornecedor que age ilicitamente sofra qualquer sanção, conforme decidiu o STJ, em 2009, quando foi questionado sobre o tema.[375]

Diante desse caso, o STJ foi provocado a se manifestar com relação à existência de responsabilidade civil em razão do envio excessivo de *spams*, ainda de conteúdo sexual, decidindo a Corte, de maneira contrária a todo o sistema de tutela do consumidor, que não houve qualquer tipo de lesão, em razão da ocorrência do famigerado "mero aborrecimento".[376]

---

373. DESSAUNE, Marcos. *Desvio produtivo do consumidor*: o prejuízo do tempo desperdiçado. São Paulo: RT, 2017. p. 200-218.

374. MARQUES, Claudia Lima. Apresentação. In: BERGSTEIN, Laís. *O tempo do consumidor e o menosprezo planejado*: o tratamento jurídico do tempo perdido e a superação das suas causas. São Paulo: Thomson Reuters Brasil, 2019. *E-book*

375. Consoante expõe Anderson Schreiber: "Ao checar seus e-mails, um advogado do Rio de Janeiro surpreendeu-se com mensagem publicitária recheada de mulheres de biquínis. A mensagem havia sido enviada, sem qualquer solicitação, por um restaurante onde se realizam shows eróticos. O advogado solicitou, então, também por e-mail, sua exclusão da lista de destinatários. O restaurante confirmou o recebimento do pedido de exclusão, mas continuou a enviar as mensagens ao solicitante. O caso deu margem a uma ação judicial que chegou ao Superior Tribunal de Justiça." SCHREIBER, Anderson. *Direitos da personalidade*. São Paulo: Atlas, 2014. p.165.

376. INTERNET – ENVIO DE MENSAGENS ELETRÔNICAS – *SPAM* – POSSIBILIDADE DE RECUSA POR SIMPLES DELETAÇÃO – DANO MORAL NÃO CONFIGURADO – RECURSO ESPECIAL NÃO CONHECIDO. 1 – Segundo a doutrina pátria "só deve ser reputado como dano moral que, fugindo à normalidade, interfira intensamente no comportamento psicológico do indivíduo, causando-lhe aflições, angústia e desequilíbrio em seu bem-estar. Mero dissabor, aborrecimento, mágoa, irritação ou sensibilidade exacerbada estão fora da órbita do dano moral, porquanto tais situações não são intensas e duradouras, a ponto de romper o equilíbrio psicológico do indivíduo". 2 – Não obstante o inegável incômodo, o envio de mensagens eletrônicas em massa – SPAM – por si só não consubstancia fundamento para justificar a ação de dano moral, notadamente em face da evolução tecnológica que permite o bloqueio, a deletação ou simplesmente a recusada de tais mensagens. 3 – Inexistindo ataques a honra ou a dignidade de quem o recebe as mensagens eletrônicas, não há que se falar em nexo de causalidade a justificar uma condenação por danos morais. 4 – Recurso Especial não conhecido. BRASIL. Superior Tribunal de Justiça (4. Turma). *Recurso especial 844.736/DF*. Recorrente: Gerson Alves de Oliveira Júnior. Recorrido: WB Restaurante Ltda Relator Ministro Luís Felipe Salomão, Relator. p/ Acórdão Ministro Honildo Amaral de Mello Castro. Brasília, Julgado em: 27 de outubro de 2009. Disponível em: https://scon.stj.jus.br/SCON/jurisprudencia/doc.jsp. Acesso em: 20 jun. 2019.

Vê-se, portanto, que o Tribunal confundiu a definição de dano extrapatrimonial com os efeitos do dano moral, como a dor, o vexame, o sofrimento ou a humilhação, que além de não necessariamente existirem, podem até ser presumidos, confundindo a ofensa à dignidade humana com seus possíveis efeitos.[377] Em verdade, o STJ apegou-se tão somente à inexistência de prova das consequências da lesão sobre o estado de espírito da vítima, mas não se atentou à lesão aos direitos de personalidade em si.

Em resumo, na decisão do Superior Tribunal, afirmou-se que o *spam*, por si só, não consubstancia fundamento para justificar repressão à prática abusiva, em especial em razão da possibilidade de bloquear, excluir, ou simplesmente recusar tais mensagens. Ainda assim, no ato decisório, o Tribunal afirmou que a concessão desenfreada de dano moral, em casos de mero aborrecimento, deveria ser limitado pela Corte Superior, ainda mais ao considerar que o *spam* não era considerado ilícito em previsão legal expressa.

Nota-se, portanto, que o STJ desconsiderou, ao analisar a abusividade do envio de publicidades virtuais não solicitadas, que este tipo de prática de mercado viola deveres especiais de proteção ao consumidor. Neste sentido, Fernanda Barbosa, analisando essa mesma decisão, aponta que "é imperioso destacar, antes de mais nada, que o consumidor em questão já havia solicitado a sua exclusão da lista de envio de spam.", mencionando logo adiante que na Inglaterra, em 2012, um consumidor foi indenizado levando como base cada minuto desperdiçado com ligações publicitárias que insistentemente recebia, após ter registrado seu número no Serviço de Preferência Telefônica existente naquele país.[378]

Neste aspecto, Anderson Schreiber destaca dois modelos para o tratamento de mensagens não solicitadas, quais sejam: i) o modelo do *opt-in*, em que se exige o prévio consentimento do destinatário; e ii) o modelo do *opt-out*, em que não se exige o prévio consentimento do usuário, mas garante-se o direito de solicitar a retirada do contato do destinatário da lista de mensagens futuras. Além disso, destaca o autor que alguns países adotam modelos mistos, reservando, por exemplo, o *opt-in* a mensagens dirigidas a pessoas naturais e *opt-out* a mensagens dirigidas a pessoas jurídicas.[379]

Todavia, o mesmo autor critica a supracitada decisão do STJ, tendo em vista que esta resultou na "assustadora peculiaridade de situar o Brasil em um grau de proteção menor que o modelo do *opt-out*, já que desconsidera, por completo, a solicitação do destinatário de não receber mensagens futuras." Em razão disso, destaca que o problema já era grave diante da omissão legislativa e que assume contornos verdadeiramente dramáticos diante da postura adotada pelo STJ.[380]

---

377. Neste sentido, aliás, descreve o Enunciado n. 444, da V Jornada de Direito Civil, que "o dano moral indenizável não pressupõe necessariamente a verificação de sentimentos humanos desagradáveis como dor ou sofrimento". Essa é a posição que prevalece na doutrina.
378. BARBOSA, Fernanda Nunes. Informação e consumo: a proteção da privacidade do consumidor no mercado contemporâneo da oferta. In: MARTINS, Guilherme Magalhães; LONGHI, João Victor Rozatti (Coord.). *Direito digital*: direito privado e internet. Indaiatuba: Foco, 2019. p. 359.
379. SCHREIBER, Anderson. *Direitos da personalidade*. São Paulo: Atlas, 2014. p. 165.
380. SCHREIBER, Anderson. *Direitos da personalidade*. São Paulo: Atlas, 2014. p. 165.

4 • AS PUBLICIDADES IMPORTUNADORAS E O DANO DE ASSÉDIO DE CONSUMO

A solução parece ser a utilização do sistema *opt-in*, isto é, o necessário consentimento prévio e a manifestação de interesse do consumidor quando estiver disposto a receber as ofertas publicitárias virtuais. Essa é a previsão do Projeto de Lei 3.514/15 supracitado, segundo o qual, quando houver prévia relação de consumo entre o remetente e o destinatário, o envio de mensagem não solicitada pode ser admitido, "desde que o consumidor tenha tido oportunidade de recusá-la". Segundo a proposta legislativa:

> Art. 45-F. É vedado ao fornecedor de produto ou serviço enviar mensagem eletrônica não solicitada a destinatário que:
>
> I – não possua relação de consumo anterior com o fornecedor e não tenha manifestado consentimento prévio e expresso em recebê-la; [...] [...] § 2º O fornecedor deve informar ao destinatário, em cada mensagem enviada:
>
> I – o meio adequado, simplificado, seguro e eficaz que lhe permita, a qualquer momento, recusar, sem ônus, o envio de novas mensagens eletrônicas não solicitadas;
>
> II – o modo como obteve os dados do consumidor.
>
> § 3º O fornecedor deve cessar imediatamente o envio de ofertas e comunicações eletrônicas ou de dados a consumidor que manifestou a sua recusa em recebê-las.

Dessa forma, nota-se que a atualização legislativa consolida a proteção do consumidor e, de forma definitiva, reconhece que somente um sistema de controle de dados *opt-in*, que exige o consentimento prévio do consumidor, assegurando-lhe o acesso e mantendo-o informado sobre o destino e a utilização feita das informações coligidas pode conferir uma tutela com amparo constitucional ao consumidor no mercado brasileiro.

Com efeito, a atualização do CDC caminha no intuito de atuar, por exemplo, proibindo expressamente o *spam*, estabelecendo o sistema *opt-in* e ao mesmo tempo legitimando a lista já existente no site "não me perturbe" e em alguns Estados brasileiros, de opção negativa do consumidor de receber *telemarketing*, proibindo a quebra do sigilo dos dados do consumidor.[381]

Conforme já mencionado, a LGPD corrobora com a ideia aqui defendida, tendo em vista que independentemente da maneira com que foram coletados os dados pessoais, caso estes sejam utilizados para fins de publicidade sem o consentimento prévio do titular, há nítida violação do princípio da finalidade, tornando a prática ilegal nos termos da lei. Neste ponto, sob a ótica da LGPD, o regime de coleta de informações dos usuários deve se adequar ao sistema *opt-in*, isto é, fica dependendo do consentimento prévio, expresso e declarado do consumidor, tendo em vista as finalidades corretamente apontadas. É essa também a forma com que as publicidades virtuais devem ser exercidas, sempre a partir da aceitação e consentimento prévio do consumidor.

Em rigor, não se pretende proibir ou exigir a extinção da publicidade ou mesmo limitar o desenvolvimento das tecnologias. Visa-se, isso sim, a regulação da publicidade nociva, desleal, abusiva, enganosa, que se utiliza dos subterfúgios do *neuromarketing*

---

381. MARQUES, Claudia Lima. *Contratos no código de defesa do consumidor*: o novo regime das relações contratuais. São Paulo: Thomson Reuters Brasil, 2019. *E-book*.

para assediar o consumidor às aquisições impensadas, de maneira não solicitada e importunadora.

No direito do consumidor, é necessário proibir a prática comercial de pressão indevida ou agressiva para impingir produtos e serviços aos consumidores, vulneráveis. Daí porque é necessário a utilização de um direito novo, o direito ao sossego, para evidenciar como o assédio de consumo se qualifica como um dano, a partir das práticas que ficam proibidas ou definidas como abusivas.[382]

Luta-se, portanto, contra a publicidade que age de maneira patológica, e desconsidera o ser humano destinatário das mensagens, privilegiando o lucro, custe o que custar. Dessa maneira, o consumidor, perturbado e atordoado pela publicidade abundante, direcionada, criada especialmente para o seu perfil de consumo, e muitas vezes enganosa, importunadora, é instigado a gastar o seu dinheiro para ingressar nesse mundo fantasioso que lhe é oferecido e que sonha em fazer parte, qual seja, o mundo da felicidade líquida. Diante disso, é sempre oportuno lembrar que a *Internet* não pode ser considerado um ambiente totalmente livre, aos moldes de um *far west*, posto que é composta por pessoas.[383]

Neste mesmo sentido, defendendo os valores fundamentais do ordenamento jurídico, em especial quanto à tutela da pessoa humana, Anderson Schreiber aponta que a proteção dos direitos fundamentais não pode representar um ônus para a pessoa, sob pena de se enquadrar como verdadeira regra de exposição na *Internet*. Além disso, defende o autor que não se pode eliminar a responsabilidade das fornecedoras sob a alegação de que o ambiente da *Internet* é de difícil ou impossível regulação, sendo um espaço de liberdade, por excelência. Essa construção é falaciosa, na medida em que a liberdade ali defendida é a do fornecedor que se aproveita do usuário em rede. Assim, é sempre oportuno lembrar que o universo virtual não pode se tornar um ambiente de imunidade aos valores fundamentais do sistema jurídico, em especial no que se refere à proteção da pessoa humana, afinal, as relações travadas na internet são relações sociais como quaisquer outras.[384]

Em razão disso, é notável que a responsabilidade surge como necessário modelo operativo na tutela da pessoa frente aos novos riscos apresentados no âmbito virtual.[385]

---

382. MARQUES, Claudia Lima. *Contratos no código de defesa do consumidor*: o novo regime das relações contratuais. São Paulo: Thomson Reuters Brasil, 2019. *E-book*.

383. Neste ponto, Cláudio Torres aponta que: "[...] a internet é uma rede de pessoas, não de computadores ou dispositivos. A criação de novas formas de interação, como os smartphones, os tablets, os televisores inteligentes e a Internet das Coisas (IoT), pode dar a falsa sensação de que a rede se transforma em algo distinto. O fato é que essas tecnologias apenas conectam à internet os dispositivos a serviço das pessoas, buscando atender suas necessidades. A internet continua sendo a forma de conexão entre uma rede de pessoas." TORRES, Cláudio. *A bíblia do marketing digital*: tudo o que você queria saber sobre marketing e publicidade na internet e não tinha a quem perguntar. São Paulo: Novatec, 2018. p. 46.

384. SCHREIBER, Anderson. *Direitos da personalidade*. São Paulo: Atlas, 2014. p. 168.

385. Daí porque, quanto à publicidade, Fernando Martins e Keila Ferreira destacam que: [...] a publicidade configurada como manifestação discursiva das atividades empresariais pós-modernas e caracterizada pelo intenso poder exercido, deve ser lida à premissa de que "tem poder tende a abusar dele" e assim adequar-se às limitações no âmbito do sistema jurídico, a fim de não contrastar com a utilidade social ou causar dano à segurança, à igualdade e à dignidade humana (valores que compõe a ordem pública constitucional." MARTINS, Fernando Rodrigues; FERREIRA, Keila Pacheco. Da idade média à idade mídia: a publicidade persuasiva digital na virada linguística

Com efeito, a presente pesquisa comprova, ao menos pelas hipóteses apontadas, que o Estado tem que cumprir os deveres de proteção das pessoas, destacados frente aos problemas que surgem com as novas tecnologias de informação e comunicação. Neste sentido, diante das publicidades importunadoras, que se aproveitam de dados pessoais e às vezes até sensíveis, para assediar ao consumo, é preciso invocar a virada linguista do direito, no sentido de desenvolver a hermenêutica a favor da pessoa humana.[386]

---

do direito. In: PASQUALOTTO, Adalberto (Org.). *Publicidade e proteção da infância*. Porto Alegre: Livraria do Advogado, 2018. v. 2, p. 95.

386. MARTINS, Fernando Rodrigues; FERREIRA, Keila Pacheco. Da idade média à idade mídia: a publicidade persuasiva digital na virada linguística do direito. In: PASQUALOTTO, Adalberto (Org.). *Publicidade e proteção da infância*. Porto Alegre: Livraria do Advogado, 2018. v. 2, p. 101.

5
CONCLUSÃO

A tese dedicou-se a elaboração de uma proposta de solução à problemática de como promover, com base na cláusula geral de tutela da personalidade, um elevado nível de proteção às pessoas, de modo a garantir que estas não sejam molestadas ou perturbadas pelas publicidades virtuais de consumo, a partir da tutela do sossego dos consumidores, como faceta negativa do direito fundamental à proteção de dados.

Isso porque, considerando o atual estado da arte, isto é, tendo como base principalmente o entendimento exposto na jurisprudência do STJ, as publicidades virtuais de consumo, mesmo quando importunadoras e não solicitadas, seriam consideradas situações normais vivenciadas na *Internet*, figurando como mero aborrecimento cotidiano. Assim, conforme decisão proferida pelo Tribunal, caberia ao consumidor lidar com esse infortúnio do dia a dia tecnológico, como um problema comum à vida em sociedade, contrariando respeitável posicionamento da doutrina, que defende que o consumidor, na *Internet*, necessita de uma tutela ainda mais intensa, em especial quando tem seus dados pessoais utilizados.

Em face desse problema apresentado, o objetivo geral do trabalho apontou para a releitura dos instrumentos jurídicos, como a regulação e a responsabilidade civil, visando auxiliar na tutela da pessoa humana, em um novo aspecto da personalidade na sociedade virtual. Assim, considerando-se o contexto da contemporaneidade, buscou-se construir a forma com que os direitos fundamentais das pessoas conectadas à *Internet,* notadamente a proteção de dados pessoais, diante dos assédios de consumo, podem ser protegidos, de modo a garantir que o consumidor não seja perturbado pelas publicidades virtuais, em especial frente às grandes empresas fornecedoras de produtos e serviços.

Então, no sentido de alcançar os objetivos específicos delineados na introdução, o caminho trilhado pela tese dividiu-se em três etapas, que compuseram os três capítulos do trabalho.

Na primeira parte do trabalho (capítulo 2), em uma linha mais descritiva e reflexiva, dedicou-se à demonstração de como a mudança de paradigmas sociais é influente na alteração dos fundamentos jurídicos, que estruturam o sistema normativo. Para tanto, considerou-se a ideia de paradigma como sendo padrões estabelecidos pelo estudo científico e que são utilizados como modelos para outros estudos científicos, isto é, como verdadeiros referenciais de conceitos e ideias basilares. Tomando essa noção como base, evidenciou-se que a Sociedade da Informação trouxe consigo mudança importante no cenário jurídico, deslocando o raciocínio jurídico ao denominado paradigma tecnológico. Isso porque, com o crescimento do uso do ambiente da *Internet*, somado ao contexto sociológico em que as informações tomam novas proporções, inclusive como moeda de troca no mercado, o Direito foi instado a regular e a resolver os novos conflitos, protegendo as pessoas dos novos riscos ou mesmo reconhecendo novos direitos que se tornaram necessários no contexto.

Para tanto, o trabalho ocupou-se em demonstrar como a evolução dos modos de produção revela importante influência, não só na mudança dos paradigmas sociais, como também nos direitos que ganham maior evidência em certo momento histórico. Daí porque, muitas vezes, a forma com que o mercado opera revela ao mundo jurídico não só novas espécies de riscos como também, conforme supracitado, a necessidade do reconhecimento de direitos exsurgentes.

Tal apontamento é extremamente importante para o trabalho, tendo em vista que o direito ao sossego encontra-se em consonância com a regulação do mercado digital, fortemente influenciados pelo uso de dados pessoais, permitido pelas novas tecnologias de informação e comunicação, expondo as pessoas ainda a maiores riscos. Tal situação se agrava no Brasil, país subdesenvolvido, com altíssimo grau de desigualdade social.

Com base nisso, demonstrou-se que é necessário repensar a tutela da pessoa humana, principalmente quando valores essenciais à dignidade, como os dados pessoais, tornam-se objeto de troca no mercado. Afinal, o desenvolvimento tecnológico deve ter sempre como finalidade última a promoção da vida das pessoas, jamais como restritivo de direitos fundamentais. Daí porque a tutela do consumidor tem sofrido diversas alterações, tornando necessário o desenvolvimento de novas soluções para os problemas que surgem. Isso decorre da constatação de que o desenvolvimento da Sociedade da Informação trouxe consigo o crescimento de uma sociedade que se pauta especialmente pelo consumo, evidenciando também maior importância de tutela daqueles que se encontram expostos às práticas do mercado.

E é a partir da evolução dos meios de comunicação, dentro desse contexto, que se ampliam as ofertas de consumo. Aliás, neste ponto, é inegável que as pessoas estão cada vez mais interconectadas, em especial por meio de *smartphones,* que servem como instrumento ideal para que as publicidades virtuais sejam capaz de criar necessidades constantes, de maneira onipresente e incessante.

Com base nisso, destacou-se que, dentro da lógica da Sociedade da Informação, também caracterizada pelo consumo como fundamento essencial, as publicidades virtuais ganham maior destaque, afinal, fortalecem a cultura do consumo e induzem as pessoas a sentirem desejos insaciáveis, tornando a insatisfação uma permanente muito lucrativa no mercado. Nesta etapa, revelou-se que, da relação entre a Sociedade da Informação e o crescente mercado de consumo, fomenta-se a necessária releitura da tutela da pessoa pelo sistema de proteção do consumidor, em especial frente a potencialidade das novas publicidades virtuais de consumo, como forma de concretizar a tutela das pessoas facilmente aviltadas pela lógica mercadológica.

Sendo assim, o reconhecimento de direito ao sossego, enquanto direito novo e autônomo, implica o reconhecimento do poder dos agentes privados frente ao controle sobre a sociedade e a cadeia produtiva, tendo em contrapartida a vulnerabilidade dos consumidores, que em regra estão em condições socioeconômicas, técnicas e jurídicas

CONCLUSÃO **207**

inferiores. Isto é, o reconhecimento de novos direitos fundamentais implica também a consideração de que as relações privadas, especialmente as virtuais, são ambiente propício para abusos e violações, demandando nova hermenêutica jurídica expansiva, focada na tutela da pessoa humana.

À vista disso, ao se tratar do ambiente virtual, é evidente que o poder se mostra diante de feições diversas, de modo que a clássica divisão entre direito público e privado resta mitigada, ao considerar que o poder, de maneira ampla, foi espargido aos diversos setores da sociedade. Neste ponto, notou-se que a tendência na *Internet* é de que a rede se oriente para a criação de grandes grupos, sob a ótica dos "impérios da comunicação", guiando o internauta por caminhos traçados segundo conveniências predeterminadas, conforme indicado pela prática crescente de técnicas de *neuromarketing*. Aqui, destacou-se o dever das grandes fornecedoras em respeitar as pessoas expostas às práticas de mercado, em especial, no que se refere as publicidades virtuais de consumo.

Com base nisso, assentou-se que ao promover publicidades virtuais, as empresas devem cumprir diversos deveres fundamentais, dentre os quais zelar pela integridade das pessoas expostas às práticas de mercado, ao respeitar os direitos básicos do consumidor. Neste sentido, toda publicidade virtual fundada em dados pessoais indevidamente utilizados, importunadora e indesejada, que seja capaz de perturbar a pessoa, é evidentemente prática que contraria o dever fundamental dos fornecedores de agirem conforme a boa-fé objetiva nas práticas comerciais.

Por isso a importância da releitura da responsabilidade civil como instrumento para a garantia também de direitos fundamentais, tendo em vista que o descumprimento de deveres deve ser coibido tanto quanto a violação de direitos. É dizer que, a partir do reconhecimento do direito ao sossego, têm-se indícios de que advém também o dever fundamental de respeito ao próximo, inclusive como forma de concretizar a tutela pretendida. Tal constatação é importante para construir o argumento de que a perturbação de sossego, por meio de publicidades virtuais, configura prática ilícita que deve ser combatida pelo sistema jurídico.

Diante do exposto, concluindo as ideias apresentadas na primeira etapa do trabalho, demonstrou-se que o direito ao sossego, partindo da proteção de dados pessoais, se justifica como preocupação atinente ao atual paradigma que guia a hermenêutica dos direitos fundamentais, inserido no contexto de Sociedade da Informação e de um mercado cada vez mais direcionado ao consumo, principalmente diante do uso de dados pessoais. Isso porque, com o crescimento das publicidades virtuais, como ferramenta imprescindível para o desenvolvimento do mercado eletrônico, novos riscos e problemas surgiram, indicando a necessidade do reconhecimento dos poderes privados e, consequentemente, do dever de respeito, pelas fornecedoras que operam no mercado, aos direitos fundamentais dos consumidores.

Neste sentido, relevante apontar que, ao analisar as publicidades virtuais, os deveres de zelo pelas pessoas expostas a essas práticas ganham destaque, afinal, tendo como pressuposto que a publicidade é uma prática comercial que visa unicamente a promoção de lucros, não há como aceitar que estas, no intuito de cumprirem finalidade lucrativa, possam provocar danos às pessoas receptoras das mensagens. Daí porque o reconhecimento do direito ao sossego, que se materializa através de obrigação negativa, de não importunar as pessoas com publicidades indesejadas, promovidas pelo uso indevido de dados pessoais, demanda também o reconhecimento de deveres fundamentais a serem cumpridos pelas empresas do mercado.

Partindo dessas considerações, a segunda parte do trabalho (capítulo 3), dentro da esfera de desenvolvimento das tecnologias de informação e comunicação, demonstrou que a personalidade humana tomou novas formas. Tudo isso diante da nova concepção da pessoa no contexto virtual, na figura do "corpo eletrônico", exposta aos novos riscos implementados pelas inovações tecnológicas na publicidade.

Inicialmente, para justificar a importância da tutela da pessoa humana em uma nova concepção, preocupou-se em demonstrar a relação entre os direitos humanos, fundamentais, da personalidade e básicos do consumidor no sistema jurídico brasileiro. Isso porque, ao propor o reconhecimento a tutela do sossego, a partir do direito fundamental de proteção de dados pessoais, reconheceu-se também o necessário diálogo de fontes e a consequente interpretação expansiva capaz de qualificar esse importante direito também no âmbito privado e, especialmente, na seara de consumo.

Com base nisso, demonstrou-se que a dignidade humana é o fundamento básico tanto para os direitos humanos como para os direitos fundamentais e os direitos da personalidade, de modo que não é correto se restringir ao domínio do direito público a proteção dos direitos inerentes à pessoa. No sistema jurídico brasileiro, no que se refere à proteção da pessoa humana, é preciso sempre atentar-se à ótica da complementariedade. Dessa maneira, no contexto de pluralismo jurídico, isto é, onde existem diversas fontes normativas, muitas vezes os mesmos direitos são regulados por normas diversas. É o que ocorre, por exemplo, com direito à privacidade, que pode ser considerado direito humano, fundamental, da personalidade, e básico do consumidor, a depender da situação em análise. Logo, assim também deve ser com o direito de proteção de dados pessoais.

Nessa perspectiva, ao construir a ideia de direito ao sossego, o trabalho não se descuidou de destacar que o sistema jurídico exige o convívio pacífico entre as normas, de maneira coerente, sempre se pautando na ideia de complementariedade quando se tratar da tutela da pessoa. Com base nisso, ficou evidente que, além do aspecto de fundamentalidade, em decorrência da relação com a proteção de dados pessoais, para a proposta do texto, o direito ao sossego também se qualifica como necessário direito básico do consumidor. Enquadrou-se o direito ao sossego, portanto, dentro da ideia de integridade psíquica.

Neste ponto, ressaltou-se que o CDC possui proteção ampla no que se refere a integridade psíquica do consumidor, com atenção especial contra a publicidade enganosa ou abusiva, bem como contra os métodos comerciais coercitivos ou desleais, nos termos da lei. Todavia, destacou-se que ainda não há tutela efetiva a uma nova dimensão da pessoa, a saber, a virtual.

Daí porque demonstrou-se que, no embalo do crescimento e da potencialização dos aparelhos tecnológicos, decorrentes da lógica do desenvolvimento da informação, cresceu também o comportamento das pessoas de construírem uma nova forma de vida, denominada virtual, composta por redes sociais, e-mails, blogs, canais de vídeo, páginas pessoais etc., e constituída basicamente por dados pessoais. Vale ressaltar que essa nova projeção da vida carece de tutela, uma vez que faz parte da situação jurídica da pessoa, em decorrência do direito ao livre desenvolvimento da personalidade, valor fundamental no ordenamento. Diante disso, torna cada vez mais nítida a migração de atos lesivos, outrora praticados no plano físico, para o plano virtual e imaterial, exigindo do Direito uma nova forma de agir. Em verdade, a tutela da pessoa, em suas diversas espécies de integridade, demanda uma notável expansão, com a finalidade de resguardar o denominado corpo eletrônico, protegendo também o homem na sua faceta artificial.

Partiu-se daí para defender que, no que se refere a tutela das pessoas frente às práticas publicitárias virtuais de consumo, deve-se considerar o ser humano em sua integridade, pelo fator psicofísico, agora sob a dimensão também virtual. Até porque o mundo virtual, de livre acesso, deve ser considerado um espaço público, de ampla liberdade, justificando a necessidade de garantir as pessoas o devido sossego, ou seja, o direito de não ser importunado indevidamente enquanto estiver conectado em rede.

Verificada essa situação, trabalhou-se com as perspectivas necessárias para a tutela jurídica de situações danosas ao conjunto de dados formado pelas projeções da personalidade individual, no plano virtual, que compõe o denominado corpo eletrônico da pessoa. Neste ponto, considerou-se o corpo eletrônico como o conjunto de dados pessoais sistematizados capazes de expor em dados boa parte das especificidades da vida da pessoa. Por isso, buscou-se aproximar as tutelas dos direitos da personalidade do corpo físico ao corpo eletrônico, como forma de consolidar a promoção integral do livre desenvolvimento da pessoa humana.

Daí porque destacou-se a privacidade como expoente dos direitos da personalidade no atual contexto, afinal, diante do crescimento do uso da *Internet* e do alargamento das possibilidades de comunicação, novos riscos relacionados à privacidade foram surgindo. Assim, na construção da nova concepção da pessoa, no seu aspecto físico e virtual, corporal ou psíquico, evidenciou-se que a privacidade se tornou um dos mais importantes direitos necessários para a promoção da pessoa no atual contexto, tendo em vista que foi um dos direitos fundamentais mais flexibilizados pelo uso recorrente da *Internet*. Afinal, a privacidade, no atual contexto, não comporta um conceito fechado ou unitário, posto que para a compreensão do problema é preciso uma leitura plural e complexa, em movimento e em força expansiva.

Surge então um novo expoente do direito fundamental à privacidade, tendo em vista que a vida privada hoje é desenhada pelos dados pessoais que trafegam no ambiente virtual. Por isso a preocupação com a tutela da pessoa frente aos seus dados pessoais, que são capazes de revelar características, gostos, hábitos, costumes, desejos etc., ou seja, informações individuais que, se não protegidas, expõe as pessoas à diversas ameaças, como a de sofrer discriminação.

Vale lembrar que a proteção de dados pessoais, apesar de considerado um direito autônomo, tem como fundamento o direito à privacidade. Todavia, aquela proteção ultrapassa o âmbito da privacidade, tendo em vista que se trata mais de um fenômeno coletivo, totalmente relacionado ao avanço tecnológico, servindo de fundamento para o desenvolvimento dos ideais de liberdade informática ou autodeterminação informativa, exigindo uma tutela jurídica evidentemente específica.

Neste aspecto, tanto a tutela da privacidade quanto da proteção de dados fundamenta-se na proteção da pessoa, em seu âmbito de dignidade. Sendo assim, a proteção de dados pessoais deve ser considerada um direito fundamental, da personalidade e, última análise, nas relações de consumo, um direito básico do consumidor. Conforme se nota, há uma confluência entre a personalidade humana, a privacidade, os dados pessoais, a vida na sociedade de consumo e as tecnologias de comunicação em rede, dos quais a publicidade de consumo virtual ganha forte destaque.

Diante disso, o trabalho ocupou-se em descrever a proteção de dados como importante direito básico do consumidor, afinal, o direito de proteção de dados surge como instrumento de tutela não dos dados em si, mas sim da pessoa titular dessas informações. Logo, parte-se do pressuposto de que, atualmente, parte da personalidade da pessoa é constituída de dados, como mencionado na ideia de "corpo eletrônico", e é por isso que a proteção de dados pessoais também fundamenta-se na tutela da dignidade da pessoa humana.

O problema surge a partir da constatação de que, partindo dos dados pessoais do consumidor, é possível traçar perfis sobre atos de consumo, manifestações, opiniões, ideologias, dentre outras, revelando aspectos privados da pessoa capazes de prever e induzir comportamentos, como aqueles direcionados ao consumo irrefletido. Neste ponto, destacou-se que atualmente uma simples busca em sites de pesquisa na *Internet* já é capaz de produzir informações suficientes para serem utilizadas na promoção de publicidades virtuais de consumo, sendo estas direcionadas incansavelmente ao consumidor que teve os seus dados coletados virtualmente, promovendo um indevido assédio ao consumo. Conforme se nota, atualmente, boa parte da tranquilidade do dia a dia das pessoas está submetida à estrutura de comunicação e informação.

Logo, restou evidente que as informações pessoais figuram como um componente primordial para determinar o grau de liberdade, de autonomia e de sossego da pessoa, em especial quando expostas às práticas de mercado, como no caso das publicidades. Com base nisso, sustentou-se que a publicidade virtual deve respeitar os direitos básicos do consumidor, dentre os quais a proteção dos dados pessoais, demonstrando o porquê da repulsa às práticas publicitárias irrefreáveis, não solicitadas, que se aproveitam de dados pessoais de maneira indevida. Isso em razão de técnicas como a mineração de dados possibilitarem que uma porção de dados referentes às pessoas sejam gerenciados com o intuito de promover publicidades específicas e personalizadas, e na maioria das vezes não solicitadas, importunando o consumidor e induzindo a comportamentos racionalmente indesejados.

A partir disso, defendeu-se que a liberdade publicitária deve ser limitada pelas devidas regulamentações, como por exemplo, pelo dever de respeito aos direitos básicos do consumidor, tendo em vista que somente assim será possível garantir a integral

CONCLUSÃO **211**

tutela das pessoas. Dessa revista crítica, comprovou-se que a concretização da proteção do consumidor depende do reconhecimento de um direito básico à proteção de dados pessoais, envolvendo uma dupla dimensão, isto é, a de tutela da personalidade do consumidor contra os riscos inerentes à coleta, processamento, utilização e circulação dos dados pessoais e, também, através da gestão do fluxo de seus dados na sociedade.

Tendo isso em vista, restou evidente que a lei de proteção de dados no Brasil funcionará como um verdadeiro filtro às publicidades virtuais, levando em conta que os dados pessoais compõem parte da personalidade das pessoas e que a proteção de dados se encontra inserida na lógica dos direitos fundamentais. Dessa forma, o trabalho assinalou que a concretização da tutela desenvolvido na presente tese demanda o reconhecimento de que os dados pessoais podem ser utilizados, de maneira indevida, para a promoção de publicidades virtuais direcionadas e importunadoras, razão pela qual a proteção dos dados pessoais aparenta ser caminho seguro para a garantia do desejado direito ao sossego. Dito de outra forma, através do aspecto negativo do direito de proteção de dados, é possível defender que, no atual contexto, o direito de ser deixado em paz encontra cada vez maior relação com a projeção virtual da pessoa.

Assim, apesar de a publicidade derivar da livre iniciativa econômica e da livre concorrência, a imposição de limites publicitários é claramente legal, principalmente ao se considerar a necessidade de preservação da autonomia dos consumidores que a recebem. Ainda assim, é inegável que a prática publicitária deve respeitar outros direitos básicos do consumidor, como a própria integridade psíquica. Isso porque, apesar de a publicidade se qualificar como atividade mercadológica de criação de interesses e desejos de consumo para suprir, muitas vezes, necessidades básicas, isso não permite a ocorrência de abusos.

De maneira mais específica, a publicidade que, fortalecida pelo uso de dados pessoais, instiga e assedia ao consumo patológico, por meio da manipulação, enganação, abusividade, despertar de desejos excessivos e, além disso, por meio da indevida importunação, visando promover o consumo irrefletido, não pode ser tolerada por um sistema jurídico que se pauta pela tutela da pessoa humana.

Com base nisso, concluiu-se, no capítulo 3 da tese, que as publicidades virtuais devem respeitar o uso de dados pessoais, sob pena de se tornarem abusivas e ilícitas, violando direitos essenciais às pessoas. Em especial, a partir do momento que utilizam, sem o devido consentimento, informações pessoais para o direcionamento das mensagens publicitárias importunadoras. Neste caso, a ilicitude se torna patente a partir do momento em que as práticas publicitárias tolhem do consumidor um dos direitos mais essenciais no contexto da hiperinformação, a saber, o seu necessário sossego.

Tendo isso exposto, na última parte do trabalho (capítulo 4), elaborou-se o contributo do direito ao sossego, a partir da análise da regulação da publicidade pelo CDC e da relação entre proteção de dados e as publicidades virtuais. Diante desse panorama, o trabalho preocupou-se em apresentar as estratégias utilizadas pelos fornecedores nas práticas publicitárias, em especial pelo *neuromarketing*, que promovem o indesejado assédio de consumo, demonstrando como esse comportamento evidencia a abusividade das publicidades importunadoras, e, consequentemente, a necessária ao reconhecimento do direito ao sossego.

Diante disso, partiu-se do pressuposto de que a partir do momento em que a informação se tornou produto oferecido amplamente no mercado virtual, a publicidade ganhou relevância como forte instrumento estratégico de *marketing*. Afinal, na economia, demonstrou-se que a publicidade opera como base propulsora do mercado, capaz de criar novas necessidades para depois supri-las com o oferecimento de produtos e serviços, possibilitando a manutenção de uma indústria milionária.

Assim, ao se analisar as questões jurídicas envolvendo as práticas publicitárias, como qualquer fato social, se totalmente desregulada, amparada na total liberdade, a possibilidade de se tornarem abusivas, no intuito de ampliar as margens de lucro, é evidente, com chances de gerar danos significativos nas pessoas expostas a esse tipo de prática. Daí porque ressaltou-se que o Direito se impõe como sistema de limites, em especial em situações que se justifica a proteção das pessoas.

Definitivamente, a pesquisa focou em evidenciar que a publicidade, apesar de decorrer da livre iniciativa econômica e da livre concorrência, demanda a imposição de limites, visando preservar a autonomia dos consumidores que a recebem e, especialmente, outros direitos básicos, como a integridade psíquica, representada pelo direito ao sossego. Neste ponto, a prática publicitária deve inspirar o consumo saudável, mas não o consumismo, que molesta a paz das pessoas e assedia de maneira indevida ao consumo.

É com base nessa exposição que se afirmou que a publicidade virtual importunadora, que molesta as pessoas e, em última análise, impede que aqueles que possuem uma vida virtual possam promover o seu dia a dia de maneira livre e sossegada, deve ser considerada abusiva. Até porque, além da perturbação, essas publicidades assediam indevidamente ao consumo, fazendo com que a pessoa realize negócios jurídicos muitas vezes de maneira irracional e impulsiva.

Tal fato se agrava a partir do momento em que as empresas utilizam dados pessoais ou, pior, informações sensíveis do consumidor, para a promoção das mensagens publicitárias. Isso porque, além da indevida intromissão, o uso de dados de forma indevida viola a finalidade da captação de dados pessoais e subtrai o direito do titular que não autorizou o seu uso. Daí porque defendeu-se que as práticas intrusivas, naturais no recorrente *marketing* digital, são capazes de interferir no livre desenvolvimento da pessoa e até mesmo prejudicar a liberdade daquele que acessa o mundo virtual.

Desse modo, a pesquisa manifestou que o reconhecimento do direito à proteção de dados enquadra-se como uma forma de impedir que o avanço tecnológico viole o direito da pessoa de usufruir da navegação via *Internet* sem interferência alheia e, além disso, sem sofrer fortes pressões para o consumo desenfreado, promovido por meio das publicidades virtuais. Tudo isso somado ao fato de que uma das funções primordiais das publicidades é induzir as pessoas a sentirem desejos insaciáveis de consumo, tornando a insatisfação uma permanente no mercado. Assim, o desenvolvimento da publicidade virtual, com base em dados pessoais, é um dos fenômenos que trouxe maiores consequências para o desenvolvimento de um mercado pautado pelo consumo.

CONCLUSÃO **213**

Essa nova realidade, portanto, apresenta particularidades que devem ser apreciadas pelo Direito, tendo em vista que a publicidade incessante e personalizada cria expectativas e comportamentos orientados ao consumo, se tornando irresistíveis. Logo, o uso de dados pessoais para a promoção de publicidades aumenta a vulnerabilidade dos consumidores, ampliando também os riscos à violação dos direitos mais básicos dessas pessoas, como a própria autonomia.

Exatamente por isso que o trabalho se preocupou em destacar que, embora os riscos do tratamento de dados pessoais sejam evidentes nos diversos âmbitos da atual sociedade, nas relações de consumo esse fenômeno apresenta-se como um desafio ainda maior. Isso porque, sendo o consumidor presumidamente vulnerável, há uma grande dificuldade de controle do fluxo de dados pessoais e de adoção de medidas de autoproteção. E tudo isso no contexto em que técnicas são capazes de oferecer tendências e padrões significativos a partir de dados, com o auxílio de instrumentos estatísticos e matemáticos, como ocorre na mineração de dados (*data mining*) e na construção do perfil (*profiling*). Essas técnicas são utilizadas também para posterior aprimoramento de publicidades, como revelou o famoso caso da empresa americana *Target,* mencionado no decorrer do texto.

Com base nisso, ressaltou-se que um dos grandes problemas apontados pelo tratamento de dados pessoais na seara do consumo se refere à possibilidade da manipulação da vontade e da autonomia da pessoa. A partir do momento em que se tem o histórico com informações pessoais do consumidor, com nítida violação da sua esfera privada, é possível a manipulação da vontade, direcionando-a aos pontos fracos daquela pessoa, conforme o seu perfil traçado, para o direcionamento de publicidades que certamente serão mais efetivas na conversão da oferta em aquisição.

Pelo exposto, ficou nítida a utilização das tecnologias de informação e comunicação no âmbito das publicidades, expondo os consumidores a novas espécies de riscos, ameaças e danos. Afinal, os dados pessoais expõem traços da personalidade, comportamentos, hábitos e preferências, permitindo traçar um perfil das pessoas, que têm grande importância para o mercado publicitário. Ressaltou-se, portanto, que a publicidade não pode se comportar de maneira abusiva, ainda mais quando utilizar de maneira ilegal os dados pessoais para promover publicidades importunadoras capazes de perturbar o sossego mental das pessoas.

Por isso, defendeu-se o necessário diálogo de fontes entre o CDC e a LGPD, visando a limitação e regulação das práticas publicitárias ao contexto virtual, tendo sempre como fundamento a tutela da pessoa humana. A partir daí, a pesquisa ocupou-se de apontar as técnicas virtuais utilizadas pela publicidade para promover o assédio de consumo.

Com o aumento do uso da *Internet* os conceitos básicos de *marketing* foram reformulados, sempre com foco na ideia de conferir maior efetividade às mensagens publicitárias. A partir disso, a publicidade tradicional cedeu espaço à digital, razão pela qual a *Internet* é hoje considerada também uma importante ferramenta de *marketing*.

Neste ponto, tomou-se o cuidado de destacar que o trabalho não almeja defender a proibição das novas técnicas de publicidade virtual, com base na ideia de liberdade da atividade econômica. O que se pretende é demonstrar que essas novas estratégias de *marketing* não podem violar preceitos normativos, como o próprio respeito à proteção do consumidor. Isso porque, muitas vezes, conforme é sabido, a tecnologia, sob a lógica da análise econômica, se desenvolve desconsiderando as disposições jurídicas, inclusive, sendo indiferente aos possíveis riscos às pessoas. Nestas situações, é imperioso o reconhecimento da ilicitude dessas práticas comerciais.

Dessa forma, é necessário o reconhecimento de que o uso da *Internet* como ambiente para o mercado gera economia na divulgação de produtos e serviços além de ampliar e otimizar o alcance das mensagens, dado que a publicidade vai se tornando segmentada e direcionada aos consumidores predefinidos. Além disso, as mensagens publicidades passam a se aproveitar de técnicas das mais variadas áreas do conhecimento, como a psicologia, a sociologia, a antropologia, as ciências do comportamento, a estatística, a teoria das probabilidades, os modelos experimentais, a simulação virtual etc.

Neste sentido, a publicidade na *Internet* é repensada pela presença de novos instrumentos, como o uso de recursos audiovisuais, mensagens convidativas, interatividade, animações, contratação de influenciadores digitais, além de outras estratégias que visam concretizar ainda mais o ato da aquisição de consumo. Assim, junto às novas maneiras de divulgação de produtos e serviços surgem também novos riscos de danos às pessoas expostas a essas práticas.

E como forma de demonstrar tal situação, o estudo focou no problema do *spam*, isto é, da mensagem eletrônica não solicitada, posto que além de se difundir com velocidade extrema, encontra-se em nítido conflito com o sistema jurídico brasileiro. Isso porque, além de se qualificar como prática não solicitada, importuna o consumidor, além de violar os seus dados pessoais, de maneira indevida e em desconformidade com a própria LGPD.

Inegavelmente, a questão foi tratada com vistas à imposição de limites aos abusos da publicidade virtual, que além de assediar indevidamente ao consumo, perturba aquele que navega pelo ambiente da *Internet*. Dessa forma, a pesquisa apresentou as principais características e os problemas envolvidos aos *spams* para, posteriormente, discorrer sobre a sua influência na perturbação do sossego do consumidor e, muitas vezes, no assédio de consumo. Tudo isso para dar a base para a defesa de uma hermenêutica promocional capaz de proteger o internauta-consumidor dessas práticas de mercado, a saber, pelo reconhecimento do direito ao sossego como faceta negativa do direito fundamental de proteção de dados.

Neste mesmo caminho, o trabalhou explicitou o uso das tecnologias de controle da *Internet*, em especial os *cookies,* que permitem o estudo do comportamento do cliente como estratégia de planejamento empresarial. Em que pese não se tratar de uma técnica propriamente dita de publicidade, os *cookies* são ferramentas importantes para a coleta de dados pessoais do consumidor, dados que posteriormente serão essenciais para a prática dos *spams*. A utilização de *cookies* certamente é a forma mais tradicional de captura de dados pessoais sem o conhecimento e consentimento do consumidor.

Levando em consideração as regras contidas no CDC, em consonância com a regulação da LGPD, os *cookies* não podem ser utilizados automaticamente em desfavor dos consumidores, coletando informações e alimentando banco de dados, sem a necessária informação das finalidades e sem a permissão do consumidor, na figura do consentimento esclarecido.

Como se não bastasse, muitas vezes as informações colhidas pelos *cookies*, de maneira obscura, são utilizadas posteriormente para as publicidades direcionadas e não solicitadas, surgindo o problema do *spam*. Neste ponto, destacou o trabalho que a simples exclusão ou bloqueio dessas mensagens, conforme já manifestou o STJ, não é a resposta jurídica adequada. Isso porque a utilização de publicidade invasiva evidencia não apenas a violação da privacidade como também um típico ato ilícito, além de constituir prática abusiva à luz das disposições do CDC, especialmente sob a ótica do direito ao sossego.

Ainda neste mesmo sentido, ressaltou a pesquisa o uso, nas publicidades, de artifícios permitidos pelos estudos de *neuromarketing*, juntamente com técnicas virtuais como o *spam*, para assediar os consumidores. Daí porque o trabalho demonstrou que as publicidades importunadoras, especialmente no âmbito virtual, são capazes de expor os consumidores à riscos, qualificando o assédio de consumo, na ótica da tutela da pessoa humana, como um dano.

Para justificar essa afirmação, o trabalho evidenciou que as novas tecnologias se desenvolvem junto às novas técnicas de publicidades, inclusive subliminares em vários sentidos, sempre visando a ampliação do lucro no mercado. Em razão disso, o Direito e a respectiva hermenêutica jurídica devem acompanhar os fatos para enquadrar qualquer prática publicitária que vicie a vontade do consumidor e que cause dano como fatos ilícitos, incisivamente combatidos pelo sistema jurídico.

Daí a importância que se deu ao destacar o *neuromarketing* como estratégica capaz de colocar em risco a integridade psíquica do consumidor, em especial a partir do momento em que essa estratégia se atrela às práticas publicitárias virtuais importunadoras. Afinal, por meio do *neuromarketing*, aliado às ferramentas que a publicidade virtual oferece, o assédio de consumo se concretiza como um dano ao consumidor.

Demonstrou-se, portanto, que diante da quantidade imensa de mensagens publicitárias, o consumidor recorrentemente age de maneira irracional, tendo em vista que os humanos, em situações complexas, com excesso de informações, têm a tendência de recorrerem às reações inconscientes, pelos atalhos mentais. E o problema jurídico surge a partir do momento em que os fornecedoras, com o intuito meramente lucrativo, utilizam dessas técnicas que envolvem comportamentos intuitivos para impulsionar nas pessoas o consumo impensado, tornando o assédio de consumo um verdadeiro dano.

Logo, a prática de assédio de consumo é aquela agressiva, que pressiona o consumidor de forma a influenciar, paralisar ou impor sua decisão de consumo, explorando emoções, medos, confiança em relação a terceiros, abusando da posição de *expert* do fornecedor e das circunstâncias especiais do consumidor, como a idade e a condição social.

Da mesma forma, pode caracterizar assédio de consumo o modo pelo qual se exerce a atividade publicitária, como ocorre nas publicidades de *telemarketing* ou de *spams*. Nestes casos, a quantidade, frequência ou modo de abordagem evidenciam a deslealdade e a violação da boa-fé objetiva, que caracterizam a prática como abusiva. Daí porque muitas das chamadas técnicas publicitárias confiam em seu sucesso devido, justamente, à vulnerabilidade a que reduzem o consumidor e a intensidade da perturbação exercida.

Em razão disso, a publicidade virtual carrega consigo a necessidade de revisitar os direitos fundamentais, razão pela qual a pesquisa ocupou-se em defender a necessidade do reconhecimento de um novo direito. Isso apontando que os Projetos de Lei 3.514/15 e 3.515/15, que trazem atualizações do CDC, traçam melhorias significativas quanto ao tratamento das publicidades, amplamente relacionadas à proposta do presente trabalho.

Em verdade, os Projetos de Lei destacados corroboram para o entendimento defendido no presente texto, afinal, defender que o assédio de consumo se qualifica como um dano é notar que o consumidor possui o direito de não ser molestado e perturbado com a finalidade única de induzir ao consumo, na maioria das vezes impulsivo e irrefletido, como projeção da faceta negativa da proteção de dados pessoais. Desse raciocínio, pode-se afirmar que o entender o assédio de consumo como dano aponta para a necessidade do reconhecimento também do direito ao sossego.

Não obstante, destacou-se que o assédio de consumo se qualifica como dano, posto que encontra fundamento na lesão da pessoa à liberdade de atuar de forma plena na realização de sua esfera privada, comprometendo, em última análise, a sua qualidade digna de vida. Com base no dever de boa-fé objetiva, o trabalhou demostrou que as fornecedoras devem respeitar a pessoa enquanto consumidora, que tem o direito de tomar decisões inteligentes, racionais, conscientes sobre os produtos e serviços que adquire, inclusive quanto aos motivos que levaram a esse consumo, sem ser indevidamente perturbada para consumir.

Desse modo, restou claro que o ambiente da *Internet*, como novo mercado, impõe que o sistema jurídico reaja e forneça respostas adequadas visando proteger as pessoas, como nos casos de assédio de consumo, mediante as ferramentas possíveis. Com efeito, como proposta de modelo operativo, destacou-se a responsabilidade civil.

Afinal, a partir do momento em que o consumidor é insistentemente molestado por publicidades virtuais, sua liberdade e dignidade estão sendo violadas, sendo imperioso priorizar a tutela da pessoa humana, por meio da limitação das práticas publicitárias, em desfavor da liberdade total e irrestrita nas práticas de divulgação de produtos e serviços no âmbito virtual. Daí porque a responsabilidade civil surge como proposta de concretização do direito ao sossego, tendo em vista a ideia de que, no atual sistema jurídico, toda liberdade deve ser compreendida com as devidas responsabilidades, inclusive quanto ao uso de dados pessoais.

Não há dúvidas de que a *Internet* impõe novas modalidades de publicidades que irritam o sistema jurídico a reagir e fornecer respostas, em especial nas situações em que ameaça ou provoca danos aos direitos fundamentais, mediante as ferramentas possíveis. Afinal, na Sociedade da Informação, estar-se diante de uma reconstrução da personalidade humana, de maneira integral, não se limitando ao corpo físico, mas também sendo estendida à tutela psíquica e social, sem desconsiderar o aspecto eletrônico.

CONCLUSÃO

A partir daí nota-se uma forte tensão entre a liberdade do consumidor, aliada ao seu necessário sossego, de não querer consumir ou mesmo de não ser importunado por publicidades, enquanto do outro lado, principalmente as grandes fornecedoras, investem em estratégias para envolver as pessoas, de maneira cada vez mais obscura, ao consumo irrefletido, por meio de estratégias agressivas e invasivas de publicidades. Atentando-se ao fato de que o sistema jurídico, ao permitir a liberdade econômica, baseia-se na preservação dos valores que promovem a tutela de pessoa humana, de modo que, quanto ao desenvolvimento das novas formas de publicidades, chega-se à conclusão de qual direito deve prevalecer, isto é, o direito básico do consumidor.

Neste ponto, é oportuno lembrar novamente que todo direito básico do consumidor é, em última análise, direito fundamental, tendo em vista a sua carga axiológica. Desta maneira, ao defender a tutela do sossego, como efetivação do direito de proteção de dados pessoais, reconhece-se o dever de respeito em todos os âmbitos do Direito, seja na esfera pública ou privada, como verdadeiro direito fundamental.

Isso porque, se de um lado o direito ao sossego pretende tutelar as pessoas, evitando o assédio de consumo, em contrapartida, a publicidade virtual, enquanto desdobramento da livre iniciativa, não se insere no plano dos direitos fundamentais. Em verdade, o objetivo principal da publicidade é auferir lucro, promovendo a venda, induzindo ao consumo ou criando necessidades, visando atender sempre os interesses mercadológicos, relacionados com a ótica do lucro.

Diante disso, é inegável que ao se discutir a colisão entre os direitos fundamentais de privacidade, de proteção de dados e o próprio sossego dela decorrente, em confronto com o direito de livre iniciativa mercadológica, notadamente pelas práticas publicitárias virtuais, não há que se perder de vista que este deve ceder espaço àqueles, como cumprimento do fundamento central do sistema jurídico brasileiro, qual seja, a efetivação da dignidade da pessoa humana, em seu mais amplo desdobramento, seja físico ou virtual, seja quanto a integridade física ou psíquica. Em outras palavras, no embate entre o direito de o consumidor ter seu dia a dia sossegado, sem qualquer tipo de importunação de consumo, e a liberdade publicitária, esta deve ceder espaço, principalmente diante da demonstração de que o assédio de consumo se qualifica como um dano, de cunho moral.

Com rigor, a publicidade, sempre identificada ou identificável facilmente como tal, deve trabalhar com mensagens verdadeiras de modo leal, justo, correto e honesto, sem a utilização de subterfúgios ou técnicas escusas, com captação de dados pessoais, muita vez sensíveis, visando induzir o consumidor a transformar, por meio do assédio de consumo, desejos em necessidades. Dessa maneira, não é possível permitir que às práticas publicitárias infrinjam valores éticos ou muito menos utilizem qualquer elemento capaz de violar as disposições de ordem pública e interesse social prevista no código consumerista, prejudicando a pessoa enquanto consumidora. Muito além disso, qualquer publicidade deve respeito a todo o sistema que se centraliza na promoção da pessoa humana, das leis de proteção de dados à Constituição Federal.

Afinal, vale sempre lembrar que a finalidade última do Direito é proteger as pessoas, de modo que a concepção de índole capitalista selvagem, em que o progresso é medido pelo desenvolvimento da tecnologia e do consumo, tendo a economia como fator primordial, deve ceder espaço à tutela da dignidade da pessoa humana. Por todo o exposto, é possível concluir que, no atual contexto, não há como visualizar a garantia da dignidade se as pessoas não tiverem garantido o sossego, sem qualquer tipo de assédio, físico ou mental. Violado esse direito, a liberdade deve dar lugar à responsabilidade.

Todos os apontamentos podem ser concretizados com a formulação da seguinte proposta legislativa, visando concretizar ainda mais a hermenêutica desenvolvida no decorrer do trabalho, a saber:

Art. 6º São direitos básicos do consumidor:

[...] XI – o sossego, assegurada a proteção contra o assédio de consumo realizado por ofertas ou publicidades não solicitadas ou importunadoras.

POSFÁCIO

> "The coming decades will provide unprecedented opportunities for [governments and regulators] to require disclosure of information, with the salutary goal of helping consumers, employees, investors, and ordinary citizens going about their lives. Often that will be a terrific idea. But in some contexts, less is more, and more is less."[1]
>
> — CASS SUNSTEIN

Foi com enorme alegria que recebi do dileto amigo e notável Professor e Pesquisador Arthur Pinheiro Basan o honroso convite para redigir o posfácio de sua Tese, escrita por ocasião de seu Doutoramento em Direito na Universidade do Vale do Rio dos Sinos – Unisinos, e que agora é lançada ao público. A missão de externar aspectos conclusivos que se desdobram da vastíssima pesquisa bibliográfica – condensada pelo autor com a sagacidade que lhe é típica – não vem desacompanhada das inquietações despertadas pelo texto: a obra é escrita de forma meticulosa, bem calibrada e elucidativa, culminando na instigante proposta de reforma legislativa que visa ao reconhecimento do direito fundamental ao sossego na Internet, em oposição às práticas publicitárias não consentidas que perturbam e geram danos variados.

A epígrafe desse posfácio resume, por um lado, a essência daquilo que a pesquisa de Arthur Basan brilhantemente conclui: "o ambiente da Internet, como novo mercado, impõe que o sistema jurídico reaja e forneça respostas adequadas visando proteger as pessoas"; por outro lado, faz emanar a ideia que o próprio Cass Sunstein apresenta no excerto transcrito: estamos no limiar de um novo paradigma social, no qual governantes e agentes reguladores deverão lidar com oportunidades únicas para o trato da informação. E, às vezes, "menos é mais"!

O caminho que se está a trilhar parece evidente: almeja-se a automatização e aceleração de processos, a partir da empolgante otimização algorítmica de resultados.[2] Porém, estruturas de mercado são cada vez mais dependentes da atenção[3], dados são

---

1. SUNSTEIN, Cass R. *Too much information*: understanding what you don't want to know. Cambridge: The MIT Press, 2020. p. 191.
2. Comentando essa tendência, tem-se a reflexão de Jaron Lanier: "Today, we can still think of information as the intangible enabler of communications, media, and software. But as technology advances in this century, our present intuition about the nature of information will be remembered as narrow and shortsighted. We can think of information narrowly only because sectors like manufacturing, energy, health care, and transportation aren't yet particularly automated or 'net-centric." LANIER, Jaron. *Who owns the future?* Nova York: Simon & Schuster, 2013. p. 22.
3. WU, Tim. *The attention merchants*: the epic scramble to get inside our heads. Nova York: Vintage, 2016. p. 5. Comenta o autor: "Since its inception, the attention industry, in its many forms, has asked and gained more and more of our waking moments, albeit always, in exchange for new conveniences and diversions, creating a grand bargain that has transformed our lives."

coletados para produzir as mais estratificadas soluções baseadas em preferências dos usuários, e o que se tem é, sem dúvidas, um ecossistema baseado em controle[4].

Big Data... um "universo" de dados.[5] Esse tem sido o mote do hodierno debate em torno da pujante e empolgante revolução informacional[6], propulsionada pela evolução da computação, alimentada e robustecida por acervos informacionais antes inimagináveis. Os algoritmos 'mais eficazes' são aqueles que conseguem coletar mais dados, processá-los em menor tempo e oferecer as mais rápidas respostas à finalidade operacional para a qual foram desenvolvidos, impondo novos desafios ao direito, especialmente quanto às relações de consumo.

Como se disse, a atenção é o substrato que viabiliza a utilização de técnicas sofisticadas de *neuromarketing, telemarketing* e *spam*, agora empregadas em novas práticas comerciais que, como bem alerta Basan, causam perturbação, importunação e violações a direitos. Tem-se, enfim, a manipulação sutil[7], por vezes velada, usualmente não cognoscível dos interesses e desejos da pessoa, que se torna refém de um ecossistema no qual tudo é monitorado, e o consumo, mais do que incentivado, se torna tóxico!

Como sintetiza Steven Pinker, "nossa total perplexidade sobre os enigmas da consciência, do eu, da vontade e do conhecimento pode advir de uma incompatibilidade entre a própria natureza desses problemas e o aparato computacional com o qual a seleção natural nos equipou."[8] O assédio de consumo passa a emanar, enfim, da malversação informacional e, no contexto da perturbação ao sossego, passa a expor e explorar vulnerabilidades, tornando-se inegavelmente ilícito quando categoriza e discrimina a pessoa, tratando-a como um "perfil" com maior ou menor propensão ao consumo de determinado bem ou serviço que se lhe pretenda oferecer. E o pior: tudo isso ocorre de forma automatizada!

Sabe-se que a vulnerabilidade do consumidor é qualidade presumida e distintiva (art. 4º, do CDC), razão pela qual deve o fornecedor valer-se de práticas comerciais que respeitem esta especial condição do consumidor, deixando de levar a efeito estratégias que o manipulem ou explorem. Porém, mercados que recorrem à atenção para alimentar

---

4. ZUBOFF, Shoshana. *The age of surveillance capitalism*: the fight for a human future at the new frontier of power. Nova York: Public Affairs, 2019. p. 4. Diz: "Entanglements of knowledge, authority and power are no longer confined to workplaces as they were in the 1980s. Now their roots run deep through the necessities of daily life, mediating nearly every form of social participation."

5. Em simples termos, eis o conceito: "Big Data is all about seeing and understanding the relations within and among pieces of information that, until very recently, we struggled to fully grasp." MAYER-SCHÖNBERGER, Viktor; CUKIER, Kenneth. *Big Data*: a revolution that will transform how we live, work, and think. Nova York: Houghton Mifflin Harcourt, 2014. p. 19.

6. FLORIDI, Luciano. *Information*: a very short introduction. Oxford: Oxford University Press, 2010. p. 3 et seq.

7. SUNSTEIN, Cass R. *Valuing life*: humanizing the regulatory state. Chicago: The University of Chicago Press, 2014. p. 137. O autor comenta: "When people use simple heuristics, or mental shortcuts, it is generally because they work well, in the sense that they enable us to make good decisions. But even if heuristics usually work well, they can lead to big errors. When we make inaccurate assessments of probabilities, it may well be because simple heuristics are leading us astray."

8. PINKER, Steven. *How the mind works*. Nova York: Penguin Books, 1997. p. 565, tradução livre. "No original: Our thoroughgoing perplexity about the enigmas of consciousness, self, will, and knowledge may come from a mismatch between the very nature of these problems and the computational apparatus that natural selection has fitted us with."

POSFÁCIO   221

algoritmos complexos – que "reinventam" as estratégias de *marketing* mais corriqueiras e passam a se imiscuir à racionalidade humana – impõem desafio nunca antes vislumbrado para os tradicionais instrumentos de tutela postos à disposição do operador do Direito! Permitindo-me aludir ao pensamento de Luciano Floridi, me parece claro que estamos a enfrentar um problema epistemológico concernente ao *Big Data*[9], que decorre da formulação de pequenos padrões comportamentais com valor agregado direcionado unicamente à maximização do lucro.

Precisamente porque tantos dados agora podem ser gerados e processados tão rapidamente, de forma tão barata e em praticamente qualquer contexto, tem-se grande empolgação com a capacidade de identificar onde estão os novos padrões com valor agregado real em imensos bancos de dados e em como eles podem ser melhor explorados para a criação de riqueza, a melhoria de vidas humanas e o avanço do conhecimento.

É insofismável que a tecnologia e a inovação são empolgantes. Porém, como anota van Dijk, "o direito e a justiça ficaram atrás das novas tecnologias em quase todos os períodos da história. Isso é compreensível, uma vez que a nova tecnologia deve se estabelecer na sociedade antes que a legislação possa ser aplicada a ela."[10]

Não se pode desejar que o labor legislativo, de forma prévia e definitiva, contemple todas as contingências geradas pela evolução da técnica, pois nem sempre se terá a maturação (ou mesmo a completa compreensão) de um tema até que seja possível legislar sobre ele. A despeito disso, a inexistência ou insuficiência da regulação não pode representar "espaços abertos" para que sejam praticados abusos. É exatamente por isso que se deve primar pelo diálogo de fontes entre os marcos normativos criados para consagrar a proteção de dados pessoais e as normas de proteção ao consumidor!

No curso de sua obra, Arthur Basan é enfático nesse ponto ao lançar mão de uma conclusão inexorável sobre o mundo em que estamos vivendo e sobre o valor que a proteção de dados pessoais passou a ostentar.[11] Normas como o Código de Defesa do Consumidor e a Lei Geral de Proteção de Dados Pessoais, no Brasil, atendem a esse propósito e "dialogam" de forma transversal, entre si e com outras normas.

Outro aspecto que surge na obra e gera profunda inquietação é a necessidade de atribuição de proteção mais aguda a certas categorias jurídicas, especialmente em razão do que representa a informação em determinados contextos.

---

9. FLORIDI, Luciano. Big Data and information quality. *In:* FLORIDI, Luciano; ILLARI, Phyllis (Eds.). *The philosophy of information quality.* Cham: Springer, 2014. p. 306. O autor faz o alerta: "Data remain an asset, a resource to exploit. Nobody is forcing us to digest every available byte. We are becoming data-richer by the day; this cannot be the fundamental problem. Since the problem is not the increasing wealth of data that is becoming available, clearly the solution needs to be reconsidered: it cannot be merely how many data we can technologically process. We saw that, if anything, more and better techniques and technologies are only going to generate more data. If the problem were too many data, more ICTs would only exacerbate it. Growing bigger digestive systems, as it were, is not the way forward. The real, epistemological problem with big data is small patterns."

10. VAN DIJK, Jan. *The network society.* 2. ed. Londres: Sage Publications, 2006, p. 128, tradução livre. No original: "The law and justice have lagged behind new technology in almost every period in history. This is understandable, as new technology must become established in society before legislation can be applied to it."

11. Sobre o tema, conferir, por todos, WINEGAR, Angela G.; SUNSTEIN, Cass R. How much is data privacy worth? A preliminary investigation. *Journal of Consumer Policy*, Heidelberg, v. 42, p. 425-440, 2019.

A definição de categorias merecedoras de maior proteção, como a dos dados pessoais adjetivados como "sensíveis" (art. 5º, II, da LGPD) é evidência sólida dessa preocupação do legislador brasileiro. Outra evidência disso é estruturação de revisões das decisões automatizadas (art. 20, da LGPD), embora não tenha sido mantida a redação original do dispositivo, que impunha sua realização por agentes humanos.

Se a proteção insuficiente não pode ser admitida, sob pena de flagrante violação ao mais conhecido fundamento da LGPD (autodeterminação informativa), deve-se estruturar mecanismos de controle que atuem como freios aos desideratos que afastem os humanos de sua essência.[12]

O reconhecimento do direito ao sossego, com a garantia de proteção contra o assédio de consumo praticado por ofertas ou publicidade não solicitada e que gere importunação é o mote da conclusão do autor, que se manifesta com a proposta de redação legislativa para um novo inciso a ser inserido no rol do artigo 6º do CDC, e as possibilidades de reflexão e pesquisa inauguradas por essa proposta são inúmeras!

Ao desenvolver as bases dogmáticas do referido direito em conjunto com a necessária proteção à dignidade humana, Basan não apenas indica o necessário realce que se deve conferir aos direitos humanos[13], mas também informa caminhos que se pode percorrer no desenvolvimento da pesquisa jurídica para que novos institutos sejam vislumbrados e vetustas leituras possam ser redefinidas e realinhadas.

Embora seja despicienda a individualização e categorização de todas as espécies de vulnerabilidade presentes em uma relação de consumo, bastando que esteja presente uma delas para que se reconheça a vulnerabilidade do consumidor, não se pode negar que tecnologias publicitárias baseadas no *neuromarketing* – e em outras estratégias que conduzem ao assédio de consumo na Internet – não afastam do consumidor a qualidade de *vulnerável*, uma vez que fica mantida a vulnerabilidade fática (econômica).

É certo que os consumidores bem-informados e com qualificação técnica e jurídica podem continuar sendo vulneráveis aos apelos do mercado de consumo, considerando-se o fato de que o fornecedor é o detentor do poder econômico[14]. Contudo, não é o homem econômico (*homo economicus*) a figura que se pretende ver inserida no vértice constitucional, ainda que também seja merecedora de proteção pontual, a nível

---

12. WIENER, Norbert. *The human use of human beings*. Londres/Nova York: Houghton Mifflin, 1954, p. 113.

13. MOYN, Samuel. *Not enough*: human rights in an unequal world. Cambridge: Harvard University Press, 2018. p. 220. O autor assevera: "Human rights will return to their defensible importance only as soon as humanity saves itself from its low ambitions. If it does, for the sake of local and global welfare, sufficiency and equality can again become powerful companions, both in our moral lives and in our political enterprises."

14. No mesmo sentido: "The situation affects the involvement of consumers, which defines the relationship between consumers and product or service. The level of involvement frames the decision process for consumers: the more involvement frames the decision process for consumers: the more information and use it in a critical and rational decision process and vice versa. Effective consumer protection has to differentiate between different consumer situations in order to find a balance between consumer protection and unnecessary costs for business. Behavioural studies can support the legal system in its task of establishing an effective consumer protection law, because asymmetries in contract relations and the consumer's bounded and limited rationality both have to be considered" SCHÜLLER, Bastian. The definition of consumers in EU consumer law. In: DEVENNY, James; KENNY, Mel (Eds.). *European consumer protection*: theory and practice. Cambridge: Cambridge University Press, 2012. p. 141.

fundamental. Almeja-se, sim, a maior proteção ao "homem existencial", concebido a partir da estruturação de direitos consentâneos com novas experiências individuais que tenham uma projeção útil para o próprio titular e para a coletividade.

Destaca-se a redação do inciso VII do artigo 2º da LGPD: "A disciplina da proteção de dados pessoais tem como fundamentos: (...) VII - os direitos humanos, o livre desenvolvimento da personalidade, a dignidade e o exercício da cidadania pelas pessoas naturais." O desafio é enorme e envolve a compreensão detida de um fenômeno que vai além do direito, pois, no descompasso com a técnica, as tradicionais estruturas sociais (inclusive os mercados), já impõem novos modos de vida. Por essa razão, é preciso construir novos caminhos e inovadoras soluções, mas sem perder de vista a proteção à pessoa, pois, como conclui Basan, "no embate entre o direito de o consumidor ter seu dia a dia sossegado, sem qualquer tipo de importunação de consumo, e a liberdade publicitária, esta deve ceder espaço, principalmente diante da demonstração de que o assédio de consumo se qualifica como um dano, de cunho existencial."

Que fique claro: o recrudescimento valorativo dos direitos humanos não implica considerar um resgate antropocêntrico, egoístico ou que coloque o homem (individualmente considerado) novamente no centro do sistema jurídico, como foi no apogeu do Estado Liberal; trata-se, em verdade, de admitir vetores axiológicos que visam nortear o desenvolvimento de algoritmos, cuidando ao menos do que é previsível e calculável, em caráter preventivo, como um profícuo percurso a ser seguido.

Tendo isso em mente, fica o elogio à leitura crítica do autor quanto a fenômenos atualíssimos e que contribuem para a formação de visões sobre práticas que já são desafiadoras por si mesmas, mas que instigam e inquietam, tamanho o seu campo de aplicação.

Como anota Floridi, "no processo de construção, não se pode deixar de construir cada degrau superior sobre um degrau inferior. É trivial observar que não há segundo andar sem primeiro."[15] O ineditismo da Tese de Arthur Basan propicia caminhos até então pouco vislumbrados e quase inexplorados na doutrina especializada. O texto é robusto e propositivo quanto ao objeto que se propôs a investigar, mas serve, ainda, como "primeiro degrau" para uma gama infindável de temas que podem (e serão) explorados, tendo-o como ponto de partida.

E, cumprindo a finalidade precípua de um posfácio, cabe a mim lançar ao amigo leitor algumas inquietações adicionais, visando fomentar o debate jurídico em torno das linhas escritas com brilhantismo por Arthur Basan.

Destaco que a tendência de mudança do consumo virtual dos produtos para os serviços[16] é um dos contextos em que a perturbação ao sossego pode se manifestar com

---

15. FLORIDI, Luciano. *The ethics of information.* Oxford: Oxford University Press, 2013. p. 329. No original: "In the process of building, one cannot help but construct every higher step upon a lower step. It is trivial to remark that there is no second floor without a first."

16. SIMONSSON, Johan; MAGNUSSON, Mats. Digital business model innovation: implications for offering, platform and organization. In: AAGAARD, Annabeth (Ed.). *Digital business models*: driving transformation and innovation. Cham: Palgrave Macmillan, 2019. p. 165. Comentam: "One key area is understanding how the customer value of services can be captured in an effective manner, and in connection with this how new service offerings should be

grande intensidade, abrindo espaço para futuras pesquisas. Os serviços de *streaming*, a aquisição de licenças, o armazenamento remoto ou em nuvem, a potencialização do processamento descentralizado da tecnologia 5G, e, de modo geral, a difusão de equipamentos que funcionam a partir de algoritmos que automatizam a rotina (como assistentes pessoais) são singelos exemplos de novas relações de consumo baseadas em dados e na predição dos gostos e preferências a partir da perfilização (*profiling*) – assunto tão bem explorado por Basan – que instigam a Ciência do Direito à busca por respostas.

Que seja esta obra repositório essencial de ideias para futuras investigações, releituras e novas propostas, como aquela que o autor traça com tamanho brilhantismo no curso de seu texto!

Belo Horizonte, janeiro de 2021.

José Luiz de Moura Faleiros Júnior

Doutorando em Direito pela Universidade de São Paulo – USP. Mestre em Direito pela Universidade Federal de Uberlândia – UFU. Especialista em Direito Digital e *Compliance*. Membro do Instituto Avançado de Proteção de Dados – IAPD e do Instituto Brasileiro de Estudos de Responsabilidade Civil – IBERC. Advogado. Professor.

---

priced. (...) Current innovation activities are mainly driven internally from R&D, but these activities need to be moved closer to the customer when the offer changes from products to service solutions. This poses significant challenges to companies, in particular in relation to the use of a platform development approach."

REFERÊNCIAS

ABBOUD, Georges; CARNIO, Henrique Garbellini; OLIVEIRA, Rafael Tomaz de. *Introdução à teoria e à filosofia do direito*. São Paulo: Ed. RT, 2013.

ADOLFO, Luiz Gonzaga Silva; BAGATINI, Julia. Sociedade de informação e direito do consumidor: uma abordagem a partir do jogo Pokémon GO. *Revista de Direito do Consumidor*, São Paulo, v. 110, p. 259-279, mar./abr. 2017.

AGÊNCIA NACIONAL DE TELECOMUNICAÇÕES (ANATEL). *Não me perturbe telemarketing telecomunicações e bancos consignado*. Brasília, DF, 2020. Disponível em: https://www.naome perturbe. com.br/. Acesso em: 03 jan. 2020.

AGOSTINI, Renata. *A nova indústria da espionagem explora o consumo. Revista Exame*, São Paulo, 28 abr. 2012. Disponível em: https://exame.abril.com.br/revista-exame/a-nova-industria-da-espionagem/. Acesso em: 13 nov. 2019.

ALBALEMANHA. *Lei fundamental da República Federal da Alemanha de*, 23 de maio de 1949. Disponível em: https://www.btg-bestellservice.de/pdf/80208000.pdf. Acesso em: 30 jul. 2019.

ALBERTIN, Alberto Luiz. *Comércio eletrônico*: modelo, aspectos e contribuições de sua aplicação. 5. ed. São Paulo: Atlas, 2007.

ALEXY, Robert. *Constitucionalismo discursivo*. Porto Alegre: Livraria do Advogado, 2006.

ALLEN, Mike. *Sean parker unloads on facebook*: "God only knows what it's doing to our children's brains. [*S. l.*], 9 nov. 2017. Disponível em: https://www.axios.com/ sean-parker-unloads-on-facebook-god-only-knows-what-its-doing-to-our-childrens-brains-1513306792-f855e7b4-4e-99-4d60-8d51-2775559c2671.html. Acesso em: 18 dez. 2019.

AMARAL, Francisco. O direito civil na pós-modernidade. In: NAVES, Bruno Torquato de Oliveira; FIUZA, César; SÁ, Maria de Fátima Freire de (Coord.). *Direito civil*: atualidades. Belo Horizonte: Del Rey, 2003.

APPLE. *Apple watch series* 5: um relógio como você nunca viu. São Paulo. 2019. Disponível em: https:// www.apple.com/br/apple-watch-series-5/. Acesso em: 12 dez. 2019. Evidentemente, todos esses dados sensíveis do consumidor, que utiliza esse tipo de relógio, se fugirem da finalidade para o qual foram coletados, podem colocar a pessoa em uma série de riscos de danos, em especial nas situações em que pode sofrer discriminação.

APPS como Uber e iFood se tornam "maior empregador" do Brasil. *Exame*, São Paulo, 28 abr. 2019. Disponível em: https://exame.abril.com.br/economia/ apps-como-uber-e-ifood-sao-fonte-de-renda-de-quase-4-milhoes-de-pessoas/. Acesso em: 10 ago. 2019.

ARATA JÚNIOR, Seiiti. Regulação tecnológica e jurídica das redes sociais (social networks). *Revista da Faculdade de Direito da Universidade de São Paulo*, São Paulo, v. 100, p. 617-646, jan./dez. 2005.

ARTISTA Plástico II. Direção: Daniela Thomas e Carol Jabor. [*S. l.*]: Movieart Produções1, 2000. (42 min). Disponível em: https://youtu.be/uvd-gx3ZoLo. Acesso em: 30 nov. 2019.

BARBER, Benjamin R. *Consumido*. Rio de Janeiro: Record, 2009.

BARBOSA, Caio César do Nascimento; BRITTO, Priscila Alves de; SILVA, Michael César. Publicidade Ilícita e Influenciadores Digitais: Novas Tendências da Responsabilidade Civil. *Revista IBERC*, Minas Gerais, v. 2, n. 2, p. 01-21, mai.-ago./2019.

BARBOSA, Fernanda Nunes. Informação e consumo: a proteção da privacidade do consumidor no mercado contemporâneo da oferta. In: MARTINS, Guilherme Magalhães; LONGHI, João Victor Rozatti (Coord.) *Direito digital*: direito privado e internet. Indaiatuba: Foco, 2019.

BARBOSA, Fernanda Nunes. O dano informativo do consumidor na era digital: uma abordagem a partir do reconhecimento do direito do consumidor como direito humano. *Revista de Direito do Consumidor*, São Paulo, v. 122, mar./abr. 2019.

BARROS, Rubem. O futuro das profissões jurídicas. Entrevita com Marina Feferbaum. *Revista Ensino Superior*, São Paulo, 30 abr. 2019. Disponível em: http://revistaensinosuperior.com.br/futuro-do--direito/. Acesso em: 22. jul. 2019.

BARROSO, Luís Roberto. *A dignidade humana no direito constitucional contemporâneo*: a construção de um conceito jurídico à luz da jurisprudência mundial. Belo Horizonte: Fórum, 2013.

BARROSO, Luís Roberto. Fundamentos teóricos e filosóficos do novo direito constitucional brasileiro. *Revista de Direito Administrativo*, Rio de Janeiro: Renovar, 2001.

BARROSO, Luís Roberto. *Liberdade de expressão, direito à informação e banimento da publicidade de cigarro*. Temas de direito constitucional. Rio de Janeiro: Renovar, 2001.

BARROSO, Luís Roberto. Neoconstitucionalismo e constitucionalização do direito: o triunfo tardio do direito constitucional no Brasil. *Revista Interesse Público*, Porto Alegre: Notadez, ano 7, n. 33, set./out. 2005.

BASAN, Arthur Pinheiro. *Habeas Mente*: garantia fundamental de não ser molestado pelas publicidades virtuais de consumo. 2020. No prelo.

BAUDRILLARD, Jean. *A sociedade de consumo*. Portugal: Edições 70, 2008.

BAUDRILLARD, Jean. Função-signo e lógica de classe. *In*: BAUDRILLARD, Jean. *A economia política dos signos*. São Paulo: Martins Fontes, 1996.

BAUMAN, Zygmunt. *Globalização: as consequências humanas*. Trad. Marcus Penchel. Rio de Janeiro: Jorge Zahar, 1999.

BAUMAN, Zygmunt. *Isto não é um diário*. Rio de Janeiro: Jorge Zahar, 2012.

BAUMAN, Zygmunt. *Vida líquida*. Rio de Janeiro: Jorge Zahar, 2009.

BAUMAN, Zygmunt. *Vida para consumo*: a transformação das pessoas em mercadoria. Trad. Carlos Alberto Medeiros. Rio de Janeiro: Zahar, 2008.

BAUMAN, Zygmunt; LYON, David. *Vigilância líquida*. Trad. Carlos Alberto Medeiros. Rio de Janeiro: Zahar, 2013.

BECK, Ulrich. *A metamorfose do mundo*: novos conceitos para uma nova realidade. Tradução de Maria Luiza Borges. Rio de Janeiro: Zahar. 2018.

BECK, Ulrich. *Sociedade de risco*: rumo a uma outra modernidade. São Paulo: Editora 34, 2010.

BENJAMIN, Antonio Herman V; MARQUES, Claudia Lima Marques; MIRAGEM, Bruno. *Comentários ao código de defesa do consumidor*. 3. ed. São Paulo: Thomson Reuters Brasil, 2019. *E-book*.

BENJAMIN, Antonio Herman Vasconcellos. O controle jurídico da publicidade. *Revista de Direito do Consumidor*, São Paulo, n. 9, p. 25-57, jan./mar. 1994.

BENJAMIN, Antonio Herman; MARQUES, Claudia Lima. Extrato do relatório-geral da comissão de juristas do Senado Federal para atualização do código de defesa do consumidor. *Revista de Direito do Consumidor*: RDC, São Paulo, v. 92, p. 303-306, mar./abr. 2014.

REFERÊNCIAS **227**

BERTONCELLO, Karén Rick Danilevicz. *Superendividamento do consumidor*: mínimo existencial. São Paulo: Thomson Reuters Brasil, 2015. *E-book*.

BILBAO UBILLOS, Juan María. Eficacia horizontal de los derechos fundamentales: las teorias y la practica. Direito civil contemporâneo: novos problemas à luz da legalidade constitucional: anais do congresso nacional de direito civil. Constitucional da cidade do Rio de Janeiro. In: TEPEDINO, Gustavo (Org.). *Direito civil contemporâneo*: novos problemas à luz da legalidade constitucional. São Paulo: Atlas, 2008.

BIONI, Bruno Ricardo. *Proteção de dados pessoais*: a função e os limites do consentimento. Rio de Janeiro: Forense, 2019.

BITTAR, Carlos Alberto. *Os direitos da personalidade*. Rio de Janeiro: Forense Universitária, 1999.

BITTAR, Eduardo Carlos Bianca Direitos do consumidor e direitos da personalidade: limites, intersecções, relações. *Revista de Direito do Consumidor*, São Paulo, n. 33, jan./mar. 2000.

BOBBIO, Norberto. *A era dos direitos*. Trad. Carlos Nelson Coutinho. Rio de Janeiro: Elservier 1992.

BOBBIO, Norberto. *Autobiografia*. Bari: Laterza, 1997.

BOBBIO, Norberto. *Da estrutura à função*: novos estudos de teoria do direito. Tradução de Daniela Beccaccia Versiani. Barueri: Manole, 2007.

BOBBIO, Norberto. *O positivismo jurídico*. Lições de filosofia do direito. São Paulo: Ícone, 1995.

BOFF, Salete Oro (Coord.). *Proteção de dados e privacidade*: do direito às novas tecnologias na sociedade da informação. Rio de Janeiro: Lumen Juris, 2018.

BOLESINA, Iuri. *Direito à extimidade*: as inter-relações entre identidade, ciberespaço e privacidade. Florianópolis: Empório do Direito, 2017.

BONAVIDES, Paulo. *Do Estado liberal ao Estado social*. 6. ed. rev. e ampl. São Paulo: Malheiros, 1996.

BRAGA, Carolina Henrique da Costa. A utilização do Big Data pelo setor público: possibilidades, riscos e desafios. In: CAMARGO, Coriolano Almeida (coorC.). *Direito digital*: novas teses jurídicas. Rio de Janeiro: Lumen Juris, 2018.

BRASIL. *Constituição da República Federativa do Brasil de 1988*. Disponível em: http://www.planalto.gov. br/ccivil_03/constituicao/ constituicao. htm. Acesso em: 24 jan. 2020.

BRASIL. Câmara dos Deputados. *Projeto de lei PL 3514/2015*. Altera a Lei 8.078, de 11 de setembro de 1990 (Código de Defesa do Consumidor), para aperfeiçoar as disposições gerais do Capítulo I do Título I e dispor sobre o comércio eletrônico, e o art. 9º do Decreto-Lei 4.657, de 4 de setembro de 1942 (Lei de Introdução às Normas do Direito Brasileiro), para aperfeiçoar a disciplina dos contratos internacionais comerciais e de consumo e dispor sobre as obrigações extracontratuais. Disponível em: https:// www.camara.leg.br/proposicoesWeb/fichadetramitacao?idProposicao=2052488. Acesso em: 19 dez. 2019.

BRASIL. *Lei 10.406, de 10 de janeiro de 2002*. Institui o Código Civil. Disponível em: http://www.planalto. gov. br/ccivil_03/leis/ 2002/l10406.htm. Acesso em: 20 jun. 2019.

BRASIL. *Lei 11.340, de 07 de agosto de 2006*. [Lei Maria da Penha]. Cria mecanismos para coibir a violência doméstica e familiar contra a mulher, nos termos do § 8º do art. 226 da Constituição Federal, da Convenção sobre a Eliminação de Todas as Formas de Discriminação contra as Mulheres e da Convenção Interamericana para Prevenir, Punir e Erradicar a Violência contra a Mulher; dispõe sobre a criação dos Juizados de Violência Doméstica e Familiar contra a Mulher; altera o Código de Processo Penal, o Código Penal e a Lei de Execução Penal; e dá outras providências. Disponível em: http:// www.planalto.gov.br/ccivil_03/_ato2004-2006/2006/lei/l11340.htm. Acesso em: 19 dez. 2019.

BRASIL. *Lei 13.709, de 14 de agosto de 2018*. Dispõe sobre a proteção de dados pessoais e altera a Lei 12.965, de 23 de abril de 2014 (Marco Civil da Internet). Disponível em: http://www.planalto.gov.br/ccivil_03/_ato2015-2018/2018/lei/L13709.htm. Acesso em: 20 jun. 2019.

BRASIL. *Lei 9.294, de 15 de julho de 1996*. Dispõe sobre as restrições ao uso e à propaganda de produtos fumígeros, bebidas alcoólicas, medicamentos, terapias e defensivos agrícolas, nos termos do § 4º do art. 220 da Constituição Federal. Disponível em: http://www.planalto.gov.br/ccivil_03/leis/l9294.htm. Acesso em: 30 nov. 2019.

BRASIL. *Lei 8.078, de 11 de setembro de 1990*. [Código de Defesa do. Consumidor]. Dispõe sobre a proteção do consumidor e dá outras providências. Disponível em: http://www.planalto.gov.br/ccivil_03/leis/l8078.htm. Acesso em: 08 maio 2020.

BRASIL. Ministério da Justiça e Segurança Pública. *Nota Técnica n.º 243/2019/CSA-SENACON/CGCTSA/DPDC/SENACON/MJ. Processo 08012.001478/2019-48*. Representantes: Instuto Defesa Coleva e Instuto Brasileiro de Defesa do Consumidor (Idec). Representado: Banco BMG S.A. Brasília, DF, 12 ago. 2019. Disponível em: https://www.justica.gov.br/seus-direitos/consumidor/notas-tecnicas/anexos/nota-tecnica-243.pdf. Acesso em: 12 dez. 2019.

BRASIL. Ministério Público do Distrito Federal e Territórios (MPDFT). *Por iniciativa do MPDFT, STJ julga publicidade de cigarros abusiva e enganosa*. Brasília, DF, 2016. Disponível em: http://www.mpdft.mp.br/portal/index.php/comunicacao-menu/noticias/noticias-2016/noticias-2016-lista/8482-por-iniciativa-do-mpdft-stj-julga-publicidade-de-cigarros-abusiva-e-enganosa. Acesso em: 30 nov. 2019.

BRASIL. Senado Federal. *PEC 17/2019*. Proposta de Emenda à Constituição. Disponível em: https://www.camara.leg.br/proposicoesWeb/fichade tramitacao? idProposicao =2210757. Acesso em: 13 abr. 2020.

BRASIL. Superior Tribunal de Justiça (4. Turma). *Recurso especial 844.736/DF*. Recorrente: Gerson Alves de Oliveira Júnior: Recorrido: WB Restaurante Ltda. Relator Ministro Luís Felipe Salomão. Relator. p/ Acórdão Ministro Honildo Amaral de Mello Castro. Brasília, DF, julg em: 27 de outubro de 2009. Disponível em: https://stj.jusbrasil.com.br/jurisprudencia/16827894/recurso-especial-resp-844736-df-2006-0094695-7/inteiro-teor-16827895?ref=juris-tabs. Acesso em: 19 dez. 2019.

BRASIL. Superior Tribunal de Justiça. (3. Turma). *Recurso especial 1.125.276 – RJ*. Recorrente: Maurício Escobar Saad. Recorrido: Oswaldo Branquinho Saraiva. Relatora: Ministra Nancy Andrighi. BrasíliaDF, 28 de fevereiro de 2012. Disponível em: https://ww2.stj.jus.br/processo/revista/documento/mediado/?componente =ATC&sequencial=20589615&num_registro=200900344585&data=20120307&tipo=5&formato=PDF Acesso em: 11 set. 2019.

BRASIL. Superior Tribunal de Justiça. *AgRg no REsp n. 1349961 /MG*. Recorrente: Google Brasil Internet Ltda e Walter Fonseca Mesquita. Recorrido: Os Mesmos. Relator: Ministro Paulo de Tarso Sanseverino. Brasília, DF, Julgado em: 21 de março de 2014. Disponível em: https://ww2.stj.jus.br/processo/pesquisa/?tipoPesquisa =tipoPesquisaNumeroRegistro&termo=201202200799 &totalRegistrosPorPagina= 40&aplicacao=processos.ea. Acesso em: 20 jun. 2019.

BRASIL. Supremo Tribunal Federal. *ADI 6387 - Ação direta de inconstitucionalidade*. Requerente: Conselho Federal da Ordem dos Advogados do Brasil – CFOAB. Intimado: Presidente da República Relator: Min. Rosa Weber. Brasília, DF, 7 de maio de 2020. Disponível em http://portal.stf.jus.br/processos/detalhe.asp?incidente= 5895165. Acesso em: 08 maio 2020.

BRASILANTISPAM. *Código de ética antispam e melhores práticas de uso de mensagens eletrônicas*. [S. l.], 2019. Disponível em: http://www.brasilantispam. com.br/main/codigo.htm. Acesso em: 04 dez. 2019.

BRIDGER, Darren. *Neuromarketing*: como a neurociência aliada ao design pode aumentar o engajamento e a influência sobre os consumidores. São Paulo: Autêntica Business, 2018.

REFERÊNCIAS

BRITO, Dante Ponte de. Publicidade nas redes sociais e a violação à privacidade do consumidor. *In*: EHRHARDT JÚNIOR, Marcos; LOBO, Fabíola Albuquerque (Coord.). *Privacidade e sua compreensão no direito brasileiro*. Belo Horizonte: Fórum, 2019.

BROOK, Judith S. *et al*. Compra compulsiva: uso anterior de drogas ilícitas, compra por impulso, depressão e sintomas de TDAH em adultos. *Psychiatry Research*, [*S. l.*], v. 228, n. 3 p. 312-317, 2015. Disponível em: https://www.ncbi.nlm.nih.gov/pmc/articles/PMC4532632/# R44. Acesso em: 24 jan. 2020.

BRUNO, Fernanda. *Máquinas de ver, modos de ser: vigilância, tecnologia e subjetividade*. Porto Alegre: Sulina, 2013.

BRUNTON, Finn. *Spam*: a shadow history of the Internet. Cambridge: The MIT Press, 2013.

CALAZANS, Flávio Mário de Alcântara. *Propaganda subliminar multimídia*. São Paulo: Summus, 2006.

CANARIS, Claus-Wilhelm. *Direitos fundamentais e direito privado*. Trad. Ingo Wolfgang Sarlet e Paulo Mota Pinto. Coimba, Almedina, 2003.

CANARIS, Claus-Wilhelm. *Pensamento sistemático e conceito de sistema na ciência do direito*. Lisboa: Fundação Calouste Gulbenkian, 2012.

CAPELAS, Bruno. 'Temos de proteger a privacidade e a saúde mental das pessoas', diz Mark Zuckerberg. *O Estado de São Paulo*, São Paulo, 26 set. 2019. Disponível em: https://link. estadao.com.br/noticias/empresas,temos-que-proteger-a-privacidade-e-a-saude-mental-das-pessoas-diz-mark-zuckerberg,70003026190. Acesso em: 02 out. 2019.

CARVALHO, Alexander Perazo Nunes de; SOUSA, Raphaella Prado Aragão. A influência da psicopolítica digital nas contratações virtuais e seus reflexos no aumento da vulnerabilidade do consumidor. *Revista de Direito do Consumidor*, São Paulo, v. 123, maio/jun. 2019.

CARVALHO, Diógenes Faria de. *Consumo e (super)endividamento*: vulnerabilidade e escolhas intertemporais. Goiânia: Espaço Acadêmico, 2017.

CASSI, Guilherme Helfenberger Galino; EFING, Antônio Carlos. Spam na internet sob a ótica do código de defesa do consumidor. *Revista de Direito do Consumidor*: RDC, São Paulo, v. 15, p. 73-92, abr./jun. 2018.

CASTELLS, Manuel. *A galáxia da internet*: reflexões sobre a internet, os negócios e a sociedade. Rio de Janeiro: Zahar, 2003.

CASTELLS, Manuel. *A sociedade em rede*. Rio de Janeiro: Paz e Terra, 2018.

CASTELLS, Manuel. *O poder da comunicação*. São Paulo: Paz e Terra, 2016.

CASTRO de, Leandro Nunes; FERRARI, Daniel Gomes. *Introdução à mineração de dados*: conceitos básicos, algoritmos e aplicações. São Paulo: Saraiva, 2016.

CHAVES, Luís Fernando Prado. Responsável pelo tratamento, subcontratante e DPO. *In*: BLUM, Renato Opice; MALDONADO, Viviane Nóbrega (Coord.). *Comentários ao GDPR*: regulamento geral de proteção de dados da União Europeia. São Paulo: Thomson Reuters Brasil, 2018.

CIALDINI, Robert B. *As armas da persuasão*. Rio de Janeiro: Sextante, 2012.

CIALDINI, Robert B. *Influence*: science and pratice. New York: HarperCollins, 1993.

CLARK, Eric. *The want makers*. The world of advertising: how they make you buy. London: Endeavour Media, 2017. Ebook.

CLARKE, Roger. Information technology and dataveillance. *Communications of the ACM*, Nova Iorque, v. 31, n. 5, p. 498-512, maio 1988.

CLARKE, Roger. Profiling: a hidden challenge to the regulation of data surveillance. *Journal of Law, Information and Science*, Hobart, v. 4, n. 2, dez. 1993.

CLARKE, Roger. The digital persona and its application to data surveillance. *Journal of Law, Information and Science*, v. 10, n. 2, jun. 1994.

CODELINES. *SilentIdea 4.0*. São Paulo, 2019. Disponível em: http://www.silentidea.com.br/SilentIdea/silentidea2.shtml. Acesso em: 25 nov. 2019.

COLOMBO, Cristiano; FACCHINI NETO, Eugênio. "Corpo elettronico" como vítima em matéria de tratamento de dados pessoais: responsabilidade civil por danos à luz da lei de proteção de dados brasileira e dano estético no mundo digital. *In*: CELLA, José Renato Graziero; BOFF, Salete Oro; OLIVEIRA, Júlia Francieli Neves de. *Direito, governança e novas tecnologias II*. Florianópolis: CONPEDI, 2018.

COMPARATO, Fábio Konder. *A afirmação histórica dos direitos humanos*. 3. ed. São Paulo: Saraiva. 2003.

CORDEIRO, António Manuel da Rocha e Menezes. *Tratado de direito civil português*: parte geral. Coimbra: Almedina, 2004. t.

CORDEIRO, António Meneses. *Da boa-fé no direito civil*. Coimbra: Almedina, 2017.

COTS, Márcio e OLIVEIRA, Ricardo. *Lei geral de proteção de dados pessoais comentada*. São Paulo: Thomsons Reuteres Brasil, 2018.

CUPIS, Adriano de. *Os direitos da personalidade*. São Paulo: Quorum, 2008.

DE LUCCA, Newton. *Direito do consumidor*: aspectos práticos – perguntas e respostas. São Paulo: Ed. RT, 1995.

DEARO, Guilherme. Amazon é a marca mais valiosa do mundo, revela Brand Finance 2019. *Exame*, São Paulo, 23 jan. 2016. Disponível em: https://exame.abril.com.br/marketing/amazon-e-a-marca-mais-valiosa-do-mundo-revela-brand-finance-2019/. Acesso em: 27 ago. 2019.

DEL MASSO, Fabiano. *Direito do consumidor e publicidade clandestina*: uma análise jurídica da linguagem publicitária. Rio de Janeiro: Elsevier, 2009.

DESSAUNE, Marcos. *Desvio produtivo do consumidor*: o prejuízo do tempo desperdiçado. São Paulo: RT, 2017.

DIAS, Lucia Ancona Lopez de Magalhães. *Publicidade e direito*. São Paulo: Ed. RT, 2010.

DIJK, Jan van. *The network society*. 3. rd. Londres: Sage Publications, 2012.

DIMOULIS, Dimitri; MARTINS, Leonardo. *Teoria geral dos direitos fundamentais*. 2. ed. São Paulo: Ed. RT, 2009.

DIUK, Carlos. *The formation of love*. facebook data science. [*S. l.*], 14 fev. 2014. Disponível em: https://www.facebook.com/notes/facebook-data-science/the-formation-of-love/10152064609253859 Acesso em: 08 nov. 2019.

DONEDA, Danilo. *Da privacidade à proteção de dados pessoais*. Rio de Janeiro: Renovar, 2006.

DONEDA, Danilo. O direito fundamental à proteção de dados pessoais. In: MARTINS, Guilherme Magalhães; LONGHI, João Victor Rozatti. *Direito digital*: direito privado e Internet. 2. ed. Indaiatuba: Foco, 2019.

DONEDA, Danilo. Princípios e proteção de dados pessoais. In: LUCCA, Newton de; SIMÃO FILHO, Adalberto; LIMA, Cíntia Rosa Pereira de (Coord.). *Direito & internet III*: marco civil da internet. São Paulo: Quartier Latin, 2015. t. 1.

DRUCKER, Peter. *A sociedade pós-capitalista*. São Paulo: Pioneira, 1993.

DUBY, Geoges. Poder privado, poder público. In: DUBY Georges (Org.). *História da vida privada, 2*: da Europa feudal a Renascença. Trad. Maria Lucia Machado. São Paulo: Companhia das Letras, 1990.

DUFF, Alistair A. *Information society studies*. Londres: Routledge: 2000.

DUQUE, Marcelo Schenk. *Direito privado e constituição*: drittwirkung dos direitos fundamentais, construção de um modelo de convergência à luz dos contratos de consumo. São Paulo:Ed. RT, 2013.

DWORKIN, Ronald. *Levando os direitos a sério*. 3. ed. São Paulo: Martins Fontes, 2010.

ERENBERG, Jean Jacques. *Publicidade patológica na internet à luz da legislação brasileira*. São Paulo: Juarez de Oliveira, 2003.

ESTADÃO CONTEÚDO. Há criança no celular, mas pisando no esgoto, diz chefe da BRK ambiental. *Exame*. 13 maio 2019. Disponível em: https://exame.abril.com.br/brasil/ ha-crianca-no-celular--mas-pisando-no-esgoto-diz-chefe-da-brk-ambiental/. Acesso em: 11 set. 2019.

EUROPEAN UNION. *General Data Protection Regulation (GDPR)*. [*S. l.*], 2018 Disponível em: https://gdpr-info.eu/art-4-gdpr/. Acesso em: 01 nov. 2019.

FACHIN, Luiz Edson. *Direito civil*: sentidos, transformações e fins. Rio de Janeiro: Renovar, 2015.

FARIAS, Cristiano Chaves de; NETTO, Felipe Peixoto Braga; ROSENVALD, Nelson. *Novo tratado de responsabilidade civil*. São Paulo: Saraiva Educação, 2019.

FEDERIGHI, Suzana Maria Catta Preta. *Publicidade abusiva*. Incitação à violência. São Paulo: Juarez de Oliveira, 1999.

FERRAJOLI, Luigi. *Democracia y garantismo*. 2. ed. Madrid: Trotta, 2010.

FERREIRA, Gustavo. *Gatilhos mentais*: o guia completo com estratégias de negócios e comunicação provadas para você aplicar. São Paulo: DVS Editora, 2019.

FERREIRA, Rafael Freire. *Autodeterminação informativa e a privacidade na sociedade da informação*. 2. ed. Rio de Janeiro: Lumen Juris, 2018.

FLORIDI, Luciano. *The fourth revolution*: how the infosphere is reshaping human reality. Oxford: Oxford University Press, 2014.

FRAZÃO, Ana. Fundamentos da proteção dos dados pessoais: noções introdutórias para a compreensão da importância da lei geral da proteção de dados. In: FRAZÃO, Ana; TEPEDINO, Gustavo; OLIVA, Milena Donato (Coord.). *Lei geral de proteção de dados pessoais e suas repercussões no direito brasileiro*. São Paulo: Thomson Reuters Brasil, 2019.

FREDETTE, John et al. The promise and peril of hyperconnectivity for organizations and societies. In: DUTTA, Soumitra; BILBAO-OSORIO, Beñat (Ed.). *The global information technology report 2012*: living in a hyperconnected world. Genebra: Insead; World Economic Forum, 2012.

FROSINI, Vittorio apud LIMBERGER, Têmis. Direitos humanos na era tecnológica. *Revista Direitos Emergentes na Sociedade Global*, Santa Maria, v. 2, n. 2, p. 346-366, 2014.

FUCHS, Christian. *Internet and society*: social theory in the information age. Londres: Routledge, 2008.

GARCIA, Leonardo de Medeiros. *Código de defesa do consumidor comentado artigo por artigo*. Salvador: Juspodivm, 2019.

GIDDENS, Anthony. *O mundo na era da globalização*. Lisboa: Presença, 2000.

GOLDSMITH, Jack; WU, Tim. *Who controls the Internet?* illusions of a borderless world. Oxford: Oxford University Press, 2006.

GRAU. Eros Roberto. Interpretando o código de defesa do consumidor. *Revista de Direito do Consumidor*, São Paulo, v. 5, jan./mar. 1993.

GREENGARD, Samuel. *The internet of things*. Cambridge: The MIT Press, 2015.

GULLINO, Daniel. Governo cria cadastro com dados pessoais de todos os brasileiros. *O Globo*, São Paulo, 10 out. 2019. Disponível em: https://oglobo.globo.com/brasil/governo-cria-cadastro-com--dados-pessoais-de-todos-os-brasileiros-1-24009511. Acesso em: 22 out. 2019.

HAN, Byung-Chul. *No enxame*: perspectivas do digital. Petrópolis: Vozes, 2018.

HAN, Byung-Chul. *Sociedade do cansaço*. Petrópolis: Vozes, 2017.

HARARI, Yuval Noah. *21 lições para o século 21*. São Paulo: Companhia das Letras, 2018.

HARRIS, Tristan. *How technology hijacks people's minds-from a magician and google's design ethicist*. [*S. l.*], 3 jun. 2017. Disponível em: http://www.tristan harris.com/2016/05/how-technology-hijacks--peoples-minds%e2%80%8a-%e2%80%8afrom-a-magician-and-googles-design-ethicist/. Acesso em: 18 dez. 2019.

HARVEY, David. *Condição pós-moderna*. Uma pesquisa sobre as origens da mudança cultural. São Paulo: Loyola. 1989.

HEILBRONER, Robert. *A história do pensamento econômico*. São Paulo: Nova Cultural, 1996.

HESSE, Konrad. *A força normativa da Constituição*. Trad. Gilmar Ferreira Mendes. Porto Alegre: Sérgio Antônio Fabris, 1991.

HOBSBAWN, Eric. *A era dos extremos*: o breve século XX. 1941-1991. São Paulo: Companhia das Letras, 1995.

HORMEL FOODS CORPORATION. *Spam*. Austin, 2019. Disponível em: https://www.spam.com/ Acesso em: 04 dez. 2019.

HUBERMAN, Leo. *História da riqueza do homem*. Rio de Janeiro: Guanabara Koogan, 1986.

HUNT, Lynn. *A invenção dos direitos humanos*: uma história. Trad. Rosaura Eichenberg. São Paulo: Cia. das Letras, 2009.

HUNT, Melissa G.; MARX, Rachel; COURTNEY Lipson; YOUNG, Jordyn. No more FOMO: limiting social media decreases loneliness and depression. *Journal of Social and Clinical Psychology*, [*S. l.*], v. 37, n. 10, p. 751-768, 2018. Disponível em: https://guilfordjournals.com/doi/10.1521/jscp.2018.37. 10.751. Acesso em: 18 dez. 2019.

HUXLEY, Aldous. *Admirável mundo novo*. São Paulo: Abril Cultural, 1982.

INIESTA, Javier Belda; SERNA, Fracisco José Aranda. El paradigma de la identidad: hacia una regulación del mundo digital. *Revista Forense*, Rio de Janeiro, v. 422, p. 184, jul./dez. 2015.

INSTITUTO BRASILEIRO DE DEFESA DO CONSUMIDOR. *Justiça impede uso de câmera que coleta dados faciais em metrô em SP*. São Paulo, 18 set 2019. Disponível em: https://idec. org.br/noticia/ justica-impede-uso-de-camera-que-coleta-dados-faciais-do-metro-em-sp Acesso em: 08 dez. 2019.

JABUR, Gilberto Haddad. *Liberdade de pensamento e direito à vida privada*: conflitos entre direitos da personalidade. São Paulo: Ed. RT, 2000.

JAY, Peter. *A riqueza do homem*: uma história econômica. Rio de Janeiro: Record, 2002.

JULIO, Rennan A. "Dados são o novo petróleo", diz CEO da Mastercard – exceto por um pequeno detalhe. *Época Negócios*, São Paulo. 05 jul. 2019. Disponível em: https://epocanegocios.globo.com/Empresa/ noticia/2019/07/dados-sao-o-novo-petroleo-diz-ceo-da-mastercard.html. Acesso em: 06. ago. 2019.

KAHNEMAN, Daniel. *Rápido e devagar*: duas formas de pensar. Rio de Janeiro: Objetiva, 2012.

KANT, Emmanuel. *Fundamentos da metafísica dos costumes*. São Paulo: Nova Cultural, 2000. (Col. Os pensadores).

KELSEN, Hans. *Teoria pura do direito*. Trad. João Baptista Machado. 7. ed. São Paulo: Martins Fontes, 2006.

KING Anna Lucia Spear, NARDI, Antonio Egídio, CARDOSO, Adriana (Org.). *Nomofobia*: dependência do computador, internet, redes sociais? dependência do telefone celular? impacto das novas no cotidiano dos indivíduos. Rio de Janeiro: Atheneu, 2014.

KLAUS, Schwab. *A quarta revolução industrial*. São Paulo :Edipro, 2016.

KLEINA, Nilton. *YouTube inicia mudança de diretrizes em vídeos para crianças*. [*S. l.*], 6 jan. 2019. Disponível em: https://www.tecmundo.com.br/redes-sociais/149007-youtube-inicia-mudanca-diretrizes-videos-criancas.htm. Acesso em: 08 jan. 2019.

KNOENER, Laura Eroles. *Sociedade em rede*: facebook como personificação da hipermodernidade. São Paulo: Editora ECA USP, 2015.

KOTLER, Philip. *Marketing 4.0*: do tradicional ao digital. Rio de Janeiro: Sextante, 2017.

KOTLER, Philip. *Marketing para o século XXI*: como criar, conquistar e dominar mercados. São Paulo: Futura, 1999.

KRETZMANN, Renata Pozzi. O princípio da identificação da publicidade e a abusividade da publicidade dirigida às crianças no Youtube. *In*: PASQUALOTTO, Adalberto (Org.). *Publicidade e proteção da infância*. Porto Alegre: Livraria do Advogado, 2018. v. 2.

KUHN, Thomas. S. *A estrutura das revoluções científicas*. São Paulo: Perspectiva, 1991.

LACE, Susane. *The glass consumer*: life in a surveillance Society. Bristol: Policy, 2005.

LACERDA, Bruno Torquato Zampier. *Bens digitais*. Indaiatuba: Foco Jurídico, 2017.

LANIER, Jaron. *Dez argumentos para você deletar agora suas redes sociais*. Tradução de Bruno Casotti. Rio de Janeiro: Intrínseca, 2018.

LARENZ, Karl. *Tractado de derecho civil alemán*. Madrid: Revista de Derecho Privado, 1980.

LAVADO, Thiago. Uso da internet no Brasil cresce, e 70% da população está conectada. *G1 Economia*, Rio de Janeiro, 28 ago. 2019. Disponível em: https://g1.globo.com/economia/ tecnologia/noticia/2019/08/28/uso-da-internet-no-brasil-cresce-e-70percent-da-populacao-esta-conectada.ghtml Acesso em: 03 dez. 2019.

LEAL, Lívia Teixeira. *Internet e morte do usuário*: propostas para o tratamento jurídico post mortem do conteúdo inserido na rede. Rio de Janeiro: GZ Editora, 2018.

LEONARDI, Marcelo. *Tutela e privacidade na internet*. São Paulo: Saraiva, 2012.

LÉVY, Pierre. *As tecnologias da inteligência*: o futuro do pensamento na era da informática. Trad. Carlos Irineu da Costa. São Paulo: Editora 34, 2010.

LÉVY, Pierre. *Cibercultura*. Trad. Carlos Irineu da Costa. Editora 34: São Paulo, 2010.

LÉVY, Pierre. *O que é virtual?* Tradução Paulo Neves. Editora 34: São Paulo, 2011.

LIMA, Caio César Carvalho. Objeto, aplicação material e aplicação territorial. In: BLUM, Renato Opice; MALDONADO, Viviane Nóbrega (Coord.). *Comentários ao GDPR*: regulamento geral de proteção de dados da União Europeia. São Paulo: Thomson Reuters Brasil, 2018.

LIMA, Eduardo Weis Martins de. *Proteção do consumidor brasileiro no comércio eletrônico internacional*. São Paulo: Atlas, 2008.

LIMBERGER, Têmis. Cibertransparência: informação pública em rede e o direito ao esquecimento. In: STRECK, Lenio Luiz; ROCHA, Leonel Severo; ENGELMANN, Wilson (Org.). *Constituição, sistemas sociais e hermenêutica*. Anuário do Programa de Pós-Graduação em Direito da Unisinos. Porto Alegre: Livraria do Advogado, 2017.

LIMBERGER, Têmis. *Cibertransparência*: informação pública em rede – a virtualidade e suas repercussões na realidade. Porto Alegre: Livraria do Advogado, 2016.

LIMBERGER, Têmis. Direito e informática: o desafio de proteger os direitos do cidadão. In: SARLET, Ingo Wolfgang (Org.) *Direitos fundamentais, Informática e comunicação*: algumas aproximações. Porto Alegre: Livraria do Advogado, 2007.

LIMBERGER, Têmis. Direitos humanos na era tecnológica. *Revista Direitos Emergentes na Sociedade Global*, Santa Maria, v. 2, n. 2, p. 346-366, 2014.

LIMBERGER, Têmis. *O direito à intimidade na era da informática*: a necessidade de proteção dos dados pessoais. Porto Alegre: Livraria do advogado, 2007.

LIMBERGER, Têmis; BUNCHAFT, Maria Eugenia. Novas tecnologias e direitos humanos: uma reflexão à luz da concepção de esfera pública. *Revista Espaço Jurídico*, Chapecó, v. 17, p. 843-868, 2016.

LIMEIRA, Tânia Vidigal. *E-marketing na internet com casos brasileiro*. São Paulo: Saraiva, 2003.

LINDSTROM, Martin. *A lógico do consumo*: verdades e mentiras sobre porque compramos. Rio de Janeiro: HarperCollins Brasil, 2016.

LINDSTROM, Martin. *Brandwashed*: o lado oculto do *marketing*. Controlamos o que compramos ou são as empresas que escolhem por nós? Rio de Janeiro: Alta Books, 2018.

LINDSTROM, Martin. *Small data*: como poucas pistas indicam grandes tendências. Tradução Rodrigo Peixoto. 1. ed. Rio de Janeiro: HapperCollins Brasil, 2016.

LIPOVETSKY, Gilles. *A felicidade paradoxal*: ensaio sobre a sociedade do hiperconsumo. São Paulo: Companhia das Letras, 2007.

LIPOVETSKY, Gilles. *A sociedade pós-moralista*: o crepúsculo do dever e a ética indolor dos novos tempos democráticos. Barueri: Manole, 2005.

LIPOVETSKY, Gilles. Sedução, publicidade e pós-modernidade. In: MARTINS, Francisco Menezes; SILVA, Juremir Machado. *A genealogia do virtual*: comunicação, cultura e tecnologias do imaginário. Porto Alegre: Sulina, 2008.

LIPOVETSKY, Gilles; ROUX, Elyette. *O luxo eterno: da idade do sagrado ao tempo das marcas*. São Paulo: Companhia das Letras, 2005.

LIPOVETSKY, Gilles; SERROY, Jean. *A cultura-mundo*: resposta a uma sociedade desorientada. Tradução de Maria Lúcia Machado. São Paulo: Cia. das Letras, 2011.

LISBOA, Roberto Senise. Direito na sociedade da informação. *Revista de Direito do Consumidor*, São Paulo, ano 95, v. 847, maio 2007.

LISSARDY, Gerardo. "'Despreparada para a era digital, a democracia está sendo destruída', afirma guru do 'big data'. *BBC Mundo*, [S. l.], 9 abr. 2017. Disponível em: https://www.bbc.com/portuguese/geral-39535650. Acesso em: 12 dez. 2019.

LLOYD, Ian J. *Information technology law*. 6. rd. Nova Iorque; Oxford: Oxford University Press, 2011.

REFERÊNCIAS **235**

LÔBO, Paulo. Direito à privacidade e sua autolimitação. EHRHARDT JÚNIOR, Marcos; LOBO, Fabíola Albuquerque (Coord.). *Privacidade e sua compreensão no direito brasileiro*. Belo Horizonte: Fórum, 2019.

LORENZETTI, Ricardo Luis. *Comércio eletrônico*. São Paulo: Ed. RT, 2004.

LORENZETTI, Ricardo Luis. *Informática, cyberlaw, e-commerce*. In: DE LUCCA, Newton de; FILHO, Adalberto Simão (Coord.). *Direito e internet*: aspectos jurídicos relevantes. Bauru: Edipro, 2001.

LORENZETTI, Ricardo Luís. *Teoria da decisão judicial*: fundamentos de direito. Tradução: Bruno Miragem. São Paulo: Ed. RT, 2010.

LORENZETTI, Ricardo Luiz. Informática, cyberlaw, e-commerce. In: LUCCA, Newton de; SIMÃO FILHO, Adalberto (Coord.). *Direito & interne*t: aspectos jurídicos relevantes. São Paulo: Quartier Latin, 2005.

LOSANO, Mario G. *Sistema e estrutura no direito*. Trad. Carlos Alberto Dastoli. São Paulo: WMF Martins Fontes, 2011. v. 3: Do século XX à pós-modernidade.

LOUREIRO, Rodrigo. Os dados são o novo petróleo. *Istoé Dinheiro*, São Paulo, ed. 1060, 09 mar. 2018. Disponível em: https://www.istoedinheiro.com.br/os-dados-sao-o-novo-petroleo. Acesso em: 06 ago. 2019.

LUHMANN, Niklas. *O direito da sociedade*. São Paulo: Martins Fontes, 2016.

LYON, David. *The electronic eye*: the rise of surveillance society. Mineapolis: University of Minesota, 1994.

MACBRIDE, Elizabeth. *Is social media the tobacco industry of the 21st Century?* [S.l.], 31 Dec. 2017. Disponível em: https://www.forbes.com/sites/elizabethmacbride/2017/12/31/is-social-media-the--tobacco-industry-of-the-21st-century/. Acesso em: 18 dez. 2019.

MACHLUP, Fritz. *The production and distribution of knowledge in the United States*. Nova Jersey: Princeton University Press, 1962.

MAGRANI, Eduardo. *A internet das coisas*. Rio de Janeiro: FGV Editora, 2018.

MAGRANI, Eduardo. *Entre dados e robôs*: ética e privacidade na era da hiperconectividade. Porto Alegre: Arquipélago, 2019.

MALDONADO, Viviane Nóbrega. Direitos dos titulares de dados. In: BLUM, Renato Opice; MALDONADO, Viviane Nóbrega (Coord.). *Comentários ao GDPR*: regulamento geral de proteção de dados da União Europeia. São Paulo: Thomson Reuters Brasil, 2018.

MALTEZ, Rafael Tocantins. *Direito do consumidor e publicidade*: análise jurídica e extrajurídica da publicidade subliminar. Curitiba: Juruá, 2011.

MARQUES, Claudia Lima. *Contratos no código de defesa do consumidor*: o novo regime das relações contratuais. São Paulo: Ed. RT, 2014.

MARQUES, Claudia Lima. Apresentação. In: BERGSTEIN, Laís. *O tempo do consumidor e o menosprezo planejado*: o tratamento jurídico do tempo perdido e a superação das suas causas. São Paulo: Thomson Reuters Brasil, 2019. *E-book*

MARQUES, Claudia Lima. *Confiança no comércio eletrônico e a proteção do consumidor*. São Paulo: Ed. RT, 2004.

MARQUES, Claudia Lima. *Contratos no código de defesa do consumidor*: o novo regime das relações contratuais. São Paulo: Ed. RT, 2014.

MARQUES, Claudia Lima. *Contratos no código de defesa do consumidor*: o novo regime das relações contratuais. São Paulo: Thomson Reuters Brasil, 2019. *E-book*.

MARQUES, Claudia Lima. Diálogo entre o código de defesa do consumidor e o novo código civil – do "diálogo das fontes" no combate às cláusulas abusivas. *Revista de Direito do Consumidor*, São Paulo, v. 45, p. 71-99, jan./mar. 2003.

MARQUES, Claudia Lima. Superação das antinomias pelo diálogo das fontes. *Revista de Direito do Consumidor*, São Paulo, v. 51, p. 34-67, jul./set. 2004.

MARQUES, Claudia Lima; MIRAGEM, Bruno. *O novo direito privado e a proteção dos vulneráveis*. São Paulo: Ed. RT, 2012.

MARQUES, Claudia Lima; MIRAGEM, Bruno; MOESCH, Teresa Cristina. Comentários ao anteprojeto de lei geral de defesa do consumidor do Estado do Rio Grande do Sul, da OAB/RS. *Revista de Direito do Consumidor: RDC*, São Paulo, v. 90, p. 399-406, nov./dez. 2013.

MARTINEZ, José Carlos. *PL 757/2003 Inteiro teor projeto de lei*. Proíbe as prestadoras dos serviços móvel celular e móvel pessoal de utilizarem o serviço de mensagem para a veiculação de propaganda comercial. Disponível em: https://www.camara.leg.br/proposicoesWeb/fichade tramitacao?idProposicao=111567. Acesso em: 05 dez. 2019.

MARTINS, Fernando Rodrigues. *Controle do patrimônio público*. 5. ed. São Paulo: Ed. RT, 2013.

MARTINS, Fernando Rodrigues. Direito do consumidor, reforma do CDC e constante renovação metodológica do direito privado. *Revista de Direito do Consumidor*, São Paulo, v. 107, p. 293-307, set./out. 2016.

MARTINS, Fernando Rodrigues. Direitos Humanos (e fundamentais) e relações jurídicas privadas. In: MARTINS, Fernando Rodrigues. *Direito privado e policontexturalidade*. Fontes, fundamentos e emancipação. Rio de Janeiro: Lumen Juris, 2018.

MARTINS, Fernando Rodrigues. Os deveres fundamentais como causa subjacente-valorativa da tutela da pessoa consumidora: contributo transverso e suplementar à hermenêutica consumerista da afirmação. *Revista de Direito do Consumidor*, São Paulo, v. 23, n. 94, p. 215-257, jul./ago. 2014.

MARTINS, Fernando Rodrigues. *Princípio da justiça contratual*, São Paulo: Saraiva, 2011.

MARTINS, Fernando Rodrigues. Sociedade da informação e promoção à pessoa: empoderamento humano na concretude de novos direitos fundamentais. In: MARTINS, Fernando Rodrigues. *Direito privado e policontexturalidade*: fontes, fundamentos e emancipação. Rio de Janeiro: Lumen Juris, 2018.

MARTINS, Fernando Rodrigues. Sociedade da informação e proteção da pessoa. *Revista da Associação Nacional do Ministério Público do Consumidor*, Juiz de Fora, v. 2, n. 2, 2016.

MARTINS, Fernando Rodrigues; FERREIRA, Keila Pacheco. Da idade média à idade mídia: a publicidade persuasiva digital na virada linguística do direito. In: PASQUALOTTO, Adalberto (Org.). *Publicidade e proteção da infância*. Porto Alegre: Livraria do Advogado, 2018. v. 2.

MARTINS, Gabriel. Brasil vive o ciclo mais longo de aumento da desigualdade. *O Globo*, São Paulo, 16 ago. 2019. Disponível em: https://oglobo.globo.com/economia/ brasil-vive-ciclo-mais-longo-de--aumento-da-desigualdade-23881027. Acesso em: 16 ago. 2019.

MARTINS, Guilherme Magalhães. *Contratos eletrônicos de consumo*. São Paulo: Atlas, 2016.

MARTINS, Guilherme Magalhães. *Responsabilidade civil por acidente de consumo na internet*. São Paulo: Ed. RT, 2008.

MARTINS, Guilherme Magalhães; BASAN, Arthur Pinheiro; FALEIROS JÚNIOR, José Luiz de Moura. A responsabilidade civil pela perturbação de sossego na internet. *Revista de Direito do Consumidor*, São Paulo, v. 128, p. 227-253, mar./abr. 2020.

REFERÊNCIAS

MARTINS, Guilherme Magalhães; LONGHI, João Victor Rozatti; FALEIROS JÚNIOR, José Luiz de Moura. Desinformação e o envio massivo de mensagens no WhatsApp. *Migalhas de peso*, 30 jun. 2020. Disponível em: https://www.migalhas.com.br/arquivos/2020/6/771C46F115EEC0_Desinformacaoewhatsapp.pdf Acesso em 01 jul. 2020.

MARTINS-COSTA, Judith. *A boa-fé no direito privado*: critérios para a sua aplicação. São Paulo: Saraiva Educação, 2018.

MARTINS-COSTA, Judith; BRANCO, Gerson Luiz Carlos. *Diretrizes teóricas do novo código civil brasileiro*. São Paulo: Saraiva, 2002.

MARX, Karl. *O capital*: crítica da economia política. São Paulo: Nova Cultura, 1996, Livro 1, t. 2.

MASLOW, Abraham H. *Motivation and personality*. 2. ed. Nova Iorque: Harper & Row, 1970.

MASUDA, Yoneji. *The information society as post-industrial society*. Tóquio: Institute for the Information Society, 1980.

MAYER-SCHÖNBERGER, Viktor apud MENDES, Laura Schertel. *Privacidade, proteção de dados e defesa do consumidor*: linhas gerais de um novo direito fundamental. São Paulo: Saraiva, 2014.

MCLUHAN, Marshall. *Os meios de comunicação como extensões do homem*. São Paulo: Cultrix, 2007.

MCNEELY, Ian F.; WOLVERTON, Lisa. *A reinvenção do conhecimento*: de Alexandria à internet. Trad. Maria Lúcia de Oliveira. Rio de Janeiro: Record, 2013.

MENDES, Laura Schertel. A vulnerabilidade do consumidor quanto ao tratamento de dados pessoais. In: MARQUES, Claudia Lima; GSELL, Beate. Novas tendências do direito do consumidor: rede Alemanha-Brasil de pesquisas em direito do consumidor. São Paulo: Ed. RT, 2015. *Ebook*.

MENDES, Laura Schertel. *Privacidade, proteção de dados e defesa do consumidor*: linhas gerais de um novo direito fundamental. São Paulo: Saraiva, 2014.

MENDES, Laura Schertel; DONENDA, Danilo. Reflexões iniciais sobre a nova lei geral de proteção de dados. *Revista de Direito do Consumidor*, São Paulo, ano 2018, v. 120, nov./dez. 2018.

MIKOŁAJCZAK-DEGRAUWE, Kalina; BRENGMAN, Malaika. The influence of advertising on compulsive buying: the role of persuasion knowledge. *Journal of Behavioral Addictions*, [S. l.], v. 3, n. 1, p. 65-73, 2014. Disponível em: https://www.ncbi. nlm.nih.gov/ pmc/articles/PMC4117277/. Acesso em: 24 jan. 2020.

MIRAGEM, Bruno. A lei geral de proteção de dados (Lei 13.709/2018) e o direito do consumidor. *Revista dos Tribunais*, Brasília, DF, v. 1009, nov. 2019.

MIRAGEM, Bruno. *Curso de direito do consumidor*. 8. ed. São Paulo: Thomson Reuters Brasil, 2019. *E-book*.

MIRAGEM, Bruno. O ilícito e o abusivo: propostas para uma interpretação sistemática das práticas abusivas nos 25 anos. *Revista de Direito do Consumidor*: RDC, São Paulo, v. 104, p. 99-127, mar./abr. 2016.

MIRAGEM, Bruno. Os direitos da personalidade e os direitos do consumidor. *Revista de Direito do Consumidor*, São Paulo, n. 49, jan./mar. 2004.

MLODINOW, Leonard. *Subliminar*: como o inconsciente influencia nossas vidas. Rio de Janeiro, Zahar, 2013.

MORAES, Maria Celina Bodin de. Ampliando os direitos da personalidade. In: VIEIRA, José Ribas (Org.). *20 anos da Constituição cidadã de 1988*: efetivação ou impasse institucional? Rio de Janeiro: Forense, 2008.

MORAES, Maria Celina Bodin de. *Danos à pessoa humana*: uma leitura civil-constitucional dos danos morais. Rio de Janeiro. Renovar, 2003.

MORAES, Maria Celina Bodin de. *Na medida da pessoa humana*: estudos de direito civil-constitucional. Rio de Janeiro: Renovar, 2016.

MORAES, Paulo Valério Dal Pai. *Código de defesa do consumidor*: o princípio da vulnerabilidade no contrato, na publicidade, nas demais práticas comerciais. Porto Alegre: Livraria do Advogado, 2009.

MORAIS, José Luis Bolzan de. O fim da geografia institucional do Estado. A "crise" do estado de direito". In: STRECK, Lenio Luiz; ROCHA, Leonel Severo; ENGELMANN, Wilson (Org.). *Constituição, sistemas sociais e hermenêutica*. Anuário do Programa de Pós-Graduação em Direito da Unisinos. Porto Alegre: Livraria do Advogado, 2017.

MORASSUTTI, Bruno Schimitt. Responsabilidade civil, discriminação ilícita e algoritmos computacionais: breve estudo sobre as práticas de geoblocking e geopricing. *Revista de Direito do Consumidor*, São Paulo, v. 124, ano 28, jul./ago. 2019.

MORATO, Antônio Carlos. Mensagens eletrônicas não solicitadas como prática abusiva no mercado de consumo. In: MIRAGEM, Bruno; MARQUES, Claudia Lima (Org.). *Doutrinas essenciais do direito do consumidor*. São Paulo: Ed. RT, 2011. v. 3.

MOREIRA, Rodrigo Pereira. *Direito ao livre desenvolvimento da personalidade*: caminhos para a proteção e promoção da pessoa humana. Curitiba: Juruá, 2016.

MORIN, Edgard. *O método 6: ética*. Porto Alegre: Sulina, 2007.

MULHOLLAND, Caitlin Sampaio. *A responsabilidade civil por presunção de causalidade*. Rio de Janeiro: GZ Editora, 2010.

NABAIS, José Casalta. *A face oculta dos direitos fundamentais*: os deveres e os custos dos direitos. [S. l.], 2002. Disponível em http://www.egov.ufsc.br/portal/sites/default/files/anexos/15184-15185-1-PB.pdf. Acesso em: 08 ago. 2019.

NABAIS, José Casalta. *Por uma liberdade com responsabilidade*: estudos sobre direitos e deveres fundamentais. Coimbra: Coimbra Editora, 2007.

NANNI, Giovanni Ettore (Coord.). *Comentários ao código civil*: direito privado contemporâneo. São Paulo: Saraiva Educação, 2019.

NASCIMENTO, Valéria Ribas do. Direitos fundamentais da personalidade na era da sociedade da informação: transversalidade da tutela à privacidade. *Revista de Informação Legislativa: RIL*, Brasília, DF, v. 54, n. 213, p. 265-288, jan./mar. 2017. Disponível em: http://www12.senado.leg.br/ril/edicoes/54/213/ril_v54_n213_p265. Acesso em: 11 set. 2019.

NERY JÚNIOR, Nelson. Os princípios gerais do código brasileiro de defesa do consumidos. *Revista de Direito do Consumidor*, São Paulo, n. 3, p. 44-77, set./dez. 1992.

NEVES, Marcelo. Transconstitucionalismo. São Paulo: WMF Martins Fontes, 2009.

NISSENBAUM, Helen. *Privacy in context*: technology, policy, and the integrity of social life. Stanford: Stanford University Press, 2010.

NOVAES, Thelma F. de. *Identidade*: as diversas faces em uma sociedade em rede. 2013.Dissertação (Mestrado em Tecnologias de Inteligência e Design Digital). Pontifícia Universidade Católica de São Paulo, Programa de Pós-Graduação em Tecnologias de Inteligência e Design Digital, São Paulo, 2013.

NYBØ, Erik Fontenele. *O poder dos algoritmos*: como os algoritmos influenciam as decisões e a vida das pessoas, das empresas e das instituições na era digital. São Paulo: Enlaw, 2019.

O'GUINN, Thomas; RONALD, Faber. Compulsive buying: a phenomenological exploration. *Journal of Consumer Research*. 1989,

ORWELL, George. *1984*. São Paulo: Companhia das Letras, 2009.

PAREDÃO entre Carolina, Elana e Paula no BBB19 bate recorde mundial. Berlinda ultrapassou a casa dos 202 milhões de votos. *Gshow*, Rio de Janeiro, 26 mar. 2019. Disponível em: https://gshow.globo.com/realities/bbb/bbb19/noticia/paredao-entre-carolina-elana-e-paula-tem-a-maior-votacao-da--historia-do-big-brother-brasil.ghtml. Acesso em: 16 set. 2019.

PARISER, Eli. *O filtro invisível*: o que a internet está escondendo de você. Rio de Janeiro: Zahar, 2012. *Ebook*.

PASQUALE, Frank. *The black box society*: the secret algorithms that control money and information. Cambridge: Harvard University Press, 2015.

PASQUALOTO, Adalberto. *Os efeitos obrigacionais da publicidade no código de defesa do consumidor*. São Paulo: Ed. RT, 1997.

PEIXOTO, Erick Lucena Santos; EHRHARDT JÚNIOR, Marcos. Os desafios da compreensão do direito à privacidade no sistema jurídico brasileiro em face das novas tecnologias. In: EHRHARDT JÚNIOR, Marcos; LOBO, Fabíola Albuquerque (coord.). *Privacidade e sua compreensão no direito brasileiro*. Belo Horizonte: Fórum, 2019.

PÉREZ LUÑO, Antonio Enrique. *Los derechos humanos en la sociedad tecnologica*. Madrid: Universitas, 2012.

PÉREZ LUÑO, Antonio-Enrique. *La filosofía del derecho en perspectiva histórica*. Estudios conmemorativos del 65 aniversario del autor. Homenaje de la Facultad de Derecho y del Departamento de Filosofía del Derecho de la Universidad de Sevilla. Sevilla: Servicio de Publicaciones de la Universidad de Sevilla, 2009.

PÉREZ-LUÑO, Antonio Enrique. *Derechos humanos, Estado de derecho y Constituición*. Madrid: Tecnos, 1995.

PÉREZ-LUÑO, Antonio Enrique. Los *derechos humanos en la sociedad tecnologica*. Madrid: Universitas, 2012.

PERLINGIERI, Pietro *O direito civil na legalidade constitucional*. Rio de Janeiro: Renovar, 1999.

PERLINGIERI, Pietro. *O direito civil na legalidade constitucional*. Trad. Maria Cristina de Cicco. Rio de Janeiro: Renovar, 2008.

PERRY, Anderson. *As origens da pós-modernidade*. Rio de janeiro: Jorge Zahar. 1999.

PINHEIRO, Patrícia Peck. *Direito digital*. 6. ed. São Paulo: Saraiva, 2016.

PINHEIRO, Patrícia Peck. *Proteção de dados pessoais*: comentários à lei n. 13.709/18 (LGPD). São Paulo: Saraiva Educação, 2018.

PINTORE, Anna. Derechos insaciables. In: FERRAJOLI, Luigi. *Los Fundamentos de los derechos fundamentales*. Madri: Trotta, 2001. p. 243-265.

PONTES DE MIRANDA, Francisco Cavalcanti. *Tratado de direito privado*. 4. ed. São Paulo: RT, 1974. t. 7.

PRATES, Cristina Cantú. *Publicidade na internet: consequências jurídicas*. Curitiba: Juruá, 2015.

PRICE, Catherine. *Celular*: como dar um tempo. O plano de 30 dias para se livrar da ansiedade e retomar a sua vida. Tradução de Guilherme Miranda. São Paulo: Fontanar, 2018.

QUAN-HAASE, Anabel; WELLMAN, Barry. Hyperconnected network: computer-mediated community in a high-tech organization. In: ADLER, Paul S.; HECKSCHER, Charles (Ed.). *The firm as a collaborative community*. Nova Iorque: Oxford University Press, 2006.

RAMOS, Roberto. *Grã-finos na Globo*: cultura e merchandising nas novelas. Petrópolis: Vozes, 1991.

RAMPAZZO SOARES, Flaviana. *Responsabilidade civil por dano existencial*. Porto Alegre: Livraria do Advogado, 2009.

RECASÉNS SICHES, Luis. *Filosofia del derecho*. México: Porrúa, 2008.

REDAÇÃO. EUA vão exigir histórico das redes sociais para liberação de visto. *Veja*, São Paulo, 29 mar. 2019. Disponível em: https://veja.abril.com.br/economia/eua-vao-exigir-historico-das-redes-sociais-para-liberacao-de-visto/. Acesso em: 18 out. 2019.

RIES, Al; TROUT, Jack. *Marketing de guerra*. Edição histórica 20 anos. São Paulo: Mbooks, 2006.

RIFKIN, Jeremy. *A terceira revolução industrial*. Como o poder lateral está transformando a energia, a economia e o mundo. São Paulo: M. Books, 2012.

RIO DE JANEIRO. Tribunal de Justiça. (24, Câmara Cível). *Apelação cível 0033863-56.2016.8.19.0203*. Apelante: José Roberto Gallo de Oliveira. Apelada: Activision Blizzard Brasil Promoções Ltda. Relator: Desembargador Alcides da Fonseca Neto. Rio de Janeiro, julgado em: 16 de outubro de 2019. Disponível em: https://www.conjur.com.br/dl/jogador-banido-game-online-houver-prova.pdf. Acesso em: 11 set. 2019.

ROBLES, Gregorio. *Os direitos fundamentais e a ética na sociedade atual*. Trad. Roberto Barbosa Alves. Barueri: Manole, 2005.

ROCHA, Erico. *Como utilizar o gatilho mental da emoção*. Brasília, DF, 22 set. 2017. Disponível em: https://www.ericorocha.com.br/como-utilizar-o-gatilho-mental-da-emocao/. Acesso em: 20 jun. 2019.

RODOTÀ, Stefano. *A vida na sociedade da vigilância*: a privacidade hoje. Trad. Danilo Doneda e Luciana Cabral Doneda. Rio de Janeiro: Renovar, 2008.

RODOTÀ, Stefano. *El derecho a tener derechos*. Madri: Trotta, 2014.

ROSENVALD, Nelson. *A responsabilidade civil pelo ilícito lucrativo*. Salvador: JusPodivm, 2019.

ROSSELLO, Carlo. Riflessioni. De jure condendo in materia di responsabilità del provider. *Il Diritto Dell'Informazione e Dell'Informatica*, Roma, v. 26, n. 6, p. 617-629, nov./dez. 2010.

ROYAL SOCIETY FOR PUBLIC HEALTH (RSPH). *Instagram ranked worst for young people's mental health younger people*. London, 19 May 2017. Disponível em: https://www.rsph.org.uk/about-us/news/instagram-ranked-worst-for-young-people-s-mental-health.html. Acesso em: 18 dez. 2019.

RUARO, Regina Linden. O direito fundamental à proteção de dados pessoais do consumidor e o livre mercado. *Revista de Direito do Consumidor*, São Paulo, ano 2018, v. 118, jul./ago. 2018

SALDANHA, Nelson. *O jardim e a praça*: ensaio sobre o lado privado e o lado público da vida social e histórica. Porto Alegre: SAFE, 1986.

SAMPAIO, Rafael. *Propaganda de A a Z*. Rio de Janeiro: Campus, 2003.

SANDEL, Michael J. *O que o dinheiro não compra*: os limites morais do mercado. Tradução de Clóvis Marques. Rio de Janeiro: Civilização Brasileira, 2012.

SANDEL, Michael. *Justiça*: o que é fazer a coisa certa. Rio de Janeiro: Civilização Brasileira, 2012.

SANDEL, Michael. *O que o dinheiro não compra*. Os limites morais do mercado. Rio de Janeiro: Civilização Brasileira, 2012.

SANTOS, Antônio Jeová. *Dano moral na internet*. São Paulo: Método, 2001

SANTOS, Eduardo Rodrigues dos. *Direitos fundamentais atípicos*: análise da cláusula de abertura – art. 5º, § 2º, da CF/88. Salvador: Juspodivm, 2017.

SANTOS, Fabíola Meira de Almeida. *O marketing digital e a proteção do consumidor*. 2009. f. 91. Dissertação (Mestrado em Direito) -- Pontifícia Universidade Católica de São Paulo, São Paulo, 2009.

SÃO PAULO. Tribunal de Justiça do Estado de São Paulo (22. Câmara de Direito Privado). *Apelação cível 1020418-43.2017.8.26.0196*. Requerente: Nilton Alexandre Andreoli. Requerido: Claro S/A. Relator Desembargador Roberto Mac Cracken. São Paulo, julg. 27 mar. 2019. Disponível em: https://esaj. tjsp.jus.br/cpopg/ show.do?processo.codigo= 5G0006DL80000& processo.foro=196&processo. numero =1020418-43.2017.8.26.0196&uuidCaptcha=sajcaptcha_ fd9dbb48e6154c72bd 32eb-25fa4534d2. Acesso em: 17 dez. 2019.

SÃO PAULO. Tribunal de Justiça. (5. Câmara de Direito Público). *Apelação cível 1013073-72.2014.8.26.0053*. Requerente: Banco BMG S/A. Requerido: PROCON – Fundação de Proteção e Defesa do Consumidor. Relatora: Desembargadora Heloísa Martins Mimessi. São Paulo, julgamento em 19 de setembro de 2016. Disponível em: https://esaj.tjsp.jus.br/cpopg/show.do? processo.codigo=1H0006H9V0000& processo.foro=53&processo.numero=1013073-72.2014.8.26. 0053&uuid Captcha= sajcaptcha_a3b6f7f7b2564790802aafd1a1f902dc.

SARLET, Ingo Wolfgang. *A eficácia dos direitos fundamentais*. 10. ed. rev. atual. e ampl. Porto Alegre: Livraria do advogado, 2011.

SARLET, Ingo Wolfgang. *A eficácia dos direitos fundamentais: uma teoria geral dos direitos fundamentais na perspectiva constitucional*. 10. ed. Porto Alegre: Livraria do Advogado, 2010.

SARMENTO, Daniel. *Direitos fundamentais e relações privadas*. 2. ed. Rio de Janeiro: Lumens Juris, 2010.

SCHREIBER, Anderson. *Direitos da personalidade*. São Paulo: Atlas, 2014.

SCHREIBER, Anderson. *Novos paradigmas da responsabilidade civil*: da erosão dos filtros da reparação à diluição dos danos. São Paulo: Atlas, 2012.

SECOND LIFE. San Francisco, CA, 2019. Disponível em: https://secondlife.com/ ?lang=pt-BR. Acesso em: 23 maio 2019.

SIEGEL, Eric. *Análise preditiva:* o poder de prever quem vai clicar, comprar, mentir ou morrer. Rio de Janeiro: Alta Books, 2017.

SILVA, Ana Beatriz Barbosa. *Mentes consumistas:* do consumismo à compulsão por compras. São Paulo: Globo, 2014.

SILVA, Virgílio Afonso. *A constitucionalização do direito*: os direitos fundamentais nas relações entre particulares. São Paulo: Malheiros, 2005.

SILVEIRA JÚNIOR, Antônio Morais da; VERBICARO, Dennis. *A tutela normativa da publicidade infantil na relação de consumo e seus desafios. Revista de Direito do Consumidor*: RDC, São Paulo, v. 26, n. 112, jul./ago. 2017.

SILVEIRA, Daniel. Brasil ganha 10 milhões de internautas em 1 ano, aponta IBGE. *G1 Economia*, Rio de Janeiro, 20 dez. 2018. Disponível em: https://g1.globo.com/ economia/ tecnologia/noticia/ 2018/12/20/numero-de-internautas-cresce-em-cerca-de-10-milhoes-em-um-ano-no-brasil-aponta-ibge.ghtml. Acesso em: 03 dez. 2019.

SILVEIRA, Reynaldo Andrade da. *Práticas mercantis no direito do consumidor*. Curitiba: Juruá, 2004.

SMITH, Adam. *A riqueza das nações*: investigação sobre sua natureza e suas causas. São Paulo: Nova Cultura, 1996.

SOLOVE, Daniel J. *The digital person*: technology and privacy in the information age. New York: University Press, 2006.

SOLOVE, Daniel J. *Undestanding privacy*. Cambridge: Harvard University Press, 2008. Kindle Edition.

SOLOVE, Daniel. J. *Nothing to hide*: the false tradeoff between privacy and security. New Haven: Yale University Press, 2011.

SOMBRA, Thiago Luís Santos. *A eficácia dos direitos fundamentais nas relações privadas*. São Paulo: Atlas, 2011.

SOMBRA. Thiago Luís Santos. *Fundamentos da regulação da privacidade e proteção de dados pessoais*. São Paulo: Thomson Reuters Brasil, 2019. *Ebook*.

SOUZA, Carlos Affonso (Coord.). *Marco civil da internet*: jurisprudência comentada. Ed. RT: São Paulo, 2017.

STEINMETZ, Wilson. *A vinculação dos particulares a direitos fundamentais*. São Paulo: Malheiros, 2004.

STRECK, Lenio. *Hermenêutica jurídica e(m) crise*: uma exploração hermenêutica da construção do direito. 11. ed. rev. e atual. Porto Alegre: Livraria do Advogadoa, 2014.

SUMPTER, David. *Dominados pelos números*: do Facebook e Google às fakenews, os algoritmos que controlam nossa vida. Rio de Janeiro; Bertrand Brasil, 2019.

SUNSTEIN, Cass R.; THALER, Richard H. *Nudge*: como tomar melhores decisões sobre saúde, dinheiro e felicidade. Rio de Janeiro: Objetiva, 2019.

TAKAR, Téo. Bancos são condenados a pagar R$ 10 mi por prática abusiva em consignado. *Economia Uol*, [S. l.], 24 nov. 2017. Disponível em: https://economia.uol.com.br/noticias/redacao/2017/11/24/condenacao-cobranca-emprestimos-consignados-servidores-publicos-bancos-rj.htm. Acesso em: 12 dez. 2019.

TEPEDINO, Gustavo. Do sujeito de direito à pessoa humana. *Editorial da Revista Trimestral de Direito Civil*, [S. l.], n. 2, 2000.

TEPEDINO, Gustavo. Liberdades, tecnologia e teoria da interpretação. *Revista Forense*, Rio de Janeiro, ano 110, v. 419, p. 77-96, jan./jun. 2014.

TEPEDINO, Gustavo. *Temas de direito Civil*. Rio de Janeiro: Renovar, 1997.

TESSLER, Marga Barth. Há um fundamento para os direitos humanos ou como fundamentar os direitos humanos e que direitos humanos fundamentar. *Revista do Tribunal Regional Federal da 4ª Região*, Porto Alegre, v. 1, n. 1, jan./mar. 1990.

TOFFLER, Alvin. *A terceira onda*. Trad. João Távora. 8. ed. Rio de Janeiro: Record, 1980.

TORRES, Cláudio. *A bíblia do marketing digital*: tudo o que você queria saber sobre marketing e publicidade na internet e não tinha a quem perguntar. São Paulo: Novatec, 2018.

TURKLE, Sherry. *Alone together*: why we expect more from technology and less from each other. New York: Basic Books, 2011.

UNIÃO EUROPEIA. Carta dos direitos fundamentais da União Europeia de 2000. *Jornal Oficial das Comunidades Europeias*, Bruxelas, 18 dez. 2000. Disponível em: https://www.europarl.europa.eu/charter/pdf/text_pt.pdf. Acesso em: 19 ago. 2019.

VAIDHYANATHAN, Siva. *A googlelização de tudo (e por que devemos nos preocupar)*: a ameaça do controle total da informação por meio da maior e mais bem-sucedida empresa do mundo virtual. Tradução de Jefferson Luiz Camargo. São Paulo: Cultrix, 2011.

VAINZOF, Rony. Dados pessoais, tratamento e princípios. In: BLUM, Renato Opice; MALDONADO, Viviane Nóbrega (Coord.). *Comentários ao GDPR*: regulamento geral de proteção de dados da União Europeia. São Paulo: Thomson Reuters Brasil, 2018.

VAINZOF, Rony. Disposições preliminares. In: BLUM, Renato Opice; MALDONADO, Viviane Nóbrega (Coord.). *LGPD*: lei geral de proteção de dados comentada. São Paulo: Thomson Reuters Brasil, 2019.

VERBEEK, Peter-Paul. Don Ihde: the technological lifeworld. ACHTERHUIS, Hans (Ed.). *American philosophy of technology*: the empirical turn. Tradução do alemão para o inglês de Robert P. Crease. Indianapolis: Indiana University Press, 2001.

VERBICARO, Dennis; RODRIGUES, Lays; ATAÍDES, Camille. Desvendando a vulnerabilidade comportamental do consumidor: uma análise jurídico-psicológica do assédio de consumo. *Revista de Direito do Consumidor: RDC*, São Paulo, p. 349-384, v. 119, set./out. 2018.

VERSTERGAARD, Torben; SCHRODER. Kim. *A linguagem da propaganda*. São Paulo: Martins Fontes, 2000.

WALKER, Jeff. *A fórmula do lançamento*: estratégias secretas para vender online, criar um negócio de sucesso e viver a vida dos seus sonhos. Rio de Janeiro: Best Business, 2019.

WARREN, Samuel D.; BRANDEIS, Louis D. The right to privacy. *Harvard Law Review*, Cambridge, v. 4, n. 5, p. 193-220, Dec. 1890. Disponível em: http://bit.ly/2VSsbCE. Acesso em: 23 jun. 2019.

WAZE. [*S. l.*], 2019. Disponível em: https://www.waze.com/intl/pt-BR/business/index.html. Acesso em: 20 jun. 2019.

WESTIN, Alan. *Privacy and freedom*. New York: Ig Publishing, 2015.

WU, Tim. *The attention merchants*: the epic scramble to get inside our heads. New York: Vintage, 2017.

WU, Tim. *The master switch*: the rise and fall of information empires. Nova York: Vintage, 2010.

Impressão e Acabamento:

www.graficaexpressaoearte.com.br